Walter Gagel
Unterrichtsplanung: Politik/Sozialkunde

Walter Gagel

Unterrichtsplanung: Politik/Sozialkunde

Studienbuch politische Didaktik II

Leske Verlag + Budrich GmbH, Opladen

Für Hilde

Kurztitelaufnahme der Deutschen Bibliothek

Gagel, Walter:

Unterrichtsplanung: Politik, Sozialkunde/ Walter Gagel. —
Opladen: Leske und Budrich, 1986.
(Studienbuch politische Didaktik /Walter Gagel; 2) (UTB für Wissenschaft /Uni-
Taschenbücher; 1392)

ISBN-13:978-3-322-83398-3   e-ISBN-13:978-3-322-83397-6
DOI: 10.1007/978-3-322-83397-6

NE: 2. GT

Walter Gagel:
Studienbuch politische Didaktik/ Walter Gagel. —
Opladen: Leske und Budrich
(UTB für Wissenschaft: Uni-Taschenbücher; ...)
1 u.d.T.: Gagel, Walter: Einführung in die Didaktik des politischen Unterrichts
2. Gagel, Walter: Unterrichtsplanung: Politik, Sozialkunde. 1986

Inhalt

A. Grundlegung

5

B. Studienteil: Einführung in die Planungsaufgaben

C. Anwendungsteil:
Planungshandlungen und Planungsprodukte

D. Anhang

0. Einleitung

Woran erkennt man, ob die Schüler einen für den Unterricht ausgewählten Text, eine Grafik oder eine Karikatur bearbeiten können? Der
erfahrene Lehrer hat dies im Gefühl, aber manchmal leitet die Intuition auch falsch. Sicherer ist es, mit Hilfe der ,,Aufgabenanalyse" ein
Unterrichtsmaterial daraufhin zu prüfen, welche Anforderungen es
an die Schüler stellt. Näheres darüber findet man in der Planungsaufgabe ,,Implikationszusammenhang", unten im Abschnitt 3.4.

Haben die Schüler eine eigene Perspektive auf den Lerngegenstand
bzw. das Unterrichtsthema? Vermutlich ja, aber wenn der Lehrer
diese erfassen will, um zu überlegen, ob er sie berücksichtigen soll,
dann muß er klären, welches seine eigene didaktische Perspektive ist
und was mit dieser eigentlich gemeint ist. Näheres darüber findet man
in der Planungsaufgabe ,,Thematisierung", unten in Abschnitt 3.1.

Wie diese gibt es viele Fragen, mit denen sich der Lehrer bei seiner
Unterrichtsvorbereitung beschäftigt oder die er kennenlernen sollte.
An dieser Stelle dienen sie als Beispiele, um zu zeigen, daß dieses
Buch Antworten auf konkrete Fragen der Unterrichtsvorbereitung
gibt. Der Leser sollte sich also von der Tatsache nicht abschrecken
lassen, daß diese Fragen hier systematisch geordnet dargeboten werden. Zweckmäßig ist es allerdings, sich eines ,,Wegweisers" zu bedienen, der die Nutzung dieses Buches erleichtert.

Wer beispielsweise eine schriftliche Unterrichtsvorbereitung ausar-
beiten muß, der kann zuerst zu der ,,Anleitung" in Kapitel 6 greifen;
dort wird er bei jedem Schritt durch die Rückverweise zu vorhergehenden Kapiteln, in denen die einzelnen Planungsaufgaben dargestellt werden, geleitet.

Wer seine Unterrichtsvorbereitung verbessern will, der kann sich aus dem Inhaltsverzeichnis die ihn interessierenden Planungsaufgaben und Lösungsvorschläge des Teils B heraussuchen; er kann aber auch die genannte „Anleitung" zur Ausarbeitung einer schriftlichen Unterrichtsvorbereitung gleichsam als Inhaltsverzeichnis verwenden, um die Lösungsvorschläge zu finden.

Wer Unterrichtsplanung lehren muß, der wird sich auch mit den theoretischen Grundlagen des hier entwickelten Modells beschäftigen wollen; diese werden in Teil A ausgeführt. Doch sollte der Kreis der Nutzer dieses Teils nicht so eng gezogen werden. Denn in diesem Teil wird *jedem* Leser Einblick in den theoretischen Hintergrund eröffnet. Wie wollen nämlich den Eindruck vermeiden, als seien diese theoretischen Voraussetzungen eine Art „Geheimwissenschaft" und dadurch der Kritik nicht zugänglich. (Weitere Hinweise für die Nutzung enthalten die Einleitungen zu den Teilen B, S. 87, und C, S. 230.)

Mit diesen Hinweisen ist der Aufbau des Buches bereits angedeutet. Hervorzuhebendes Merkmal ist die Trennung in Studien- und Anwendungsteil (Teil B und C), die eine variable Nutzung ermöglicht, ferner die Voranstellung der theoretischen Grundlegung. Die einzelnen Teile haben demnach eine jeweils andere Zielsetzung. Dies geht auch aus folgender Übersicht über die Gliederung hervor:

A. *Grundlegung* als der Teil, in welchem der theoretische Hintergrund des Modells dargelegt wird.

B. *Studienteil,* in welchem die einzelnen Planungsaufgaben des Modells entfaltet werden. Wir haben versucht, die einzelnen Abschnitte dieses Teils in der Form von Studieneinheiten durch Beispiele und Übungen so aufzubereiten, daß der Leser sich die sieben Planungsaufgaben selber erarbeiten kann, und zwar jede Studieneinheit für sich, also nicht unbedingt im Zusammenhang mit den anderen.

C. *Anwendungsteil,* in welchem Hilfen für die Umsetzung in besonderen Verwendungssituationen gegeben werden. Dabei ist zunächst an die schriftliche Unterrichtsvorbereitung gedacht, wie sie beispielsweise bei einer Prüfungslektion verlangt wird. Freilich mag es überraschen, daß wir Studien- und Anwendungsteil voneinander getrennt haben. Dies ist mit einem Hintergedanken geschehen: Das gedanklich erfaßbare Modell der Unterrichtsplanung ist nicht identisch mit der Gliederung einer schriftlichen Unterrichtsvorbereitung. Dieser Gedanke ist nicht selbstverständlich; er wird später noch eingehend

10

begründet. Hier dient er zunächst nur zur Erklärung der genannten Trennung. Aber er macht außerdem einleuchtend, weswegen der Leser auch für andere Verwendungssituationen bei dieser Gliederung einer schriftlichen Unterrichtsvorbereitung in Kapitel 6 ansetzen kann: weil, wie bereits erwähnt, die dort ausgeführten Überlegungen (unter Stichworten wie ,,Aufgabe‘‘, ,,Schwierigkeiten‘‘, ,,Lösungshilfen‘‘ u.a.) immer wieder zum Studienteil und zu den einzelnen Planungsaufgaben leiten.

D. *Anhang* enthält die Lösungsvorschläge für die Übungen, mit denen jede Studieneinheit im Teil B beschlossen wird, und das Literaturverzeichnis.

Soweit die Übersicht. Es sei noch erwähnt, daß dieses Buch aus jahrelanger Zusammenarbeit mit Dr. Gotthard Breit und Dipl.-Päd. Hermann Harms in der Lehrerausbildung an der Technischen Universität Braunschweig erwachsen ist. Beide haben die Entstehung der vorliegenden Buchfassung kritisch und konstruktiv begleitet; ihnen gilt herfür besonderer Dank. Zu danken ist auch Frau Marianne Horstkötter und Frau Margarete Scholz für die Herstellung des satzfertigen Manuskriptes. Das Land Niedersachsen hat durch die Gewährung eines Forschungssemesters die äußeren Voraussetzungen für die Abfassung dieses Buches geschaffen.

A. Grundlegung

1. Was ist und wozu dient fachdidaktische Unterrichtsplanung?

1.1 Zur Notwendigkeit einer speziellen Theorie der Unterrichtsplanung für die Fachdidaktik

Überlegungen zur Unterrichtsplanung gelten traditionell als erziehungswissenschaftliche Aufgabe, der sich die Allgemeine Didaktik widmet. Unausgesprochen enthält diese Auffassung ein Denkmodell, welches die Beziehung zwischen Allgemeiner Didaktik und Fachdidaktik definiert. Man kann dies mit den Worten von Wolfgang Klafki beschreiben:

,,Antworten auf allgemeindidaktisch gestellte Fragen können nur unter Zuhilfenahme bereichs- und fachdidaktischer Erkenntnisse gefunden werden.''[1]

Das Denkmodell ist dasjenige von Form und Inhalt. *Form:* Das sind hier die ,,Fragen'', und man wird gleich an das alte Modell der didaktischen Analyse von Klafki erinnert, das ja aus solchen Fragen besteht. *Inhalt:* Das sind die ,,Antworten'', die fachdidaktischen Erkenntnisse, beispielsweise die Aussage über die Wahl eines Lerngegenstandes; dieser Lerngegenstand kann nur einem der Wirklichkeits- oder Denkbereiche entnommen werden, nach denen auch die Unterrichtsfächer abgegrenzt sind. Und die *Beziehung:* Die Allgemeine Didaktik gibt mit den Fragen die Form vor, welche von der Fachdidaktik mit Inhalt gefüllt wird. Fachdidaktische Unterrichtsplanung ist demzufolge die Lehre von der Anwendung allgemeindidaktischer Modelle auf den Fachunterricht.

In diesem Buch wird jedoch eine andere Auffassung vertreten. Denn bei der Anwendungs dieses Denkmodells stellen sich erhebliche Schwierigkeiten ein. Hier werden zwei angeführt.

Zum einen: In der Allgemeinen Didaktik ist bisher eine Vielzahl von Modellen oder Konzeptionen der Unterrichtsplanung entwickelt worden, so das „Berliner Modell", das „Hamburger Modell", das „Gießener Modell", ferner die Modelle von Klafki, Kunert und vielen anderen. Der Fachdidaktiker müßte sich demnach für eines von diesen entscheiden. Aber nach welchen Kriterien soll diese Entscheidung getroffen werden?

Die hierfür erforderlichen Kriterien sind etwas anderes als die genannten Modelle. Sie setzen eine Theorie dieser Planungsmodelle heraus, also eine Theorie der Theorien oder eine Metatheorie, welche die Hilfsmittel für die Wahl eines Modells liefert. Eine derartige Theorie der Unterrichtsplanung gibt es jedoch innerhalb der Allgemeinen Didaktik so gut wie nicht.[2] Welches allgemeindidaktische Modell der Fachdidaktiker oder auch der Lehrer für die Planung seines Unterrichts heranzieht, das bleibt infolgedessen mehr oder weniger dem Zufall überlassen. Das mag für viele Verwendungsarten genügen; für die Wissenschaft und für eine wissenschaftsorientierte Ausbildung bleibt dies jedoch unbefriedigend.

Eine zweite Schwierigkeit kann hier wegen der gebotenen Kürze nur angedeutet werden: Angenommen, die begründete Wahl eines allgemeindidaktischen Modells sei getroffen. Dann folgt daraus keineswegs, daß dieses Modell einfach ohne Abänderung verwendet werden könnte. Vielmehr gibt es fachdidaktische Probleme, die nicht mit den allgemein geltenden Kategorien eines solchen Modells gelöst werden können. Beispielsweise ist die Unterscheidung von Inhalten und Zielen bei der Unterrichtsplanung aller Fächer weit verbreitet, so daß man geneigt ist, fast von einer Gesetzmäßigkeit zu sprechen. Diese Unterscheidung geht im wesentlichen auf das Modell der „Berliner Schule" von Heimann/Schulz zurück. In diesem Buch werden wir diese jedoch nicht übernehmen, und zwar deswegen, weil im politischen Unterricht keine Trennung von Zielen als Lernzielen und von Zielen der Politik vorgenommen werden kann; ersteres wäre nämlich didaktisch „Ziel", das zweite jedoch „Inhalt". Ein Lerngegenstand wie „Mitbestimmung" ist jedoch Ziel und Inhalt zugleich: ein Ziel der Politik (Mitbestimmung durchsetzen) als Lerngegenstand, bei dessen Bearbeitung die Schüler Bereitschaft und Fähigkeit zur Mitbestimmung (Mitbestimmen können) erwerben. Aus diesem Grunde führen wir die Planungsaufgabe „Thematisierung" ein, welche in keinem der allgemeindidaktischen Modelle empfohlen wird. Und wir ziehen daraus die Folgerung, daß allgemeindidaktische Modelle nach fachdidaktischen Erfordernissen verändert werden müssen.

Dies sind Einwände gegen das Denkmodell, nach welchem die Allgemeine Didaktik gleichsam das Gefäß liefert, in welches nur noch fachdidaktischer Inhalt eingefüllt werden muß. Die hier vertretene andersartige Auffassung kann in folgender These zusammengefaßt werden:

Der Fachdidaktiker bezieht sich auf die Allgemeine Didaktik nicht nur, um aus ihr ein Unterrichtsplanungsmodell begründet auszuwählen, sondern er beteiligt sich auch an der Konstruktion derartiger Modelle, z.B. in der Weise einer konstruktiven Abwandlung. Allgemeine Didaktik und Fachdidaktik sind nicht in der Form der Arbeitsteilung, sondern in derjenigen der Kooperation miteinander verbunden.

Der Begriff ,,Kooperation sagt etwas über die Beziehung aus. In die Interaktionstheorie übersetzt, heißt dies: Wir halten eine symmetrische Beziehung zwischen Allgemeiner Didaktik und Fachdidaktik für erforderlich. Demgegenüber wird in der traditionellen Auffassung diese Beziehung als eine komplementäre definiert, in welcher sich die beiden Seiten entsprechend den unterschiedlichen Kompetenzen ergänzen, wobei die Allgemeine Didaktik die Federführung innehat.

Wahl und Abwandlung allgemeindidaktischer Modelle sind also theoretische und konstruktive Aufgaben des Fachdidaktikers. Daraus ergeben sich für ihn allerdings Konsequenzen. Es sind nämlich Tätigkeiten des Fachdidaktikers, an denen er den Leser teilhaben lassen muß, wenn er nicht etwas Wichtiges verschweigen will. Dem Leser wird also Theorie zugemutet. Jedoch kann man es auch positiv formulieren: Ihm wird Einblick in den theoretischen Hintergrund des Modells eröffnet. Mit folgender These soll dies gerechtfertigt werden:

Kompetenz zur Unterrichtsplanung wird nicht durch die Übernahme von Anleitungen oder Rezepten erworben, sondern durch das Erlernen der geeigneten Denkverfahren.

Denkverfahren sehen wir als dauerhaften Besitz eines Menschen an. Wir wollen daher dieses Buch so verstanden wissen, daß in ihm versucht wird, Lernaufgaben vorzubereiten, die sowohl von dem in der Ausbildung stehenden angehenden als auch von dem in der

Berufspraxis tätigen Lehrer bearbeitet werden können, — weil nämlich das Erlernte nicht nur für die Prüfung dienlich ist, sondern auch für die alltägliche Unterrichtsvorbereitung verwendet werden kann. Eine solche Erwartung hegt gewiß jeder Autor, welcher Ratschläge für die Planung von Unterricht gibt. Mancher wird dies als bloßes Versprechen auffassen. Denn es wird darin etwas über das Theorie-Praxis-Verhältnis in der Didaktik und im schulischen Alltag gesagt. Worte wie ,,bloße Theorie" oder ,,graue Theorie" kennzeichnen eine verbreitete Skepsis gegenüber dem Nutzen von didaktischer Theorie für den Berufsalltag. Weil diese Skepsis ein Hindernis auf dem Wege eines tieferen Eindringens in die theoretischen Hintergründe sein kann, welche im Teil A dargelegt werden sollen, beginnen wir im folgenden mit diesem Problem.

Literatur:

1   Wolfgang Klafki: Zur Unterrichtsplanung im Sinne kritisch-konstruktiver Didaktik. In Eckard König u.a. (Hg.): Diskussion Unterrichtsvorbereitung. Verfahren und Modelle, München: Fink 1980, S. 25.
2   Vgl. *Walter Gagel:* Zum Verhältnis von Allgemeiner Didaktik und Fachdidaktik des politischen Unterrichts. Zeitschrift für Pädagogik 29 (1983), H. 4, S. 576. — Ansätze einer solchen Theorie der Unterrichtsplanung bietet m.W. nur Harald Geißler: Modelle der Unterrichtsmethode, 2. Aufl., Stuttgart 1979, S. 194 - 200; ders. (Hg.): Unterrichtsplanung zwischen Theorie und Praxis. Unterricht von 1861 bis zur Gegenwart, Stuttgart: Klett 1979. (siehe unten S. 31)

Allgemein:

Walter Gagel: Zum Verhältnis von Allgemeiner Didaktik und Fachdidaktik des politischen Unterrichts. Z. f. Päd. 29 (1983), S. 563ff.

1.2 Zum Praxisbezug

1.2.1 Der Gegensatz von Theorie und Praxis

Was ist mit dem Theorie-Praxis-Problem bei der Unterrichtsvorbereitung gemeint? Eine Antwort ist schnell bei der Hand: Didaktische Theorie ist all das, was im Alltag der Schule nicht vorkommt. Bekannt sind ja Bemerkungen wie solche, mit denen angehende Lehrer in ihrer ersten Ausbildungsschule empfangen werden: ,,Jetzt vergessen Sie erst einmal alles, was Sie in der Uni gelernt haben." Hilbert Meyer hat dieses Bündel von abwehrenden Meinungen in dem Wort von den ,,Feiertagsdidaktiken" zusammengefaßt.[1] Er charakterisiert damit die gebräuchlichen didaktischen Modelle der Unterrichtsplanung von Schulz, von Klafki und anderen. Es sind diejenigen, nach denen zukünftige Lehrer ausgebildet werden und welche als Muster für die schriftliche Unterrichtsvorbereitung vor allem der Prüfungslehrproben dienen.

Dieses Wort enthält eine Aussage über das Theorie-Praxis-Verhältnis: Didaktische Theorien sind etwas für den ,,Feiertag" oder — wie wir sagen werden — für den ,,Prüfstand"; für den ,,Alltag" sind sie unergiebig. Den Examenskandidaten wird etwas abverlangt, was mit der eigentlichen Schulpraxis nichts zu tun hat.

Zustimmung erhält dieses Urteil, weil es die Erlebnisse bestätigt, die viele Lehrer in ihrer Ausbildung gemacht haben. Aber das besagt nicht, daß es auch allgemein gelten muß. Derartigen Erlebnissen ist ja nur zu entnehmen, daß jemand mit Modellen der Unterrichtsplanung negative Erfahrungen gemacht hat. Unzulässig ist es jedoch, daraus zu folgern, daß Theorie unter allen Umständen nichts für die Praxis leisten könne.

Aus diesem Grunde soll hier das Problem von einer anderen Seite her angegangen werden. Wir bestreiten nicht, daß es Schwierigkeiten bei der Verwendung von didaktischer Theorie im ,,Alltag" gibt. Jedoch suchen wir nach einer Problemlösung, und daher stellen wir die Frage:

Wie muß eine Konzeption der Unterrichtsplanung beschaffen sein, die sowohl für den ,,Prüfstand" als auch für den ,,Alltag" eine Bedeutung hat?

19

Eine Lösung soll hier in zwei Richtungen gesucht werden:

— einmal, indem wir den Begriff ,,Planung" klären,
— zum anderen, indem wir nach einer Verbindung von ,,Prüfstand" und ,,Alltag" suchen und diese im ,,Denken von Lehrern" zu finden glauben.

Literatur:

1 *Hilbert Meyer*: Leitfaden zur Unterrichtsvorbereitung, Königstein: Skriptor 1980, S. 181.

Einblicke in die 2. Phase der Lehrerausbildung geben

Rainer Angermann: Zur Problematik von Unterrichtsgestaltung und -auswertung im Vorbereitungsdienst für Lehrer. In: Die Deutsche Schule 1983, H. 4, S. 322 - 328.
Gerhard Kallweit: Vom Umgang mit ,,Feiertagsdidaktik" in der II. Phase der Lehrerausbildung. In: Die Deutsche Schule 1983, H. 4, S. 329 - 335.
Eine grundsätzliche Auseinandersetzung mit dem Vorwurf der ,,Feiertagsdidaktiken" bietet das darauf bezogene Themenheft Pädagogische Rundschau, Jg. 39 (1985) H. 1, mit Beiträgen von W. Klafki, E.E. Geißler, W. Schulz u.a.
Die alltägliche Unterrichtsvorbereitung behandelt das Themenheft ,,Unterrichtsvorbereitungen", Westermanns Pädagogische Beiträge, Jg. 37 (1985) H. 10.

1.2.2 Unterrichtsplanung: Eine begriffliche Klärung

Eine Klärung des Begriffs ,,Planung" ist deshalb erforderlich, weil er im didaktischen Zusammenhang mit Vorstellungen befrachtet ist, die seine Verwendung erschweren. Keiner wird bezweifeln, daß Unterricht vorbereitet werden muß. Gebraucht man jedoch das Wort Unterrichts*planung*, dann weckt dies sofort den Gedanken an detailliertes Vorausdenken der Unterrichtsschritte und an die Festlegung des Unterrichtsverlaufs, man denkt ferner an die schriftliche Unterrichtsvorbereitung, den ,,Plan", meist in der ausführlichen Form, wie er in der Ausbildung für den ,,Prüfstand" verlangt wird.

Dies alles aber sind nur die ,,Erscheinungen", welche nicht das ,,Wesen" dieses Begriffes treffen. Der Bedeutungskern von Planung ist in etwas anderem zu sehen. Durch diesen Begriff wird nämlich ein gedanklicher Vorgang bezeichnet, der auf die Zukunft gerichtet ist.

Er hat eine bestimmte Struktur, und wir kennzeichnen diese mit Niklas Luhmann als ,,reflexiven Prozeß". Damit ist gemeint, daß beim Planen ein Prozeß ,,zweimal zum Zuge kommt"; und diese Doppelung besteht nach Luhmann im ,,Entscheiden über Entscheidungen". Er definiert:

> ,,Beim Entscheiden über Entscheidungen, also beim Planen, ist es wesentlich, daß zwar einerseits schon bindende Planentscheidungen getroffen werden, daß diese Entscheidungen aber nicht das spätere Entscheiden erübrigen oder inhaltlich vollständig determinieren, sondern mehr oder weniger offenlassen, so daß nochmals entschieden werden muß. Eine Planung beschränkt sind, mit anderen Worten, auf die Festlegung von Entscheidungsprämissen für spätere Entscheidungen. Sie strukturiert spätere Entscheidungssituationen mehr oder weniger stark, nimmt aber die konkreten Entscheidungen über Handlungen nicht vorweg."[1]

Der Kerngedanke: Durch Planung wird eine spätere Entscheidungssituation in der Weise überschaubar gemacht, daß die ,,Prämissen" der Entscheidungen festgelegt werden. Übertragen auf den Unterricht bedeutet dies: Unterrichtsplanung hat nicht den Zweck, einen Plan im Sinne eines ,,Programms" auszuarbeiten, damit im Unterricht die ,,Ausführung" erfolgen kann. Vielmehr haben beide Situationen, also diejenigen des ,,Planens" und des ,,Unterrichtens", gemeinsam, daß in beiden Entscheidungen getroffen werden. In der ersten Situation sind es die ,,Prämissen", über die entschieden wird. Durch sie wird für den künftigen Unterricht ein Handlungsrahmen festgelegt (,,Entscheidungen über Entscheidungen"). Im Unterricht werden danach anhand dieser Prämissen erneut Entscheidungen getroffen, nur daß die Zahl der zur Auswahl stehenden Alternativen drastisch reduziert ist. Diese Reduzierung der Vielfalt (nach Luhmann: Strukturierung) erleichtert dem Lehrer das Handeln im Unterricht und macht somit erst ,,die konkreten Entscheidungen über Handeln" möglich.

Planung meint also etwas sehr Einfaches: Der Lehrer überlegt: Was will ich eigentlich in der bevorstehenden Unterrichtsstunde? Und: Wie kann ich es erreichen? Er legt Thema und Ziel der Stunde fest und wählt geeignete Verfahren, also Methoden. Dies sind die Prämissen. Im Unterricht muß er nun flexibel reagieren, wobei ihm die Prämissen als Kompaß dienen.

Daraus folgt: Der Plan ist weder ein ,,Fahrplan", noch ein ,,Programm", er muß auch nicht schriftlich ausgearbeitet sein. Der Plan ist lediglich die Gesamtheit der ,,Prämissen", die jeder Lehrer sich zurechtlegt, der sich Gedanken über den bevorstehenden Unterricht macht.

Infolgedessen hat der „Plan" zwei Merkmale: Er ist ein gedankliches Gebilde, und er besitzt eine handlungsleitende Funktion. Folgt man der Definition Luhmanns, so kann man den Plan als ein kognitives Schema verstehen, welches sich der Lehrer erarbeitet, damit er in der Unterrichtssituation zielbezogene Entscheidungen treffen kann, trotz wechselnder und nicht vorhersehbarer Umstände. Die Planung ist somit eine Anleitung zur Praxis.

Auf die hier verwendete Definition von Planung und deren kognitionspsychologischer Deutung legen wir deshalb so großen Wert, weil durch dieses Verständnis der Gegensatz zwischen „Prüfstand" und „Alltag" unterlaufen werden kann. Denn diese Definition trifft auf jedes Planungsverhalten zu, infolgedessen auch gleichermaßen auf die beiden idealtypisch voneinander abgegrenzten Verwendungssituationen. Der „Prüfstand" unterscheidet sich vom „Alltag" ja lediglich hinsichtlich des Planungsaufwandes, abzulesen an der schriftlichen und überdies ausführlichen Unterrichtsvorbereitung. Daraus folgt, daß sich diese beiden Verwendungssituationen vor allem hinsichtlich des *Produktes* unterscheiden, aber nicht hinsichtlich der Struktur des *Denkvorganges*, welcher das Produkt hervorbringt.

Als Ergebnis kann deshalb festgehalten werden:

> Unterrichtsplanung ist ein mentaler Vorgang, in welchem der Lehrer Entscheidungen über die Prämissen trifft, die als Absichten sein Handeln im Unterricht leiten. Die Gesamtheit der Prämissen ist der Plan, der somit den Rahmen des künftigen Unterrichts bildet, welchen der Lehrer durch situative Entscheidungen variabel füllt oder auch verändert.

Literatur:

1 *Niklas Luhmann*: Politische Planung. Aufsätze zur Soziologie von Politik und Verwaltung, 2. Aufl., Opladen: Westdt. Verlag 1975, S. 67f.

22

1.2.3 Das ,,Denken von Lehrern"

Die Gemeinsamkeit von ,,Prüfstand" und ,,Alltag" liegt darin, so hatten wir gesagt, daß für beide Verwendungssituationen Unterrichtsplanung als mentaler Vorgang dieselbe Denkstruktur erfordert. Für beide Verwendungssituationen entwirft der Lehrer einen ,,Plan" in dem Sinne, daß dieser ,,die Gesamtheit der Prämissen künftigen Unterrichts" enthält.

Wer sich jedoch an die Praxis der Unterrichtsvorbereitung im Schulalltag erinnert, wird sich gewiß gegen diese Behauptung sträuben. ,,Gesamtheit der Prämissen": Diese abstrakte Formulierung erinnert zu sehr an die differenziert ausgearbeitete schriftliche Unterrichtsvorbereitung, welche in der Ausbildung verlangt wird, nicht aber an die ,,Spickzettel-Didaktik" des routinierten Lehrers. Im Alltag wenden die Lehrer meistens Strategien des ,,Sich-Durchwurstelns" an,[1] und diese reduzieren die Unterrichtsvorbereitung drastisch.

Dieser Einwand kann durch ein Beispiel aus der Ausbildung noch verstärkt werden. Eines der am weitesten verbreiteten Planungsmodelle war oder ist noch das Modell der ,,Berliner Schule". Zur ,,Strukturplanung" des Unterrichts empfahl Wolfgang Schulz die Beachtung folgender Aspekte, welche er in einer Reihenfolge aufzählte:

a) antropogene Voraussetzungen
b) sozialkulturelle Voraussetzungen
c) Intentionen
d) Themenfolge
e) methodische Schwerpunkte
f) bevorzugte Medien.[2]

Diese Strukturplanung soll dann durch die Verlaufsplanung vervollständigt werden.

Mancher wird hier das Gliederungsschema wiedererkennen, das er in der Ausbildung verwendet hat oder verwendet, möglicherweise auch in gewisser Abwandlung. Das Wort ,,Gliederungsschema" wird deshalb hier benutzt, weil die Aufzählung bei Schulz nahelegt, sie als Leitfaden zu verwenden, also in der Weise, daß der Lehrer in der Reihenfolge der Punkte a) bis f) die jeweiligen didaktischen Bedingungen oder Entscheidungen notiert. Das ist die verbreitete Praxis geworden.

So verstanden, hat der Denkvorgang der Unterrichtsplanung folgende Beschaffenheit: Er ist eine Abfolge von Denkschritten nach einer vorgegebenen Regel. Das aber bestätigt nur den Einwand: Für den

,,Prüfstand" mag das üblich sein, im ,,Alltag" ist aber die Erfüllung eines solchen Planungsschemas nicht zu erwarten.

Das ,,Berliner Modell" dient hier nur als Beispiel; es könnten auch andere der allgemeindidaktischen Modelle der Unterrichtsplanung herangezogen werden.

Dieser Bewertung liegt allerdings ein Mißverständnis zugrunde. Trotz der Verwendung des Begriffs ,,Strukturplanung" hat der Autor mit der Aufzählung der Punkte a) bis f) nicht die Planung beschrieben, dessen schriftliche Aufzeichnung ja nur in einer Abfolge geschehen kann. Sieht man jedoch davon ab, daß diese Aufzählung als Leitfaden und Gliederung benutzt wird und geht man auf die ursprüngliche Funktion zurück, dann läßt sich feststellen: Mit den Buchstaben werden Strukturelemente des Unterrichts aufgezählt; die erforderlichen didaktischen Entscheidungen sind nichts anderes als die ,,Prämissen" in dem Wortgebrauch von Luhmann; es sind also die Sparten, in denen während der Unterrichtsvorbereitung die ,,Entscheidungen über Entscheidungen" getroffen werden. Wer die Sparten füllt, gewinnt die ,,Gesamtheit der Prämissen" — also den Plan.

Wir wiederholen daher nochmals das Merkmal: daß nämlich der Plan ein gedankliches Gebilde ist, dessen schriftliche Fassung nur eine Sonderform darstellt. Der Unterrichtsplan als Ergebnis des Nachdenkens ist nicht das Abbild des zukünftigen Unterrichts, sondern die ,,Dokumentation der Vorstellung der Unterrichtsstunde".[3] Diese Vorstellung kann mehr oder weniger differenziert ausgearbeitet sein, der Lehrer kann auch ein mehr analytisches (Unterscheidung der Elemente) oder ein mehr ganzheitliches (intuitiver Zusammenhang) Bild von der Stunde haben. Die Vorstellung kann im Gedächtnis des Lehrers verbleiben oder schriftlich in kurzer oder langer Fassung niedergelegt sein. Gleich bleibt in jedem Fall die Funktion: Die ,,Vorstellung der Unterrichtsstunde", also der Plan, leitet das Handeln im Unterricht, er hat eine handlungsleitende Funktion.

Aus diesen Überlegungen ist unsere Absicht zu entnehmen. Wir suchen nach Vorschlägen für die fachdidaktische Unterrichtsplanung, indem wir von Verwendungssituationen absehen und fragen, wie das ,,Denken von Lehrern bei der Vorbereitung von Unterricht"[4] beschaffen ist.

Zur Erläuterung: Das ,,Denken von Lehrern" kann einmal *empirisch* erhellt werden. Dazu gehört eine Aussage wie: ,,Lehrer denken in Kategorien von Inhalten und

Schüleraktivitäten weit mehr als in Kategorien von Lehr- und Lernzielen."[5] Eine *theoretische* Erhellung dieses Denkens setzt eine Theorie des Denkens voraus. Dies trifft auch auf folgenden Satz zu: Unter Handlungsplan „verstehen wir die Struktur und den Inhalt von Informationen, die zur Durchführung der Handlung erforderlich sind und vor und während der Handlung kognitiv verarbeitet werden".[6] Eine *Verbindung* von empirischer und theoretischer Erforschung ist in dem folgenden Zitat enthalten; diese Beschreibung des Planverhaltens ist durch teilnehmende Beobachtung gewonnen worden:

„Routiniertes Planungsverhalten von Lehrern zeichnet sich dadurch aus,

— daß es nicht linear der Ziel-, Inhalts- und Methodenkette folgt, sondern problem- und aufgabenbezogen *ganzheitlich* verläuft;
— daß es *spiralförmig* alternative Problemlösungen immer wieder durchdenkt, verwirft und schließlich auswählt;
— daß es auf *mittlerem Abstraktionsniveau* verbleibt und situationsspezifische Entscheidungen offenläßt;
— und daß es die Zielentscheidungen überwiegend *implizit* und nicht operationalisiert trifft."[7]

Das letzte Zitat enthält eine unseres Erachtens treffende Beschreibung des Planungsdenkens, aber nicht lediglich desjenigen der Alltagsroutine, sondern des Denkens unabhängig von der Verwendungssituation; des Denkens also, das erst zu dem Produkt, dem Plan als Vorstellung oder als schriftliche Ausarbeitung führt. Theoretisch ist auch diese Beschreibung, weil in ihr die Struktur des Denkens erfaßt wird, und zwar durch die Begriffe „ganzheitlich", „spiralförmig", die Abstraktionsstufe und die Impliziertheit, die auch schon durch Ganzheitlichkeit getroffen wäre. Alles in allem wird hier ausgesagt, daß bei der Unterrichtsplanung das Denken nicht linear, sondern zirkulär und vernetzt abläuft, daß es ein problemlösendes Denken ist und kein Entlangtasten an einem Leitfaden.

Auch mit diesen Überlegungen haben wir versucht, den Gegensatz von „Prüfstand" und „Alltag" zu unterlaufen, um den Praxisbezug des beabsichtigten Konzeptes fachdidaktischer Unterrichtsplanung einleuchtend zu machen. Wir halten uns daher an das „Denken von Lehrern", und das meint: Wir versuchen, ein Unterrichtsplanungskonzept entlang den Regeln des Denkens zu entwickeln. Dazu ist es dann erforderlich, eine Theorie des Denkens als Bezugstheorie einzuführen. Das geschieht unten in Kap. 2.

An dieser Stelle soll die Absicht zusammengefaßt werden:

Wenn eine Konzeption der Unterrichtsplanung sowohl für den ,,Prüf-
stand'' als auch für den ,,Alltag'' Bedeutung haben soll, dann muß sie sich
nicht auf eine Verwendungssituation, sondern allgemein auf das Denken
von Lehrern richten. Dadurch soll erreicht werden:
— die Geltung für ,,Prüfstand'' und ,,Alltag'',
— die Lehrbarkeit, weil eine Denkstruktur vermittelt wird,
— die Verbindung von Theorie und Praxis.

Literatur:

1   *Will Lütgert*: Was leisten die Modelle der allgemeinen Didaktik? In: Neue Samm-
    lung 21 (1981), S. 584.
2   *Wolfgang Schulz* in Paul Heimann, Gunter Otto, Wolfgang Schulz: Unterricht.
    Analyse und Planung, 10. Aufl., Hannover: Schroedel 1979, S. 46. *M. Gebauer*
    u.a. stellen es als ,,Ablaufschema'' dar; s. M. Gebauer u.a.: Theorie der Unter-
    richtsvorbereitung — eine handlungstheoretische Begründung, 2. Aufl., Stutt-
    gart: Klett 1979, S. 63 f.
3   *M. Gebauer* u.a.: Praxis der Unterrichtsvorbereitung — ein Studienbuch, 2.
    Aufl. Stuttgart: Klett 1979, S. 85.
4   So der Titel der Untersuchung von *Rainer Bromme*: Das Denken von Lehrern bei
    der Vorbereitung von Unterricht. Eine empirische Untersuchung zu kognitiven
    Prozessen von Mathematiklehrern, Weinheim: Beltz 1981.
5   Zit. bei *Lütgert* (Anm. 1), S. 585.
6   *Rainer Bromme, Falk Seeger*: Unterrichtsplanung als Handlungsplanung, Königs-
    tein: Scriptor 1979, S. 6. Die Autoren verfolgen einen ähnlichen Ansatz wie der
    hier zu entwickelnde.
7   *Hilbert Meyer*: Aneignungsschwierigkeiten didaktischen Theoriewissens. In:
    Westermanns Pädagogische Beiträge 35 (1983), S. 61 - 71; hier: S. 65.

1.3 Der Beitrag der Allgemeinen Didaktik und der Fachdidaktik

1.3.1 Alternative Ausgangspunkte

Die Frage, ob man von der Allgemeinen Didaktik oder der Fachdidaktik ausgehen solle, wenn man nach Vorschlägen für eine fachdidaktische Unterrichtsplanung sucht, hat nur scheinbar eine Ähnlichkeit mit dem Paradox vom Ei und der Henne. Der Ausgangspunkt ist wichtig, weil er eine Vorentscheidung beinhaltet, welche das Endergebnis nachhaltig prägen kann.
Zwei Positionen stehen einander gegenüber.

Die eine, von Klafki vertretene, wurde schon erwähnt. Er sagt, daß ein allgemeindidaktisches Konzept die ,,Dimension der bereichs- und fachdidaktischen Konkretisierung nicht überspringen kann". Jedoch dann präzisiert er: ,,Die allgemeindidaktischen Fragedimensionen werden mit dem Anspruch formuliert, daß sie auch für die bereichs- und fachdidaktischen Überlegungen verbindlich sind."[1] Klafki plädiert demnach für eine eindeutige Vorordnung der Allgemeinen Didaktik gegenüber der Fachdidaktik, ohne daß Korrekturmöglichkeiten durch Rückmeldungen grundsätzlich ausgeschlossen wären.
Die andere Position vertritt Achtenhagen. Er hält eine generelle ,,Theorie der Fachdidaktik" für möglich. Er wendet sich damit gegen die Form der Arbeitsteilung, nach welcher die Allgemeine Didaktik ,,den für alle Fächer gemeinsamen Bereich" behandelt und die Fachdidaktik ,,die jeweiligen inhaltlichen Ausprägungen" vorbehalten werden.[2] Freilich hat auch Achtenhagen Mühe, diese Theorie der Fachdidaktik von der Allgemeinen Didaktik abzugrenzen.

Gegen den Ausschließlichkeitsanspruch einer Theorie der Fachdidaktik ist einzuwenden, daß Unterricht eine generelle Struktur hat, welche in allen Schulfächern gleich ist, und daß dies auch für die Tätigkeit des Lehrers bei der Unterrichtsvorbereitung gilt. Dies erfordert eine grundsätzliche, normbezogene und strukturerhellende Besinnung auf Lehren und Lernen. Gegen eine Vorordnung der Allgemeinen Didaktik ist hingegen einzuwenden, daß dieses Lehren und Lernen immer in durch spezifische soziale und inhaltliche Bezüge geprägten Lernsituationen stattfindet, welche mindestens die Vielfalt der Unterrichtsfächer widerspiegeln. Von den Lerngegenständen und fachspezifischen Intentionen gehen Postulate aus, die sich an die Allgemeine Didaktik zurückwenden, weil sie deren an sich ja generell gedachten ,,Fragedimensionen" verändern.

27

Wir selber werden daher die Beziehung zwischen beiden anders bestimmen, als dies in den beschriebenen Positionen geschehen ist. Wir sehen diese Beziehung als eine Verzahnung an, welche die Wirkung hat, daß Fragedimensionen der Allgemeinen Didaktik von der Fachdidaktik aufgenommen, aber auch verändert und ergänzt werden, und das schließt die Möglichkeit, daß ein allgemeindidaktisches Konzept der Unterrichtsplanung als fachdidaktisches erheblich verändert wird, nicht aus.

Das besagt jedoch nichts über den Ausgangspunkt der hierbei erforderlichen theoretischen Arbeit. Wir meinen damit die Frage, wo unser Arbeitsprozeß seinen Anfang gehabt hat, wo die Vorarbeiten angesetzt haben. Wenn wir feststellen, daß diese Vorarbeiten mit einer Prüfung der allgemeindidaktischen Konzepte der Unterrichtsplanung begannen, so wird die methodische Absicht erkennbar: Die Allgemeine Didaktik wird von uns als Ressource angesehen, die Vorschläge anbietet und aus der Anregungen aufgegriffen werden können. Insofern wird auch von uns ihre Funktion, nämlich die Zuständigkeit für das „Allgemeine" (des Unterrichts, der Planung) nicht in Zweifel gezogen. Die Entwicklung eines fachdidaktischen Konzeptes der Unterrichtsplanung erfolgt unter allgemeindidaktischem Ansatz.

Daraus ergeben sich Konsequenzen. Wenn die Fragedimensionen verändert werden, wie erwähnt wurde, dann bedeutet dies, daß der Fachdidaktiker sich auf die Ebene allgemeindidaktischer Reflexion einläßt. Die Grenzen zwischen Fachdidaktik und Allgemeiner Didaktik werden fließend. Das ist z.B. daran zu erkennen, daß die neuen oder veränderten Fragedimensionen (oder Kategorien) eines zu entwickelnden Konzeptes für die fachdidaktische Unterrichtsplanung durchaus verallgemeinerbar sein, also Eignung für die Allgemeine Didaktik aufweisen können. Wir haben die Planungsaufgabe „Thematisierung", die als derartige Fragedimension zu gelten hat, als Beispiel schon erwähnt. Als Planungsaufgabe gehört sie in dem im folgenden zu entwickelnden Konzept zu den grundlegenden Kategorien. Auch wenn ihre Aufgabe hier nur fachdidaktisch einleuchtend gemacht werden kann, so ist damit durchaus auch die Möglichkeit einbeschlossen, daß sie in Konzepten anderer Fächer Verwendung finden könnte.

Wir können damit das methodische Vorgehen folgendermaßen kennzeichnen:

> Die Entwicklung eines fachdidaktischen Konzeptes der Unterrichtsplanung erfolgt hier unter allgemeindidaktischem Ansatz. Kooperation bedeutet, daß der Fachdidaktiker sich an der Konstruktion von Modellen der Unterrichtsplanung beteiligt. Daraus ergibt sich als methodisches Vorgehen: Prüfung allgemeindidaktischer Konzeptionen, Auswahl und Modifikation aufgrund von fachdidaktischen Intentionen, Ausdifferenzierung und Konkretisierung der Konzeption auf der Ebene fachdidaktischer Unterrichtsaufgaben.

Literatur:

1 *Wolfang Klafki*: Zur Unterrichtsplanung im Sinne kritisch-konstruktiver Didaktik. In ders.: Neue Studien zur Bildungstheorie und Didaktik. Beiträge zur kritisch-konstruktiven Didaktik, Weinheim: Beltz 1985, S. 209.
2 *Frank Achtenhagen*: Theorie der Fachdidaktik. In: Handbuch Schule und Unterricht, hrsg. von Walter Twellmann, Bd. 5.1, Düsseldorf: Schwann 1981, S. 275 ff.

Zum Verhältnis Allgemeiner Didaktik und Fachdidaktik vgl. auch das Themenheft der Zeitschrift für Pädagogik 29 (1983), Heft 4, mit Beiträgen von Otto, Ingendahl, Gagel, Legler und Keitel.

1.3.2 Der Anteil der Fachdidaktik des politischen Unterrichts

Was kann die Fachdidaktik zur Entwicklung eines Konzeptes der Unterrichtsplanung beitragen? Die Antwort folgt aus der obigen Beschreibung des methodischen Vorgehens: Die Fachdidaktik definiert ihre spezifischen Intentionen, diese sind der Maßstab für die Modifikation des gewählten allgemeindidaktischen Konzeptes und bewirken dadurch eine Veränderung oder eine Ergänzung.

Die Fachdidaktik beansprucht demnach bei der Entwicklung einer Konzeption für die Unterrichtsplanung ein erhebliches Mitspracherecht; nach unserer Auffassung wird das Verhältnis zwischen Allgemeiner und Fachdidaktik als Kooperation zwischen beiden bestimmt. Diese Auffassung ist jedoch in der Literatur zur fachdidaktischen Unterrichtsplanung mit einer Ausnahme bisher nicht vertreten worden.

Die Planungsvorschläge, die für den politischen Unterricht entwickelt worden sind, stellten in einer ersten Phase eine Rezeption allgemeindidaktischer Modelle dar. Hornung empfahl die Kategorien der alten didaktischen Analyse Klafkis ohne Abänderungen.[1] Die von mir vorgeschlagenen „Kategorien der didaktischen Analyse" waren eine Kombination von Klafkis didaktischer Analyse und dem Berliner Modell von Heimann und Schulz, wobei letzteres bevorzugt wurde.[2] Fachdidaktische Elemente wurden hier lediglich in dem dort ebenfalls entwickelten Schema des Unterrichtsverlaufs berücksichtigt. In einer folgenden Phase findet dann eine fast völlige Lösung von der Allgemeinen Didaktik statt; in den 70er Jahren wurde die Entwicklung der allgemeindidaktischen Diskussion nicht mehr zur Kenntnis genommen. Daraus ergab sich eine immer stärker werdende fachdidaktische Akzentuierung bei den Überlegungen zur Unterrichtsplanung. Sutor übernahm von Klafki nur den Grundgedanken der kategorialen Bildung und übertrug ihn so, daß bei ihm die Sachanalyse an die Stelle der didaktischen Analyse trat.[3]

George entwickelte ein pragmatisches Konzept des schrittweisen Vorgehens bei der Planung des politisch-sozialwissenschaftlichen Unterrichts ohne Bezug zur Allgemeinen Didaktik.[4] Erst Claußen orientierte sich wieder an der Allgemeinen Didaktik, indem er für die Unterrichtsplanung im Fach Politik Fragen einer „didaktisch-methodischen Analyse" entwickelte.[5] Trotz Kenntnis von Klafkis neuer Konzeption griff Claußen dabei auf Klafkis alte didaktische Analyse zurück, welche der Form nach in dem fachdidaktischen Fragenkatalog deutlich wiederzuerkennen ist. Claußen nahm inhaltlich jedoch einige Änderungen vor; Klafkis Gegenwarts- und Zukunftsbedeutung wurde von Claußen uminterpretiert als Bedeutung für Persönlichkeitsdimensionen und Genese der Lernenden, die zugleich in Verschränkung mit der Gesellschaft gesehen werden. Eine wichtige Neuerung Klafkis hat Claußen nicht übernommen. Klafkis neues Modell zeichnet sich dadurch aus, daß didaktische und methodische Reflexion miteinander verbunden ist, während sich Claußen, wie der frühere Klafki, auf die spezifisch „didaktische" Analyse, also die Ermittlung des Bildungsgehaltes, beschränkt.

Bisher galt als Verfahrensweise demnach fast ausschließlich die Übernahme allgemeindidaktischer Kategorien ohne wesentliche Veränderung; fachdidaktische Unterrichtsplanung war die Lehre von der Anwendung allgemeindidaktischer Modelle. Nur Claußen hat das andere Verfahren angewendet, das auch von uns bevorzugt wird, ohne daß wir den Fragenkatalog Claußens übernehmen wollen: also Veränderung und Weiterentwicklung einer allgemeindidaktischen Konzeption nach fachdidaktischen Erfordernissen.

Die Notwendigkeiten der Modifikation im einzelnen ergibt sich a) aus der Zieldimension und b) aus der Inhaltsdimension des politischen Unterrichts. Was die *Zieldimension* anbelangt, so wählen wir eine pragmatische und weniger ideologisch-normativ aufgeladene Zielbeschreibung des politischen Unterrichts, um den kontroversen Bereich der Diskussion um die Ziele des politischen Unterrichts zu vermeiden.

Ziele des politischen Unterrichts sind, wie früher ausgeführt wurde[6], sozialwissenschaftliche Bildung und politische Bildung. Politische Bildung bezieht sich dabei auf politisches Verhalten; sie hat zur Aufgabe, die Voraussetzungen für wünschbare, d.h. mit Normen einer demokratischen politischen Kultur zu vereinbarenden, Verhaltensweisen auf dem Felde der Politik zu schaffen. Dazu wurden als Lernziele formuliert: 1. Eigenes politisches Handeln als wünschenswert ansehen lernen. 2. Demokratische Verhaltensweisen als Werte anerkennen lernen. 3. Interesse für öffentliche Aufgaben gewinnen.

Hervorzuheben ist, daß es sich hierbei um eine *fachdidaktische* Zielbeschreibung handelt. Man kann diese Ziele auch noch auf allgemeinere Lern- und Erziehungsziele beziehen, so z.B. auf die von Wolfgang Schulz für Lernen allgemein genannten Ziele: Kompetenz, Autonomie und Solidarität.[7] In der fachdidaktischen Zielbeschreibung sind diese allgemeineren Ziele bereits auf den für das Fach kennzeichnenden Sachbereich bezogen, nämlich auf das Handlungsfeld des Politischen.

In der *Inhaltsdimension* bewirkt der Sach- und Gegenstandsbereich des Politischen die Modifikation allgemeindidaktischer Kategorien. Folgende Merkmale des Politischen haben Einfluß auf die didaktische Gestaltung des politischen Unterrichts: sein Aufgabenbezug, die Konflikthaftigkeit, die Notwendigkeit, Entscheidungen angesichts von Alternativen zu treffen, und die Tatsache, daß der politische Prozeß immer einen meist sehr unterschiedlichen Bezug zu Beteiligten und Betroffenen hat, woraus sich kontroverse Interessen ergeben. Diese Merkmale müssen auch in die Planungsüberlegungen einfließen.

Ein fachdidaktisches Konzept für die Unterrichtsplanung hat demzufolge zwei Quellen: Allgemeine Didaktik und Fachdidaktik. In Abb. 1 wird veranschaulicht, wie aus dieser doppelten Herkunft die Entstehung einer solchen Konzeption gedacht werden kann. Da wir die Konzeption selbst erst später inhaltlich füllen können, wird sie durch das Rechteck nur symbolisch angedeutet. Durch die unterschiedlich langen, von links oder rechts herkommenden waagerechten Striche wird ausgesagt, daß die aus den beiden Quellen stammenden Kategorien bei der Bildung der Konzeption oder des Modells verschiedene Reichweiten haben können. Damit ist gemeint, daß die fachdidaktischen Kategorien auch die generell gültigen und daher allgemeindidaktischen Bestandteile einer solchen Konzeption prägen können.

Abb. 1: Quellen einer fachdidaktischen Konzeption der Unterrichtsplanung

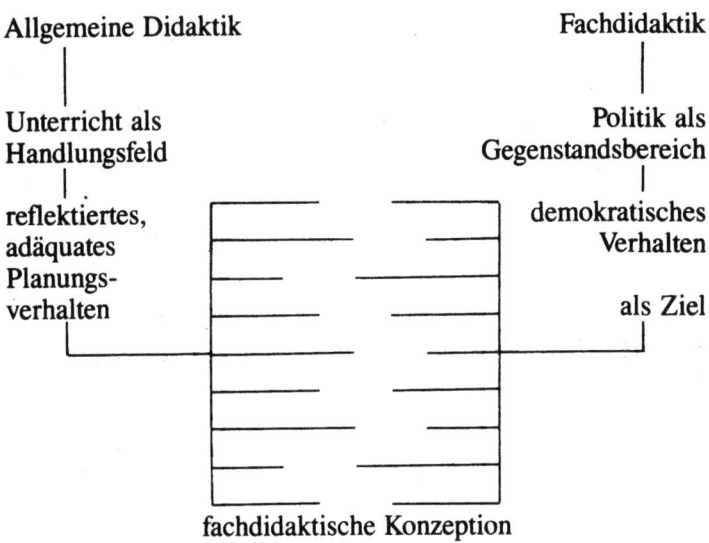

Allgemeine Didaktik   Fachdidaktik

Unterricht als
Handlungsfeld

reflektiertes,
adäquates
Planungs-
verhalten

Politik als
Gegenstandsbereich

demokratisches
Verhalten

als Ziel

fachdidaktische Konzeption

Als Beispiel hatten wir schon genannt: Die Planungsaufgabe ,,Thematisierung" wird aus fachdidaktischen Überlegungen heraus erforderlich. Ein weiteres Beispiel für die Modifikation allgemeindidaktischer Kategorien ergibt sich aus der Inhaltsdimension des Faches: Merkmale der Politik werden bei der Planungsaufgabe ,,Strukturierung" wirksam. Und bezüglich der Zieldimension: Merkmale des politischen Verhaltens müssen bei den Planungsaufgaben ,,Thematisierung" und ,,Arbeitsweisen' berücksichtigt werden.

Die Abb. 1 veranschaulicht jedoch nicht nur das Verfahren, sondern auch die Beziehung zwischen Allgemeiner Didaktik und Fachdidaktik bei der Entwicklung einer fachdidaktischen Konzeption der Unterrichtsplanung. Es besteht keine Vorordnung des einen vor dem anderen, sondern wir nehmen die Gleichrangigkeit der Quellen an. Innerhalb der Konzeption ergibt sich daraus eine Verschränkung der Beiträge aus beiden Quellen, die sich methodisch als Modifikation allgemeindidaktischer Fragedimensionen oder Kategorien und als fachspezifische Konkretisierung definieren läßt.

Literatur:

1 *Klaus Hornung*: Politik und Zeitgeschichte in der Schule. Didaktische Grundlagen, Villingen: Neckar-Verlag 1966, S. 113 ff.
2 *Walter Gagel*: Ein Strukturmodell für den politischen Unterricht — Generalisierbare Elemente für die didaktische Analyse und Planung. Zuerst unter dem Titel: Gestalt und Funktion von Unterrichtsmodellen zur politischen Bildung. In: Politische Bildung 1 (1967), H. 4, S. 42 - 72 (andere Druckorte s. Literaturverzeichnis).
3 *Bernhard Sutor*: Didaktik des politischen Unterrichts, 2. Aufl., Paderborn: Schöningh 1973, S. 304 - 305.
4 *Siegfried George*: Sozialwissenschaftliches Fachpraktikum. Ein didaktisches Konzept zur Analyse und Planung des historisch-politischen Unterrichts, Düsseldorf: Schwann 1977.
5 *Bernhard Claußen*: Methodik der politischen Bildung, Opladen: Westdeutscher Verlag 1981, S. 168 ff.
6 *Walter Gagel*: Einführung in die Didaktik des politischen Unterrichts, Opladen: Leske 1983, S. 13 ff., bes. S. 18 - 19.
7 *Wolfgang Schulz*: Unterrichtsplanung, 3. Aufl., München: Urban & Schwarzenberg 1981, S. 35.

1.3.3 Angebote aus der Allgemeinen Didaktik

Während seines Studiums und im Rahmen der zweiten Ausbildungsphase lernt der angehende Lehrer für die Unterrichtsplanung eine der allgemeindidaktischen Konzeptionen kennen. Aber eines erfährt er in der Regel nicht: Wieviele Konzeptionen es überhaupt gibt und aus welchem Grunde diese eine ausgewählt wurde. So ist seine Unterrichtsvorbereitung zwar theoretisch untermauert, aber aufgrund einer für ihn undurchschaubaren Vorentscheidung.

Allerdings ist dies kaum das Versäumnis der Ausbildungsinstitution. Denn es gibt fast keine Systematik, die helfen könnte, über die reichhaltige Literatur zur Unterrichtsplanung einen Überblick zu gewinnen.

Eine ausführliche Literaturübersicht bieten M. Gebauer u.a. .[1] Systematisierungsgesichtspunkt ist jedoch die eigene, nämlich interaktionistische Konzeption der Unterrichtsplanung. Daher findet man dort zwar instruktive Inhaltsberichte, aber keine übergeordneten Ordnungs- und Auswahlkriterien. Einen umfassenderen Systematisierungsvorschlag hat H. Geißler skizziert.[2] Zur Klassifikation der Konzeptionen entwickelt er ein Raster, bestehend aus zwei Ebenen der *Theoriebildung* (theorieorientiert und praxisorientiert) und drei *Intentionalitätstypen* (normkonformitätsorientiert, zweckrationalitätsorientiert und dialogorientiert). Diese zwei Dimensionen bilden sechs Felder, in welche die Konzeptionen eingeordnet und interpretierbar gemacht werden können. Diese Klassifikation zielt auf die in dem jeweiligen Planungskonzept enthaltene pädagogische Intention. Die eingeordneten Konzeptionen werden jedoch nur aufgezählt, nicht analysiert.

Der Versuch von H. Geißler enthält den Ansatz, aber noch nicht die Ausführung einer umfassenden Theorie der Unterrichtsplanung, für die es sonst m.W. keine weiteren Beispiele gibt. Eine solche Theorie ist jedoch erforderlich, wenn man aus dem Angebot der Allgemeinen Didaktik begründet auswählen will.

Was mit Theorie der Unterrichtsplanung im Unterschied zu den Modellen oder Konzeptionen der Unterrichtsplanung gemeint ist, läßt sich verdeutlichen, wenn man sich an einer Unterscheidung von Theorieebenen orientiert. Dazu hilft folgendes Stufenschema, welches für Planungstheorien entwickelt worden ist.

Reflexionssequenz sozialen Handelns
0   Spontanes soziales Handeln
1   Entscheiden über Handlungsalternativen
2   Planen (Festlegen von Entscheidungsprämissen
3   Planungskonzepte und -techniken (theoretische Festlegung allgemeiner Entscheidungsregeln und Entscheidungssysteme)
4   Planungstheorie (Reflexion der Stufen 1 bis 3)[3]

Didaktisches Handeln ist intentionales, nicht spontanes Handeln; für den Lehrer in der Unterrichtssituation trifft demnach die Stufe 1 zu. Stufe 2 ist die Stufe der Unterrichtsvorbereitung im oben definierten Sinne: ,,Entscheiden über Entscheidungen". Auf Stufe 3 sind die Modelle bzw. Konzeptionen der Unterrichtsplanung anzusiedeln, weil dort die Entscheidungsprobleme definiert (worüber muß entschieden werden?) und die Entscheidungsregeln aufgestellt werden (z.B. Primat der Intentionalität, Implikationszusammenhang). Eine Theorie dieser Konzeptionen gehört dann als Metatheorie auf die Stufe 4, die wir allgemeine Theorie der Unterrichtsplanung nennen.

Mit diesen Ausführungen können wir freilich nur das Defizit plausibel machen, welches die Ursache ist, daß die Wahl einer allgemeindidaktischen Konzeption der Unterrichtsvorbereitung nur sehr schwer begründet werden kann, aber auch dafür, daß es kaum eine Hilfe gibt, die eine solche Wahl erleichtern würde. Angesichts dieses Forschungsstandes innerhalb der Allgemeinen Didaktik kann es unsere Aufgabe nicht sein, selber eine solche Theorie zu entwickeln. Um eine Wahl aus den allgemeindidaktischen Konzeptionen dennoch einleuchtend zu machen, ordnen wir die Konzeptionen nach verschiedenen leitenden Gesichtspunkten, welche eine Konzeption prägen und die eine Aussage hinsichtlich ihres Verwendungszwecks beinhalten.

Planung als Interaktion. Es sind dies Konzeptionen, deren hervorstechendes Merkmal es ist, die Planung als Interaktion zwischen Lehrern und Schülern (und anderen Betroffenen) zu methodisieren. Bei W. Schulz[4] geschieht dies durch den Rückgriff auf das Verfahren der themenzentrierten Interaktion, bei W. Boettcher u.a.[5] durch das pragmatische Verfahren einer Hilfe für das schrittweise Einarbeiten in eine derartige Interaktion.

Unterricht als Interaktion. Der Bezugspunkt ist eine interaktionistische Unterrichtstheorie; bei M. Gebauer u.a.[6] sind es die „symbolisch vermittelten Interaktionen", welche Unterricht konstituieren und aus deren Analyse Planungskriterien hergeleitet werden. Andere Beispiele sind H. Moser und H. Rumpf.[7]

Kognitive Struktur des Lehrers. Die Konzeptionen dieses Typus richten sich ausschließlich an den Lehrer, sie sind also professionell gedacht und haben die Aufgabe, ihm eine „Denkstruktur" zu vermitteln, die bewußtes Planungs- und Entscheidungshandeln ermöglicht. W. Himmerich spricht von der „Denkstruktur der Unterrichtsplanung"; er hat ein Modell als „Denkraster" entwickelt, das dem Lehrer die „didaktischen Entscheidungspunkte" zeigt, ihm aber nicht „rezeptologisch die Entscheidung" abnimmt.[8] Für W. Klafki ist in ähnlichem Sinne sein neuer Entwurf zur Unterrichtsplanung ein „Problematisierungsraster", „das Dimensionen und generelle Kriterien des Unterrichts bzw. der Unterrichtsplanung benennt" und den Lehrer zu „flexiblem Unterrichtshandeln" befähigen soll.[9]

Programmorientierte Planung. Die Annahme, daß es möglich und notwendig sei, für die Unterrichtsplanung das Programm einer Schrittfolge für die Lösung von Planungsaufgaben festzulegen, ist Merkmal dieser Konzeptionen. K. Kunert hat ein Modell der Unterrichtsplanung in Form eines „Handlungsablaufs" entwickelt; es sind „Planungsschritte", die in der Art des Flußdiagramms grafisch dargestellt werden.[10] Ähnlich bedeutet für E. König und H. Riedel Unterrichtsplanung, „in einer sinnvollen Abfolge notwendiger, aufeinander abgestimmter Teilmaßnahmen zu Entscheidungen zu kommen".[11]

„Planung als Interaktion" bedeutet nach unserem Verständnis die Empfehlung für ein Entscheidungsverfahren und hat angesichts des Problembestandes einer Theorie der Unterrichtsplanung nur partielle Bedeutung. Primäre Bedeutung hat hingegen die auch im Rahmen dieses Verfahrens intendierte Zielsetzung, nämlich durch geeignete Strukturierung und Sequenzierung von Inhalten Lernprozesse mit definierbaren Ergebnissen zu ermöglichen. Im Hinblick auf diese Zielsetzung hat jedoch auch der unterrichtstheoretische Ansatz „Unterricht als Interaktion" lediglich die Bedeutung, eine Analyse der Rahmenbedingungen organisierten Lernens zu ermöglichen. Die „Programmorientierung" von Unterrichtsplanung ist wiederum mit der Struktur von Denkprozessen nicht vereinbar, welche als mentale Vorgänge nicht linear gestreckt, sondern als vielfältig vernetzt gedacht werden müssen. Sie müssen daher als spiralige oder zirkuläre Vorgänge beschrieben werden, die nicht programmierbar sind.

Der hier zu entwickelnden Konzeption liegt die Option für den Modelltyp „Kognitive Struktur des Lehrers" zugrunde. Wenn Planen das Vorausdenken der Unterrichtssituation ist, dann sollte eine Konzeption der Unterrichtsplanung dieses Modelltyps dem Lehrer das Instrumentarium eines methodischen Vorausdenkens an die Hand geben. Dies geschieht durch die Vermittlung einer „Denkstruktur", in welcher Dimensionen und Kriterien des Unterrichts und des unterrichtlichen Handelns in der Form von Denkvorgängen einander zugeordnet werden, so daß sie Entscheiden und Handeln ermöglichen.

Hier kehrt also der Ansatz beim „Denken von Lehrern" wieder, dessen Bevorzugung wir oben (S. 23 ff.) bereits begründet haben.

In die Gruppe des Typus „Kognitive Struktur des Lehrers" gehören mehrere Konzeptionen. Von diesen wählen wir W. Klafkis neue Konzeption aus, weil sie uns wegen ihrer modellartigen Verdichtung als besonders gut lehrbar erscheint. Daher ist als nächster Schritt erforderlich, diese Konzeption daraufhin zu untersuchen, in welcher Weise und in welchem Umfang sie für eine fachdidaktische Unterrichtsplanung übernommen werden kann.

Literatur:

1 *M. Gebauer* u.a.: Theorie der Unterrichtsvorbereitung — eine handlungstheoretische Begründung, 2. Aufl., Stuttgart: Klett 1979, S. 51 - 102.

2 *Harald Geißler*: Modelle der Unterrichtsmethode, 2. Aufl., Stuttgart: Klett 1979, S. 194 - 200.

3 *Christoph Lau*: Theorien gesellschaftlicher Planung. Eine Einführung, Stuttgart: Kohlhammer 1975, S. 63.

4 *Wolfgang Schulz*: Unterrichtsvorbereitung, 3. Aufl., München: Urban & Schwarzenberg 1981.

5 *Wolfgang Boettcher* u.a.: Lehrer und Schüler machen Unterricht. Unterrichtsplanung als Sprachlernsituation, 3. Aufl., München: Urban & Schwarzenberg 1980.

6 *Gebauer* (Anm. 1), S. 52

7 Vgl. ebenda S. 78 f. und S. 82 ff.

8 *Wilhelm Himmerich* u.a.: Das Gießener Didaktische Modell. In Eckard König, Norbert Schier, Ulrich Vohland (Hg.): Diskussion Unterrichtsvorbereitung. Verfahren und Modelle, München: Fink 1980, S. 236.

9 *Wolfgang Klafki*: Zur Unterrichtsplanung im Sinne kritisch-konstruktiver Didaktik. In ders.: Neue Studien zur Bildungstheorie und Didaktik. Beiträge zur kritisch-konstruktiven Didaktik, Weinheim: Beltz 1985, S. 209, 212.

10 *Kristian Kunert*: Chancen und Grenzen curricularer Unterrichtsplanung. In König u.a. (Anm. 8), S. 137 und 138 f.
11 *Ernst König, Harald Riedel*: Unterrichtsplanung I. Konstruktionsgrundlagen und -kriterien, 2. Aufl., Weinheim: Beltz 1979, S. 2.

1.3.4 Klafkis neues didaktisches Konzept

Wolfgang Klafki hat die Fortentwicklung seines Modells der ,,Didaktischen Analyse" von 1958 seit 1976 zur Diskussion gestellt.[1] Er nennt sie ,,Unterrichtsplanung im Sinne kritisch-konstruktiver Didaktik". Von der alten didaktischen Analyse unterscheidet sie sich im wesentlichen dadurch, daß die Bedingungsfelder nach Heimann/Schulz jetzt in Form einer ,,Bedingungsanalyse" einbezogen und daß der Bereich der Methodik im weiteren Sinne aufgenommen wurde. Ebenso wie das alte Modell zielt auch das neue auf die Entdeckung des Bildungsgehaltes von Inhalten durch die Fragen nach der Gegenwarts- und Zukunftsbedeutung und nach der exemplarischen Bedeutung. Jedoch führt Klafkis neue Orientierung an der Kritischen Theorie dazu, den Bildungsinhalt nicht als etwas den Gegenständen Innewohnendes, sondern ihnen Zugeschriebenes anzusehen. Aus diesem Grunde dienen die Fragen nach der Bedeutung der Ideologiekritik: der *Kontrolle* der ,,wahrnehmungsmäßigen Vorweg-Bestimmtheit vieler Inhalte"[2] und der *Begründung*: Prüfung der unterschiedlichen Wertungen im Lichte pädagogischer Normen.

An dieser Stelle kann die inhaltliche Beschreibung der Konzeption Klafkis nicht fortgeführt werden, es muß für unsere Zwecke die Untersuchung des von Klafki entworfenen ,,Perspektivenschemas" (s. Abb. 2)[2a] genügen, um zu zeigen, welche Probleme bei dem Versuch der Übertragung aufgetreten sind.

Zunächst ist es nicht einfach, das Bauprinzip dieses Schemas zu ermitteln. Denn die sieben ,,Fragen" sind ja nicht lediglich aufgezählt, sondern erscheinen in vier Gruppen geordnet (Begründungszusammenhang, thematische Strukturierung usw.). Fragt man nach dem Prinzip dieser Gruppenbildung, so könnte man antworten: Es wird eine Abfolge von *Planungstätigkeiten* beschrieben. Dies ist mithin eine Abstraktion, durch welche versucht wird, den von Klafki nicht genannten ,,Grundgedanken" zu ermitteln. Dabei ist es aber erforderlich, den Kasten ,,Bedingungsanalyse" außer acht zu lassen, weil er

Abb. 2: (Vorläufiges) Perspektivenschema zur Unterrichtsplanung von W. Klafki

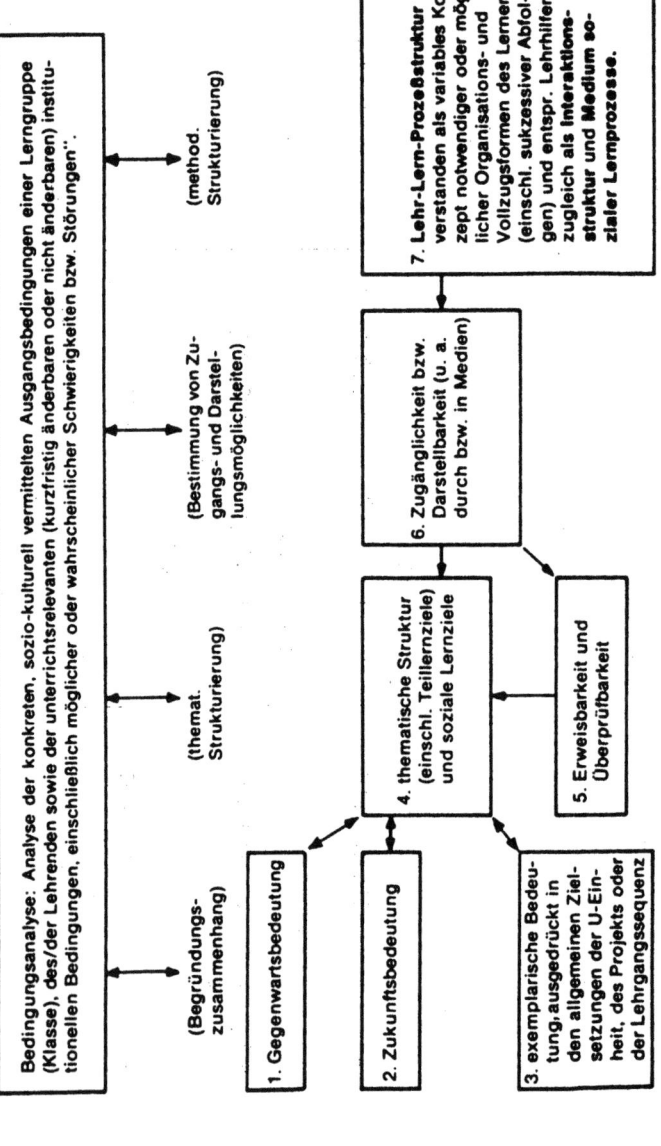

Bedingungsanalyse: Analyse der konkreten, sozio-kulturell vermittelten Ausgangsbedingungen einer Lerngruppe (Klasse), des/der Lehrenden sowie der unterrichtsrelevanten (kurzfristig änderbaren oder nicht änderbaren) institutionellen Bedingungen, einschließlich möglicher oder wahrscheinlicher Schwierigkeiten bzw. Störungen".

(Begründungszusammenhang)

(themat. Strukturierung)

(Bestimmung von Zugangs- und Darstellungsmöglichkeiten)

(method. Strukturierung)

1. Gegenwartsbedeutung

2. Zukunftsbedeutung

3. exemplarische Bedeutung, ausgedrückt in den allgemeinen Zielsetzungen der U-Einheit, des Projekts oder der Lehrgangssequenz

4. thematische Struktur (einschl. Teillernziele) und soziale Lernziele

5. Erweisbarkeit und Überprüfbarkeit

6. Zugänglichkeit bzw. Darstellbarkeit (u. a. durch bzw. in Medien)

7. Lehr-Lern-Prozeßstruktur verstanden als variables Konzept notwendiger oder möglicher Organisations- und Vollzugsformen des Lernens (einschl. sukzessiver Abfolgen) und entspr. Lehrhilfen, zugleich als Interaktionsstruktur und Medium sozialer Lernprozesse.

in diesem Schema nicht in der Bedeutung einer logischen Hierarchisierung angebracht worden ist,sondern in dem eines allgegenwärtigen Einflusses.

Wenn damit die logische Struktur des Modells richtig ermittelt worden ist, dann folgt daraus, daß es ein „Prozeßmodell" darstellt (s. unten S. 44), also für Analyse und Planung von Unterricht geeignet ist. Freilich muß man hierbei auch auf die Gefahren hinweisen. Klafki versteht seinen Entwurf als „Problematisierungsraster"[3], es hat also heuristische Funktion, stellt ein Instrument der Reflexion dar. Der Oberbegriff „Abfolge von Planungstätigkeiten" legt jedoch nahe, das Modell vor allem als Leitfaden für die schriftliche Unterrichtsvorbereitung zu verwenden, also in der Art einer „Checkliste". Dieser Nachteil wurde schon an der alten „Didaktischen Analyse" herausgestellt, wenn gesagt wurde, daß sie in der Rezeption „zum formalistischen Frageraster" degeneriert sei[4].

Dies aber widerspricht dem Modelltyp „kognitive Struktur" ebenso wie der Intention Klafkis, und es spricht dagegen ferner der Versuch des Autors, das Abfolgeschema aufzubrechen: Die Pfeile in der Grafik sind z.T. gegenläufig der numerischen Abfolge angebracht.

Die Pfeile will Klafki als Symbole für Beziehungen verstanden wissen[5]: y → x bedeutet, daß Frage x „primär im Hinblick auf Frage y" beantwortet werden soll, Doppelpfeile bezeichnen Wechselwirkungen. Damit ist gemeint: Die Bedingungen für die jeweilige „Antwort" sind in y enthalten, also diejenigen für „Zugänglichkeit" in „Strukturierung", für „Lehr-Lern-Prozeßstruktur" in „Zugänglichkeit". Zeitlich Nachgeordnetes ist mithin dem Vorhergehenden hierarchisch untergeordnet.

Fraglich ist jedoch, ob diese Definition widerspruchsfrei angewendet werden kann. Denn die Überordnung erscheint für die Frage 4 noch zuzutreffen, nicht aber mehr für das Verhältnis von 6 und 7, auch nicht für dasjenige zwischen 5 und 6. Vielmehr läßt sich ebenso die Auffassung vertreten, daß die Methoden den Medien übergeordnet sind (oder nach der „Berliner Schule": daß eine Interdependenz besteht). Und daß die „Überprüfbarkeit" eine Leitfunktion gegenüber 6 und 7 haben soll, weckt zu sehr die Erinnerung an die Lernzieloperationalisierung, als daß diese Deutung ohne Einwand hingenommen werden könnte, auch wenn Klafki selber in Beschreibung seiner Konzeption dieser Fehlinterpretation vorzubeugen versucht.

Die Gefahr des Mißverständnisses wird m.E. in diesem Modell dadurch erzeugt, daß durch die numerische Abfolge eine Planung linear beschrieben wird, die im Unterschied dazu als mentale Tätigkeit gar nicht linear, sondern nur vernetzt oder als zirkulärer Vorgang zu denken ist, was z.B. mit dem Gedanken der „Interdependenz" von Planungskategorien richtig getroffen ist. So kommt es zu der Gefahr einer Verwechslung mit realen Handlungen, z.B. dem Aufschreiben der Ergebnisse in der schriftlichen Unterrichtsvorbereitung, welches in der Tat nur linear möglich ist.

Zur Probe auf das Exempel dieser Analyse soll ein Gedankenexperiment beitragen. Wählt man als Oberbegriff oder als „Grundgedanken" den Begriff „Handeln", dann zeichnet sich eine Lösung ab. Zum Handeln gehört, daß ein Ziel ins Auge gefaßt wird, um es mit den erforderlichen Schritten zu erreichen. Auf diese duale Grundstruktur hin läßt sich auch das Ensemble von Fragen in Klafkis Schema ordnen, nämlich dadurch, daß die Fragen 1 - 4 als „Zielklärung" zusammengefaßt werden; die Fragen 6 und 7 enthalten dann den Weg der Zielerreichung. Entscheidend ist jedoch außerdem eine andere Anordnung, welche zwei unterschiedliche „Folgen" sichtbar macht, durch die der Zusammenhang zwischen Denken und Handeln gedeutet wird. Unterrichtsplanung beginnt zweckmäßigerweise mit der Zielplanung; über den „Primat der Intentionalität" gibt es inzwischen in der Allgemeinen Didaktik einen Konsens. Im realen Unterricht hingegen ist das Ziel zeitlich das letzte, nämlich das am Ende sich erweisende Ergebnis. Man könnte nun sagen, daß durch Anordnung der Frage 5 „Erweisbarkeit" Klafki dieser Kategorie eine Schlüsselfunktion zugewiesen hat, und mit Recht, wenn man die genannte Doppelfunktion des Zieles berücksichtigt: Es ist einmal *antizipierte* Ergebnishandlung, zum anderen *realisierte* Ergebnishandlung, zu welcher die Schüler über „Sehen" (Frage 6) und „Arbeiten" (Frage 7) gelangen.

Im Gedankenexperiment sollen daher die Kategorien Klafkis zweidimensional angeordnet werden (Abb. 3), um deutlich zu machen, daß Planung nicht von den Unterrichtshandlungen abgetrennt werden kann, sondern daß beides aufeinander bezogen ist, und das meint: daß sie auch in Gedanken gleichzeitig im Blick sein müssen.

In die beiden Dimensionen werden in der Abb. 3 die zwei Elemente von Handlung auseinandergefaltet: Handeln als intentionale Tätigkeit beginnt damit, daß in Gedanken

Abb. 3: Versuch einer handlungstheoretischen Anordnung der Kategorien Klafkis

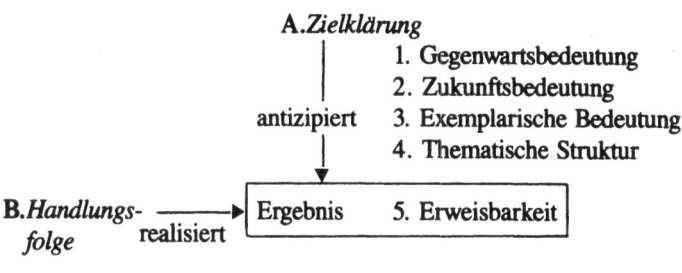

A.*Zielklärung*
      1. Gegenwartsbedeutung
      2. Zukunftsbedeutung
antizipiert   3. Exemplarische Bedeutung
      4. Thematische Struktur

B.*Handlungs-* ⟶ Ergebnis   5. Erweisbarkeit
folge realisiert

6. Zugäng-
   lichkeit
7. Lehr-Lern-
   Prozeß-Struktur

ein Ziel ins Auge gefaßt wird; dieses Ziel wird daraufhin durch Handlungen realisiert und stellt dann das Ergebnis dar. Von oben nach unten gelesen, zeigt die Abb. den gedanklichen Vorgang der Unterrichtsplanung: Zielklärung und dann Planung der Handlungsfolge. Von links nach rechts gelesen stellt die Abb. den Unterrichtsverlauf dar, den wir hier vereinfacht als Handlungsvorgang bezeichnen, welcher antizipierte Ergebnisse ansteuert.

Denken und Handeln oder hier: Planen und Handeln sind zwar aufeinander bezogen, haben jedoch eine unterschiedliche Struktur; was in der durch das Ziel bewirkten Hierarchisierung logisch übergeordnet ist, das erscheint in der Realisation als zeitlich nachgeordnet. Unterschied und Zusammenhang zwischen logischen und chronologischen Beziehungen wird mit den zwei Dimensionen sichtbar gemacht, welche durch ,,Erweisbarkeit" als Gelenkstelle verbunden sind.

Allerdings wird mit diesem Gedankenexperiment eine neue Bezugstheorie eingeführt. Die beschriebene Lösungsmöglichkeit eröffnet sich nämlich, wenn man die denkpsychologische Handlungstheorie von Hans Aebli hinzuzieht. Sie ist geeignet, den hier gewählten Basisbegriff ,,Handeln" so zu erhellen, daß eine Umsetzung des Klafki'schen Modells zum Zwecke der Lösung von Planungsproblemen möglich erscheint. Darauf wird unten im Kapitel 2 eingegangen.

Literatur

1 *Wolfgang Klafki*: Zur Unterrichtsplanung im Sinne kritisch-konstruktiver Didaktik. In ders.: Neue Studien zur Bildungstheorie und Didaktik. Beiträge zur kritisch-konstruktiven Didaktik, Weinheim: Beltz 1985, S. 194 - 227.

2 *Klafki* (Anm. 1) S. 204.

2a Ebenda S. 215

3 Ebenda S. 209.

4 *Harald Geißler* (Hg.): Unterrichtsplanung zwischen Theorie und Praxis, Stuttgart: Klett 1979, S. 81.

5 *Klafki* (Anm. 1) S. 213.

Darstellung der alten und neuen Fassung der didaktischen Analyse Klafkis:

Wilhelm H. Peterßen: Handbuch Unterrichtsplanung. Grundfragen, Modelle, Stufen, Dimensionen, München: Ehrenwirth 1982, S. 47 - 69.

1.4   Leistungen eines fachdidaktischen Modells

Wie oben (S. 27) bereits erwähnt wurde, geht Klafki von der Vorstellung aus, daß für die fachdidaktische Unterrichtsplanung ein allgemeindidaktisches Modell unverändert angewendet werden kann. Bei der Prüfung seines Modells haben wir jedoch festgestellt, daß eine Übertragung „von Grund auf" erfolgen muß, daß man also hinter das Modell zurückgehen muß, um dessen tragende Prinzipien zu erschließen und diese, falls es sich als wünschenswert erweist, abzuwandeln. Das bedeutet aber, daß eine eigene theoretische Grundlegung erforderlich wird, aus der die Neukonstruktion eines Planungsmodells folgt, was eine Bezugnahme auf ein vorhandenes nicht ausschließt.

Deswegen war die Durchmusterung des Angebots auf dem Bereich der Allgemeinen Didaktik nicht nutzlos. Der Versuch einer Klassifikation von Unterrichtsplanungskonzepten und die Überlegung zu einer Wahl hat nämlich folgendes ergeben: Aus fachdidaktischer Sicht ist die Entscheidung nicht für ein Modell, sondern für einen Modell-*typ* gefallen. Und das bedeutet: Bezugspunkte für die Überlegungen zur Entwicklung eines fachdidaktischen Modells sind die konstituierenden Prinzipien, welche den angebotenen Modellen zugrundeliegen, nicht aber deren Bestandteile.

Dessenungeachtet soll die Konzeption von Klafki weiterhin Ausgangspunkt unserer Überlegungen sein, und zwar formal (Modellcharakter) und inhaltlich (Kategorien). Damit erfüllt es eine Anregungsfunktion, und das entspricht unserer Absicht, daß nämlich die Entwicklung eines fachdidaktischen Konzeptes der Unterrichtsplanung unter allgemeindidaktischem Ansatz erfolgen soll.

Aus den bisherigen Ausführungen können die Prinzipien abgeleitet werden, welche die Leistungen eines fachdidaktischen Modells nennen. Wir stellen an dieses folgende Anforderungen:

(1) *Das Konzept soll lehrbar sein.* Diese Anforderung wird an kaum eines der allgemeindidaktischen Modelle gerichtet. Als Kriterium der Lehrbarkeit, d.h. der Möglichkeit, es in das Bewußtsein aufzunehmen, zu internalisieren, um es ohne zusätzliche Hilfsmittel anwenden zu können, gilt der Grad der ,,Superierung", d.h. der Rückführung auf möglichst wenig informationstheoretische Superzeichen oder Begriffe. Gesucht wird also eine elementare Struktur mit hohem Grad der Abstraktion. Aus diesem Grunde haben wir versucht, die sieben Fragen Klafkis auf zwei elementare Strukturen zurückzuführen: Zielklärung und Handlungsplanung. — Zugleich muß sich jedoch die ebenfalls erforderliche Ausdifferenzierung in Grenzen halten; sieben Fragen als Ausdifferenzierung von zwei Strukturelementen, wie sie Klafkis Modell entnommen werden können, halten wir für ein zumutbares, nämlich lernbares Maß.

Andere Beispiele aus der Allgemeinen Didaktik sind in dieser Hinsicht nicht hilfreich. Hier sei ein didaktisch sehr progressives Modell angeführt, das sich am Ansatz einer interaktionistischen Unterrichtsplanung von Lehrern und Schülern orientiert. Das dort vorgegebene ,,Modelle eines lehreradressierten Fragerasters für Planung und Auswertung von Unterricht" enthält unter 5 Großkategorien insgesamt etwas über 80 Fragen.[1] In einem anderen Beispiel sind 5 Fragegruppen mit 51 Fragen aufgeführt[2]. Andere Beispiele verstehen sich ausdrücklich als Gliederung eines Unterrichtsentwurfes[3] oder als Leitfaden für die Besprechung einer Unterrichtsvorbereitung[4], sind mithin als Gebrauchsanweisung zu verwenden.

Solche Modelle können unterschiedliche Aufgaben erfüllen, sind also benutzbar, aber nicht internalisierbar in dem Sinne, daß sie in das Bewußtsein von Lehrern dauerhaft aufgenommen werden können.

(2) *Das Unterrichtsmodell soll die Funktion eines Schemas oder einer ,,kognitiven Landkarte" erfüllen.* Unter Internalisierung wird hier die Aufnahme in die kognitive Struktur der Lehrenden verstan-

den. Das Modell hat demnach nicht die Funktion eines Leitfadens für die Ausübung von Planungstätigkeiten, also etwa in der Art eines Scripts oder Drehbuches. Darin ist nicht nur eine Bedingung für die Lehrbarkeit zu sehen, sondern auch für die Erfüllung der Aufgabe, eine Orientierung für das Handeln im Unterricht zu bieten. Es wird demnach hier ein *Handlungsmodell* angezielt (wenngleich vorerst nur tendenziell), — ein Begriff, der etwas über die Reichweite eines solchen Modells aussagt.

Zur begrifflichen Klärung: Zu unterscheiden sind
a) Strukturmodelle, welche der Unterrichtsanalyse dienen (z.B. das Konzept der ,,Berliner Schule" von Heimann/Schulz);
b) Prozeßmodelle für die Unterrichtsanalyse und Unterrichtsplanung (z.B. der ,,neue" Klafki);
c) Handlungsmodelle sind für Unterrichtsanalyse, Unterrichtsplanung und für das Unterrichtshandeln gedacht.

(3) *Das Unterrichtsplanungsmodell soll sowohl für die Situation ,,Prüfstand" als auch für ,,Alltag" geeignet sein.* Diese Anforderung ist keineswegs utopisch, obwohl die Beispiele aus der Literatur der Allgemeinen Didaktik eher dagegen sprechen. Gemeint ist damit zunächst, daß das Modell eine Hilfe sowohl für die mentale als auch für die schriftliche, für die kurze als auch für die ausführliche Unterrichtsvorbereitung anbietet. Freilich ist es zweckmäßig, diese beiden Aufgaben zu trennen und das Programm einer schriftlichen Unterrichtsvorbereitung als separates Problem gesondert zu entwickeln. Die dem Lehrer zu vermittelnde kognitive Struktur, die zur Unterrichtsplanung befähigt, ist, so lautet die bereits erwähnte Prämisse, für beide Situationen dieselbe.

Diese Anforderung wird im folgenden dadurch zu erfüllen versucht, daß aus der dualen Grundstruktur je nach Verwendungssituation eine unterschiedliche Zahl von Kategorien ausdifferenziert werden kann. Dadurch ist es möglich, das Quantum an Planungsaufwand, welches an der Zahl der zu berücksichtigenden Kategorien abzulesen ist, situationsbezogen zu dosieren.

(4) *Der Adressat des Unterrichtsplanungsmodells ist der individuell Lernende, hier: der angehende oder im Beruf stehende Lehrer.* Dieses Postulat ist folgenreicher, als es zunächst den Anschein hat. Wenn mit ihm auf die lerntheoretischen Bedingungen der Vermittlung eines solchen Modells abgehoben wird, dann werden eine Reihe andersartiger

Ansätze von Konzeptionen der Unterrichtsplanung ausgeschlossen: solche, bei denen Planung als Interaktion zwischen Lehrer, Schüler und Eltern verstanden wird, solche, die von einer Unterrichtstheorie ausgehen (Unterricht als Interaktion), ferner solche, die auf eine programmgebundene Planung zielen (s. oben S. 35 f.). Sicherlich können Planungshandlungen auch von anderen als dem Lehrer ausgeübt werden. Wenn jedoch theoretische Fragen der Unterrichtsplanung geklärt werden sollen, dann handelt es sich um eine Art von Reflexion, deren Einübung einen professionellen Status voraussetzt oder anstrebt. Das hier zu entwickelnde Modell ist, zusammen mit anderen, deren Merkmal es ist, daß sie die kognitive Struktur des Lehrers zu beeinflussen versuchen (z.B. Klafki), auf den individuellen Lernprozeß gerichtet. Das ist so zu verstehen, daß durch ihn Planungskategorien vermittelt werden, die dem Lehrer z.B. ein Verständnis für die Bedeutung von Interaktionen bei der Planung oder im Unterricht vermitteln und in Handlungen umzusetzen befähigen, die aber, von der Ebene der Planungsmethode aus betrachtet, abgeleitete Phänomene sind.

Es ist daher auch unzulässig, gegenüber diesem Postulat die Alternative ,,lehrerzentriert — schülerzentriert'' auszuspielen, wie es gerne geschieht. Schülerorientierung ist eine didaktische Kategorie, welche die Ergebnisse der Unterrichtsplanung beeinflußt; sie ist eine immanente Entscheidungsalternative innerhalb des Planungsprozesses. Demgegenüber meint die Adressatenorientierung des Planungsmodells, daß diese beschriebene Planungsmethode so beschaffen ist, daß sie adressatenspezifisch vermittelt werden kann und dadurch die Lehrer z.B. die Befähigung erwerben, Schülerorientierung als Entscheidungsalternative zu verwenden.

Soweit die Darstellung der ,,Prinzipien'' für die Entwicklung eines fachdidaktischen Modells der Unterrichtsplanung. Mit ihrer Hilfe läßt sich zum Schluß der von uns gewählte Ansatz präzisieren. Die Ausarbeitung des von uns intendierten Modells nimmt ihren Ausgangspunkt

— nicht von einer Theorie des Unterrichts,
— nicht von der Absicht effizientenPlanens,
— nicht von der Absicht, den pädagogischen Bezug wirksam werden zu lassen,

sondern von einer *Theorie des Handelns*, versteht Handeln aber

— nicht als Interaktion, ·
— sondern als auf Handeln gerichtetes *Denken*.

Dieser Ansatz bei einer denkpsychologischen Handlungstheorie soll im zweiten Kapitel entwickelt werden.

Literatur

1 *Wolfgang Boettcher, Gunter Otto, Horst Sitta, Hans Josef Tymester*: Lehrer und Schüler machen Unterricht. Unterrichtsplanung als Sprachlernsituation, 3. Aufl., München: Urban & Schwarzenberg 1980, S. 127 - 132.

2 *Werner Zimmermann*: Unterrichtsplanung im Spannungsfeld der Determinanten Curriculum und Schüler. In Eckard König u.a. (Hg.): Diskussion Unterrichtsvorbereitung. Verfahren und Modelle, München: Fink 1980, S. 187 - 190.

3 *Werner Nestle*: Planung, Analyse und Bewertung von Unterricht. In Gerd-Bodo Reinert (Hg.): Praxishandbuch Unterricht. Grundwissen für Lehrer, Reinbek: Rowohlt 1980, S. 188 - 193.

4 *Manfred Nießen, Heinrich Seiler*: Unterrichtsvorbereitungstheorie als Planungsberatung. In König (Anm. 2), S. 292 - 294.

46

2. Umrisse eines Modells: Unterrichtsplanung und Unterrichten als Handlungen

2.1 Was ist „Vorstellung der Unterrichtsstunde"?

In einem Interview beschreibt ein Lehrer seine Unterrichtsvorbereitung folgendermaßen:

> „Der Weg vom Lehrerzimmer zur Klasse dauert ca. 2 Minuten; so habe ich also noch ein bißchen Zeit, mich auf die Klasse einzustellen und den Anschluß an die letzte Stunde zu suchen: nämlich — in diesem Beispiel — die Lektüre einer Zeitung in einer Klasse 8 — Deutsch.
>
> So fange ich die Stunde vielleicht damit an, daß ich an die Frage von Michael oder Thomas erinnere,die sie in der letzten Stunde gestellt haben, die aber nicht mehr beantwortet werden konnte, weil es klingelte. Da habe ich also schon mal einen Angelpunkt, um zu sagen: ,Mensch, da könnten wir vielleicht mal ein paar Minuten drüber reden!' Unter Umständen werden aus diesen paar Minuten, so hoffe ich natürlich, vielleicht 10 Minuten oder bestenfalls sogar eine halbe Stunde.
>
> Das könnte klappen, wenn ich diese Frage zunächst einmal wiederholen lasse und um Stellungnahme bitte. Wenn die Klasse diese Anregung aufgreift, kann ich dann vielleicht ein Kreisgespräch anregen — das kennen die Schüler ja, und es klappt auch meistens ganz gut. Während dieser Zeit kann ich mich dann also zurückziehen und mir Gedanken über den weiteren Verlauf der Stunde machen. So wäre es vielleicht ganz sinnvoll, nach einiger Zeit zwei oder drei der wichtigsten dort genannten Aspekte kurz an der Tafel zu notieren. Wenn ich das dann zu einer kleinen Skizze ausbaue, könnte diese dann gegenüber der Klasse einen guten Impuls darstellen und in die restliche Diskussion einen roten Faden bringen."[1]

Dieser Bericht aus dem didaktischen Alltag könnte folgende Kommentare anregen:

1. Der Lehrer geht ziel- und planlos in den Unterricht. Es ist dies der Fall einer unvorbereiteten Unterrichtsstunde. Der Lehrer bringt die Zeit herum, indem er sich von den Gelegenheiten, die sich in der Stunde ergeben, tragen läßt.
2. Der Lehrer handelt nicht ziellos, aber sein Ziel ist kein didaktisches, sondern ein außerberufliches: Er will die Unterrichtszeit herumbringen oder die Stunde überstehen („So hoffe ich natürlich").

3. Der Unterricht ist nicht planlos; er entspricht lediglich nicht dem Bild einer in der Ausbildung gelehrten Vorbereitung. Der Lehrer besitzt einen Unterrichtsplan in dem oben definierten Sinne: als „Dokumentation der Vorstellung der Unterrichtsstunde" (oben S. 24); eine solche Vorstellung muß nicht schriftlich fixiert sein, sondern kann im Gedächtnis des Lehrers verbleiben. Wir können ihn aus der Beschreibung der Unterrichtsstunde erschließen: Die Stunde muß einen „Einstieg" aufweisen, daher die Überlegung über den Anschluß an die letzte Stunde. Schüler müssen aktiviert werden, daher wird die Sozialform des Gesprächs und des (offenbar von den Schülern geleiteten) Kreisgesprächs verwendet. Die Stunde muß strukturiert sein, daher ergreift der Lehrer Gelegenheiten, den Verlauf zu ordnen: durch den Tafelanschrieb als Gelenkstelle dieser Stunde.

4. Der Unterricht ist auch im didaktischen Sinne nicht ziellos. In seiner Beschreibung hat der Lehrer die Ziele lediglich nicht genannt. Die Ziele sind implizit, nicht explizit. Daher müssen sie erschlossen werden. Der Tafelanschrieb sichert ein Ergebnis oder ein Zwischenergebnis, die Fülle der Aspekte wird reduziert auf wenige. Diese ordnen oder verdichten die darauffolgende Diskussion, so daß sie einen ergebnisorientierten Verlauf („roten Faden") erhalten kann. Zwar sind die Ziele oder das Ziel nicht genannt. Zu erschließen jedoch sind „Leerstellen" für die Ziel- oder Ergebnisdefinition, die offensichtlich nicht immer vor dem Unterricht gefüllt werden müssen; auch noch während dessen Verlauf können didaktische Entscheidungen in sie einfließen.

Die negativen Charakterisierungen in (1) und (2) entspringen offenbar einer Normvorstellung von Unterrichtsplanung. Betrachtet man den Bericht jedoch unabhängig davon, dann lassen sich strukturelle Eigenarten der alltäglichen Unterrichtsvorbereitung entdecken. Es sind im wesentlichen zwei:

a) Die „Vorstellung der Unterrichtsstunde", die den alltäglichen Unterrichtsplan repräsentiert, besteht aus Elementen erwünschter Schüler- (und Lehrer-)Aktivitäten. In dieser Hinsicht bestätigt das Beispiel das Ergebnis von empirischen Untesuchungen.

„Um herauszufinden, ob amerikanische Lehrer bei der Unterrichtsplanung von einem Ziel-Mittel-Modell ausgehen, ließ er (Jahorik) 194 Lehrer bei der Unterrichtsplanung alle Entscheidungen, die sie vor dem Unterricht treffen, auflisten und in eine Abfolge bringen. Von 81 Prozent der Befragten wurden Entscheidungen über Schüleraktivitäten am häufigsten genannt. Nach dem Kriterium der Reihenfolge standen bei 51 Prozent der Lehrer Inhaltsentscheidungen an erster Stelle. Entscheidungen über Ziele wurden nur von 28 Prozent der Lehrer eine Priorität zugesprochen."[2]

Im Vordergrund der Überlegungen, die diese Lehrer zur Unterrichtsvorbereitung anstellen, stehen also die Methoden und die Inhalte. Andere Untersuchungen bestätigen dies. Wenn die Inhaltsentscheidungen getroffen sind (was in dem Beispiel der Fall war), ist die „Vorstellung von Unterricht" das Bild vom *methodisch organisierten Verlauf* der Unterrichtsstunde.

b) Dieses „Methodenbild" enthält die „Leerstellen" für die Zielorientierung, es besitzt, obwohl nicht explizit, durchaus eine intentionale Struktur. In der Unterrichtssituation füllt der Lehrer diese Leerstellen mit Inhalt, und zwar z.B. dadurch, *daß* er einen Tafelanschrieb ausführt, und dadurch, *was* er an die Tafel schreibt. Das Handeln dieses Lehrers, das auf den ersten Blick als planlos erschien, ist also durchaus zielorientiert, d.h. grundsätzlich auf Zielerreichung ausgerichtet. Indem wir von „Vorstellung" gesprochen haben, wurde auch ein Faktor für diese Orientierung des Handelns angeführt: Das im Bewußtsein des Lehrers vorhandene Vorstellungsbild bewirkt die intentionale Strukturierung des Unterrichtsverlaufs und veranlaßt z.B. im geeigneten Moment die Entscheidung für den Tafelanschrieb.

Diese Interpretation des Beispiels ist freilich von Grundannahmen geleitet, die im folgenden genannt werden sollen:

1. Auch ohne schriftliche Unterrichtsvorbereitung kann ein Unterricht planvoll und zielbezogen sein. Der Plan ist dann das mentale Vorstellungsbild vom beabsichtigten Unterricht.

2. Dieses Vorstellungsbild enthält eine *überdauernde Struktur*, die sich an den bevorzugten Elementen ablesenläßt, z.B. aktivitätsfördernde Methoden und Beachtung ergebnisermöglichender Knotenpunkte im Verlauf des Unterrichts.

3. Das Vorstellungsbild wie auch dessen Struktur gehören zum Bereich des *Denkens*. Es ist ein Denken, das auf Finden und Auswahl möglicher Handlungen gerichtet ist. Denken und Handeln sind einander zugeordnet. Das Denken besitzt eine *Struktur*, das die Auswahl geeigneter Handlungen erleichtert.

Das sind Merkmale, die zu der Frage leiten, wie ein solches Denken und wie ein solches Handeln beschaffen sind, die in der beschriebenen Weise einander zugeordnet werden. Um ein Modell der fachdidaktischen Unterrichtsplanung zu entwickeln, gehen wir daher auf eine allgemeine Theorie des Denkens zurück, und zwar auf eine solche, die den Zusammenhang von Denken und Handeln berücksichtigt.

Literatur:

1 *Harald Geißler* (Hg.): Unterrichtsplanung zwischen Theorie und Praxis, Stuttgart: Klett 1979, S. 10.
2 *Will Lütgert*: Was leisten die Modelle der allgemeinen Didaktik? Neue Sammlung 21 (1981), S. 584.

2.2 Denken — Handeln — Planen

Im Zusammenhang mit der Untersuchung des Planungsmodells von W. Klafki haben wir festgestellt: Man muß hinter die sieben Fragerichtungen oder Kategorien zurückgehen, um den Grundgedanken zu erfassen, der diesen zugrundeliegt. Daher beginnen wir mit einem solchen Grundgedanken, und dieser soll folgendermaßen beschrieben werden:

Entscheidung im Unterricht ist Handeln. Entscheiden über Entscheidungen, d.h. das Planen, ist Vorbereitung des Handelns, und die hierfür erforderlichen Denkprozesse stellen ein Denken dar, das sich auf Handeln bezieht.

Im Unterschied zu Klafki wählen wir demzufolge als Grundgedanken den Begriff „Handeln". Und das bedeutet: Unser Ansatz ist eine Handlungstheorie und nicht eine Unterrichtstheorie oder eine Planungstheorie bzw. eine Planungstechnik.

Jedoch ist noch eine weitere Einschränkung erforderlich. Wir wählen nämlich eine Handlungstheorie, in welcher kein prinzipieller Unterschied zwischen Denken und Handeln gemacht wird. Es ist dies die denkpsychologische Handlungstheorie, wie sie Hans Aebli entwickelt hat.[1] In dieser Theorie ermittelt Aebli, welche kognitiven Voraussetzungen erforderlich sind, wenn Menschen sinnvoll handeln. Auf diese Weise können wir in didaktischer Absicht diesen Zusammenhang umkehren: Durch Lernprozesse sollen die kognitiven Voraussetzungen geschaffen werden, durch welche das Handeln verbessert und die Handlungsfähigkeit gesteigert wird. Wir stellen die Frage: Welche Begriffe und welche Operationen muß der Lehrer haben, wenn er im Unterricht sinnvoll handeln will? Die Antwort ist das Planungsmodell, das im folgenden entwickelt werden soll.

Zunächst werden wir einzelne Aspekte der Theorie Aeblis darstellen, soweit sie für unser Planungsmodell wichtig sind.

Literatur:

1 *Hans Aebli*: Denken: das Ordnen des Tuns. Bd. I: Kognitive Aspekte der Handlungstheorie, Bd. II: Denkprozesse, Stuttgart: Klett-Cotta 1981.

2.2.1 Die Gemeinsamkeit von Denken und Handeln

(1) *Handlungsbegriff*. Wie bei vielen anderen, wird auch von Aebli Handeln als ein ,,absichtsvolles, zielgeleitetes Vorhaben" definiert, zunächst bezogen auf den allgemeineren Begriff des ,,Tuns" (I, 19)[1], von dem sich nach seiner Begriffsbestimmung das ,,Handeln" durch einen ,,hohen Grad der Bewußtheit und der Zielgeleitetheit" (I, 20) nur graduell unterscheidet. Eine präzisere Bestimmung ergibt sich aus einer Kennzeichnung des durch das Handeln angestrebten Zieles: ,,Eine Handlung zielt darauf, eine Beziehung zwischen Elementen zu verwirklichen." (I, 87)

Die Besonderheit dieser Definition wird durch einen Vergleich erkennbar. ,,Das Handeln ... ist eine bewußte, auf ein Ziel hin orientierte Tätigkeit", so definiert Seiffert.[2] Hier wird jedoch keine Aussage über dieses Ziel gemacht. Ähnliches gilt auch für eine Definition, in welcher das Ziel als ,,Einwirkung auf die Umwelt" beschrieben wird[3], denn dies ist eine höchst unbestimmte Bezeichnung. Anders eine psychologische Definition des Handelns: ,,Bewußt entweder auf den Zweck der Verhinderung oder des Abbaus einer Ist-Soll-Diskrepanz gerichtetes Verhalten eines Individuums."[4] Diese Definition legt das Gewicht auf das Handlungsmotiv, nämlich die genannte Diskrepanz nicht zuzulassen, und sie ist daher spezieller als die vorhergehenden Definitionen, aber auch im Vergleich zu derjenigen Aeblis.

Aeblis Definition steht in der Mitte zwischen den beiden erstgenannten und der dritten, der psychologischen. In ihr wird das Ziel beschrieben, jedoch nicht psychologisch, sondern durch die Darlegung einer Struktur: Beziehung zwischen Elementen. Dies ist sehr allgemein und trotzdem genauer und weniger einseitig, als in den vorhergehenden Beispielen: Seine Definition enthält nämlich Aussagen über die Ausgangslage (es gibt unverbundene Elemente), über den Verlauf (die Elemente erhalten eine Beziehung) und über das Ergebnis (die Beziehung ist vorübergehend oder dauerhaft bewirkt) des Handelns.

Die Ergiebigkeit dieser Definition liegt darin begründet, daß sie trotz ihrer Abstraktheit unschwer auf reale Objekte bezogen werden kann. Elemente sind nach Aebli: Sachen, Vorgänge, Personen, fremde Handlungen, eigene Handlungen (I, 89). Man kann sie in jedem Realitätsbereich aufsuchen. Eine Beziehung zwischen Elementen wird z.B. beim Streichen bewirkt (Farbe und Tür kommen in dauerhafte Beziehung), aber ebenso beim Hausbau, wo Personen und ihre Handlungen in eine Beziehung gebracht werden (beim Geldbeschaffen, beim Kauf eines Bauplatzes, bei den Vereinbarungen mit einem Architekten).

Unterrichten ist ebenfalls ein Beziehungstiften zwischen Elementen, z.B. die Beziehung zwischen einem Lerngegenstand und dem Schüler. Klafki gibt hierfür ein Beispiel, wenn er sagt: ,,daß ,Inhalte' (Gegenstände) überhaupt erst dadurch zu Unterrichtsthemen ... werden, daß sie unter bestimmten Fragestellungen zu denjenigen, denen diese Inhalte zugänglich werden, in Beziehung gesetzt werden."[5]

Hierbei kann man sich konkret vorstellen, daß der Schüler beim Wahrnehmen des Gegenstandes reagiert, daß er ihn im Lichte eines bestimmten Verständnis betrachtet, sei es, daß dieses vom Lehrer beeinflußt wird oder daß es seinem individuellen Verständnishorizont entspringt, und daß dies sowohl den Vorgang des Lernens wie auch den des Ergebnisses (der Schüler hat den intendierten Sinn aufgenommen) umfaßt.

(2) *Verbindung von Theorie und Praxis.* In der Ist-Soll-Definition wird das Handeln von Denkakten begleitet: das Prüfen der Ist-Soll-Diskrepanz durch Vergleich vor und nach dem Handeln. So stellt sich

eine Art Arbeitsteilung ein: Das Denken gibt die Werte vor, die durch Handeln realisiert werden.

Die Strukturdefinition von Aebli enthält hingegen Merkmale, die auf Denken und Handeln gleichermaßen zutreffen. Die Stiftung von Beziehung findet statt sowohl beim Zusammenbau des Fahrrads als auch im Denken, wenn Zahlen zu einer Gleichung oder Begriffe zur Darlegung eines Problems mathematisch oder sprachlich in Beziehung gebracht werden. Denken und Handeln sind zwar nicht identisch, aber sie gleichen sich (I, 19). Denken vollzieht sich im Medium der Sprache (Begriffe, Aussagen); aber reale Handlungen können ebenfalls in Medien übersetzt werden (Zeichensysteme, Sprache). Umgekehrt kann Handeln im Medium der Sprache vorausgedacht und entworfen und durch einen (gedanklichen) Handlungsplan gesteuert werden.

Dieser Zusammenhang zwischen Denken und Handeln läßt sich für die Unterrichtsplanung ergiebig machen. Er legt nahe, keine definitorische Trennung von Planung und Ausführung vorzunehmen, sondern Übergänge zu konstatieren. Offenbar haben die (mentale) Unterrichtsvorbereitung und die (reale) Unterrichtshandlung gemeinsame Strukturen.

Damit ist freilich das Problem des Verhältnisses von Theorie und Praxis noch nicht gelöst. Denn an dieser Stelle wird es nur im alltäglichen Sinne verstanden, so, wenn der erfahrene Lehrer zum Anfänger sagt: ,,Was ihr an der Uni gelernt habt, ist graue Theorie, — vergiß es möglichst schnell!" Die beschriebene Handlungstheorie eröffnet die Möglichkeit, diese unversöhnliche Entgegensetzung zu unterlaufen. Die Lösungsrichtung kann in einer Anforderung ausgedrückt werden: Wie muß ein Handlungsplan beschaffen sein, wenn er die Unterrichtsvorbereitung als eine Handlung ebenso wie die eigentliche Unterrichtshandlung leiten soll?

(3) *Handeln als Strukturierung.* Die Elemente, die durch eine Handlung in Beziehung gebracht werden, sind vorher unverbunden. Vor Beginn der Handlung sind sie ,,Material", das erst im Vollzug verknüpft wird (I, 88). Die unverbundenen Elemente werden auch die ,,Gegebenheiten" genannt (I, 25). Durch das Stiften von Beziehungen zwischen diesen ,,Gegebenheiten" wird eine Struktur erzeugt (I, 25), also eine Ordnung, die durch die Handlung bewirkt wird (I, 88).

Dieser Gedanke ist ergiebig, weil er hilft, das Problem der Didaktisierung von Lerngegenständen zu klären. Die Transponierung von Lerngegenständen innerhalb eines Sachgebietes in Lernprozesse wird von Reich als „Reduzierung" beschrieben.[6] Dahinter steht die Überlegung, daß angesichts einer begrenzten Aufnahmekapazität von Schülern das Quantum an Informationen verringert werden müsse; Didaktik arbeitet nach dem Modell des Nürnberger Trichters. „Stiften von Beziehungen" besagt das Gegenteil: Durch Handeln wird etwas hergestellt, was vorher noch nicht da war, nämlich eine Beziehung zwischen Lernenden und Gegenstand. Indem diese „Elemente" durch das (didaktische) Handeln ein „Rollenmerkmal" erhalten, das ihre Beziehung zu den anderen Elementen kennzeichnet (I, 90), stellt diese „Beziehung" eine neuartige Qualität im Vergleich zu den unverbundenen „Gegebenheiten" dar. Das trifft auch zu, wenn die Elemente vor der Handlung eine gewisse Ordnung aufweisen. In jedem Fall erfolgt durch das Handeln eine Strukturierung, und das heißt: es wird ein Zustand von eigener *Qualität* herbeigeführt.

Klafki nennt diesen Vorgang „thematische Strukturierung".[7] Die Inhaltselemente des Sachgebietes, das für den Unterricht gewählt ist, sind in der Regel in einer Ordnung zugänglich: in einer wissenschaftlichen Systematik. Didaktische Handlungen lösen diese Ordnung auf, weil jetzt eine neue Beziehung hergestellt wird, die darin besteht, daß der Schüler den Gegenstand unter einem bestimmten Blickwinkel betrachtet. Klafki drückt dies in der Frage aus: „Unter welchen Perspektiven soll das Thema bearbeitet werden?"[8] Der Gegenstand erhält eine neue Qualität, weil ihm ein spezifischer Bedeutungsgehalt oder Sinn beigemessen wird. Er bekommt eine Rolle in der durch die didaktische Handlung geschaffenen Struktur, die in der Didaktik mit dem Wort „Lerngegenstand" bezeichnet wird. Doch ist damit nicht lediglich die Funktion bezeichnet, sondern auch die Qualität, die bestimmt wird durch die Beziehung zwischen Gegenstand und Lernenden. Didaktisches Handeln bewirkt infolgedessen nicht Reduzierung (oder didaktische Reduktion), sondern Strukturierung der Lerninhalte.

Literatur:

1 *Hans Aebli*: Denken: das Ordnen des Tuns. Bd. I: Kognitive Aspekte der Handlungstheorie, Bd. II: Denkprozesse, Stuttgart: Klett-Cotta 1981. Im folgenden wird
mit Band und Seitenangabe zitiert.

2 *Helmut Seiffert*: Einführung in die Wissenschaftstheorie, Bd. 3, München: Beck
1985, S. 16.

3 *Günter Hartfiel*: Wörterbuch der Soziologie, 2. Aufl., Stuttgart: Kröner 1976, S.
258.

4 *L. Rössner*, zit. bei *Lutz-Michael Alisch*: Zu einer kognitiven Theorie der Lehrerhandlung. In Manfred Hofer (Hg.): Informationsverarbeitung und Entscheidungsverhalten von Lehrern, München: Urban & Schwarzenberg 1981, S. 95.

5 *Wolfgang Klafki*: Zum Verhältnis von Didaktik und Methodik. In Wolfgang Klafki,
Gunter Otto, Wolfgang Schulz: Didaktik und Praxis, Weinheim: Beltz 1977, S. 23.

6 *Kersten Reich*: Unterricht — Bedingungsanalyse und Entscheidungsfindung. Neue
Grundlegung der Berliner Schule der Didaktik, Stuttgart: Klett 1979, S. 190.

7 *Wolfgang Klafki*: Zur Unterrichtsplanung im Sinne kritisch-konstruktiver Didaktik. In ders.: Neue Studien zur Bildungstheorie und Didaktik. Beiträge zur
kritisch-konstruktiven Didaktik, Weinheim: Beltz 1985, S. 221.

8 Ebenda S. 222.

2.2.2 Orientierungswissen und Handlungswissen

Handlungstheorie ist Theorie des Handelns ganz allgemein. Die hier
zu beschreibende Theorie versteht dieses Handeln nicht als Interaktion, und sie unterscheidet sich deshalb auch von Ansätzen, in welchen
das Handeln aller Interaktionspartner als prinzipiell gleichartig angesehen wird.[1] Demgegenüber betrachtet diese Theorie „die Handlung
unter dem Gesichtspunkt des handelnden Subjektes" (I, 83). Auch
wenn verschiedene Handlungsteilnehmer zusammenwirken, wird von
dieser Theorie aus der Handlungszusammenhang immer nur aus der
Sicht *eines* dieser Handlungsteilnehmer betrachtet, der durch sein
Handeln Beziehungen zwischen Elementen, und das sind auch eigene
und fremde Handlungen, herstellt. Diese subjektive Perspektive ist
eine Voraussetzung für die Lehrbarkeit eines aus dieser Theorie entwickelten Konzeptes der Unterrichtsplanung: Es richtet sich an den lernenden Lehrer, um ihn fähig zu machen, handelnd Beziehungen zu stiften und dadurch Interaktionen in Gang zu setzen oder sich an ihnen zu
beteiligen.

Die folgenden Merkmale beziehen sich auf das Bewußtsein von Handelnden, hier speziell: auf das Denken von Lehrern.

55

(4) *Orientierungswissen.* Es gibt Hilfen zur Unterrichtsvorbereitung, in denen eine Vielzahl von Informationen über die einzelnen Dimensionen des Unterrichts gesammelt und dargestellt werden.

So in dem „Handbuch Unterrichtsplanung" von Wilhelm H. Petersen.[2] Die Planungsdimensionen sind im wesentlichen die Strukturmomente des Unterrichts nach Heimann/Schulz, nämlich Ziele, Inhalte, Methoden, Medien und Voraussetzungen. Unter diese Kategorien wird der Bestand unterrichtstheoretischen Wissens eingeordnet, so z.B. Lernzielsystematiken, Inhaltsarten, Lehr- und Lernformen.

Die übersichtliche Systematik kann nicht darüber hinwegtäuschen, daß der Verwendung solcher Handbücher für die Unterrichtsvorbereitung Schwierigkeiten entgegenstehen. Diese Schwierigkeiten werden erklärlich, wenn wir den kognitiven Status dieses in Systematiken zugänglichen Wissens bestimmen.

Wenn Handeln ein Beziehungstiften von Elementen bedeutet, dann benötigt der Handelnde ein Wissen über zur Verfügung stehende Elemente, über die „Gegebenheiten". Diese können unverbunden sein oder auch in einer Ordnung stehen, aber es ist eine Ordnung, die nicht diejenige ist, welche die Handlung bewirkt. Als Bestandteil eines vor der aktuellen Handlung zu denkenden Wissens stellen diese Informationen eine Art „Steinbruch" (I, 162) dar, aus dem der Handelnde dem Ziel entsprechende Teile herauslöst und sie in Beziehung und in eine Handlungsfolge bringt. Dieses Steinbruchwissen nennt Aebli das „kumulative Wissen" (I, 127); wir verwenden außerdem den Begriff „Orientierungswissen".

Alisch spricht von einem „Informationsspeicher", über den der Lehrer verfügen müsse.[3] Wir machen jedoch nicht den Unterschied von „Allerweltswissen" und „Wissenschaftswissen".[4] Kumulatives Wissen ist beides, Resultat eigener Erfahrungen und übernommene wissenschaftliche Ergebnisse. Wichtiger wäre es, danach zu unterscheiden, wie sie zur Verfügung stehen: als Gedächtnisinhalt oder außerhalb des Subjektes zugänglich? Das in Handbüchern systematisierte Wissen sehen wir hier als potentielles „kumulatives Wissen" an.

Kumulatives Wissen oder Orientierungswissen ist demnach noch nicht die Handlung und auch keine Vorstellung von einer beabsichtigten Handlung, sondern das Reservoir, aus dem Bestandteile zur Strukturierung durch Handlung herausgelöst werden müssen. Die Schwierigkeit ergibt sich hierbei, daß die Handbuchsystematiken in der Regel nicht auch die Gebrauchsanweisung, d.h. den Handlungsplan mitliefern, nach dessen Muster die Handlung strukturiert werden kann. Systematiken nach den Dimensionen des Unterrichts sperren sich sogar dagegen, weil dieses Analysemodell nicht handlungsorientiert ist.

Hilfreich ist die Unterscheidung zwischen Orientierungswissen und Handlungswissen deshalb, weil sie sichtbar macht, daß die unterrichtstheoretischen Kenntnisse zwar notwendig, aber noch nicht ausreichend sind, um Unterricht zu planen und im Unterricht zu handeln. Wir ziehen daraus die Folgerung, daß in einem Modell der Unterrichtsplanung der Bereich der Unterrichtstheorie als Orientierungswissen ausgegliedert werden kann, weil das Modell im wesentlichen den Handlungsplan enthalten muß, der Vorbereitung und Unterrichten leitet.

(5) *Handlungswissen.* Im Unterschied zum Orientierungswissen hat das Handlungswissen eine hierarchische Struktur; diese besteht in der ,,Unterordnung von Handlungen, die Voraussetzungen schaffen, unter Folgehandlungen, die auf diese aufbauen'' (I, 158). Das Verhältnis von Orientierungswissen oder kumulativem Wissen zum Handlungswissen läßt sich an einem einfachen Beispiel darstellen. Wenn man fragt, welche Tätigkeiten ein Gegenstand zuläßt, hier z.B. ein Ei, kann man die Antworten bildhaft in der Art eines Netzes darstellen (I, 161):

Abb. 4: Ein Stück kumulatives Wissen darüber, was man mit einem Ei tun kann

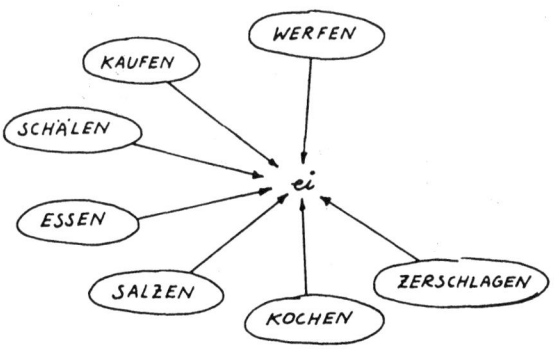

Das Netz repräsentiert das kumulative Wissen einer Person. Beabsichtigt diese, das Ei zu essen, dann ist zum Zustandekommen dieser

Zielhandlung erforderlich, daß eine Teilmenge aus dieser Menge der Handlungen ausgewählt und nach Voraussetzungen und Folgehandlungen hierarchisch integriert wird, wie es in der folgenden Abb. dargestellt wird (I, 161):

Abb. 5: Das Bild des Handlungswissens, das Elemente aus dem kumulativen Wissensnetz von Abb. 4 benützt und diese hierarchisch integriert.

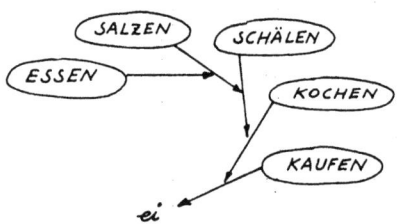

Die Zeichnung ist so zu verstehen, daß die Pfeile, die auf andere auftreffen, jeweils die übergeordnete Handlung repräsentieren; die untergeordnete Handlung benennt eine Bedingung, auf welcher die übergeordnete Handlung operiert.

Das Verhältnis von Orientierungswissen und Handlungswissen stellt sich demnach so dar, daß das Handlungswissen Bestandteile aus dem ,,Steinbruch" auswählt und zur Handlung integriert, und zwar als Über- und Unterordnung.

Diese Überlegungen können dazu verhelfen, das Modell der ,,Berliner Schule" hinsichtlich seiner Funktion zu definieren. Es läßt sich jetzt sagen, daß das von Schulz entworfene Schema:

Abb. 6:

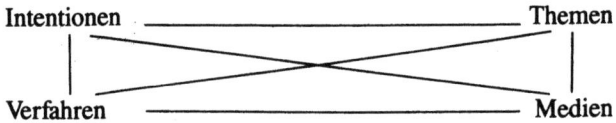

eine Analogie zum Bild vom Netz des Orientierungswissen darstellt. Die Übertragung in Handlung sähe dann folgendermaßen aus:

Abb. 7:

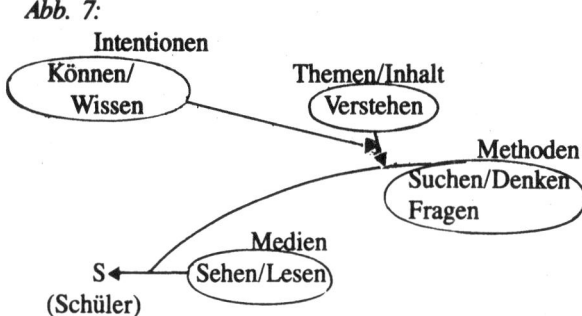

(Schüler)

Man sieht, daß die Übertragung nicht unmittelbar gelingen kann, sondern nur, indem die Dimensionen in Handlungen übersetzt werden. Dies sind jedoch Handlungen nur eines der Handelnden; daher ändert sich ihre Bezeichnung (in den Ovalen) je nachdem, ob der Schüler (S) oder der Lehrer der Handelnde ist. (Siehe auch das Beispiel unten S. 246).

Es sind also Zwischenschritte erforderlich, wenn man von dem Modell der ,,Berliner Schule'' zum Handeln gelangen will. Dabei ist zu beachten, daß die angestrebte hierarchische Integration nur gelingt, wenn eine Art Gebrauchsanweisung zur Verfügung steht.

(6) *Handlungsschema*. Eine solche Gebrauchsanweisung ist denkpsychologisch das kognitive Handlungsschema. Es unterscheidet sich von der realen Handlung dadurch, daß an die Stelle der ,,Elemente'', die in Beziehung gebracht werden, ,,Leerstellen'' treten (I, 126). In unserem Beispiel können diese Leerstellen durch abstrakte Begriffe gekennzeichnet werden: Allgemein ist zum Essen erforderlich die *Beschaffung* und *Zubereitung* eines *Nahrungsmittels*. Das Schema ist dann wiederholbar (jeden Tag), es ist übertragbar (auf andere Nahrungsmittel), aber es ist hinsichtlich seiner Struktur invariant: immer müssen diese Leerstellen in dieser Abfolge gefüllt werden (I, 84).

Im Zusammenhang mit dem Bericht des Lehrers (oben S. 49) haben wir von dem ,,Methodenbild'' gesprochen, das der Lehrer besitzt. Jetzt können wir genauer sagen: Er besitzt ein Handlungsschema; dessen ,,Leerstellen'' sind nach diesem Bericht folgende: Der Lehrer sucht für den Beginn der Stunde einen *Zugang*, die Stunde muß auf eine *Zielhandlung* hinauslaufen, die Handlungen innerhalb der

Stunde sind *hierarchisch strukturiert* („roter Faden"). Gemeint ist: Das Schema erinnert daran, *daß* eine Zielhandlung angestrebt wird und welche Merkmale sie aufweisen soll, sagt aber nicht, *welche* es im jeweiligen Fall ist. Das Schema leitet die Unterrichtsplanung (z.B. ist es zweckmäßig, den „Zugang" vor Unterrichtsbeginn zu überlegen, und wenn es zwei Minuten vorher geschieht). Aber es übt seine Funktion auch in der Unterrichtssituation aus, wenn der Lehrer die Handlungen der Schüler auf ein Ziel hin beeinflußt, das sich aus einem Anlaß situativ anbietet.

Das legt nahe, nach einem Modell der Unterrichtsplanung zu suchen, das sowohl die Unterrichtsplanung wie auch das Unterrichtshandeln leiten kann. Wir meinen, daß die Barriere, welche zwischen einem allgemeindidaktischen Modell und seiner Anwendung im Unterricht besteht, darin liegt, daß diesem häufig als Form die Gliederung für die schriftliche Ausarbeitung gegeben wird. Demgegenüber wird hier die These vertreten, daß die Gliederung der schriftlichen Unterrichtsvorbereitung nur als Nebenprodukt für einen speziellen Zweck angesehen werden sollte. Deren andersartige Struktur ergibt sich aus dem Zwang, einen *spiraligen* Denkvorgang oder *hierarchisch integrierte* Handlungen in *linearer* Form darzustellen. Aus diesem Grunde werden wir die Entwicklung des „Modells" von dem Vorschlag für die Gliederung einer schriftlichen Unterrichtsvorbereitung trennen.

Literatur:

1   So bei interaktionstheoretischen Ansätzen, dazu gehören u.a. *Wolfgang Boettcher, Gunter Otto, Horst Sitta, Hans Josef Tymester*: Lehrer und Schüler machen Unterricht. Unterrichtsplanung als Sprachlernsituation, 3. Aufl., München: Urban & Schwarzenberg 1980; *Wolfgang Schulz*: Unterrichtsplanung, 3. Aufl., München: Urban & Schwarzenberg 1981; *Heinz Moser*: Historische und institutionelle Aspekte des Zusammenhangs von Didaktik und Methodik. In Bijan Adl-Amini (Hg.): Didaktik und Methodik, Weinheim: Beltz 1981, S. 40 - 60.
2   *Wilhelm H. Petersen*: Handbuch Unterrichtsplanung. Grundfragen, Modelle, Stufen, Dimensionen, München: Ehrenwirth 1982.
3   *Lutz-Michael Alisch*: Zu einer kognitiven Theorie der Lehrerhandlung. In Manfred Hofer (Hg.): Informationsverarbeitung und Entscheidungsverhalten von Lehrern, München: Urban & Schwarzenberg 1981, S. 96.
4   *M. Gebauer* u.a.: Praxis der Unterrichtsvorbereitung — ein Studienbuch, 2. Aufl., Stuttgart: Klett 1979, S. 41.

2.2.3 Planen und Handeln

Unterrichtsplanung und Unterrichtshandeln weisen Gemeinsamkeiten auf. Über ihnen darf man jedoch nicht die Unterschiede übersehen. Planen und Handeln besitzen strukturelle Gemeinsamkeiten und strukturelle Unterschiede.

(7) *Handlungsplanung.* Das Planen einer Handlung ist dann erforderlich, wenn der Weg zum Ziel und die hierbei erforderlichen Elemente dem Handelnden nicht sofort bekannt sind (I, 149). Bei dem Beispiel des Eies ist vorauszusehen, daß eine Planung nicht stattfindet; die notwendigen Teilhandlungen und ihre Ordnung stehen sogleich zur Verfügung. Wenn dies nicht der Fall ist, muß geplant werden, und das bedeutet die Suche nach den Elementen und den Handlungsschemata, die zu dem erwünschten Ziel führen.

Unterricht muß in der Regel — mehr oder weniger intensiv — geplant werden. Das ist bedingt durch den hohen Komplexitätsgrad dieses Handlungsgeschehens: Immer muß irgendein Handlungsteilnehmer beschafft werden (z.B. Inhaltsauswahl, mediale Vermittlung), oder ein vorhandener Handlungsteilnehmer muß eine erforderliche Eigenschaft erhalten (Fähigkeit der Schüler als Voraussetzung für die Zielhandlung).

Das Ergebnis der Planung ist der Handlungsplan; dieser ist zu verstehen als ein ,,System der handlungssteuernden Informationen"[1], aber in ihm sind — im Unterschied zum Handlungsschema — die ,,Leerstellen" gefüllt, und zwar durch Informationen, die sich auf die beabsichtigten Unterrichtshandlungen beziehen.

Der wichtige Unterschied zwischen Planen und Handeln besteht nun darin, daß die Planung vom Ziel *ausgeht*, die Handlung zum Ziel *hinführt*. Am Beispiel der Abb. 5 (oben S. 58) sieht das so aus:

,,Bei der Planung der Handlung sucht das Handlungsschema des Essens das Schema, das dessen unmittelbare Voraussetzung schafft, nämlich das Salzen; dieses sucht und findet die Handlung des Schälens, die die Voraussetzung für das Salzen schafft usw. Umgekehrt sehen wir in der Handlungsdurchführung ein schrittweises Aufbauen auf der Voraussetzung, die durch die vorangehende Teilhandlung geschaffen worden ist." (I, 161 - 2)[2]

Die Abb. 5 (S. 58) ist ja deshalb nicht so leicht zu lesen, weil sie versucht, ein kognitives Schema zu veranschaulichen, das *beide* Abfolgen enthält: die der Planung und die des Handelns. Dies geschieht, indem vermieden wird, eine bloße Abfolge darzustellen. Vielmehr wird die Zuordnung der Teilhandlungen, und zwar als Bedingung und Folge, dadurch ausgedrückt, daß Pfeile auf Pfeile weisen. Indem mit der chronologischen eine logische Anordnung vorgenommen wird, kann sie in beiden Richtungen gelesen werden, weil die Elemente die Eigenschaften ,,Bedingung für" und ,,Folge von" gleichermaßen besitzen.

Das bedeutet jedoch auch: Das Handlungsschema ist bei Planen und Handeln identisch; es wird lediglich im Denken verschieden durchlaufen, je nachdem, ob die Handlung in Gedanken geplant oder in der Realität ausgeführt wird. Das Handlungsschema ist sogar hinsichtlich seiner Struktur invariant, wie wir oben (S. 59f) festgestellt haben, aber es ermöglicht ein Operieren gleichsam in verschiedene Richtungen.

Im Vergleich hierzu sind ,,Modelle" der Unterrichtsplanung, soweit sie als Prozeß entworfen werden, nur bezogen auf *Planung*. Beispiele sind Kunert[3], das ,,Gießener Didaktische Modell"[4] oder König/Riedel[5]. Es sind dies dualistische Modelle, weil sie stillschweigend eine Trennung von Planung und Ausführung voraussetzen. Ansatzpunkte für ein monistisches Modell bietet hingegen Klafki (s. oben S. 37ff.).

Unsere Überlegungen zielen infolgedessen auf ein monistisches Modell, in welchem anschaubar miteinander verbunden sind: Struktur (das Handlungsschema) und Prozeß (das Operieren). Hinweise auf die zweidimensionale Lösung haben wir oben (S. 40f.) gegeben.

(8) *Dominanz des Zielbezuges.* Aus dem Vergleich von Planen und Handeln ergibt sich eine Selbstverständlichkeit,die aber hier eigens hervorgehoben werden soll: Das Handeln geschieht um der Zielhandlung willen, Handlungsplanung erfolgt ,,vom Ziel her" (I, 150). Auch dem ungeplanten, erfahrungsgeleiteten Handeln geht der Gedanke an das Ziel voraus: als Absicht, Wunsch, Bedürfnis o.ä.. In der Planung ist dies stärker pointiert, muß auch das Ziel vielleicht genauer bestimmt werden, weil die Merkmale für Teilnehmer und Schemata der auf das Ziel führenden Teilhandlungen definiert werden müssen, um die Suche zu ermöglichen.

Hervorgehoben wird die Dominanz des Zielbezuges, weil in der Allgemeinen Didaktik lange Zeit darüber ein Dissens zwischen der lerntheoretischen (Heimann/Schulz) und bildungstheoretischen (Klafki) Didaktik bestand. Inzwischen hat sich ein Konsens zwischen beiden ergeben; Klafki spricht jetzt vom ,,Primat der Zielentscheidungen im Verhältnis zu allen anderen, den Unterricht konstituierenden Faktoren".[6] Schulz bestätigt dies und umschreibt den Gedanken so: Der Planer einer Unterrichtseinheit nähere sich allen Aufgaben der Planung „unter einer definierten, begründeten, zur Diskussion gestellten Perspektive".[7]

Literatur:

1 *Rainer Bromme, Falk Seeger*: Unterrichtsplanung als Handlungsplanung, Königstein: Scriptor 1979, S. 7
2 Peterßen zitiert Nikolaus Hartmann, der diesen Sachverhalt mit den Begriffen „Finalnexus" und „Kausalnexus" beschreibt. Vgl. *Wilhelm H. Peterßen*: Handbuch Unterrichtsplanung. Grundfragen, Modelle, Stufen, Dimensionen, München: Ehrenwirth 1982, S. 102 f. Ähnlich auch bei *Jürgen Greszik:* Unterrichtsplanung, Heidelberg: Quelle und Meyer 1979, S. 162.
3 *Kristian Kunert*: Chancen und Grenzen der curricularen Unterrichtsplanung. In Eckard König, Norbert Schier, Ulrich Vohland (Hg.): Diskussion Unterrichtsvorbereitung — Verfahren und Modelle, München: Fink 1980, S. 138 - 9.
4 *Wilhelm Himmerich, Ulrich Hain, Günter Ricker*: Das Gießener Didaktische Modell. In König (Anm. 3), S. 232.
5 *Ernst König, Harald Riedel*: Unterrichtsplanung als Konstruktion, Weinheim: Beltz 1970.
6 *Wolfgang Klafki*: Zur Unterrichtsplanung im Sinne kritisch-konstruktiver Didaktik. In ders.: Neue Studien zur Bildungstheorie und Didaktik. Beiträge zur kritisch-konstruktiven Didaktik, Weinheim: Beltz 1985, S. 202.
7 *Wolfgang Schulz*: Unterrichtsvorbereitung, 3. Aufl., München: Urban & Schwarzenberg 1981, S. 87.

2.2.4 Ergebnis

Die Eignung dieser in ausgewählten Aspekten dargestellten denkpsychologischen Handlungstheorie von Aebli soll zusammenfassend charakterisiert werden, indem an die in 1.4 angeführten „Anforderungen" erinnert wird:

— Das Konzept soll die Funktion eines Schemas oder einer kognitiven Landkarte erfüllen: Dies ist im entwickelten Begriff des *Handlungsschemas* erfüllt. Die Aufgabe eines Unterrichtsplanungsmodells wäre damit die Vermittlung einer kognitiven Struktur, die Planen und Handeln leiten kann.

— Das Konzept soll sowohl für die Situation „Prüfstand" als auch für den „Alltag" geeignet sein: Dies ergibt sich aus dem Begriff *„kognitiver Struktur"*; diese ist nicht an Verwendungssituationen ge-

bunden, sondern meint eine generelle Strukturierung des Bewußt-
seins, das dadurch fähig wird, Probleme zu lösen, neuartige Situationen zu bewältigen. Der ,,Prüfstand" stellt lediglich zusätzliche Anforderungen, deren Bewältigung aus der generellen kognitiven Handlungsstruktur abgeleitet werden können.

— Der Adressat ist der *individuell Lernende*: Kognitive Struktur ist
immer diejenige eines Subjektes, also eines Individuums. Eine denkpsychologische Handlungstheorie wird entworfen ,,unter dem Gesichtspunkt des handelnden Subjektes" (I, 83).

Planung des Unterrichts wird daher hier, wie auch bei
Bromme/Seeger, als ,,Planung des Lehrerhandelns"[1] verstanden.
Dies bedeutet eine Einschränkung; wenn man Orientierungswissen
über Unterricht vermittelt, muß man beachten, daß Unterricht auch
unter dem Aspekt ,,soziale Situation" betrachtet werden kann, daß
Handeln dann ,,Interaktion" ist. Unter dem Gesichtspunkt ,,Grad der
Internalisierung oder Lehrbarkeit" hingegen erhöht der denkpsychologische Ansatz eben diese Lehrbarkeit, weil er hilft, Wissen im Hinblick auf das lernende Subjekt zu vermitteln.

Im folgenden werden nun die Umrisse des Modells, das diese Anforderungen erfüllen soll, skizziert.

Literatur:

1 *Rainer Bromme, Falk Seeger*: Unterrichtsplanung als Handlungsplanung, Königstein: Scriptor 1979, S. 6.

2.3 Die Grundsätze der Modellbildung

Ein Modell für die fachdidaktische Unterrichtsplanung soll nach
folgenden Grundsätzen entworfen werden:

2.3.1 Ausgliederung des Orientierungswissens

Wir hatten festgestellt, daß das Orientierungswissen oder das kumulative Wissen den Informationsspeicher über die ,,Gegebenheiten" oder Elemente darstellt, welche durch Handlung in eine Beziehung gebracht werden. Hinsichtlich Ordnung und Umfang ist das Orientierungswissen nicht auf Handlung bezogen. Es wird zwar für Handlungen vorausgesetzt und dient als ,,Steinbruch", *ist* aber nicht diese Handlung.

Das gibt die Möglichkeit und legt auch die Notwendigkeit nahe, aus dem Planungsmodell das Orientierungswissen auszugliedern, und zwar:

a) Die *Elemente der Sache*, d.h. die fachwissenschaftlichen Gegebenheiten, die häufig durch die ,,Sachanalyse" ermittelt werden. Die ,,Sache" ist, soweit sie durch Fachwissenschaft vermittelt wird, in der diesen eigenen Systematik zugänglich. Nun ist zur Unterrichtsvorbereitung in der Regel auch ein *Einarbeiten in den Sachbereich* für den Lehrer erforderlich. Aber das ist lediglich eine Hilfstätigkeit, die bewirkt, daß der ,,Steinbruch" zugänglich wird, falls er nicht im ausreichenden Maß im Gedächtnis zur Verfügung steht. Prinzipiell ist das Einarbeiten in den Sachbereich jedoch nichts anderes als die Auffrischung oder Ergänzung des Orientierungswissens. Falls beim Einarbeiten (durch Benutzung geeigneter Fachliteratur) schon Elemente im Hinblick auf die didaktische Handlung *ausgewählt* werden, was im Grunde sogar empfehlenswert ist, dann stellt dies nur eine zeitliche Verschiebung einer Tätigkeit dar, welche systematisch jedoch *in* das Modell gehört, weil hier bereits ,,Beziehung gestiftet" wird. Aus diesem Grunde ist dieser Vorgang, auch wenn er sich *praktisch* verwischt, *gedanklich* zu trennen von der Sachanalyse, welche die Sicherung des Orientierungswissens über die Sache bezweckt.

b) *Didaktische bzw. pädagogische Intentionen.* Wir zählen auch die fachdidaktischen Konzeptionen oder die allgemeinen pädagogischen Zielsetzungen zum Orientierungswissen. Auch dieses sind ,,Gegebenheiten" in dem Sinne, daß sie Bestände von Normorientierungen darstellen, welche unabhängig von der intendierten Unterrichtshandlung existieren, auch in der ihnen eigenen Ordnung,

65

und aus denen für die intendierte Handlung (z.B. zur Definition des Zieles) ausgewählt werden muß. Sicherlich ist es wünschenswert, daß der Lehrer an einer einmal gewählten pädagogischen oder didaktischen Intention festhält, um seinem Unterricht ein gewisses Maß an Normkonsistenz zu verleihen. Dennoch muß bewußt sein, daß es Alternativen der Normorientierung gibt, welche in der Pädagogik und in der Fachdidaktik zugänglich sind. Sie bedingen den selektiven Charakter einer Normenwahl und erinnern an die Möglichkeit der Überprüfung und Revision dieser Wahl.

c) *Bedingungen der Unterrichtssituation.* Die Bedingungsanalyse gehört meist zum Pflichtbestand einer schriftlichen Unterrichtsvorbereitung. Deren Vollständigkeit steht jedoch in der Regel in keinem Verhältnis zu der Funktion bezüglich des geplanten Unterrichts. Der Grund liegt darin, daß die systematische Vollständigkeit einer Bedingungsanalyse sie zum Bestandteil des Orientierungswissens macht. Der erfahrene Lehrer *hat* dieses Wissen über die „Beschaffenheit" der für die Handlung notwendigen Handlungsteilnehmer, z.B. der Schüler. In dem oben angeführten Unterrichtsbeispiel (S. 47) will der Lehrer ein Kreisgespräch anregen und stellt fest: „Das kennen die Schüler ja." Für seine Unterrichtshandlung prüft der Lehrer, ob die Schüler die Beschaffenheit aufweisen, um die intendierte Handlung auszuführen. Für diese Handlung ist nur dieses Merkmal erforderlich; alle übrigen Merkmale der Schüler bleiben gespeichert, ohne abgerufen zu werden. In diesem Sinne ist auch die Bedingungsanalyse wie die Sachanalyse lediglich eine Hilfstätigkeit für denjenigen, der sich erst einmal das Wissen über die Elemente verschaffen muß, die durch die Unterrichtssituation zugänglich sind, und dazu gehören die Personen, aber auch die Sachen und die institutionellen Einschränkungen.

d) *Unterricht als Planungsbereich.* Wir haben oben (S. 58 f.) schon erwähnt, daß das Modell von Schulz als „Netz" des Orientierungswissens über Unterricht verstanden werden kann. Es bietet eine Systematik, in welcher Daten der Unterrichtstheorie eingeordnet werden können. Die Kategorien sind Ordnungsmittel, welche auch anders ausfallen könnten, als die klassische Einteilung in Intentionen, Themen (Inhalte), Methoden und Medien. Ein interaktionstheoretisches Konzept der Unterrichtsplanung unterscheidet z.B. zwischen Zielbezug, Kompetenzen, Bedingungen und Handlungen[1], ein anderes kennt sogar nur noch die beiden Gruppen der Ziele und der Methoden[2]. Daraus ergibt sich, daß Wissen über Unterricht unterschiedlich geordnet werden kann. Wir lassen offen, ob andere Systematiken einen engeren Handlungsbezug haben als die klassische nach Heimann/Schulz. In jedem Fall ist dieses Wissen notwendig, um Unterricht planen und durchführen zu können, aber es stellt dort auch nur Orientierungswissen dar, das für das spezifische Unterrichtshandeln abgerufen und strukturiert werden muß.

Literatur:

1 *M. Gebauer* u.a.: Praxis der Unterrichtsvorbereitung — ein Studienbuch, Stuttgart: Klett 1979.
2 *Jürgen Grzesik*: Unterrichtsplanung. Eine Einführung in ihre Theorie und Praxis, Heidelberg: Quelle & Meyer 1979.

2.3.2 Ausgliederung des Auslösers

Wenn Handeln nach Aebli darauf zielt, ,,eine Beziehung zwischen Elementen zu verwirklichen'' (oben S. 51), dann enthält das so beschriebene Ziel eine Handlungsstruktur. Mithin besteht diese Definition aus einer Aussage in sehr allgemeiner Form darüber, welches Ziel der Handelnde wie erreichen will. Aber sie sagt nichts darüber aus, daß er dieses Ziel erreichen *will*. Das kognitiv erfaßbare Ziel muß daher zusätzlich noch ein *Motiv* wecken, welches den Handelnden zur Einleitung seiner Handlung vernlaßt. Wir nennen dieses Motiv hier den Auslöser der Planungstätigkeit und sagen, daß dies allgemein in Form einer Lehr-/Lernaufgabe geschieht, ganz gleich, ob diese dem Lehrer gestellt wird oder ob er sich diese auswählt.

In Abb. 8 (s. S. 69) haben wir mögliche Quellen der Lehr-/Lernaufgabe zusammengestellt: Richtlinien, Schulbücher, aktuelle Ereignisse aus der Umwelt, pädagogische Motive bzw. Intentionen des Lehrers, Schülerinteresse, Fachkonferenz und schuleigner Lehrplan.

Da diese ,,Auslöser'' jedoch der eigentlichen Unterrichtsplanung vorausgehen, können wir auch sie aus dem Planungsmodell ausgliedern.

2.3.3 Reduktion von Komplexität

Die genannte Definition von Handlung ermöglicht es, das Modell aus einer elementaren Grundstruktur zu entwickeln. Diese benötigt als Bestandteile: Ziel und Weg, also Handlungsziel und Handlungsverlauf. Dementsprechend bestimmen wir für die Unterrichtsplanung zwei Aufgabenbereiche, die wir als ,,Zielklärung" und ,,Methodenplanung" bezeichnen.

Dies entspricht der ,,rigorosen Zweiteilung in Zielplanung und Methodenplanung", die Grzesik vorschlägt.[1] Wir folgen ihm aber nicht in der wissenschaftstheoretischen Begründung. Für Grzesik ist die Beziehung beider Elemente diejenige zwischen bedingten und bedingenden Sachverhalten; die Relation wird kausal definiert. Nach der erwähnten Definition Aeblis ist das Verhältnis final zu verstehen, da die herzustellende Beziehung sowohl das Ziel ,,definiert" als auch die Handlung ,,kennzeichnet".[2] Die erforderlichen Teilhandlungen sind daher der Zielhandlung nicht kausal vorgeordnet, sondern durch das in der Zielhandlung einbeschlossene Handlungsschema hierarchisch untergeordnet.

Diese Reduktion verstehen wir als die Zurückführung auf eine Grundstruktur, die zwar mit sehr abstrakten Begriffen bezeichnet wird, die aber selber wieder eine Ausdifferenzierung zulassen. Denn in der Definition von Handlung: ,,eine Beziehung zwischen Elementen zu verwirklichen", lassen die Begriffe ,,Beziehung" und ,,Elemente" infolge ihrer Abstraktheit eine große Bedeutungsmenge zu; so sind ,,Elemente" Sachen, Vorgänge, Personen, Handlungen, die ihrerseits wieder Merkmale aufweisen (s. oben S. 52). Durch die genannten Begriffe sind demnach sowohl einfache als auch komplexe Handlungen erfaßbar, also auch solche im komplexen Unterrichtsgeschehen.

Diese Reduktion ermöglicht die kognitive Bewältigung von Komplexität, hier des Unterrichtsgeschehens, aber in der Weise, daß eine Komplexität nicht durch Vereinfachung vernichtet wird, sondern durch Denken immer wieder reproduziert werden kann.

Diese Zweiteilung entspricht der Grundstruktur des Alltagsbewußtseins von Lehrern, wie empirischen Untersuchungen zu entnehmen ist.

Solche Untersuchungen zusammenfassend, kennzeichnet Lütgert die ,,Subkultur" der im Alltag stehenden Lehrer: ,,Lehrer suchen unter Zeitdruck *eine* konstruktive Antwort auf *zwei* Fragen: ,Was werde ich unterrichten?' und ,Wie werde ich es unterrichten?' "[3]

Wir nehmen jedoch eine Abwandlung vor. Die erste, auf den Inhalt bezogene Frage, werden wir ergänzen durch die Frage nach dem ,,Wozu", dem Ziel, um auch in den Alltag Ansätze einer Reflexion der Lehrabsichten einzubringen; wir wandeln daher die erste Frage in den Komplex der ,,Zielklärung" um.

Ausgliederung und durch Reduktion entstehendes Modell werden in folgender Übersicht dargestellt.

Abb. 8: Übersicht über Ausgliederungen und Modell

1. Ebenen des Orientierungswissens
   1.1 Elemente der Sache
   1.2 Didaktische/pädagogische Intentionen
   1.3 Bedingungen der Unterrichtssituation
   1.4 Unterricht als Planungsbereich

2. Auslöser der Planungstätigkeit: die Unterrichtsaufgabe

   2.1 Quellen (Herkunft der Lehr-/Lernaufgabe)

   — Richtlinien/Schulbücher   — Schülerinteresse
   — Aktualität/Umwelt   — Fachkonferenz
   — pädagogische Motive   — schuleigener Lehrplan

   2.2 Formen der Lehr-/Lernaufgabe
   — Thema
   — Sachbereich
   — Verhaltensziel

3. Elemente der Planungshandlung
   3.1 Zielklärung
   3.2 Methodenplanung

Literatur:

1 *Jürgen Grzesik*: Unterrichtsplanung, Heidelberg: Quelle & Meyer 1979, S. 155.
2 *Hans Aebli*: Denken, das Ordnen des Tuns, Band 1, Stuttgart: Klett-Cotta 1980, S. 87 f.
3 *Will Lütgert*: Was leisten Modelle der allgemeinen Didaktik? Neue Sammlung 21 (1981) S. 584. Ähnlich auch *Rainer Bromme*: Das Denken von Lehrern bei der Unterrichtsvorbereitung, Weinheim: Beltz 1981; *Fritz Loser, Ewald Terhart*: Alltägliche Unterrichtsvorbereitung: Die Perspektive der Lehrer und die Perspektive der Schüler. Bildung und Erziehung 32 (1979), S. 407.

2.3.4 Zielklärung als „Kern"

Die beschriebene Zweiteilung rückt erneut die didaktische Analyse in das Zentrum der Unterrichtsvorbereitung, ähnlich wie Klafki sie in seinem frühen Aufsatz den „Kern der Unterrichtsvorbereitung" genannt hat.[1] Allerdings ist inzwischen ein terminologischer Wandel eingetreten. „Analyse" ist die Zerlegung von etwas Vorgegebenem; Klafki setzte damals für die Alltagssituation des Lehrers voraus, daß der zu analysierende Unterrichtsgegenstand durch den Lehrplan gegeben und mithin über seine Auswahl schon eine Vorentscheidung gefallen ist.[2] Infolgedessen wurde gegen Klafkis didaktische Analyse kritisch eingewandt, daß sie weniger ein Verfahren zur Auswahl, als vielmehr eines zur Begründung oder Legitimation von Unterrichtsinhalten und der in ihnen enthaltenen Lernziele sei.[3] In der Ausbildung scheint dieses Verfahren sogar zur nachträglichen Rechtfertigung eines nach ganz anderen Kriterien entworfenen Unterrichts degeneriert zu sein.[4]

Auch wir gehen von didaktischen Vorentscheidungen aus, da wir die Unterrichtsaufgabe (den „Auslöser" der Planungstätigkeit) aus dem Modell ausgliedern. Aber wir verwenden nicht die Bezeichnung „didaktische Analyse", sondern „Zielklärung", und dies aus folgendem Grund: „Analyse" erweckt den Eindruck, als gehe es darum, den im „Bildungsinhalt" *gegebenen*, aber zunächst noch verborgenen „Bildungsgehalt" zu heben. Mit der These von der „wertungsmäßigen Vorweg-Bestimmtheit" vieler Inhalte[5] hat Klafki jedoch neuerdings darauf aufmerksam gemacht, daß die Intentionalität dem Gegenstand *hinzugefügt* wird und mithin konstruiert ist. Didaktische Reflexion hat daher die Aufgabe, die gleichsam naive didaktische Perspektive, unter welcher der Gegenstand vorgegeben ist oder gewählt wird, zu korrigieren, und das heißt: Die Intention, welche die didaktische Perspektive ausdrückt, wird nicht analysiert, sondern durch eine reflektierte Entscheidung im Verlauf der Zielklärung erst „konstruiert". Dies ist die „kritisch-konstruktive" Funktion der Zielklärung innerhalb unseres Planungsmodells, die ja auch Klafki seinem Modell beimißt.[6] Wir meinen jedoch, daß durch den Begriff „Zielklärung" deutlicher erkennbar wird als durch denjenigen des „Begründungszusammenhanges" in Klafkis Modell, daß es sich um einen Weg, nämlich den Weg von der vorläufigen zur endgültigen, also um eine erst noch zu leistende Zielbestimmung handelt.

Wie für Klafki die alte didaktische Analyse, gilt uns die Zielklärung als ,,Kern" der Unterrichtsvorbereitung, weil wir die Notwendigkeit sehen, in diesem Punkte das Alltagsbewußtsein des Lehrers zu korrigieren. Die ,,wertungsmäßige Vorweg-Bestimmtheit" von Gegenständen oder Themen des politischen Unterrichts ist häufig ein Ergebnis des politischen Prozesses oder eine Folge der Definitionsmacht einflußreicher Gruppen der Gesellschaft, aber sie kann auch auf einer subjektiven politischen Präferenz des Lehrers beruhen. Die Aufgabe der Zielklärung ist es, dem Lehrer dies bewußt zu machen, um ihm die Möglichkeit zu didaktisch begründbaren Entscheidungen über den Wertbezug, die Perspektive oder die Intention zu geben, die durch eine Lehraufgabe herausgefordert werden.

Die Zielklärung schlüsseln wir in Teilaufgaben auf, die mit Hilfe des handlungstheoretischen Ansatzes bestimmt werden. Ziel ist das Bewirken einer Beziehung zwischen Elementen. Dementsprechend können wir aus dem komplexen Unterrichtsgeschehen folgende Beziehungen voneinander abheben (s. Abb. 9):

a) *Beziehung zwischen Sache und Lernenden.* Indem Lernenden ein Gegenstand zugänglich wird, erhält er eine didaktische Bedeutung. Diese Bedeutung wird durch das Thema des Unterrichts definiert. Es enthält eine didaktische Perspektive. Den Vorgang nennen wir *Thematisierung.*

Abb. 9: Zielklärung

Lehr-/Lernaufgabe

Thematisierung: Beziehung zwischen Sache und Lernenden

Begründung: Beziehung zwischen Lehrendem, Lernenden und Umwelt

Strukturierung: Beziehung zwischen Elementen der Sache

Bestimmung des Implikationszusammenhanges: Das Herstellen von Beziehungen als Ziel und Handlung

Ergebnishandlung

b) *Beziehung zwischen Lehrendem, Schülern und Umwelt.* Diese Beziehung definiert die Rolle, welche der Lehrer einnimmt. Die Thematisierung erfolgt nicht willkürlich, auch nicht autoritär, sondern so, daß sie gegenüber Schülern und Eltern oder anderen Repräsentanten argumentativ, d.h. einsehbar und kritisierbar begründet wird. Diese Beziehung führt also zur *Begründung.*

c) *Beziehung zwischen Elementen der Sache.* Außerhalb des Lernprozesses, der als Handlung verstanden wird, hat die Sache ihre eigene, in der Regel fachwissenschaftliche Struktur. Unter der didaktischen Perspektive als Bestandteil des Handlungszieles wird der Gegenstand unter einem andersartigen Blickwinkel betrachtet; er erhält eine dem Handlungsziel adäquate Struktur. Diese Neuordnung des kumulativen Wissens wird als *Strukturierung* bezeichnet.

d) *Das Herstellen von Beziehungen als Ziel und Handlung.* Wenn Ziel das Herstellen von Beziehungen zwischen Elementen ist, dann wird der Prozeß, der zum Ziel führt, ebenso beschrieben; die Beziehung „kennzeichnet" die Handlung (s. oben S. 68). Dies ist die handlungstheoretische Beschreibung dessen, was in der Didaktik mit „Implikationszusammenhang" bezeichnet wird. Blankertz versteht darunter:

„Damit ist zweierlei gemeint, nämlich einmal, daß jede Unterrichtsmethode inhaltliche Vorentscheidungen enthält, auch wenn sie diese nicht sichtbar macht, und zum anderen, daß inhaltliche Zielsetzungen für den Unterricht nicht ohne Bezugnahme auf ihre mögliche oder ausbleibende methodische Durchsetzung sein können."[7]

Mit Inhalten und Zielen sind implizit Methoden gegeben; das konstituiert den Implikationszusammenhang zwischen Zielen und Methoden. Die Zielhandlung enthält zugleich ein Handlungsschema, das zur Herstellung einer Beziehung zwischen Elementen anleitet. Wir nennen diese Teilaufgabe die *Bestimmung des Implikationszusammenhanges.*

Soweit die Teilaufgaben. Sie können ihrerseits wieder ausdifferenziert werden; so z.B. die Aufgabe der Begründung: hierfür sind Kriterien erforderlich, wie sie die drei ersten Fragen in Klafkis neuem Modell enthalten. Diese Ausdifferenzierung wird unten entwickelt.

Die Zielklärung ist kein Vorgang, der am Ende offen bleibt; vielmehr mündet sie in ein Resultat. Dieses Resultat können konkrete

Lernziele für den Unterricht sein. Wir schlagen hier jedoch vor: die Beschreibung einer *Ergebnishandlung*. Gemeint ist damit das vorgestellte und mithin antizipierte Unterrichtsergebnis, aber als Handlung der Schüler. Dies entspricht Klafkis fünfter Frage ,,Erweisbarkeit", das auch in seinem Verständnis nicht als Aufforderung zur rigiden Leistungskontrolle gemeint ist.[8] ,,Ergebnishandlung" meint die Übersetzung der Zielvorstellung in eine mögliche Handlung; sie dient als Orientierung für das Handeln, das versucht, die gedanklich vorweggenommene Ergebnishandlung in ein reales Ergebnis umzusetzen. Dieses Planungselement ist unentbehrlich, weil es eine Klammer zwischen Planung und Handlung bildet.

Literatur:

1 *Wolfgang Klafki*: Didaktische Analyse als Kern der Unterrichtsvorbereitung. In Heinrich Roth, Alfred Blumenthal (Hg.): Didaktische Analyse. Auswahl Reihe A, Nr. 1, Hannover: Schroedel 1964, S. 5 - 34.
2 ebenda S. 7
3 *Uwe Sandfuchs*: Gegenwärtige Bedeutung und Praxis der Didaktischen Analyse. In Harald Geißler (Hg.): Unterrichtsplanung zwischen Theorie und Praxis, Stuttgart: Klett 1979, S. 86.
4 Vgl. *Dieter Lenzen*: Didaktische Theorie zwischen Routinisierung und Verwissenschaftlichung. Zum Programm einer Theorie alltäglichen pädagogischen Handelns. In Bijan Adl-Amini, Rudolf Künzli (Hg.): Didaktische Modelle und Unterrichtsplanung, München: Juventa 1980, S. 172 f.
5 *Wolfgang Klafki*: Zur Unterrichtsplanung im Sinne kritisch-konstruktiver Didaktik. In ders.: Neue Studien zur Bildungstheorie und Didaktik. Beiträge zur kritisch-konstruktiven Didaktik, Weinheim: Beltz 1985, S. 204.
6 ,,Kritisch-konstruktive Didaktik"; vgl. *Klafki* (Anm. 5).
7 *Herwig Blankertz*: Theorien und Modelle der Didaktik. 9. Aufl., München: Juventa 1975, S. 93.
8 *Klafki* (Anm. 5), S. 223 f.

2.3.5 Wertbezug

Die Frage, ob ein Unterrichtsplanungsmodell einen Wertbezug aufweist, kann unterschiedlich beantwortet werden.

Das ,,Berliner Modell" war in dieser Hinsicht wertfrei. Das trifft ebenso auf das Modell Kunert zu, das nach der Absicht des Autors eine zweckrationale Gestaltung aufweisen soll; die Verantwortung des Lehrers wird im Sinne einer funktionalen Autorität beschrieben, Ziel des Unterrichts ist eine formale Qualifizierung der Schüler.[1]

Wird jedoch der Wertbezug nicht ausgeschlossen, dann sind zwei Möglichkeiten denkbar.

a) Der Wertbezug wird dem Modell *vorgelagert*; ihm wird eine didaktische oder pädagogische Prämisse vorangestellt, entweder als Aufforderung an den Lehrer, über den Sinn pädagogischen Handelns nachzudenken, oder als eine vom Autor genannte Option für eine pädagogische Norm, welche dem Benutzer des Modells zur Orientierung und zum adäquaten Verständnis der einzelnen Kategorien verhelfen soll.

b) Der Wertbezug wird *in* das Modell aufgenommen. Er kann einmal umgesetzt werden in die Vorschrift einer bestimmten Sozialform der Unterrichtsplanung. Das trifft für alle interaktionistischen Modelle zu,[2] aber auch auf Modelle, die eine ,,demokratische Unterrichtsplanung" befürworten.[3] Eine andere Möglichkeit besteht darin, den Wertbezug in konstruktive Elemente des Modells umzusetzen, also solche, die zur Normenreflexion anleiten oder als Instrumente dienen, die pädagogische Prämisse in Lernziele umzusetzen.

Die letztgenannte Aufgabe hat die ,,heuristische Matrix zur Bestimmung von Richtzielen emanzipatorisch relevanten, professionellen didaktischen Handelns" im ,,Hamburger Modell" von W. Schulz.[4]

Im hier zu entwickelnden Modell wird versucht, den Wertbezug in konstruktive Elemente umzusetzen, ihn also *in* das Modell aufzunehmen. Die Zielklärung ist gedacht als Anleitung zur Reflexion im Sinne von kritischer Überprüfung der eigenen Denkinhalte. ,,Thematisierung" verlangt die Überprüfung der wodurch auch immer vorgegebenen didaktischen Perspektive unter der Frage: In wessen Interesse?, um dadurch gegebenenfalls eine Revision der didaktischen Perspektive vorzunehmen. ,,Begründung" verlangt das Nachdenken über Argumente, die für die endgültige didaktische Perspektive sprechen. Diese Argumente müssen jedoch tragfähig sein, und das heißt: sie müssen wahrheitsfähig sein und sich im Dialog mit anderen bewähren können.

Mit der am Beispiel dieser beiden Planungsaufgaben beschriebenen Reflexion ist auch der Bezug auf Werte oder Normen gegeben, aber nicht durch eine Prämisse, die vorangestellt wird, sondern implizit. Thematisierung verlangt ein Innehalten im didaktischen Handeln und gibt Gelegenheit, didaktische Entscheidungen im Interesse der

Lernenden zu überprüfen. Sie enthält mithin eine Aussage über den *Sinn* des pädagogischen Handelns. Wahrheitsfähiger Dialog setzt voraus, daß die Bedingungen ,,sinnvoller Argumentation" erfüllt sind, und das sind ethische Normen des vernünftigen Umgangs mit anderen Menschen: Gerechtigkeit, Gegenseitigkeitsprinzip, Gleichheit, Achtung vor der Menschenwürde.[5] In diesem Verständnis ist der Wertbezug in diesem Modell nicht explizit, sondern immanent.

Literatur:

1 *Kristian Kunert*: Chancen und Grenzen curricularer Unterrichtsplanung: In: Eckard König, Norbert Schier, Ulrich Vohland (Hg.): Diskussion Unterrichtsvorbereitung. Verfahren und Modelle, München: Fink 1980, S. 133 f.
2 Vgl. oben S. 60, Anm. 1.
3 *Ulrich Vohland*: Demokratische Unterrichtsplanung. In: König u.a. (Anm. 1), S. 151 ff.
4 *Wolfgang Schulz*: Unterrichtsplanung, 3. Aufl., München: Urban & Schwarzenberg 1981, S. 39.
5 *Walter Gagel*: Einführung in die Didaktik des politischen Unterrichts, Opladen: Leske 1983, S. 185 f.

2.4 Das Modell: Grundstruktur und Ausdifferenzierung

Von den bisherigen Überlegungen ausgehend, soll im folgenden das Modell entwickelt werden. Damit beabsichtigen wir, einzelne Elemente so einander zuzuordnen, daß ein visuell leicht erfaßbares Schema entsteht. Das Modell setzt sich aus Begriffen mit kategorialer, also erkenntniserschließender Funktion zusammen, die eine relativ einfache Grundstruktur bilden, aber auch eine schrittweise Ausdifferenzierung zulassen. In welchem Grade ausdifferenziert wird,das soll von den Verwendungssituationen abhängen, die wir zusammenfassend ,,Alltag" und ,,Prüfstand" genannt haben.

Der Begriff ,,Modell" wird hier ungenau verwendet, weil er hier nicht eine ,,Struktur von Sachverhalten"[1] meint; es bildet keinen Gegenstandsbereich ab. Richtiger müßte es heißen: Es soll ein kognitives ,,Schema" mit handlungsleitender Funktion entwickelt werden (,,Handlungsschema", s. oben S. 59). Dabei legen wir jedoch Wert auf die Merkmale, die nach W. Popp Modellen zuzuschreiben sind: Reduktion, Hervorhebung und Akzentuierung, Transparenz, Perspektivität.[2] Es wird demnach Darstellbarkeit und Geschlossenheit angestrebt. Wir sehen darin eine Voraussetzung dafür, daß das Modell in das Denken aufgenommen werden kann. Seine Funktion besteht darin, Wissen zu ordnen oder zu erschließen, welches Handeln in Situationen, hier in Unterrichtssituationen, ermöglicht.

Das Modell bezieht sich auf die Unterrichtsvorbereitung, gibt also Hilfen für die Planung von Unterricht. Darüber hinaus soll es jedoch auch eine Beziehung zwischen Planung einerseits und Realisation im Unterricht andererseits sichtbar machen.

Literatur:

1   *Werner Fuchs* u.a. (Hg.): Lexikon zur Soziologie, 2. Aufl., Opladen: Westdt. Verlag 1978, S. 514.
2   Nach *Horst Ruprecht* in ders. u.a.: Modelle grundlegender didaktischer Theorien, 3. Aufl., Hannover: Schroedel 1976, S. 12 f. Hier auch grundsätzlich zum Modellbegriff in der Erziehungswissenschaft und Literaturangaben.

2.4.1 Das Planungsmodell

Reduktion von Komplexität: Gemeint war die Reduktion auf eine duale Grundstruktur des Planungsdenkens und damit des angestrebten Planungsmodells (s. oben S. 68f.). Wir haben auch zu zeigen versucht, daß diese Grundstruktur nicht auf Willkür beruht, sondern durch empirische Untersuchungen des alltäglichen Planungsdenkens von Lehrern bestätigt wird, die in den Fragen nach dem Was und dem Wie zum Ausdruck kommt.

Wir beachten also die duale Grundstruktur des alltäglichen Planungsdenkens: Inhaltsplanung und Methodenplanung. Wie oben (S. 70ff.) ausgeführt, interpretieren wir jedoch die Inhaltsplanung in „Zielklärung" um. Planung gilt uns als „bewußte Organisation und Verbesserung sowieso vorhandener, u.U. unbewußter Handlungspläne"[1]; aber das bedeutet auch, daß die Alltagspraxis nicht als eine Norm verstanden werden darf.

Die Einführung der Kategorie „Zielklärung" bezweckt die Verbesserung der Alltagspraxis. Allerdings erwarten wir nur, *daß* eine Zielklärung erfolgt, nicht jedoch, daß dies schulmäßig in einer bestimmten Weise geschieht. So kann der Grad ihrer Ausdifferenzierung vari-

Abb. 10: Planungsaufgaben, unterschieden nach Verwendungssituationen

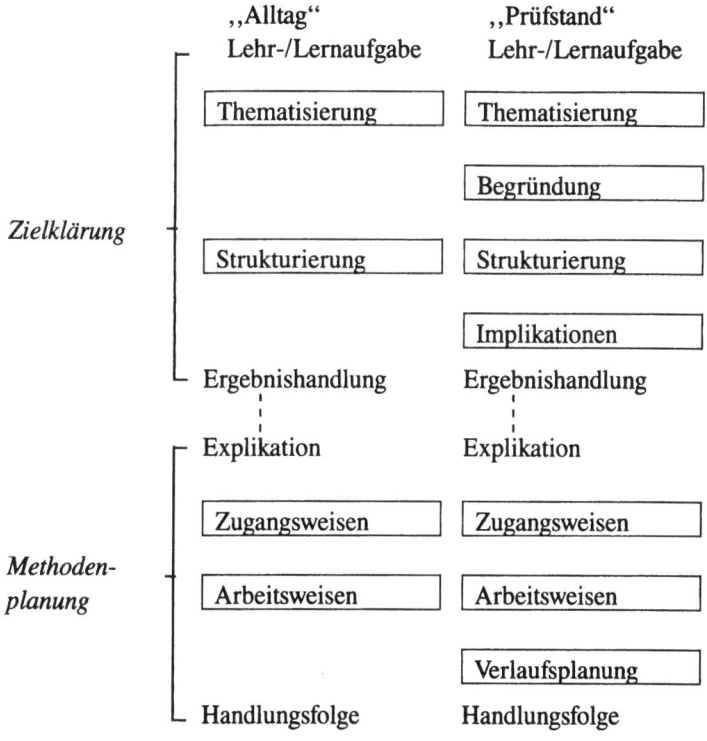

ieren, je nach den Anforderungen, die unterschiedliche Verwendungssituationen an den Lehrer richten. Wir nennen die beiden unterschiedlichen Arten von Verwendungssituationen ,,Alltag" und ,,Prüfstand".

Dies gilt nicht nur für die Zielklärung, sondern für das ganze Modell. In Abb. 10 sind Zielklärung und Methodenplanung in Teilaufgaben ausdifferenziert. Diese Teilaufgaben nennen wir jetzt *Planungsaufgaben*. Diejenigen der Zielklärung wurden oben (s.71f.) skizziert. Wir nehmen an, daß sie bei der Unterrichtsvorbereitung in der Situation ,,Prüfstand" vollständig bearbeitet werden.

Im „Alltag" bietet sich dann ein vermindertes Programm an; es wird der Verzicht auf zwei Planungsaufgaben vorgeschlagen. Die beiden verbleibenden ergeben sich, wenn man fragt, was an Minimum unbedingt berücksichtigt werden müßte. „Thematisierung" ermöglicht die Festlegung der Intentionalität durch Formulierung der didaktischen Perspektive. „Strukturierung" verlangt, die wie auch immer geartete Gliederung bzw. innere Ordnung des Gegenstandes herauszuarbeiten oder dem Lerngegenstand eine sinnvolle Ordnung zu geben.

Bei der Methodenplanung ist eine derartige Verminderung der Planungsaufgaben für den „Alltag" nicht so ohne weiteres möglich. Man könnte ja sagen, daß die Methodenplanung den „Kern" der alltäglichen Unterrichtsvorbereitung darstellt. Auch in dem oben (S. 47) zitierten Beispiel einer Unterrichtsvorbereitung findet man die detaillierten Angaben vor allem zur methodischen Seite des geplanten Unterrichts. Es widerspricht demnach nicht der Alltagspraxis, wenn in diesem Teil der Planung der Unterschied von „Alltag" und „Prüfstand" als relativ gering angesehen wird.

Das in Abb. 10 wiedergegebene Planungsmodell stellt also die Ausdifferenzierung der dualen Grundstruktur in Planungsaufgaben dar. Die Planungsaufgaben sind isoliert nebeneinandergestellt, weil innerhalb der beiden Blöcke weder eine Beziehung untereinander noch eine Reihenfolge festgelegt werden kann. Sicherlich beeinflussen sich Thematisierung und Begründung gegenseitig, aber wie dies geschieht, darüber ist keine generelle Aussage zu machen. Die Teilaufgaben sind spiralig in einem Reflexionsprozeß miteinander verbunden. Sie werden hier zum Zwecke der Modellbildung begrifflich durch die Definition und methodisch durch ihre spätere Darstellung als „Studieneinheiten" getrennt; als Denkprozeß des einzelnen Lehrers sind sie lediglich an den Ergebnissen zu unterscheiden: Formulierung des Themas, unterrichtliche Teilaufgaben als Gliederung des Stoffes.

Im Unterschied zu den Planungsaufgaben muß jedoch die Beziehung der Blöcke zueinander bestimmt werden. Zielklärung und Methodenplanung stehen im Verhältnis der Über- und Unterordnung zueinander; sie weisen eine Verbindung durch spezifische Planungstätigkeiten auf (Ergebnishandlung, Explikation, Handlungsfolge, vgl. Abb. 26, unten S. 232, auch S. 80).

Die Unterscheidung von ,,Alltag'' und ,,Prüfstand'', die in den beiden Spalten der Abb. 10 sichtbar wird, kann nicht exakt definiert werden. Die beiden Begriffe sind Bündelungen von möglichen Verwendungssituationen, sie haben eine idealtypische Bedeutung. So muß man sich unter ,,Prüfstand'' jede Situation vorstellen, in welcher der Lehrer aufgefordert wird, seinen Unterricht zu erklären und damit die Beweggründe seiner didaktischen Entscheidungen offenzulegen, also nicht nur die ,,Prüfung'', sondern auch die Fachkonferenz oder eine Besprechung mit den Eltern.

Die beiden Begriffe sind nur relativ zueinander zu definieren; sie bezeichnen eine Relation oder ein Gefälle, und zwar einmal qualitativ hinsichtlich des ,,Grades der Bewußtheit''[2], unter welchem die Unterrichtsplanung erfolgt, und zum anderen quantitativ hinsichtlich der Menge an Planungsaufwand, welche an der Zahl der berücksichtigten Kategorien abzulesen ist.

Durch diese Differenzierung soll im Unterschied zu vielen anderen Modellen der Unterrichtsplanung der Alltagsbezug in das Modell aufgenommen werden. Dieser Alltagsbezug ist freilich in vorsichtiger Weise als Alltags*näherung* berücksichtigt, indem gezeigt wird, *daß* überhaupt reduziert werden kann, ohne verbindlich entscheiden zu können, ob dies *so* geschehen muß.

Wir können als Ergebnis festhalten:

> Das Planungsmodell ist ein Schema für die gedankliche (mentale) Unterrichtsvorbereitung. Es besitzt für den ,,Alltag'' wie für den ,,Prüfstand'' die gleiche Struktur, unterscheidet sich für diese Verwendungssituationen nur hinsichtlich des Grades der Ausdifferenzierung.

Literatur:

1   *Rainer Bromme, Falk Seeger*: Unterrichtsplanung als Handlungsplanung, Königstein: Scriptor 1979, S. 24.
2   ebenda S. 7.

79

2.4.2 Aufgaben der Methodenplanung

Zu dem vorhergehenden Abschnitt müssen noch einige Hinweise zu den Planungsaufgaben des zweiten Blockes nachgetragen werden (s. Abb. 10, oben S. 77).

Zugangsweisen. Wir übernehmen damit eine Kategorie, die Klafki das ,,Problem der Zugänglichkeit bzw. der Darstellbarkeit" der Thematik genannt hat.[1] Das, was sonst unter dem Begriff ,,Medien" erscheint, wird hier im Hinblick auf die spezifisch didaktische Funktion definiert: Der Gegenstand muß in irgendeiner Weise in der Unterrichtssituation vergegenwärtigt werden, damit die Beziehung zwischen ihm und den Lernenden hergestellt werden kann. Dazu sind in der Regel ,,Repräsentanten"[2] mit medialer Funktion erforderlich. Zugang eröffnet aber auch die geeignete Struktur eines Gegenstandes: z.B. das konkrete Ereignis, das den Weg zu einem abstrakten Problem eröffnet.

Arbeitsweisen. Hierunter sind die Unterrichtsmethoden im weiten Sinne zu verstehen, also die Aktivitätsformen und die Sozialformen.

Verlaufsplanung. Durch sie werden die Unterrichtsinhalte, die im Unterricht zugänglich gemacht werden,und die für sie bestimmten Bearbeitungsweisen in eine Handlungsfolge gebracht. Die Handlungen folgen jedoch nicht in der Form einer Kette nacheinander, sondern sind auf ein Ziel hin final geordnet. Sie stehen zum Ziel und zu anderen Teilhandlungen im Verhältnis von Bedingung und Folge. Bedingung ist die jeweils untergeordnete Handlung: als Voraussetzung für eine intendierte Folgehandlung (s. oben S. 57 - 59). Beabsichtigt ist die Zielhandlung; im Verhältnis zu ihr sind alle Teilhandlungen, die zu ihr hinführen, untergeordnet. In diesem Sinne werden die Teilhandlungen des Unterrichts identifiziert und zugleich hierarchisch integriert. Das Ergebnis ist die *Handlungsfolge.*

Explikation. Die Blöcke Zielklärung und Methodenplanung sind voneinander nicht isoliert, sondern miteinander verzahnt. Die Planungsaufgabe ,,Bestimmung des Implikationszusammenhanges" bedeutet ja die Feststellung der durch die Lehraufgabe zugleich vorgegebenen methodischen Struktur und erlaubt mithin einen gedanklichen Vorgriff auf die Methodenplanung. Die Strukturierung gibt auch Hinweise auf die inhaltliche Gliederung des Unterrichtsverlaufs. Diese Verzahnung soll durch eine spezielle Aufgabe methodisiert werden; wir nennen sie ,,Explikation". Gemeint ist folgendes: Die Zielklärung mündet nach unserem Vorschlag in die Beschreibung der Ergebnishandlung. Explikation bedeutet nun, daß die in dieser Beschreibung der Ergebnishandlung *implizit* enthaltenen methodischen Struktur *explizit* gemacht wird.

Explikation ist die Umkehrung des Begriffs ,,Implikationszusammenhang" (s. oben S. 72f.): Was als implizit diagnostiziert werden kann, wird zum Zwecke der Konstruktion des Lehr-/Lernprozesses explizit gemacht. Der Begriff ,,didaktische Explikation", der von Adl-Amini verwendet wird[3], hat hingegen eine andere Bedeutung; er meint etwas Ähnliches wie ,,methodische Leitfrage" oder ,,didaktische Perspektive".[4]

Durch diesen Planungsschritt ,,Explikation" wird gesichert, daß die Handlungsplanung des Unterrichts ,,vom Ziel her" erfolgt. Das geschieht, indem, von der Ergebnishandlung ausgehend, gefragt wird, welche Voraussetzungen geschaffen werden müssen, damit die Ergebnishandlung möglich wird.

Literatur:

1 *Wolfgang Klafki*: Zur Unterrichtsplanung im Sinne kritisch-konstruktiver Didaktik. In ders.: Neue Studien zur Bildungstheorie und Didaktik. Beiträge zur kritisch-konstruktiven Didaktik, Weinheim: Beltz 1985, S. 225.
2 *Jürgen Grzesik*: Unterrichtsplanung, Heidelberg: Quelle & Meyer 1979, S. 170.
3 *Bijan Adl-Amini*: Didaktik, Methodik und das ungelöste Problem der Interdependenz. In ders. (Hg.): Didaktik und Methodik, Weinheim, Beltz 1981, S. 30 f.
4 Vgl. *Walter Gagel*: Einführung in die Didaktik des politischen Unterrichts, Opladen: Leske 1983, S. 228.

2.4.3 Integration von Planen und Handeln

Die bisherigen Ausführungen hatten zum Ziel, ein *Planungs*modell darzustellen. Bleibt es dabei, dann entsteht die Gefahr einer Trennung von Planung und Ausführung, wie sie bei einigen Planungsmodellen zu beobachten ist (s. oben S. 62). Wir hatten jedoch in Aussicht gestellt, im Unterschied zu dualistischen Modellen ein monistisches zu entwickeln, welches Planen und Handeln integriert.

Mit diesem Versuch soll hier die schrittweise Entwicklung des Modells abgeschlossen werden. Das Ergebnis ist das Modell, welches Abb. 11 wiedergibt[1]. Seine Besonderheit besteht darin, daß die für

Abb. 11: Verzahnung von Planung und Handlung

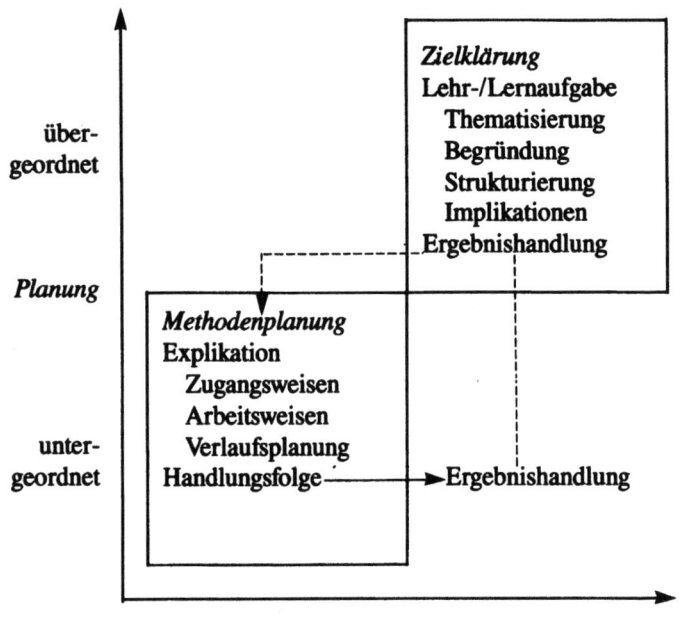

Zeitfolge der *Realisation*

den „Prüfstand" in Abb. 10 aufgelisteten Planungsaufgaben, gegliedert in zwei Blöcke, wiederholt werden, aber in einer zweidimensionalen Anordnung.

Wir erinnern dabei an das, was oben (S. 61f.) über die Beziehung von Planen und Handeln gesagt wurde. Beim Planen durchläuft das Denken die Anordnung der Teilhandlungen vom Ziel her rückwärts, um die jeweilige Bedingung für die erwünschte Folgehandlung zu ermitteln. Das Handeln geschieht hingegen in umgekehrter Reihenfolge. Dieser Gegensatz ergibt sich daraus, daß die Ordnung der Teilhandlungen im ersten Fall eine *logische* ist. Aus dem Schema der Finalität folgt die Überordnung der Zielhandlung über die sie bedingende Handlung und so fort. Im zweiten Fall ist die Anordnung eine *chronologische*: Die Ausführung geschieht in einer Zeitfolge.

Die Integration von Planen und Handeln wird demnach im Modell durch die zweidimensionale Anordnung der Planungsaufgaben einsichtig gemacht. Die eine Dimension ist die logische Über- und Unterordnung. Der Block ,,Zielklärung" ist dem Block ,,Methodenplanung" übergeordnet. Über- und Unterordnung entspricht der Planung des Unterrichts. Damit ist aber zugleich ausgedrückt: Die logische Beziehung der Blöcke zueinander sagt nichts aus über den chronologischen Verlauf des Planens. Planen wird hier als kognitiver Prozeß verstanden, nicht als schriftliche Darlegung; infolgedessen nehmen wir einen spiraligen oder zirkulären Denkprozeß in der Planungsphase an, weil logische Ketten im Denken mehrfach in verschiedenen Richtungen durchlaufen werden können.

Die andere Dimension ist die chronologische Anordnung, die für die Ausführung oder Realisation gilt, weil diese an die Zeitenfolge gebunden ist. Daraus folgt, daß reale Handlungen irreversibel sind, also nicht rückgängig gemacht werden können. Dies entspricht der chronologischen Verlaufsstruktur des Unterrichts.

In dem Modell sind die beiden Phasen, Planen und Handeln, durch die Ergebnishandlung als Klammer verbunden. Wenn die Zielklärung in die Beschreibung des beabsichtigten Ergebnisses in Form einer sichtbaren Handlung mündet, dann stellt dies die Antizipation des durch die Realisation zu erreichenden Ergebnisses dar. Antizipierte und realisierte Ergebnishandlung sind ebensowenig identisch wie Erwartung und Erfüllung. Aber sie stehen in einer Beziehung. Es findet eine mehr oder weniger große Annäherung statt, wenn das Handeln sich an der vorgestellten Ergebnishandlung orientiert, um sie, den Umständen entsprechend, erreichen zu können. Es ist aber auch denkbar, daß sich das Handeln von der intendierten Ergebnishandlung abwendet, weil während der Handlung ein Zielwechsel stattgefunden hat. Der Bezug zu dieser antizipierten Ergebnishandlung ist dann ein negativer.

In jedem dieser Fälle bewirkt aber die bei der Zielklärung definierte Vorstellung von dem Handlungsziel, daß diese das Handeln zu einem Ziel hin leitet. Der Ausgangspunkt der Handlungsplanung ist zugleich der Endpunkt der Handlung. In der Abb. 11 wird grafisch sichtbar gemacht, daß die Handlungsfolge dem Ziel untergeordnet ist; die ,,Dominanz des Zielbezuges" (oben S. 62 wird in dem Modell konstruktiv berücksichtigt.

Dies alles ist ohne weiteres auf den Unterricht zu übertragen: Zielorientierung als ,,roter Faden" des Lehrers, Zieländerung oder Zielwechsel als gegebenenfalls erforderliche Flexibilität in der Situation. Zum Schluß geben wir eine zusammenfassende Beschreibung des Modells der Unterrichtsplanung:

> Es wurde versucht, ein Handlungsmodell zu entwerfen, das im Unterschied zum Planungsmodell die Phasen des Planens und des Handelns berücksichtigt und funktional aufeinander bezieht. Das hier entwickelte Modell der Unterrichtsplanung besteht aus einer Zuordnung von Begriffen zu einem Schema, das als Bestandteil des Wissens erkenntnisleitende und handlungsleitende Funktion haben soll. Es stellt kein Modell von Unterricht dar, bildet kein System von Interaktionen ab, sondern ist ein Mittel, Unterricht und Interaktionen vorzubereiten, dient also dazu, diese zu gestalten. Das Modell hat den Zweck, das Denken des Lehrers zu ordnen, um ihm die Möglichkeit zu geben, seine Wahrnehmungen auf eine Unterrichtssituation zu richten, Pläne zu machen und, indem er diese handelnd realisiert, etwas zu bewirken, nämlich Schülern zum Lernen zu verhelfen.

Das Modell strukturiert demnach das Denken von Lehrern, damit es sich dem Handeln öffnen kann: Dies kennzeichnet Absicht und Grenzen des Modells.

Literatur

1   Entwickelt in Anlehnung an *Bernhard Treiber, Norbert Groeben*: Vorarbeiten zu einer Reflexiven Sozialtechnologie. In: Peter Zedler, Heinz Moser (Hg.): Aspekte qualitativer Sozialforschung, Opladen: Leske 1983, S. 182.

B. Studienteil:
Einführung in die Planungsaufgaben

Vorbemerkung

Wir haben gesagt: Das oben entwickelte Modell der Unterrichtsplanung ist durch die Zuordnung von Begriffen zu einem Schema entstanden, das als Wissensinhalt handlungsleitende Funktion hat. Mit diesen Begriffen werden Planungsaufgaben benannt. Die Entfaltung dieser Begriffe soll dazu verhelfen, die Planungsaufgaben zu sehen und zu lösen. Durch sie werden Teilaufgaben der Unterrichtsplanung bearbeitet.

In den folgenden beiden Kapiteln 3 und 4 werden diese Planungsaufgaben inhaltlich entfaltet, jedoch isoliert voneinander. Demnach wird das oben entwickelte Modell der Unterrichtsplanung (s. Abb. 11, oben S. 82) im folgenden Studienteil in die einzelnen Planungsaufgaben gleichsam zerlegt. Erst im Teil C findet mit den Vorschlägen zur Anwendung eine Zusammenführung, eine Art Integration statt.

Die Begründung für die zunächst überraschend erscheinende Darstellungsweise ist in dem denkpsychologischen Ansatz unserer Konzeption der Unterrichtsplanung zu suchen. Das Modell ist im Sinne von kognitivem ,,Schema" kein Algorithmus, also keine festgelegte Schrittfolge, es hat nicht die Funktion eines Leitfadens oder ,,Fahrplans". Daher stehen die Elemente dieses Modells nicht in Form einer Folge zueinander; vielmehr sind sie miteinander vernetzt und können daher in Gedanken in vielfältigen Richtungen durchlaufen werden. Wir folgern daraus, daß sie nur *getrennt* zu erlernen sind. In die kognitive Struktur des Lernenden, hier also des Lehrers, können nur dieses Schema und die Begriffe (Planungsaufgaben) aufgenommen werden, nicht jedoch eine Planungsfolge, die ein für allemal festgelegt wäre. In der jeweiligen Planungssituation müssen dann die Planungsaufgaben im spiraligen bzw. zirkulären Prozeß des Denkens miteinander kombiniert werden (zu ihrer Integration: s. unten S. 231ff.).

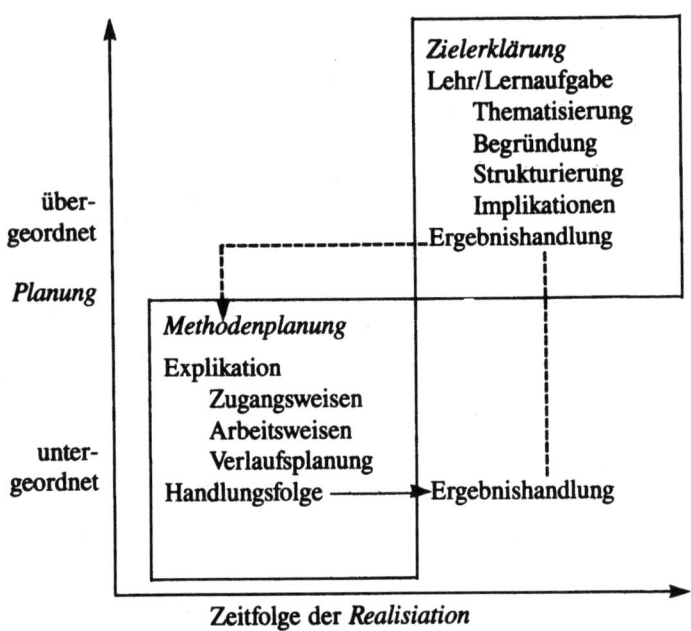

Von dieser Prämisse ausgehend, sind die Planungsaufgaben in Form von selbständigen *Studieneinheiten* dargestellt. Sie haben das Ziel, den Erwerb und die Anwendung dieser Begriffe und ihre Entfaltungen, welche die Planungsaufgaben benennen, zu ermöglichen. Die Studieneinheiten haben eine didaktische Funktion und sind daher ungefähr in gleicher Weise nach folgenden Gesichtspunkten gegliedert: Begriffsklärung — Ausdifferenzierung — Anwendung.

Weil die Studieneinheiten selbständig sind, müssen sie weder in einer bestimmten Reihenfolge noch in Vollständigkeit erarbeitet werden. Das beste ist, wenn aufgrund einer Problemsituation (Lösung einer Unterrichtsaufgabe) zu denjenigen gegriffen wird, die in dem speziellen Fall eine Lösungshilfe versprechen. Eine solche Gelegenheit bietet die Ausarbeitung eines schriftlichen Unterrichtsentwurfes. Die hierfür angebotene ,,Anleitung" (unten S. 258ff.) enthält die wiederkehrenden Rückverweise auf die Planungsaufgaben als Lösungshilfen. Eine vollständige Erarbeitung der Planungsaufgaben kann nur über einen längeren Zeitraum hinweg im Wechsel von Problemsituationen und Suche nach Lösungshilfen erfolgen.

3. Planungsaufgaben I: Zielklärung

3.1 Thematisierung

Die Planungsaufgabe „Thematisierung" ergibt sich, wenn das didaktische Handeln des Lehrers unter dem Gesichtspunkt betrachtet
wird, daß durch dieses eine Beziehung zwischen einem Lernenden
und einem Gegenstand hergestellt wird. Die Bedeutung, welche der
Gegenstand dabei erhält, definieren wir durch das Thema des Unterrichts. Als Thematisierung bezeichnen wir den Vorgang, in welchem
ein Gegenstand durch die Hinzufügung einer didaktischen Perspektive in ein Thema umformuliert wird.

3.1.1 Begriffsklärung

Das Verständnis der Planungsaufgabe „Thematisierung" setzt die
Unterscheidung von „Inhalt" und „Thema" voraus. Ein Unterrichtsbeispiel für eine neunte Hauptschulklasse soll dies erleichtern:

„Das Problem des passiven Widerstands soll mit dem Ziel erörtert werden, den
Schülern Möglichkeiten zu zeigen, wie man gefährlichen politischen Veränderungen
begegnen kann. Es geht also nicht um die historische Betrachtung verschiedener Wi-
derstandsgruppen, sondern um die Entwicklung von Vorstellungen über ‚Widerstands-
techniken'. Den Schülern sollen damit Verhaltensmuster an die Hand gegeben werden,
die sie im Falle einer freiheitsgefährdenden Entwicklung des demokratischen Staates
fähig machen sollen, einem solchen Umschwung gegenüber eine realistische, gleichwohl wirksame Stellung zu beziehen. Da die Schüler dieser Altersgruppe geneigt sind,
besonders heldenhaftes Verhalten in politischen Auseinandersetzungen zu akzeptieren,
muß zunächst gezeigt werden, daß ein solches Verhalten keineswegs immer möglich,
aber auch nicht immer ratsam sein kann."[1]

In diesem Beispiel ist „passiver Widerstand" nicht mehr „Inhalt",
sondern „Thema", weil der Autor dieses Textes den Sachverhalt bereits unter einer pädagogischen Zielvorstellung sieht. Wir definieren
mit Klafki:

,,Indem ein ‚Inhalt' oder ‚Gegenstand' . . . unter einer pädagogischen Zielvorstellung, einer als pädagogisch relevant erachteten Fragestellung für die Behandlung im Unterricht ausgewählt wird, wird er zum ‚Thema'.‘‘[2]

Diese pädagogische Zielvorstellung wird jedoch nicht als ein Lernziel gesondert von den Inhalten formuliert; im ,,Thema‘‘ geht die Zielvorstellung eine enge Verbindung mit dem Gegenstand ein. Der Sachverhalt erhält einen bestimmten *Sinn*, eine didaktisch relevante *Bedeutung*: Passiver Widerstand gilt in dem Beispiel nicht als Mittel zur Vermittlung einer erwünschten Fähigkeit an die Schüler, vielmehr enthält er die Bedeutung als ein Mittel zur Erhaltung der Demokratie. Der Gegenstand weist somit eine Wertfärbung auf, und diese soll als Sinn den Schülern vermittelt werden. Die Wertfärbung erhält der Gegenstand dadurch, daß der Lehrer ihn unter einer Zielvorstellung auswählt, die wir ,,didaktische Perspektive‘‘ nennen.

Der Begriff ,,Perspektive‘‘ wird von Schulz verwendet: Unterrichtsplanung, so sagt er, erfolge ,,unter einer definierten, begründeten, zur Diskussion gestellten Perspektive‘‘.[3] Damit ist die pädagogische Zielvorstellung gemeint, also die Intentionalität, welche zum Gegenstand hinzutritt; aus diesem Grunde verwenden wir den Begriff *,,didaktische* Perspektive‘‘. Diese wird jedoch ,,definiert‘‘, d.h. sie ist das Ergebnis einer didaktischen Entscheidung.

,,Thematisierung‘‘ ist die Umwandlung eines ,,Inhaltes‘‘ oder ,,Gegenstandes‘‘ in ein intentional gerichtetes ,,Thema‘‘ durch die Hinzufügung oder Bewußtmachung einer ,,didaktischen Perspektive‘‘. Dieser Vorgang wird in Abb. 12 schematisch dargestellt.

Abb. 12: Die Komponenten eines Themas

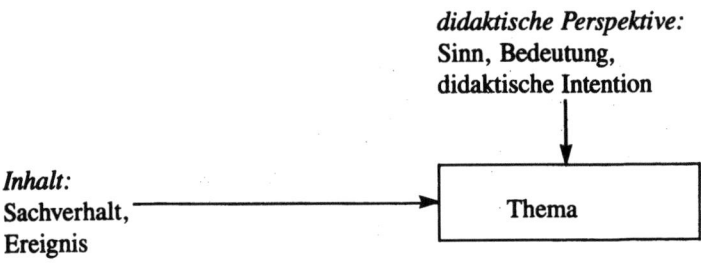

Diese Planungsaufgabe tritt an die Stelle einer gesonderten Zusammenstellung der Lernziele, weil hier keine Unterscheidung von Inhalten und Zielen vorgenommen wird. Mit Rothe sind wir der Auffassung, daß Ziele immer inhaltlich bestimmt sind, weil sie sonst leer oder beliebig bleiben. Rothe verwendet daher die Begriffe ,,intentionale Inhalte'' und ,,inhaltliche Intentionen''.[4] Das Thema ist ein ,,intentionaler Inhalt'', aber es ist als solcher nur zu erkennen, wenn der Lehrer die in ihm enthaltene ,,didaktische Perspektive'' definieren oder sie hinzufügen kann.

Die Planungsaufgabe besteht darin, die im Gegenstand implizit enthaltenen Intentionen explizit zu machen oder sie als didaktische Entscheidung dem Gegenstand hinzuzufügen.

Literatur

1 *Horst Dichanz, Karin Mohrmann*: Unterrichtsvorbereitung. Probleme, Beispiele, Vorbereitungshilfen, 4. Aufl., Stuttgart: Klett 1980, S. 72.
2 *Wolfgang Klafki*: Zum Verhältnis von Didaktik und Methodik. In W. Klafki, G. Otto, W. Schulz: Didaktik und Praxis, Weinheim: Beltz 1977, S. 22.
3 *Wolfgang Schulz*: Unterrichtsvorbereitung, 3. Aufl., München: Urban & Schwarzenberg 1981, S. 87.
4 *Klaus Rothe*: Didaktik der Politischen Bildung, Berlin: Wiss. Verlag H. Gercke 1981, S. 85.

3.1.2 Das Prinzip der schrittweisen Annäherung an das Thema

Dem Unterrichtsbeispiel zum passiven Widerstand ist nicht zu entnehmen, ob das ,,Thema'' für den Lehrer von Anfang an feststand oder ob es das Ergebnis eines Prozesses der didaktischen Reflexion war. Zur kritischen Prüfung von solchen von Anfang an feststehenden und dann meist intuitiv gewählten Themen ist erforderlich, die Unterscheidung zwischen einer *vorläufigen* und einer *endgültigen* didaktischen Perspektive vorzunehmen. Daraus folgt, daß das ,,Thema'' das Ergebnis eines didaktischen Reflexionsprozesses sein sollte, und wir leiten daraus als Planungsregel das ,,Prinzip der schrittweisen Annäherung an das Thema'' ab.

Die Planungsaufgabe ,,Thematisierung'' ist also ein komplexer Vorgang, der, um ihn durchschaubar zu machen, in einzelne Aspekte aufgelöst werden soll.

(1) *Die Umwandlung eines Inhaltes in ein Thema.* Wie diese Umwandlung geschieht, kann an einem Beispiel verdeutlicht werden:

,,Wird z.B. der Inhalt ,Lehrbuch' gewählt, so muß darauf die für die Handlungsintention ,Kommunikation' geeignete Qualifikation aus dem Lernzielkatalog hinzugezogen werden, hier also Qualifikation 3: ,Fähigkeit und Bereitschaft, sprachliche und nichtsprachliche Kommunikation auf ihren ideologischen Hintergrund hin zu durchschauen'. Im Blick auf dieses generelle Ziel besteht die Aufgabe des Unterrichts in der ideologiekritischen Untersuchung der von den Schülern benutzten Lehrbücher, etwa unter dem Thema: ,Vermittelt unser Lehrbuch zuverlässige Informationen?' Durch diese Frage kann aus dem Zweifel an die Zuverlässigkeit und Objektivität von Lehrbuchinhalten eine Arbeitsaufgabe erwachsen."[1]

In diesem Beispiel wird die didaktische Perspektive durch ein allgemeines Lernziel, hier ,,Qualifikation" genannt, repräsentiert. Betrachtet man den Gegenstand ,,Lehrbuch" unter dieser Perspektive, dann erscheint er in einem Licht, in welchem er nicht mehr als selbstverständlich und unabänderlich hingenommen werden kann, in welchem er vielmehr zum Objekt einer kritischen Prüfung wird. Demzufolge ist das Thema die Frage: ,,Vermittelt unser Lehrbuch zuverlässige Informationen?", welche zu einer Untersuchung dieses Mediums anregt. Der erzieherische Gedanke, der hinter dieser Überlegung steht, könnte so lauten: ,,Das gedruckte Wort ist keine Autorität, vielmehr muß man sich mit ihm auseinandersetzen". Diese Einsicht ist ein Schritt auf dem Wege zur Mündigkeit.

Die Hinzufügung einer didaktischen Perspektive bewirkt die Umwandlung des Inhaltes in ein Thema. Diese Umwandlung ist in der Regel auch eine sprachliche Umwandlung, hier diejenige von der Bezeichnung des Gegenstandes in eine Frage. Eher eine Ausnahme bildet das Beispiel des passiven Widerstandes, wo auf eine sprachliche Umwandlung verzichtet wurde. Durch die Erläuterungen wurde die didaktische Perspektive sichtbar; der Gegenstand erhielt hierdurch eine didaktische Wertfärbung unter Beibehaltung der semantischen Gestalt, denn ,,passiver Widerstand" ist als solcher zunächst nur ein wissenschaftlich zu erhellender Sachverhalt.

Es kann jedoch nur als eine Empfehlung gelten, wenn hier gesagt wird, daß zweckmäßigerweise die Umwandlung auch in der sprachlichen Form erfolgen sollte. Denn dadurch ist die didaktische Perspektive leichter zu erfassen, als wenn sie nur implizit mitgedacht wird.

(2) *Die Pluralität didaktischer Perspektiven.* In dem Thema, das in dem zitierten Beispiel vorgeschlagen wird, erscheint das Schulbuch

in einer bestimmten Funktion, nämlich derjenigen als Informationsträger. Jedoch hat das Schulbuch auch eine bildungspolitische Funktion: Vermittlung der von politischen Entscheidungsträgern gewünschten Werte und Werthaltungen. Aus diesem Grunde werden Schulbücher in der Bundesrepublik einem Genehmigungsverfahren unterzogen. Dies ist ein ganz anderer Aspekt, der die Möglichkeit einer zweiten didaktischen Perspektive eröffnet, die beispielsweise in der Frage ausgedrückt werden könnte: ,,Wessen Meinung vermittelt dieses Schulbuch?"

Die didaktische Perspektive enthält also immer nur einen unter mehreren Gesichtspunkten, unter welchem man den Gegenstand betrachten kann und aus denen didaktisch relevante ausgewählt werden. Die Umwandlung eines Gegenstandes in ein Thema ist infolgedessen ein Akt didaktischer Entscheidung angesichts von Alternativen.

Daraus ergibt sich die Konsequenz, daß die Formulierung eines Themas voraussetzt, daß der Lehrer sich die anderen didaktischen Perspektiven vergegenwärtigt hat und daß er diese für seinen Unterrichtszweck aus Gründen verworfen hat.

(3) *Die Sachanalyse als Mittel der Selbstkontrolle.* Diese Forderung, sich jedesmal wieder die Pluralität der didaktischen Perspektiven zu vergegenwärtigen, entspricht kaum der üblichen Praxis von Unterrichtsvorbereitung im politischen Unterricht. Denn das Nachdenken über Unterricht beginnt in der Regel nicht mit der Vergewisserung über einen intentional neutralen Inhalt, also mit dem Sammeln von Informationen, die bei schriftlichen Unterrichtsvorbereitungen in der Sachanalyse dargelegt werden. Vielmehr nimmt der planende Lehrer gewöhnlich von Anfang an schon eine Konzeptualisierung vor, in welcher die Sache bereits mit Intentionalität verbunden ist. Klafki spricht von der ,,wertungsmäßigen Vorweg-Bestimmtheit vieler Inhalte".[2] Diese Vorweg-Bestimmtheit kann intern oder extern verursacht sein, sie kann also auf einer subjektiven Präferenz des Lehrers beruhen, sie kann aber auch durch eine Vorweg-Definition in der politischen Öffentlichkeit bewirkt sein.

Ein Beispiel ist der im politischen Unterricht häufig behandelte Lerngegenstand ,,Gastarbeiter". Dessen Vorweg-Bestimmtheit beruht darin, daß der Lehrer ihn bei der Wahl des Themas unwillkürlich mit wertbesetzten Assoziationen verbindet, also z.B. mit ,,Fremdenfeindlichkeit" oder ,,Überfremdung". Erinnert man sich an die Diskussion in der politischen Öffentlichkeit der jüngsten Zeit, dann wird man vielleicht feststellen, daß sich hier die Akzentuierung von dem kritisch gemeinten Vorwurf der „Fremdenfeindlichkeit" zu dem mehr prohibitiv zu verstehenden Aspekt der „Überfremdung" gewandelt hat. Hingegen war vor ca. 15 Jahren eine ganz andere Perspektive vorherrschend; in der Zeit der Vollbeschäftigung verband man mit „Gastarbeiter" den Gedanken der Arbeitsreserve und betrachtete ihren Einsatz bei uns zugleich als Beitrag zur Minderung der Armut in den Herkunftsländern.

Es wäre falsch, diesen Befund der Vorweg-Bestimmtheit lediglich psychologisch zu interpretieren, als gelte es nur, den Gegenstand von willkürlichen oder unwillkürlichen Assoziationen zu bereinigen. Denn diese Assoziationen sind kein psychologisches, sondern häufig ein politisches Phänomen. Die Vorweg-Bestimmtheit des Gegenstandes ist als politische Problemdefinition zu verstehen: Sie ist ein „kollektiver" Vorgang, ist kontrovers, vollzieht sich in Konflikten, und ihr Ausgang ist abhängig von der Definitionsmacht der durchsetzungsfähigen Gruppen in der politischen Öffentlichkeit. Der Lehrer ist davon entweder durch selektive Wahrnehmung in der medienvermittelten Kommunikation unbewußt beeinflußt, oder aber er ist selber engagiert und dadurch bewußt an der Problemdefinition beteiligt.

Es ist also erforderlich, die Doppelfunktion der „didaktischen Perspektive" als vorläufige und als endgültige zu beachten, damit der Lehrer schon zu Beginn der Planungsüberlegungen mit der „wertungsmäßigen Vorweg-Bestimmtheit" seines Inhaltes sich die *Hergestelltheit* des Problemgehaltes bewußt macht, also die Tatsache berücksichtigt, daß diese problemkonstituierenden Wertungen, abgesehen von seiner eigenen Präferenz, Ergebnisse des politischen Prozesses sein können. Erst dadurch erhält er die Möglichkeit, sich und den Schülern die Sicht auf politische Alternativen zu eröffnen, die für eine politische Urteilsbildung unentbehrlich ist.

Hierbei hat die *Sachanalyse* die Funktion, die möglichen Aspekte eines Inhaltes und seine kontroversen Deutungen, wie sie durch die Wissenschaft vermittelt werden, herauszustellen und zu beschreiben. Sie ist infolgedessen ein Mittel der Selbstkontrolle, das dem Lehrer dazu verhilft, die Pluralität didaktischer Perspektiven sich zu vergegenwärtigen und die „Vorweg-Bestimmtheit" des Inhaltes zu erkennen; sie schafft eine Art Distanz zu dem „vorläufigen" Thema und gibt die Möglichkeit, die ursprüngliche Intentionalität zu kontrollieren und ggf. auch zu korrigieren.

Wir ziehen daraus die Konsequenz, daß die Wahl des Themas nach dem *Prinzip der schrittweisen Annäherung* erfolgen muß.

Schrittweise Annäherung bedeutet, daß zwischen dem ersten Gedanken an ein Thema oder an einen vorweg-bewerteten Gegenstand eine Korrekturphase eingeschoben wird. Diese läßt sich folgendermaßen beschreiben: Erste Themenformulierung — Rückführung auf den inhaltlichen Kern (Definition als ,,Inhalt") — Ermittlung alternativer Perspektiven durch die Sachanalyse — endgültige Entscheidung für ein Thema.

Man kann diese Schritte an einem Beispiel erproben:

Ein Lehrer findet, daß das Thema ,,Frieden schaffen ohne Waffen"[3] für den Unterricht wichtig sei und die Schüler sehr interessiere. Rückführung auf den *inhaltlichen Kern* bedeutet hier: Sicherheitspolitik des Westens oder — enger und mit seinerzeitigem aktuellem Bezug — NATO-Doppelbeschluß. Daraus ergibt sich, daß durch das Thema eine Stellungnahme gegen die Nachrüstung zumindest nahegelegt wird. Innerhalb der *Sachanalyse* müssen, wenn sie wissenschaftlich adäquat, d.h. kontrovers angelegt wird, alternative Konzeptionen der Sicherheitspolitik zusammengestellt werden: Unilaterale Strategien der einseitigen Abrüstung, bilaterale Strategien der Rüstungskontrolle und Abrüstungsverhandlungen. Jetzt wird deutlicher: Das Thema fordert die einseitige völlige Abrüstung im Zusammenhang mit der Strategie der sozialen Verteidigung. Beabsichtigt der Lehrer jedoch, die Prüfung der anderen Strategien den Schülern offenzuhalten, dann wird er als *endgültiges Thema* die durch Fragezeichen problematisierte Form des ursprünglichen wählen: ,,Frieden schaffen ohne Waffen?"

Dieser Gedankengang kann also zu einer Zusammenstellung mehrerer Themen führen, aus denen dann ausgewählt wird (Abb. 13).[4]

Abb. 13: Ein Inhalt und mehrere didaktische Perspektiven

Inhalt	Sicherheitspolitik des Westens	
Didaktische Perspektive	Eintreten für gewaltlosen Widerstand, für Verzicht auf militärische Rüstung, notfalls soziale Verteidigung.	Durchdenken des Für und Wider kontroverser Konzeptionen der Sicherheitspolitik, Versuch der eigenen Stellungnahme.
Thema	Frieden schaffen ohne Waffen	Frieden schaffen ohne Waffen?

Die dem Thema immanente didaktische Perspektive wird hier durch die Sachanalyse korrigiert. In diesem Falle erfolgt die Wahl des endgültigen Themas durch Bezug auf eine generelle didaktische Intention des politischen Unterrichts: ,,Kontroverses Denken".[5]

Durch das Planungsprinzip ,,schrittweise Annäherung an das Thema" wird die begriffliche Unterscheidung von Inhalt und Thema in einen didaktischen Reflexionsprozeß ausdifferenziert und methodisiert.

Literatur

1 Richtlinien für den Politik-Unterricht, hrsg. vom Kultusminister des Landes Nordrhein-Westfalen, 2. Aufl., Düsseldorf: Hagemann 1974, S. 33.

2 *Wolfgang Klafki*: Zur Unterrichtsplanung im Sinne kritisch-konstruktiver Didaktik. In ders.: Neue Studien zur Bildungstheorie und Didaktik. Beiträge zur kritisch-konstruktiven Didaktik, Weinheim: Beltz 1985, S. 204.

3 Vgl. *Jupp Asdonk, Wolfgang Einer, Renate Kerbst*: Das Unterrichtsprojekt „Frieden schaffen ohne Waffen". In: Politische Bildung in den Achtziger Jahren, hrsg. von der Deutschen Vereinigung für Politische Bildung, Stuttgart: Metzler 1983, S. 215 ff.

4 In Analogie zu *G. Breit*: Didaktische Perspektiven zur Planung einer Unterrichtseinheit „Arbeitslosigkeit". In G. Himmelmann (Bearb.): Arbeitslehre zwischen Technikfeindlichkeit und Arbeitslosigkeit, Bad Salzdetfurt: Verlag B. Franzbecker 1983, S. 159 ff.

5 Vgl. *Walter Gagel*: Einführung in die Didaktik des politischen Unterrichts, Opladen: Leske 1983, S. 135 ff.

3.1.3 Die Bedeutung der Schülerperspektive

Didaktische Perspektive ist die durch den Lehrer vorgenommene, wenngleich im Interesse der Schüler erfolgende, intentionale Interpretation des Unterrichtsgegenstandes. Im Beispiel vom passiven Widerstand hat der Lehrer vorausgesehen, daß die Schüler eine eigene Sicht auf den Gegenstand haben: Sie sehen ihn unter einer Wertorientierung bezüglich ehrenvollen Verhaltens.

Die Beziehung zwischen Lernenden und Gegenstand muß auch unter dem Aspekt der „Beschaffenheit" der Elemente gesehen werden: Auch die Schüler weisen eine Beschaffenheit auf, die ihre Sicht auf den Gegenstand beeinflußt. Beschaffenheit bezieht sich auf Lernvoraussetzungen, also die für die Bearbeitung eines Themas erforderlichen Fähigkeiten, aber auch auf die Individualität der Lernenden, also ihren Anspruch, als selbständige Subjekte sich mit einem Sachverhalt zu beschäftigen.

„Die konkreten Unterrichtsinhalte existieren ja nicht unmittelbar im Kopf des Lehrers, der sich seinen Unterricht nach Maßgabe eines älteren oder neueren Curriculums zurechtlegt, um aus dessen Kopf in die Köpfe der Schüler zu gelangen, sondern sie entstehen im Kopf der Schüler, d.h. bezogen auf Vorerfahrungen und Vorkenntnisse, die die Schüler sich bereits angeeignet haben . . ."[1]

Im Prozeß der schrittweisen Annäherung an das Thema ist demnach die den Schülern eigene Perspektive — wie auch immer — zu berücksichtigen. Dies geht aus einem Unterrichtsbeispiel hervor: Der Unterricht über ,,Arbeitslosigkeit" mußte wegen fehlenden Interesses bei den Schülern abgebrochen werden.

,,Der Einbezug von Schülerinteressen ging sehr stark über die antizipierende Reflexion des Lehrers. Der Lehrer versuchte sich also an die Stelle der Schüler zu versetzen und ihre Perspektive einzunehmen. Dabei übersah er jedoch, daß das Hauptproblem der Schüler eher die Berufswahl als das Problem der Arbeitslosigkeit nach der Lehre war. Wahrscheinlich hätte er das Problem der Berufswahl von Anfang an stärker einbeziehen müssen."[2]

Der Lehrer wird sich also bewußt machen, daß es ,,eine Vielzahl von möglichen, d.h. sinnhaften Perspektiven auf den Gegenstand gibt, die er bei der Vorbereitung noch nicht in den Blick genommen hat, die aber durch den Schüler in den Blick kommen können".[3] Es sind insbesondere solche Perspektiven, die die Schüler in ihrer eigenen Lebenswelt entwickeln. Berücksichtigung der Schülerperspektive bedeutet infolgedessen, daß der Lehrer versucht, Lernprozesse auf die Alltagserfahrungen der Schüler zu beziehen oder von ihnen auszugehen. Notwendig ist es daher, die Perspektive der Schüler zu ermitteln, sei es vor oder während des Unterrichts.

Die Schülerperspektive kann jedoch nicht als alleinige Richtschnur der Unterrichtsplanung gelten. Die endgültige didaktische Perspektive und damit das Thema wird gewonnen, indem die Perspektive der Schüler *verarbeitet* wird, und das heißt: Es wird eine didaktische Entscheidung getroffen. Bei diesen Überlegungen zur ,,Beschaffenheit" der Lernenden wird der Lehrer das als Bedingungsanalyse bezeichnete Orientierungswissen aktivieren.

Die Verarbeitung der Schülerperspektive erfolgt demnach in zweierlei Weise:

— *antizipierend* in der Art der ,,Bedingungsanalyse", oder
— *unterrichtsbegleitend* durch ein Planungsgespräch oder durch Beobachtungen im Unterricht mit der Entscheidung des Lehrers, ob er daraufhin einen Wechsel der Perspektive bzw. Intention vornehmen soll oder nicht.

Literatur

1 *Dietrich Benner*: Hauptströmungen der Erziehungwissenschaft, 2. Aufl., München: List 1978, S. 365.
2 *Peter Schläpfer*: ,,Kritische" Didaktik im Unterricht. In Heinz Moser (Hg.): Probleme der Unterrichtsmethodik, Kronberg: Athenäum 1977, S. 108.
3 *Gotthilf Gerhard Hiller*: Konstruktive Didaktik, Düsseldorf: Schwann 1973, S. 55.

3.1.4 Fachdidaktische Valenz

Der Lehrer, der über Arbeitslosigkeit unterrichten wollte, mußte feststellen, daß Themen in bezug auf die Schüler einen unterschiedlichen *Aufforderungscharakter* besitzen. Die Schüler wurden von einem Thema, das die Lösung eines persönlichen Problems versprach, mehr angezogen als von einem, das ein gesellschaftliches bzw. politisches Problem zum Inhalt hatte. Damit sind fachdidaktische Grundorientierungen angesprochen.

Diese Grundorientierungen werden besonders durch das didaktische Konzept des ,,schülerorientierten Unterrichts" oder die Forderung nach Berücksichtigung des ,,subjektiven Faktors" aktiviert. Man könnte diesen Orientierungen die ,,Problemorientierung" gegenüberstellen, wenn unter ,,Problem" das die ganze Gesellschaft oder Menschheit angehende politische Problem gemeint ist. Eine andere, hier hilfreiche Unterscheidung ist diejenige zwischen ,,Betroffenheit" und ,,Bedeutsamkeit" als Auswahlkriterium.[1]

Diese Ansätze können verschiedenartig miteinander verbunden werden. Ihre einseitige oder bevorzugende Akzentuierung bewirkt aber, daß dem Unterricht unterschiedliche Zielgefüge zugrundegelegt werden. Diese können manchmal durch Fachbezeichnungen zum Ausdruck kommen, z.B. ,,Sozialkunde" versus ,,Politikunterricht". Wir machen hier die Unterscheidung von ,,sozialem Lernen" und ,,politischem Lernen":

Soziales Lernen: Thematisiert werden individuelle Entscheidungen. Handlungsbereich ist die Mikrowelt, die Makrowelt ist der Rahmen. Beispiele sind Berufswahl, Abbau von Vorurteilen.
Politisches Lernen: Thematisiert werden gesellschaftliche Bedingungen und Defizite, welche individuelle Entscheidungen oder das Leben des einzelnen oder von Gruppen erleichtern oder hemmen. Handlungsbereich ist die Makrowelt mit Bezügen zur Mikrowelt. Beispiele sind Behebung der Arbeitslosigkeit, Gastarbeiterpolitik.[2] Diese Unterscheidung hat *heuristische* Funktion, keine konzeptionelle Intention; vielfach wird eine Trennung zwischen beiden als unvertretbar angesehen.[3]

Abb. 14: Fachdidaktische Valenz

Soziales Lernen (Mikrowelt)			Politisches Lernen (Makrowelt)		
Indiv. Verhalten	Umwelt- orientie- rung	Soziale Beziehun- gen	Form	Inhalt	Prozeß
Lebens- hilfe		Probleme des Zu- sammen- lebens	Institu- tionen	Politische Probleme	Politische Konflikte, Ereignis- se, Fälle

Sicherlich ist der Aufforderungscharakter und damit die fachdidaktische Valenz[4] von Themen aus dem Bereich des sozialen Lernens häufig größer. Damit daraus nicht unbemerkt ein Zielgefüge des Unterrichts entsteht, das die Subjektivität zur ausschließlichen Norm erhebt und Lernen als schrittweise Erweiterung des individuellen Erfahrungs- und Wissensbereichs nicht mehr zuläßt, ist es erforderlich, Themen daraufhin zu prüfen, welche Nähe sie zum Politischen besitzen. Als Hilfsmittel kann hierzu eine Typologie von Themen des politischen Unterrichts dienen (Abb. 14).

So ist z.B. Berufswahlunterricht der Sparte ,,Individuelles Verhalten" zuzuordnen; ohne Zweifel vermittelt ein solcher Unterricht ein Stück Lebenshilfe. Er ist also nicht primär politikbezogen. Hingegen wird die Dimension des Politischen durch einen Gegenstand wie ,,Arbeitsmarktpolitik" oder das ,,Problem der Arbeitslosigkeit" eröffnet; in beiden Fällen ist es genauer die Dimension Inhalt: politisches Problem.

Mit einer solchen Zuordnung gewinnt der Lehrer zunächst nur eine Aussage über Politiknähe bzw. -ferne, keineswegs eine Entscheidungshilfe. Der Sinn dieser Prüfung liegt darin, einen Weg zu der häufig schwierigen *Herausarbeitung des Politischen* aus einem Lerngegenstand zu eröffnen. Themen des sozialen Lernens sind im Politikunterricht durchaus legitim. Aber der Lehrer muß bewußt die Entscheidung treffen, ob er in einer Unterrichtseinheit den Schülern zur Lösung eines individuellen Problems (eines Umweltproblems, eines Problems des Zusammenlebens) verhelfen soll oder ob er das Durchdenken eines politischen Problems zur Aufgabe stellen will.

Freilich haben auch die Themen des sozialen Lernens einen Bezug zum Politischen. Die Makrowelt repräsentiert die Ordnungen und Bedingungen des gesellschaftlichen Seins, in das jeder einzelne einbezogen ist, die durch ,,Entscheidungsfindung auf öffentlichem Weg", wie K.W. Deutsch Politik definiert[4], geschaffen oder verändert werden. Das hat Auswirkungen auf jede individuelle Existenz. Insofern ist auch bei individuellem Handeln im persönlichen und im Nahbereich das Politische als *Rahmen* immer mitzudenken. Wir verwenden daher als unterscheidendes Kriterium das der *Nähe oder Ferne zum Politischen*, um Themen des sozialen und des politischen Lernens zu bestimmen. Und das bedeutet, daß Themen des sozialen Lernens nicht von vornherein als unpolitische einzustufen sind.

Um die fachdidaktische Valenz eines Themas zu ermitteln, muß es folglich daraufhin geprüft werden, ob in ihm das Politische als Handlungs*rahmen* oder als Handlungs*aufgabe* berücksichtigt ist.

Literatur

1 *Walter Gagel*: Einführung in die Didaktik des politischen Unterrichts, Opladen: Leske 1983, S. 81 ff. *Walter Gagel:* Von der Betroffenheit zur Bedeutsamkeit. Der Zusammenhang zwischen subjektiver und objektiver Betroffenheit als Lernprozeß. In: Gegenwartskunde 35 (1986), H. 1, S. 31 - 44.

2 *Gagel:* Einführung (Anm. 1) S. 237 - 239, 61 - 64.

3 Soziales Lernen wird definiert als ,,die Förderung von Handlungskompetenz und sozialem Problembewußtsein", so *Gerd Iben* in Christoph Wulf (Hg.): Wörterbuch der Erziehung, München: Piper 1974, S. 538 - 540, hier S. 539. Ähnlich auch *Manfred Bönsch*: Dimensionen sozialen Lernens, in: Beilage zu Das Parlament B 29/75 vom 19.7.1975, S. 21. Wir verwenden eine inhaltliche Definition, in welche die genannte Zielbestimmung zwar einbezogen wird; der Gegenstandsbereich ist jedoch weiter, weil nicht auf diese Intention beschränkt.

4 Valenz = Aufforderungscharakter. In der Sozialpsychologie die Bezeichnung für die Eigenschaft konkreter oder abstrakter Gegenstände der Wahrnehmung, beim Subjekt bestimmte Bedürfnisdispositionen ,,anzusprechen" und es somit ,,aufzufordern", etwas Bestimmtes zu tun oder zu unterlassen. Nach: Lexikon zur Soziologie, hrsg. *W. Fuchs* u.a., 2. Aufl., Opladen 1978, S. 71.

5 *Karl W. Deutsch*: Staat, Regierung, Politik. Eine Einführung in die Wissenschaft der vergleichenden Politik, Freiburg Rombach 1976, S. 9.

3.1.5 Zusammenfassung und Anwendung

Die Planungsaufgabe „Thematisierung" kann in drei Teilaufgaben ausdifferenziert werden:
— die Korrektur der vorläufigen didaktischen Perspektive zur Gewinnung der endgültigen,
— die Verarbeitung der Schülerperspektive,
— die Bestimmung der Nähe bzw. Ferne zum Politischen durch Klassifizierung des Themas im Hinblick auf die fachdidaktische Valenz.

Übungsbeispiele

1. Prüfung, ob es sich im folgenden jeweils um einen *Inhalt* oder um ein *Thema* handelt; ggf. Umwandlung in ein Thema.
   (1) „Partizipation im politischen System"
   (2) „Grundrechte"
   (3) „Probleme der europäischen Integration"
2. Welche Schülerperspektive könnte der Lehrer erwarten?
   (4) „Frauen — Sklaven der Nation" (zur Situation der Frau in der Gesellschaft der Bundesrepublik)
   (5) „Gastarbeiter in der Bundesrepublik Deutschland"
3. Fachdidaktische Valenz
   (6) Klassifizierung der oben genannten Inhalte/Themen mit Hilfe von Abb. 14 (oben S. 99) nach ihrer fachdidaktischen Valenz.
4. Formulierung des jeweils passenden Themas — Wahl eines der Themen und Begründung:
   (7) *Inhalt*: Arbeitslosigkeit als individuelles Problem.
   Didaktische Perspektive: Die Schüler sollen Arbeitslosigkeit als ein individuelles Problem erkennen und benennen können.
   Thema: ....
   (8) *Inhalt*: Vorurteile gegenüber Arbeitslosen
   Didaktische Perspektive: Die Schüler sollen abschätzige Meinungen über Arbeitslose als Vorurteile erkennen und überdenken.
   Thema: ....
   (9) *Inhalt*: Die wachsende Ausländerfeindlichkeit angesichts anhaltender Arbeitslosigkeit.
   Didaktische Perspektive: Die Schüler sollen zum Überdenken ihrer feindseligen Einstellung gegenüber ausländischen Mitbürgern angesichts der gemeinsamen Bedrohung durch Arbeitslosigkeit gebracht werden.
   Thema: ....
(Lösungsvorschläge und Nachweise S. 279ff.).

3.2 Begründung

Durch Unterrichtsplanung und Unterricht wird, wenn man sie als Handlungen des Lehrers betrachtet, auch eine Beziehung zwischen dem Lehrenden, dem Lernenden und der Umwelt hergestellt. Zur Umwelt gehören: im wesentlichen die Eltern, aber auch die institutionellen Gegebenheiten und ihre Repräsentanten, also Schule, Kollegen, Schulleiter, Schulaufsicht und Ausbilder. Die Beziehung definiert die Rolle des Lehrers. Wir nehmen an, daß Inhalts- und Zielwahl, also Thematisierung nicht willkürlich, sondern nach Gründen erfolgt, die einsehbar und kritisierbar sind. Die hierfür zu erbringende Leistung nennen wir ,,Begründung".

3.2.1 Begriffsklärung

Der Begriff ,,Begründung" muß zunächst in einem Wortfeld von Synonymen eingebettet gesehen werden; er wird gleichbedeutend gebraucht z.B. mit ,,Legitimation" und ,,Rechtfertigung".

Legitimation: ,,Allgemeine Bezeichnung für den (erfolgreichen) Versuch, die eigenen Handlungen als begründet durch gemeinsame oder übergeordnete Ziele und insofern als rechtmäßig nachzuweisen, sie zu rechtfertigen."[1]

Aus dieser Definition geht hervor, daß Legitimation als eine Wirkung von Begründung betrachtet werden kann; die Begründung erfolgt durch einen Bezug auf geltende Normen (Ziele), die auch für denjenigen gelten, demgegenüber jemand sich legitimiert, dessen Zustimmung erlangt werden soll. Insofern ist also Begründung zum Zwecke der Legitimierung oder Rechtfertigung von didaktischen Entscheidungen ein *sozialer Prozeß*, zu dem auch Adressaten der Legitimationsabsicht gehören.

Man kann dies idealtypisch in eine Handlungssituation übertragen:[2]

,,— Eine Person bzw. Institution trifft stellvertretend für Handlungsbetroffene eine Entscheidung.
— Die Handlungsbetroffenen bezweifeln, daß die Entscheidung in ihrem Interesse getroffen wurde, und üben (mit denen ihnen geeignet erscheinenden Mitteln) einen Legitimationsdruck auf den Handlungsträger aus, den Nachweis zu erbringen, daß die Interessen der Betroffenen nicht unterdrückt worden sind.

— Der Handlungsträger versucht . . ., die Sinnhaftigkeit seiner stellvertretend getroffenen Handlungsentscheidung nachzuweisen.
— Die Betroffenen anerkennen die Sinnhaftigkeit der Handlungsentscheidung; deren Legitimität ist ‚nachgewiesen‘ und die Verbindlichkeit der Entscheidung für
beide Seiten gesichert."

Der Versuch der Legitimation zielt folglich auf Zustimmung, und
zwar zunächst auf diejenige von Betroffenen. Am Legitimierungsvor-
gang sind Personen oder Gruppen aber auch mittelbar beteiligt, so
daß es zweckmäßig ist, von insgesamt drei Gruppen von Beteiligten
zu sprechen, den ,,Initiatoren" und ,,Betroffenen" als unmittelbar
Beteiligte, und den ,,Interessenten" als mittelbar Beteiligte.[3] Zu letzteren gehören demnach auch Eltern und Amtsträger der Schule; es ist
einsichtig, daß sie das Handeln mehr oder weniger indirekt beeinflussen können und infolgedessen auf den Handelnden, hier also den Lehrer, Legitimationsdruck auszuüben vermögen.

Die Begründung bezweckt, den Sinn der intendierten Handlung
nachzuweisen. Die Schwierigkeit des Nachweises ist darin zu sehen,
daß hierbei nicht nach Erkenntnisregeln vorgegangen werden kann.
Die Unterscheidung von ,,Erkenntnisbegründung", die nach logischen Regeln erfolgt, und ,,Entscheidungsbegründung", die sich auf
Handlungsnormen bezieht,[4] macht sichtbar, daß Begründung didaktischer Entscheidungen nicht in der Form des Beweises, sondern nur in
der Form des einsehbaren Argumentierens erfolgen kann, durch welche der Sinn von Entscheidungen zustimmungswürdig werden *kann*,
aber nicht *muß*. Die Prämisse ist, daß derartige Geltung nicht durch
Autorität oder Androhungen von Sanktionen erzwungen werden soll,
sondern daß durch den Appell an die Vernunft bei den Beteiligten
Einsicht und Zustimmung bewirkt wird.

Ein solches Begründen, das den Dogmatismus, d.h. die Berufung
auf unumstößliche Wahrheiten vermeiden will, orientiert sich in seinem Vorgehen an dem ,,Prinzip der kritischen Prüfung"[5] oder ver-
fährt so, daß der Argumentierende ,,kritisierbare Geltungsansprüche" stellt.[6] Die Anerkennung dieses Prinzips beinhaltet, daß, unter
der Voraussetzung prinzipieller Gleichheit der Beteiligten, der Argumentierende sich der Kritik stellt und im Austausch von Argumenten
und Gegenargumenten versucht, eine *Verständigung* über den Sinn in-
tendierter Handlungen zu erreichen. Die Begründung von didaktischen Entscheidungen hat mithin eine *dialogische Struktur*.[7]

Es wird auch eine Unterscheidung von ,,Rechtfertigung" und ,,Begründung" gemacht, so von D. Lenzen:

,,Die Legitimationsbemühungen im Unterrichtsentwurf des genannten Musters (nämlich des Lehramtsanwärters) sind auf ein ,Sich-Rechtfertigen', nicht aber auf die Begründung von unterrichtsplanerischen Entscheidungen angelegt."[8]

Nach Lenzen ist für Unterrichtsentwürfe die nachträgliche Rechtfertigung von aus ganz anderen Motiven getroffenen Entscheidungen charakteristisch. Der hier wirksame Legitimationsdruck resultiert aus der Prüfungssituation, in welcher der Ausbilder als ,,Interessent" ein hohes Maß an Einfluß ausübt, demgegenüber die eigentlich ,,Betroffenen", nämlich die Schüler, zur negierbaren Größe herabsinken. Begrifflich ist hierin aber ebenso ein Rechtfertigen zu sehen wie in jedem Legitimierungsprozeß; der Unterschied liegt nur darin, daß die *Kriterien* einer solchen argumentativen Rechtfertigung eine andere Struktur haben.

Verständigung über Sinn setzt die Verständigung über Kriterien voraus, welche den Sinn konstituieren. Der Unterschied zwischen den von Lenzen gekennzeichneten Begründungssituationen und Rechtfertigungssituationen liegt im wesentlichen darin, daß in ersteren eine diskursive Verständigung auch über die Kriterien des argumentativen Dialoges möglich ist, während in den zweiten dies wegen der dort wirkenden Zwänge ausgeschlossen ist, Rechtfertigung demnach anhand von meist vorgegebenen oder verordneten Kriterien erfolgt.

Wir übernehmen diese Unterscheidung nicht, greifen aber die darin enthaltene Anregung auf, die *sozialen Bedingungen* des jeweiligen Legitimationsprozesses mit in die Überlegungen zur ,,Begründung" einzubeziehen, weil — wie unten (S. 112ff.) gezeigt wird — die Wahl der Legitimationsmodi von diesem Befund abhängen wird.

Für die Planungsaufgabe gilt allgemein die Ergiebigkeit einer handlungstheoretischen Beschreibung, von der die Begriffsklärung in diesem Abschnitt ausging: ,,Begründung" ist als Folge des didaktischen Handelns zu verstehen, in welchem der Lehrer eine Beziehung zwischen sich, den Betroffenen (Schülern) und den Interessenten (Eltern, Amtsträgern usw.) herstellt.

Literatur

1 Lexikon zur Soziologie, hrsg. *W. Fuchs* u.a., 2. Aufl., Opladen: Westdt. Verlag 1978, S. 451.
2 *Hilbert L. Meyer*: Skizze des Legitimationsproblems von Lernzielen und Lerninhalten. In Karl Frey (Hg.): Curriculum-Handbuch, Bd. 2, München: Pieper 1975, S. 430.
3 Ebenda S. 431.
4 *Alfred K. Treml*: Über die Unfähigkeit zu begründen. Vorbereitende Bemerkungen zu einer Begründungstheorie in praktischer Absicht. In Rudolf Künzli (Hg.): Curriculumentwicklung. Begründung und Legitimation, München: Kösel 1975, S. 60f.
5 *Hans Albert*: Theorie und Praxis. Max Weber und das Problem der Wertfreiheit und der Rationalität. In: Werturteilsstreit, hrsg. Hans Albert und Ernst Topitsch, Darmstadt: Wiss. Buchgesellschaft 1971, S. 228.
6 *Jürgen Habermas*: Theorie des kommunikativen Handelns, Bd. 1, Frankfurt: Suhrkamp 1981, S. 410.
7 Vgl. hierzu *Walter Gagel*: Einführung in die Didaktik des politischen Unterrichts, Opladen: Leske 1983, S. 203 - 206.
8 *Dieter Lenzen*: Unterrichtsplanung „nach . . .". Verbindliche Unverbindlichkeiten bei der Abfassung von Unterrichtsentwürfen. In Harald Geißler (Hg.): Unterrichtsplanung zwischen Theorie und Praxis, Stuttgart: Klett 1979, S. 159.

3.2.2 Die Doppelfunktion der Begründung

Trotz des gelegentlich wirksamen Legitimationsdrucks darf nicht vergessen werden, daß Rechtfertigung nicht die einzige Aufgabe der Begründung ist.

Die alte didaktische Analyse Klafkis hatte zur Aufgabe, dem Lehrer zu helfen, die Struktur und den Bildungsgehalt der „Sache" zu „erschließen".[1] Klafkis neues Planungskonzept, in das ja auch Fragestellungen des alten eingegangen sind, wird vom Autor als „Problematisierungsraster" bezeichnet.[2] Es enthält Fragen, aber keine Vorentscheidungen für Antworten und zeigt in diesem Sinne die didaktischen Möglichkeiten auf, angesichts derer der Lehrer Entscheidungen treffen kann. Den Begriff „Begründungszusammenhang" hat Klafki als Kennzeichnung der ersten drei Fragen erst in dieser Neufassung eingeführt, ohne daß er auf diese andersartige Funktion explizit eingegangen wäre. Daher ist es nicht auszuschließen, daß in der Realität der Ausbildung auch das neue Konzept Klafkis wieder — wie das alte — in der Weise umfunktioniert wird, wie zur alten didaktischen Analyse Klafkis kritisch bemerkt wurde: „Didaktische Analyse (ist) weniger ein Verfahren zur Auswahl als vielmehr zur Begründung oder Legitimation von Unterrichtsinhalten und zum Auffinden der damit verbundenen Unterrichtsziele."[3]

Wir empfehlen nun keineswegs eine Abstinenz in der einen oder anderen Richtung, sondern halten es für notwendig, die *Doppelfunktion* der didaktischen Analyse herauszustellen, die sich teilweise mit der von uns abgegrenzten Planungsaufgabe „Begründung" deckt.

Wenn wir also fragen, was die Planungsaufgabe „Begründung" leistet, so lautet die Antwort: Sie stellt zum einen eine *Erschließungshilfe* dar, durch welche die didaktische Ergiebigkeit einer Unterrichtsaufgabe ermittelt werden kann. Dabei wird geprüft, unter welchen Aspekten ein Gegenstand betrachtet werden kann, durch welche Bezüge, z.B. auf Personen oder auf Zeitdimensionen wie Gegenwart und Zukunft, sich die Bedeutung des Gegenstandes verändern kann und welche Folgerungen darum für die Wichtigkeit und damit für die Auswahl der Lerngegenstände und Lehraufgaben gezogen werden können. In unserem Zusammenhang müssen wir dies etwas einschränken, da wir ja von der Voraussetzung einer schon gegebenen Lehraufgabe ausgegangen sind. Als Erschließungshilfe trägt die „Begründung" ebenfalls wie „Thematisierung" zu einer Überprüfung der didaktischen Perspektive bei, indem sie neue Perspektiven aufzeigt. Dies stellt keine Konkurrenz zu der anderen Planungsaufgabe dar, sondern ist Merkmal des zirkulären Denkprozesses, in welchem sich die mentale Unterrichtsplanung vollzieht. In dieser Funktion leistet die Planungsaufgabe „Begründung" einen Beitrag zur Zielklärung.

Die andere Funktion dieser Planungsaufgabe besteht darin, daß sie eine *Begründungshilfe* bietet, indem sie Arten von Argumenten aufzeigt, welche als „kritisierbare Geltungsansprüche" (s.o. S. 103) verwendet werden können. Dabei ist sicherlich darauf hinzuweisen, daß nicht nur an die Verwendung für Situationen mit hohem Legitimationsdruck zu denken ist. „Begründung" dient auch der Selbstreflexion des Lehrers, der sich der Sinnhaftigkeit seiner im Interesse der Schüler getroffenen didaktischen Entscheidungen vergewissert. In beiden Fällen leistet die Planungsaufgabe einen Beitrag zur *Legitimation* bzw. *Rechtfertigung* von didaktischen Entscheidungen.

Damit haben wir die Planungsaufgabe zunächst in die zwei Funktionen ausdifferenziert. Es ist nun erforderlich, weitergehende Differenzierungen vorzunehmen; es wird sich ergeben, daß die Kriterien für Erschließung und für Rechtfertigung nur teilweise deckungsgleich sind. Wir werden daher zunächst einen Vorschlag für Kriterien als Erschließungshilfen machen, um diese dann durch Überlegungen zu den Argumentations*arten* als Begründungshilfe anzuschließen.

1 *Wolfgang Klafki*: Didaktische Analyse als Kern der Unterrichtsvorbereitung. In: Didaktische Analyse. Auswahl 1, Reihe A, Hannover: Schroedel 1964, S. 9.
2 *Wolfgang Klafki*: Zur Unterrichtsplanung im Sinne kritisch-konstruktiver Didaktik. In ders.: Neue Studien zur Bildungstheorie und Didaktik. Beiträge zur kritisch-konstruktiven Didaktik, Weinheim: Beltz 1985, S. 209.
3 *Uwe Sandfuchs*: Gegenwärtige Bedeutung und Praxis der Didaktischen Analyse. In Harald Geißler (Hg.): Unterrichtsplanung zwischen Theorie und Praxis, Stuttgart: Klett 1979, S. 86.

3.2.3 Fachdidaktische Kriterien als Erschließungshilfen

Die didaktische Ergiebigkeit eines Themas bzw. einer Unterrichtsaufgabe wird durch Kriterien erschlossen. Diesem Zweck dient ein Kriterienkatalog, den wir an anderer Stelle entwickelt haben und der hier ergänzt wird.[1] Dieser Katalog verhilft dazu, den Zusammenhang zwischen Bedeutsamkeit und Betroffenheit oder — wie man auch sagen kann — zwischen objektiver und subjektiver Betroffenheit sichtbar zu machen. Auf die an der genannten Stelle gemachten Ausführungen sei ausdrücklich verwiesen, weil sie hier nicht wiederholt werden können. Abb. 15 gibt den Katalog wieder, erweitert um die Ergänzungen, welche unten erläutert werden.

Die Verwendung dieses Katalogs zum Zwecke der ,,Erschließung'' kann an dem Thema ,,Berufswahl'' veranschaulicht werden:

Jugendliche nehmen die Schwierigkeit der Berufswahl wahr.
— *Empfindung* der Enttäuschung.
— *Bedürfnisse* nach Sicherheit, nach Selbstdefinition sind beeinträchtigt: → *Betroffenheit.*
Der Sachverhalt wird zu *Werten* in Beziehung gesetzt:
— *Werte* wie Chancengleichheit, Handlungsspielraum nicht realisierbar. Ursache: die besonderen Bedingungen des Arbeitsmarktes und Schwierigkeiten der Informationsvermittlung.
— *Herausforderungen* sind die fundamentalen Probleme: ,,Abhängigkeit des Einzelschicksals von politischen Entscheidungen — Aufklärungsmangel als Barriere für Interessenkenntnis und Einflußnahme.'' → *Bedeutsamkeit.*[2]

In dem Beispiel geschieht die Erschließung mit Hilfe der im Druck hervorgehobenen Kriterien oder Kategorien. Die beobachtbaren *Empfindungen* können als mangelnde Befriedigung von *Bedürfnissen*

Abb. 15: Der Zusammenhang der subjektiven und objektiven Auswahlkriterien

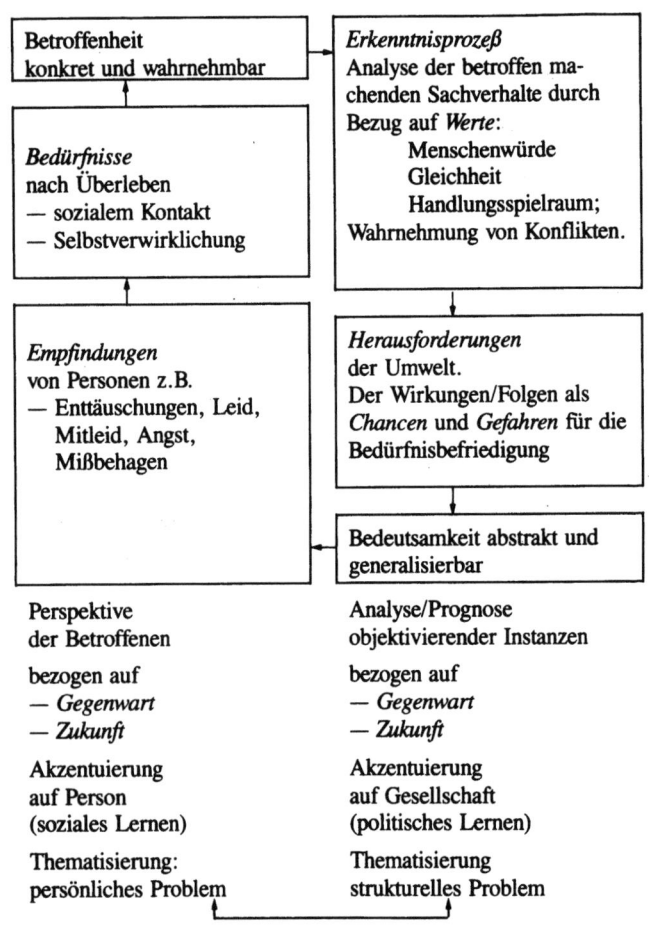

Perspektive
der Betroffenen

bezogen auf
— *Gegenwart*
— *Zukunft*

Akzentuierung
auf Person
(soziales Lernen)

Thematisierung:
persönliches Problem

Analyse/Prognose
objektivierender Instanzen

bezogen auf
— *Gegenwart*
— *Zukunft*

Akzentuierung
auf Gesellschaft
(politisches Lernen)

Thematisierung
strukturelles Problem

interpretiert werden; der untersuchte Sachverhalt löst folglich *Betroffenheit* aus; je unentbehrlicher die Bedürfnisbefriedigung für das Leben der betroffenen Person ist, desto hochgradiger ist auch die ,,Betroffenheit" einzuschätzen und damit die Vordringlichkeit des diese verursachenden Sachverhalts. Betroffenheit ist ein Kriterium für die subjektive Relevanz und Gleichgewichtung eines Inhaltes.

Die Leistung im Hinblick auf Erschließung wird vor allem im Fortgang der Überlegungen sichtbar. Indem der Sachverhalt zu *Werten* in Beziehung gesetzt wird, werden neue Aspekte erschlossen. Denn Chancengleichheit oder Handlungsspielraum kennzeichnen die Gestaltung der Umwelt und haben insofern eine überindividuelle Bedeutung. Sie sind Merkmale einer sozialen und politischen Ordnung, in welcher der einzelne, hier der „Betroffene", lebt und für deren Bestand und Erträglichkeit die Politik zuständig ist. Defizite machen strukturelle Mängel sichtbar, die, — wenn sie nicht zufälliger Natur sind, sondern fundamentalen Charakter besitzen, weil sie in den Strukturen verankert und immer wiederkehrend sind —, als *Herausforderungen* zu bezeichnen sind, auf welche Politik Antworten finden muß. Dies ist ein Merkmal für *Bedeutsamkeit*, die Sachverhalten der natürlichen und sozialen Umwelt zukommt, welche *Chancen* und *Gefahren* für die Existenz und das Wohlergehen von Menschen mit sich bringen.

Aufgeschlossen wird in diesem Beispiel durch die beschriebenen Überlegungen und die verwendeten Kriterien die politische Dimention: Die Schwierigkeiten der Berufswahl sind nicht ein persönliches Schicksal, sondern Folge struktureller Gegebenheiten, die zu verbessern Aufgabe der Politik ist: Arbeitsmarktpolitik.

Die Pfeile in Abb. 15 deuten an, daß man zum Zwecke der Erschließung bei jeder der beiden Seiten ansetzen kann: bei der Betroffenheit, um Bedeutsamkeit zu entdecken, und bei Bedeutsamkeit, um Betroffenheit zu ermitteln. Ein anderer Aspekt ergibt sich, wenn man die senkrechten Spalten der Grafik für sich betrachtet. Dann stellt sich heraus, daß in diesen Spalten die Kriterien insofern geordnet sind, als einerseits die Akzentuierung auf der Person, andererseits auf der Gesellschaft liegt. Daraus folgt der Bezug zu Betroffenheit und Bedeutsamkeit und eine Erklärung für ihren Zusammenhang.

Die Beschäftigung mit dem Lernbereich Politik und Gesellschaft muß sich an dem Grundphänomen orientieren, daß die Entwicklung des Individuums im Zusammenhang mit der Entwicklung von sozialen Lebensformen, mithin einer sozialen Umwelt steht. Diese Entwicklung erfolgt in der Dialektik zwischen individueller Selbstbehauptung und Angewiesensein auf soziale Bezüge. Akzentuierung nach der einen bzw. anderen Seite ist möglich, aber sie hebt die Verbindung nicht auf. Daher verweist „Betroffenheit" auch immer auf etwas strukturell „Bedeutsames", und umgekehrt: Bedeutsamkeit läßt sich immer an den Auswirkungen auf „Betroffene" festmachen.

Diese Akzentuierungen können auch den Typen fachdidaktischer Valenz zugeordnet werden (s.o. S. 99f.): Soziales Lernen und politisches Lernen.

Wir ergänzen das frühere Schema außerdem durch Erkenntnisart und Zeitdimension.

Erkenntnisart: Betroffenheit wird aus der Sicht der Betroffenen definiert, ist also die Perspektive der Betroffenen und infolgedessen subjektiv. Bedeutsamkeit ist das Ergebnis objektivierender Erkenntnis; insofern ist sie nicht „Perspektive" im Sinne der Alltagssicht, sondern methodisierte Erkenntnisfindung im Sinne von Analyse bzw. Prognose, für welche vor allem die Wissenschaft als Instanz zuständig ist. So wird Ungewißheit der Berufswahl als subjektiv unerträglich definiert und kann Reaktionen hervorrufen. Objektiv kann sie zu Verzerrungen des Arbeitsmarktes oder zu Unzufriedenheit als systemgefährdendes kollektives Verhalten führen; aber sie kann auch als Verletzung grundlegender Werte (Recht auf Wohlergehen) interpretiert werden.

Zeitdimension: Sowohl die Perspektive der Betroffenen als auch die Analyse objektivierender Instanzen wie der Wissenschaft können auf Gegenwart und auf Zukunft bezogen werden. Berufswahl ist ein Problem der jeweils „gegenwärtigen Lebensphase" eines Jugendlichen, hat aber auch Bedeutung für die „Entwicklungsmöglichkeiten auf seine Zukunft hin".[3] Jedoch müssen Klafkis Fragen nach der Gegenwarts- und Zukunftsbedeutung ergänzt werden: Sie beziehen sich auch auf Gegenwart und Zukunft der Gesellschaft, von der ja wiederum die Lebenschancen der einzelnen abhängen. Dabei ist der Begriff „Gesellschaft" unzureichend, weil es verschiedenartige Kreise der gleichmäßig und solidarisch empfindenden Betroffenen gibt, so daß es richtiger ist, zu unterscheiden zwischen einzelnen — vielen — allen.

Die Unterscheidung zwischen „persönlichem Problem" und „politischem Problem" in dem neuen Schema erfolgt wieder im Hinblick auf die fachdidaktische Valenz des Themas. Sie zeigt die Möglichkeiten von inhaltlichen Beschränkungen auf, z.B. auf den Bereich des sozialen Lernens, macht aber auch sichtbar, daß es immer einen Bezug zwischen beiden Problemarten gibt, je nachdem, ob das Politische als „Handlungsrahmen" oder als „Handlungsaufgabe" in den Blick rückt.[4]

Zur Anwendung der Kriterien ist noch zu ergänzen, daß sie zweckmäßigerweise in Fragen umgewandelt werden: Welche Bedürfnisse werden tangiert — bleiben unbefriedigt? Welche Chancen der Bedürfnisbefriedigung hat der Lernende in seiner eigenen Zukunft — in der durch die Gesellschaft — die Politik gestalteten zukünftigen Umwelt?

Literatur

1 *Walter Gagel*: Einführung in die Didaktik des politischen Unterrichts, Opladen: Leske 1983, S. 94. Vgl. hierzu auch die Darlegungen zu diesen Kriterien ebenda, S. 81 - 99.

2 ebenda S. 96.

3 *Wolfgang Klafki*: Zur Unterrichtsplanung im Sinne kritisch-konstruktiver Didaktik. In ders.: Neue Studien zur Bildungstheorie und Didaktik. Beiträge zur kritisch-konstruktiven Didaktik, Weinheim: Beltz 1985, S. 216.

4 *Gagel* (Anm. 1) S. 238.

Einen anderen Kriterienkatalog für dieselbe Funktion (mit einzelnen Berührungspunkten) bietet:
Wolfgang Hilligen: Zur Didaktik des politischen Unterrichts I, 4. Aufl., Opladen: Leske 1985, und zwar die Matrix im Anhang.
Das methodisch anspruchsvollste Beispiel für einen fachdidaktischen Kriterienkatalog zum Zwecke der Analyse von Inhalten:
Gösta Thoma: Zur Entwicklung und Funktion eines „didaktischen Strukturgitters" für den Politischen Unterricht. In Herwig Blankertz: Curriculumforschung — Strategien, Strukturierung, Konstruktion. Essen: Neue Deutsche Schule 1971, S. 67 - 96.
Dessen Verwendung in der Richtlinienentwicklung mit Anwendungsbeispielen:
Rolf Schörken (Hg.): Curriculum „Politik". Von der Curriculumtheorie zur Unterrichtspraxis, Opladen: Leske 1974.

3.2.4 Begründungshilfen zur Legitimation didaktischer Entscheidungen

Die fachdidaktischen Kriterien und die Ergebnisse einer Erschließung von Inhalten, die mit ihrer Hilfe erfolgt, dienen gleichzeitig auch der Begründung, welche die Rechtfertigung didaktischer Entscheidungen bezweckt. Denn einen Gegenstand in seiner Bedeutsamkeit zu entdecken, gibt zugleich die Möglichkeit, diese Bedeutung als Argument für seine Auswahl anderen gegenüber zu verwenden. Jedoch reichen die fachdidaktischen Kriterien allein nicht aus, weil sie voraussetzen, daß der Adressat eine vorgängige Übereinstimmung mit der Art des Kriteriums, genauer: mit dem diesem Kriteriem zugrundeliegenden Prinzip aufweist. Betroffenheit als Kriterium ist weitgehend ein Auswahlkriterium, das dem Prinzip der Schülerorientierung entspricht. Nicht immer ist aber eine solche Übereinstimmung vorauszusetzen, und nicht immer ist eine vorgängige argumentative Verständigung über Kriterien der Kriterien möglich. Es ist daher zweckmäßig, das Legitimationsproblem zu differenzieren nach Verfahren mit unterschiedlichem Begründungsaufwand.

Meyer[1] unterscheidet drei Legitimationsmodi: (1) *Normative Legitimation*: Sie besteht in der Rückführung von Einzelentscheidungen (Lernziel, Lerninhalt) auf übergeordnete, vorpädagogische Normen (Religion, Metaphysik, normative Anthropologie). (2) *Verfahrenslegitimation*: Entscheidungen werden akzeptiert, sofern sie durch legitime Verfahren zustande gekommen sind.Unter diesem Aspekt ist die Transparenz der Entscheidungsprozesse die ausreichende Legitimationsgrundlage für das Entscheidungsprodukt. (3) *Diskursive Legitimation*: Im Unterschied zu (2) wird hier an der Begründbarkeit von Wertentscheidungen festgehalten, jedoch nicht durch die Rückführung auf nicht mehr hinterfragbare übergeordnete Prämissen (Normen, wie bei 1), sondern in der Erwartung, daß durch Diskussion jederzeit eine Vergewisserung über die Berechtigung der einzelnen Entscheidungen erreicht werden kann.

Vor diesen Legitimationsmodi sind in pluralistischen Gesellschaften nur die Verfahrenslegitimation und die diskursive Legitimation geeignet. Dabei ist die Verfahrenslegitimation der Modus mit dem geringeren Legitimationsaufwand, weil hier der Verweis auf das legale Verfahren als Legitimationsnachweis genügt.

Verfahrenslegitimation: Sie liegt überall dort vor, wo der Bezug zu legalen Normen oder zu in geregelten Verfahren gewonnene Ergebnisse hergestellt werden kann. Möglichkeiten sind:

— Berufung auf Normen des Grundgesetzes oder der Länderverfassung, der Schulgesetze;
— Berufung auf Richtlinien
— Verwendung von ministeriell genehmigten Lehrmitteln;
— Berufung auf Konferenzbeschlüsse.

Wir sehen die Verfahrenslegitimation besonders im Hinblick auf ihre Entlastungsfunktion: weil es nicht immer möglich und nicht immer zumutbar ist, in Grundsatzdiskussionen einzutreten, und weil es zahlreiche Situationen gibt, in welchen der Lehrer bzw. vor allem der angehende Lehrer unter Rechtfertigungszwang steht und daher eine geringere Chance besteht, durch Argumentation zur Verständigung zu gelangen.

Diskursive Legitimation: Ansätze zu diesem Legitimationsmodus sind überall dort gegeben, wo ,,kritisierbare Geltungsansprüche" erhoben werden können, die Begründung also dialogische Struktur hat und im Prinzip nicht auf (gleichsam defensive) Rechtfertigung, sondern auf *Verständigung* zielt.

Im Unterschied zur Verfahrenslegitimation erhält jetzt der Inhalt der Argumente ein besonderes Gewicht, weil sie den Dialogpartner überzeugen müssen. Entsprechend der unterschiedlichen Rollen möglicher Dialogpartner lassen sich Typen von Legitimationskriterien unterscheiden, wie sie in Abb. 16 zusammengestellt sind. Die durch didaktisches Handeln hergestellten sozialen Beziehungen werden hier in der Form der unterschiedlichen Perspektive von Beteiligten oder Interessenten berücksichtigt.

Diese Arten von Argumenten, welche durch die aufgeführten Kriterien gekennzeichnet werden, sind unter zwei Bedingungen für eine diskursive Legitimation geeignet: (a) Sie müssen vollständig verwendet werden; Schülerorientierung z.B. darf nicht verabsolutiert und dadurch ggf. gegen fachwissenschaftliche Ansprüche ausgespielt werden. (b) Sie müssen sich dem ,,Prinzip der kritischen Prüfung" unterwerfen, stellen also keine Behauptungen, sondern zunächst nur Legitimationshypothesen dar.

Diese Bedingungen sind deshalb hervorzuheben, weil Begründung nicht nur für soziale Situationen mit dem Dialogpartner als rationaler Kontrollinstanz gilt, sondern auch für den ja viel häufigeren Fall der einsamen Entscheidung des Lehrers bei der Unterrichtsvorbereitung. Das Prinzip der kritischen Prüfung ist damit zugleich das Prinzip der kritischen Selbstprüfung als Kern der didaktischen Selbstreflexion, die durch den gesteigerten Bewußtseinsgrad eines Planungskonzeptes bewirkt werden soll.

Aus diesem Grunde ist es zweckmäßig, sich die genannten Kriterien als Inhalte eines argumentativen Diskurses vorzustellen, zu dem an anderer Stelle *Begründungsregeln* beschrieben worden sind.[2] Hier werden sie nur stichwortartig wiederholt:

1. Welcher Wertbezug liegt zugrunde?
2. Welche wissenschaftlichen Aussgen gibt es?
3. Gibt es Übereinstimmungen innerhalb der Gesellschaft und wie weit gehen sie?

Abb. 16: Legitimationskriterien

Schüler	Studenten/ Referendare/ Lehrer	fachwissen- schaftliche Ansprüche	gesell- schaftliche Ansprüche
„Können die in der Unterrichts- vorbereitung gemachten Vor- schläge gerecht- fertigt werden im Blick auf: – Erfahrungen, – Interessen, – Bedürfnisse, – Berufsper- spektiven der Schüler?"	„Können die ge- machten Vor- schläge gerecht- fertigt werden im Blick auf: – Erfahrungen, – Kenntnisse und Fähigkeiten, – eigene Qualifikations- interessen der Studenten bzw. Lehrer?"	„Können die ge- machten Vor- schläge gerecht- fertigt werden im Blick auf: – den Stand wis- senschaftlicher Forschung, – den Stand der Einsichten in den gesell- schaftlichen Verwertungs- zusammenhang dieser Wissen- schaften?"	„Können die ge- machten Vor- schläge gerecht- fertigt werden im Blick auf: – die institutio- nellen Rahmen- bedingungen des Unterrichts, – die in den Richt- linien ausge- drückten gesell- schaftlichen Ansprüche, – die demokrati- sche Verpflich- tung zur Partei- nahme für ge- sellschaftlichen Fortschritt?"
Kriterium der Schülerorientierung	*Kriterium der Lehrerorientierung*	*Kriterium der wissenschaftlichen Vertretbarkeit*	*Kriterium der demokratischen Orientierung*

Hilbert Meyer: Leitfaden zur Unterrichtsvorbereitung, Königstein: Scriptor 1980, S. 320.

4. Welche Einwände sind denkbar oder feststellbar?
5. Welcher Wertbezug liegt den Argumenten des Dialogpartners zugrunde?

Diese Begründungsregeln sind Prüfkriterien, die einen Argumentationszusammenhang einsehbar machen können. Die in der Übersicht Abb. 16 aufgeführten Kriterien sind in den Regeln enthalten: das Kriterium der Schülerorientierung und dasjenige der demokratischen Orientierung in der Offenlegung des Wertbezuges, das Kriterium der wissenschaftlichen Vertretbarkeit in der zweiten Begründungsregel. Die Begründungsregeln stellen die Kette eines idealtypischen Dialoges dar, und insofern sind sie ein Beispiel für die Strukturierung eines Legitimationsprozesses, durch welchen die „Sinnhaftigkeit der stellvertretend getroffenen Handlungsentscheidung" (oben S. 99) vom Lehrer argumentativ nachgewiesen werden kann.

Literatur

1 *Hilbert L. Meyer*: Einführung in die Curriculum-Methodologie, München: Kösel 1972, S. 139 ff.
2 *Walter Gagel*: Einführung in die Didaktik des politischen Unterrichts, Opladen: Leske 1983, S. 208 f.

Grundlegend:
Hilbert L. Meyer: Skizze des Legitimationsproblems von Lernzielen und Lerninhalten. In Karl Fray (Hg.): Curriculum-Handbuch, Bd. 2, München: Piper 1975, S. 426 - 438.

3.2.5 Zusammenfassung und Anwendung

Bei der Bearbeitung der Planungsaufgabe „Begründung" ist zunächst zu beachten,

— ob sie der *Erschließung* oder der *Rechtfertigung* von Lehraufgaben oder Unterrichtsinhalten dient.

Zur *Erschließung*: Sie stellt eine Ergänzung der Planungsaufgabe „Thematisierung" dar,

— indem sie mit Hilfe von fachdidaktischen Kriterien alternative didaktische Möglichkeiten und Perspektiven aufzeigt.

Zur *Rechtfertigung*: Als Rechtfertigungsgründe können verwendet werden:

— die *fachdidaktischen Kriterien* der Erschließungshilfe, vorzugsweise die Ausdifferenzierungen von „Betroffenheit" und „Bedeutsamkeit";
— Ergebnisse einer *Verfahrenslegitimation*, nämlich rechtliche Normen oder formelle Beschlüsse;
— Kriterien einer *diskursiven Legitimation* unter dem Prinzip der kritischen Prüfung.

115

Übungsbeispiele:

Erschließung

1. Sie stoßen auf folgende Nachricht:

„Die Mikroelektronik (Mikroprozessoren, Chips) wird dazu führen, daß um 1990 die Gütermenge von 1980 mit 60 % der bisherigen Arbeitskräfte geleistet werden kann. Bis 1981 sind so schon 800 000 Arbeitsplätze ‚vernichtet‘ worden. Besonders betroffen werden sein: Elektronik, Maschinenbau, Kraftfahrzeugbau, Feinmechanik, Optik, Büro- und Datentechnik." (Meyer-Abich/Steger [Hg.] Mikroelektronik und Dezentralisierung, Berlin 1982, S. 48; nach Sehen-Beurteilen-Handeln 1984, S. 284)

Bitte notieren Sie stichwortartig (mit Hilfe von Abb. 15)

(10) Worin besteht die Bedeutsamkeit?

(11) Worin Betroffenheit — und für wen?

2. Sie prüfen die Eignung eines Textes als Material für den Unterricht:

Fernsehen als „Droge"
Wie verhalten sich Familien, die plätzlich nicht fernsehen können? Dies wollte das Zweite Deutsche Fernsehen untersuchen. An fünfzehn Abenden beobachteten Studenten mit Videogeräten zwei Berliner Familien, die bereit waren, für vier Wochen auf das Fernsehen zu verzichten. Über das Ergebnis wird berichtet: Schon am dritten Tag war von „furchtbarer Langeweile" zu hören, man wisse wirklich nicht, was man an den Abenden noch anstellen solle. Es wird Zeit, so klagte am Ende der vier Wochen eine der Frauen mit tränenerstickter Stimme, daß der Apparat wiederkomme. Als dann nach vier Wochen das Fernsehgerät in die gute Stube zurückgetragen wurde, zeigten beide Familien Zeichen der Freude, die bei der Rückkehr eines verlorenen Sohnes nicht hätten größer sein können.
FAZ, 25.2.1976, S. 23.

Bitte notieren Sie stichwortartig (mit Hilfe von Abb. 15)

(12) Woran erkennt man Betroffenheit?

(13) Enthält der Fall einen Bezug zu Bedeutsamkeit, und wenn ja, worin besteht diese?

Begründung

3. Bitte untersuchen Sie die folgende Begründung eines Rahmenthemas „Konflikte und Gegensätze und deren Lösung in unserer Gesellschaft":

„Das Rahmenthema ist sehr allgemein formuliert und entspricht weitgehend einer heute verbreiteten Ansicht, daß die Gesellschaft nicht durch ein harmonisches Zusammenwirken der Gegensätze ihre Stabilität erhält, sondern durch das Austragen von Differenzen (Konflikttheorien). Diese Einschätzung ist durch umfangreiche fachwissenschaftliche Literatur aus den Bereichen Politik, Soziologie, Sozialpsychologie usw. belegt und weitgehend akzeptiert.

Andererseits ist diese Vorstellung nicht so selbstverständlich, daß es überflüssig wäre, sie zu artikulieren. Erinnert sei hier an die ältere Vorstellung von der gesellschaftlichen Partnerschaft. Die Betonung, daß das gesellschaftliche Zusammenleben durch Konflikte bestimmt ist, läßt das Rahmenthema als berechtigt erscheinen. Dieses Thema ist vor allem aber auch im Hinblick auf die Schüler gerechtfertigt, weil sie tagtäglich kleinere und größere Konflikte selbst mit ihrer Umwelt auszutragen haben. Hier ist eine Gelegenheit, die Konflikte der Schüler nicht sofort als persönliches Versagen zu interpretieren, sondern sie als zum großen Teil gesellschaftlich bedingt bewußt zu machen und sie damit in einen Rahmen zu stellen, der eine Besprechung im Politikunterricht ermöglicht." (Horst Dichanz, Karin Mohrmann: Unterrichtsvorbereitung. Probleme, Beispiele, Vorbereitungshilfen, 4. Aufl., Stuttgart: Klett 1980, S. 73).

(14) Welche Legitimationskriterien nach Abb. 16 werden verwendet?

(15) Sind diese Begründungen nach Ihrer Auffassung überzeugend?

(16) Könnten noch andere Kriterien hinzugezogen werden?

(Lösungsvorschläge S. 281f.).

3.3 Strukturierung

Der Begriff „Strukturierung" wird in der Allgemeinen Didaktik häufig verwendet, bleibt aber in der Regel undefiniert. Wir verstehen ihn hier handlungstheoretisch in folgendem Sinne: Durch ein auf Handeln bezogenes Denken werden Elemente in eine Beziehung gebracht. Soweit es dabei um Elemente als Lerninhalte geht, erhalten diese durch ein solches Denken eine spezifische, auf das Handlungsziel bezogene Anordnung. Diese Anordnung nennen wir „Struktur".

Außerhalb des Lehr-Lern-Prozesses hat die Sache (der Lerninhalt) ihre eigene, meist fachwissenschaftliche Struktur; es ist dies die Systematik der Fachwissenschaft. Sie stellt in dieser Form das kumulative Wissen oder das Orientierungswissen dar, aus welchem der Handelnde wie aus einem Steinbruch auswählt. Indem er im Hinblick auf das Handlungsziel (die didaktische Intention) auswählt, betrachtet er die Sache (den Lerninhalt) unter einem anderen Blickwinkel, nämlich unter einer didaktischen Perspektive. Dadurch erhält die Sache die neue, dem Handlungsziel adäquate Struktur. Diese Neuordnung des kumulativen Wissens zum Zwecke des didaktischen Handelns nennen wir „Strukturierung".

3.3.1 Begriffsklärung

Die Schwierigkeit der begrifflichen Bestimmung der Planungsaufgabe „Strukturierung" ist darin zu sehen, daß die in der geisteswissenschaftlichen Pädagogik vorhandene Gewißheit über den Strukturbegriff durch andere Wissenschaften problematisiert wurde.

Peterßen beschreibt Diltheys „Strukturtheorie", deren Grundlage der „Strukturzusammenhang" ist, in dem die Gegenstände stehen. Dieser Zusammenhang ist „unmittelbar und objektiv" gegeben und dem Verstehen zugänglich, kann also hermeneutisch erschlossen werden.[1] Dieser Strukturbegriff der geisteswissenschaftlichen Psychologie mit Dilthey als Repräsentanten ist die Grundlage für die alte didaktische Analyse Klafkis. Die Frage „Welches ist die Struktur des . . . in die spezifisch pädagogische Sicht gerückten Inhalts?"[2] kennzeichnet die „Analyse" als die Methode des hermeneutischen „Verstehens" eines objektiven Sachverhaltes. Daß Klafki eine Didaktisierung vornimmt („spezifische pädagogische Sicht"), ist zwar erkennbar, aber nicht methodisiert, weil sie lediglich als ein Konnex von verschiedenartigen Fragen, nicht aber in einer begrifflichen Instrumentalisierung oder erkenntnistheoretischen Deutung erfolgt, wie es bei ihm später durch die Unterscheidung von Inhalt und Thema geschieht. In der Rezeption wird daher das objektivistische Verständnis von Struktur verstärkt; Chiout/Steffens sprechen von der ,,Strukturgesetzlichkeit der Inhalte" und von ,,strukturidentischen Lernprozessen", und es wird nicht gezeigt, worin die Andersartigkeit von ,,wissenschaftlicher Struktur und didaktischer Struktur", vor deren Gleichsetzung die Autoren warnen, bestehen soll.[3]

Die Problematisierung geschah, als die Realitätsgewißheit der Strukturanalyse durch den Strukturalismus erschüttert wurde. Der französische Anthropologe Lévi-Strauss zitiert zustimmend:

,,Die Struktur kann nicht direkt aus der konkreten Wirklichkeit herausgehoben werden. Wenn man sich bemüht, eine Struktur zu definieren, stellt man sich sozusagen auf das Niveau der Grammatik und der Syntax und nicht auf das der gesprochenen Sprache".[4]

Wenn Sprache demnach das Netz ist, durch welches zum Zwecke der Erkenntnis die Wirklichkeit eingefangen werden kann, dann läßt sich an dieser Kritik mindestens das ablesen, was Granger die ,,Doppeldeutigkeit des Strukturbegriffs" genannt hat. Struktur bezeichnet danach für die einen ein ,,organisches System", das reagieren und sich verändern kann, für die anderen hat der Begriff ,,eine rein abstrakte kombinatorische Bedeutung" und steht somit dem mathematischen Denken nahe.[5] Offenbar kann auch wissenschaftlich diese Doppeldeutigkeit nicht aufgelöst werden, denn nach Bühl haben wir keine Kriterien, um zu entscheiden, ,,ob eine Ganzheit oder Struktur sozusagen von Natur aus gegeben ist oder ob sie von uns hineingesehen wird."[6]

Daraus folgt auch die Vielfalt der Definitionen; die jeweilige Bedeutung ergibt sich aus einem jeweils spezifischen theoretischen Kontext. Bühl hat daher vorgeschlagen, auf eine begriffliche Definition zu verzichten und sich mit einer ,,operativen Definition" zu begnügen, die darin besteht, daß man die Operationen angibt, durch welche eine Struktur sichtbar gemacht werden kann.[7] In diesem Sinne werden auch wir auf eine Definition des Begriffes ,,Struktur" verzichten und vielmehr versuchen, die Denkvorgänge oder Operationen zu bestimmen, durch welche eine Strukturierung von Inhalten bewirkt werden kann.

Diese Denkvorgänge können wir aus den Fragen erschließen, in welche Klafki seine 4. Planungsaufgabe ,,Thematische Strukturierung" aufgliedert:[8]

„a) Unter welchen Perspektiven soll das Thema bearbeitet werden?

b) Welches ist die immanent-methodische Struktur der jeweils perspektivisch gefaßten Thematik?

c) Welche Momente konstituieren die Thematik, jeweils unter bestimmten Perspektiven?

d) In welchem Zusammenhang stehen die ermittelten Momente (Strukturfaktoren)?

e) Weist die Thematik eine Schichtung, etwa im Sinne von Oberflächen- und Tiefenstrukturen auf?

f) In welchem größeren Zusammenhang bzw. in welchen Zusammenhängen steht — je nach den gewählten Perspektiven — die Thematik?

g) Welches sind die notwendigen . . . Voraussetzungen für die Auseinandersetzung mit dem Thema . . .?"

Es wird angenommen, daß die Beantwortung dieser Fragen eine Strukturierung des Themas zur Folge hat. Diese Strukturierung bestimmen wir, indem wir die Arbeitsvorgänge ermitteln, welche diesen immanent sind.

Nach unserem Planungsmodell ordnen wir die Frage a) der Planungsaufgabe „Thematisierung", die Frage b) der Planungsaufgabe „Implikationszusammenhang" zu und machen dadurch deutlich, daß diese Planungsaufgaben nicht trennscharf isoliert zu sehen sind, sondern eng miteinander verknüpft sind.

Die Fragen c) und d) verlangen eine Aufgliederung des Themas in *Elemente* („Momente"), zwischen denen jedoch eine *Beziehung* hergestellt wird („Zusammenhang"). Die Fragen e) und f) regen hingegen die entgegengesetzte Denkbewegung an. Denn mit „Schichtung" sind, wie in der alten didaktischen Analyse, offenbach „Sinn- und Bedeutungsschichten" gemeint.[9] Hier erfolgt eine Unterscheidung zwischen den Tatsachen und den Grundbegriffen, auf welche diese zurückgeführt werden können, die aber eine generelle, über das jeweilige Thema hinausgehende Geltung beanspruchen. Ebenso erscheint unter der Frage f) die Thematik für Klafki in einem diese als Besonderes oder als Teil umfassenden größeren Zusammenhang.

Wir können demnach feststellen, daß „Strukturierung" zwei Arten von Denkbewegungen enthält:

— Besonderung oder Differenzierung,

— Verallgemeinerung.

Th. Schulze nennt dies die „hierarchische Form" der Strukturierung und stellt ihr eine „offenere Form" gegenüber: von einem Ausgangspunkt aus (z.B. einer Frage) werden Richtungen und Verzweigungen möglicher Gedankengänge skizziert, wodurch eine ,,kognitive Landkarte" entsteht.[10]

Demgegenüber bevorzugen wir die hierarchische Form der Strukturierung, weil sie anregt, mit Lerngegenständen eine allgemeine Bedeutung zu verbinden. Diese wird erschlossen durch Aspekte wie: Bedeutung für viele/alle, Gültigkeit für andere Fälle, für neue Situationen, — Aspekte, durch welche die Reichweite von Problemen und die generelle Anwendbarkeit von Erkenntnissen geprüft wird. Diese Option ist nicht nur geleitet von der Absicht, nachhaltiges Lernen zu fördern (Allgemeines wird dauerhafter gelernt als viele Einzelheiten), sondern auch von dem Gesichtspunkt der Relevanz: Probleme, die viele betroffen machen, werden zu politischen Problemen und erhalten dadurch ihre Dringlichkeit.

Umgekehrt ist für die politische Bildung aber auch die Besonderung unentbehrlich: Der einzelne Mensch kann nicht lediglich als ein Fall von vielen gelten, weil er dann in seiner Würde nicht geachtet wird; er muß als unverwechselbarer Einzelner ernst genommen werden. Bei aller Notwendigkeit von generellen Regelungen durch die Politik darf derjenige nicht vergessen werden, der die Leistungen aufbringen oder die durch die Regelungen bewirkten Auflagen ertragen muß. Daher muß die Denkbewegung so verstanden werden, daß sie ein und dieselbe ist, welche lediglich in zwei verschiedenen Richtungen durchlaufen werden kann, so daß über dem Allgemeinen das Besondere nicht vergessen und über dem Besonderen das Allgemeine nicht übersehen wird.

Strukturierung verstehen wir inhaltsbezogen, aber intentional; aus diesem Grunde wird die Verhaltenskomponente hier nicht besonders betont, aber berücksichtigt. Die Lernzielhierarchisierung wird daher nur eine unter mehreren Arten von Verallgemeinerung repräsentieren, wie Abb. 19 (s. S. 133) zu entnehmen ist.

Literatur

1 *Wilhelm H. Peterßen*: Didaktik als Strukturtheorie des Lehrens, Ratingen: Henn 1973, S. 13 f.
2 *Wolfgang Klafki*: Didaktische Analyse als Kern der Unterrichtsvorbereitung. In: Auswahl, Reihe A, Heft 1, Hrsg.: Heinrich Roth, Alfred Blumenthal, Hannover: Schroedel 1964, S. 17.

3   *Herbert Chiout, Wilhelm Steffens*: Unterrichtsvorbereitung und Unterrichtsbeur-
    teilung, 4. Aufl., Frankfurt: Diesterweg 1978, S. 27 f.
4   *Claude Lévi-Strauss*: Der Strukturbegriff in der Ethnologie. In Walter L. Bühl
    (Hg.): Funktion und Struktur. Soziologie vor der Geschichte, München: Nym-
    phenburger Verlagshandlung 1975, S. 251.
5   *Gilles Granger*: Geschehen und Struktur in den Wissenschaften vom Menschen. In
    Hans Neumann (Hg.): Der moderne Strukturbegriff. Darmstadt: Wiss. Buchge-
    sellschaft 1973, S. 210 — 211. Vgl. auch *Dieter Lenzen*: Art. ,,Struktur``, in: Ency-
    klopädie Erziehungswissenschaft, Bd. 1: Theorien und Grundbegriffe der Erzie-
    hung und Bildung, hrsg. Dieter Lenzen u. Klaus Mollenhauer, Stuttgart: Klett-
    Cotta 1983, S. 554 - 562.
6   *Walter L. Bühl*: Einleitung — Funktionalismus und Strukturalismus. In: ders.
    (Anm. 4) S. 61.
7   Ebenda S. 62.
8   *Wolfgang Klafki*: Zur Unterrichtsplanung im Sinne kritisch-konstruktiver Didak-
    tik. In ders.: Neue Studien zur Bildungstheorie und Didaktik. Beiträge zur
    kritisch-konstruktiven Didaktik, Weinheim: Beltz 1985, S. 222 f.
9   *Klafki* (Anm. 2) S. 19.
10 *Theodor Schulze*: Methoden und Medien der Erziehung, München: Juventa 1978,
    S. 113. Ausführlich dargelegt und an Beispielen entwickelt bei *Helga Reindel* u.a.
    (Bearb.): Handbuch der Unterrichtsplanung und Curriculumentwicklung nach
    Hilda Taba, Stuttgart: Klett 1974, S. 50 ff.

3.3.2   Besonderung und Differenzierung

Strukturierung als Besonderung und Differenzierung geht in die
Richtung zum Konkreten. Jedes Thema enthält eine Abstraktion; das
Thema ,,Freizeit — freie Zeit?`` verlangt, daß der Begriff ,,Freizeit``
aufgeschlüsselt wird, da sich ergeben wird, daß — je nach subjektiver
Erfahrung — jeder andere Vorstellungen damit verbindet. Es ist not-
wendig, die durch den Begriff umfaßten *Einzelheiten* und dann die
Vielfalt der Elemente zu ermitteln. Das ist mit ,,Besonderung`` und
,,Differenzierung`` gemeint. Besonderung und Differenzierung kann
auf verschiedene Weisen erfolgen.

(1) *Gliederung in Elemente.* Der durch den Begriff bezeichnete
Sachverhalt wird in Elemente aufgeschlüsselt. Die Beschäftigung mit
der ,,Freizeit`` wird ergeben, daß nicht alle Tätigkeiten eindeutig der
Freizeit zugeordnet werden können. Eine Abgrenzung zu ,,Arbeit``
läßt sich erreichen, wenn die Tätigkeiten zusammengestellt werden,
die ein Arbeitnehmer am Tage unternimmt. Die gesammelten Tätigkeiten werden dann in drei Gruppen geordnet:

— produktive Zeit,
— reproduktive Zeit,
— verhaltensbeliebige Zeit.

Dieser, zunächst in der Planungsphase verlaufende Denkvorgang vermittelt oder aktiviert die Vorstellung von den Einzelheiten und regt zur Begriffsbildung an; die erreichte Vielfalt wird wieder in sprachlichen Symbolen, den Begriffen, zusammengefaßt. Infolgedessen ist Konkretisierung nicht der Sprung zum Faktum, dem Konkreten, sondern eine Stufung abnehmender Abstraktion.

Elemente sind also häufig die Zusammenfassung von Einzelheiten durch Begriffe, so z.B. bei der Überlegung zu Entscheidungen, die in der Familie getroffen werden, um das Rollenverständnis der Familienmitglieder herauszufinden. Der Begriff „Entscheidung" wird untergliedert in Akteur und Objekt, also: Wer über was! Wer: das sind Mutter, Vater, Kinder und andere Personen, zusätzlich noch in verschiedenen Kombinationen. Was: das sind die einzelnen Aufgaben, Ziele und Wünsche, die das Familienleben betreffen, also z.B. Wechsel der Arbeitsstelle, Verwendung des Einkommens, Planung des Urlaubs usw.[1]

Besonderung und Differenzierung ist darauf angelegt, die in einem Thema enthaltene Vielfalt zugänglich zu machen. Diese Vielfalt wird jedoch zugleich wieder durch Begriffsbildung zusammengefaßt und dann sowohl reduziert als auch bewahrt.

Claußen unterscheidet: „Diversifizierende Gedankenführung", nämlich Mannigfaltigkeit ermitteln, und „synthetisierende Gedankenführung", nämlich etwas auf den Begriff bringen, Klassifikationen vornehmen.[2] Wir sehen kaum die Möglichkeit, beide Verfahren so streng zu trennen, weil wir Differenzierung auch als Klassifizierung beschreiben. Die Unterscheidung betont jedoch die Wichtigkeit der Absicht, überhaupt eine Vielfalt zu ermitteln. Dies wird von Moser übersehen, wenn er den Vorgang als „analytische Vereinfachung" kennzeichnet,[3] weil er die Vielfalt schon voraussetzt und nur noch auf die Begriffsbildung abhebt.

(2) *Beziehung zwischen Sachanalyse und Strukturierung.* Die Beispiele legen die Frage nahe, worin der Unterschied zur Sachanalyse liegt. Denn in ihnen geschieht doch nichts anderes, als daß die „Sache" mit Hilfe von Begriffen aufgeschlüsselt wird.

Unter „Sachanalyse" verstehen wir den vorpädagogischen Zugriff auf den Gegenstand; dieser wird theoretisch-wissenschaftlich aufgehellt und in der Regel in einer fachwissenschaftlichen Systematik ge-

die Sachstruktur ermittelt wird, sondern in der Regel immer nur kontroverse Systematisierungshypothesen angeboten werden. Die oben beschriebene Aufgliederung der Tätigkeiten eines Arbeitnehmers im Tagesablauf folgt einer wissenschaftlichen Analyse,[4] doch muß darauf hingewiesen werden, daß es auch andere Klassifikationen gibt, z.B. diejenige von Habermas.[5]

Ein anderes Beispiel ist das bereits erwähnte Thema ,,Frieden schaffen ohne Waffen?" (s. S. 95). In einer fachwissenschaftlichen Analyse werden die Strategien des einseitigen Gewaltverzichtes folgendermaßen gegliedert:[6]

Abb. 17: Gewaltverzichtsstrategien

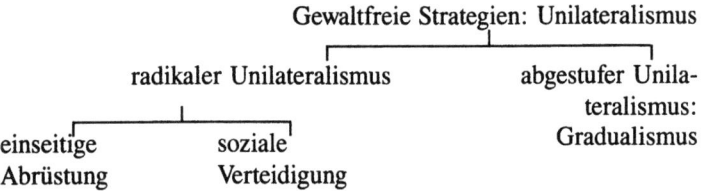

Diese Übersicht stellt eine begriffliche Systematisierung ohne didaktische Absicht dar. Setzt man sie aber zu der didaktischen Perspektive in Beziehung, welche in dem Thema durch das Fragezeichen ausgedrückt ist, so erweist sich diese wissenschaftliche Systematisierung als hilfreich. Denn sie macht a) auf die Unterschiede zwischen dem radikalen und dem abgestuften Unilateralismus aufmerksam, und sie führt b) zu der Frage, ob es nicht auch bilaterale und multilaterale Möglichkeiten der Friedenssicherung gibt. Die im Thema angelegte didaktische Perspektive zielt auf Prüfung von Alternativen, und daher wird ihr ein Strukturierungsvorschlag zugeordnet, welcher auf Differenzierung und auf Erweiterung angelegt ist. Denn er ist geeignet, die Geschlossenheit des Meinungsbildes derjenigen zu durchbrechen, welche sich bereits festgelegt haben. Darin liegt die didaktische Intention für die Wahl dieses Systematisierungsvorschlags und seine Übernahme zum Zwecke der Strukturierung des Themas.

Im Gegensatz dazu steht ein anderer Systematisierungsvorschlag. In einer Untersuchung werden die sicherheitspolitischen Alternativen in eine ,,Stufenfolge" eingeordnet: Seestützung der für das Land vorgesehenen Mittelstreckenraketen, Ablehnung der ,,Nachrüstung" überhaupt, eine stärker defensive Verteidigungsstrategie im Sinne Afheldts und, als ,,höchstes Niveau innovativen Lernens", die gewaltfreie Verteidigung.[7] Wird dieser Vorschlag zum Zwecke der didaktischen Strukturierung übernommen, so gibt es keinen Raum mehr für Alternativen und deren Abwägen; die Rangfolge ist festgelegt und damit auch die Bewertung.

Daraus folgt: Welche dieser ,,Sachstrukturen" in das Handlungswissen übernommen und damit zur kognitiven Struktur der Lernenden werden, das ist von der didaktischen Intention abhängig, also von der dem Inhalt hinzugefügten didaktischen Perspektive: Geht es um eine Tauglichkeitsprüfung der strategischen Konzepte, wobei alle Alternativen, also auch diejenige „mit Waffen" geprüft werden (Thema: „Frieden schaffen ohne Waffen?"), oder darum, einen Weg zur Gewaltfreiheit aufzuzeigen und ihn überzeugend darzustellen (Thema: „Frieden schaffen ohne Waffen")? Je nach der didaktischen Entscheidung wird die erst- oder zweitgenannte Sachstruktur bevorzugt.

Das aber bedeutet: Strukturierung erfolgt bereits unter einer didaktischen Perspektive. Wir setzen freilich voraus, daß die Gewinnung dieser didaktischen Perspektive durch die Sachanalyse kontrolliert worden ist (s. S. 93ff.).

(3) *Strukturierung durch didaktische Kategorien.* Strukturierung als Besonderung zielt auf die Ausdifferenzierung der Einzelheiten und die begriffliche Ordnung dieser Vielfalt. In den bisher herangezogenen Beispielen erfolgte diese begriffliche Ordnung mit Hilfe von wissenschaftlichen oder in der Wissenschaft verwendbaren Kategorien. Das bezog sich auf Gegenstände, deren Sachstruktur aus didaktischen Erwägungen in den Lernprozeß übernommen werden konnte.

Es gibt jedoch auch eine Strukturierung mit Hilfe von spezifisch *didaktischen Kategorien*. Das bekannteste Beispiel ist Gieseckes Modell der Konfliktanalyse, besser anwendbar in der Weiterentwicklung durch Lingelbach.[8] (Siehe folgende Seite.)

Mit Hilfe dieser Kategorien läßt sich ein politischer Konflikt in Einzelheiten aufschlüsseln, welche für die Konfliktregulierung wichtig sind; vor allem in der Fassung von Lingelbach haben die Kategorien nicht nur die Aufgabe zu klassifizieren, sondern stellen auch *Beziehungen* her, welche durch die Gliederung in „Analyse", „Urteilen" und „Handeln" angedeutet werden.

Die einzelnen Kategorien sind auch in der Fachwissenschaft gebräuchlich. Nicht darin liegt also das Merkmal als didaktische Kategorie, daß sie etwa nur in der Fachdidaktik verwendet würden. Aber ihre Zusammenstellung als Kategorien*system* zum Zwecke der Konfliktanalyse ist in didaktischer Absicht, d.h. zum Zwecke der politischen Bildung erfolgt. In der Soziologie ist ein entsprechendes Instrumentarium nicht entwickelt worden. Giesecke bezeichnet die Kategorien als „Elemente einer didaktischen Konstruktion",[9] und er meint damit, daß ihre Anwendung nicht von wissenschaftlichem Erkenntnisinteresse geleitet wird, sondern von einer Lehrabsicht, nämlich Lernende für politische Situationen handlungsfähig zu machen. Hilligen grenzt wissenschaftliche und didaktische Kategorien, die semantisch und definitorisch identisch sein können, aber nicht müssen, durch das unterschiedliche Erkenntnisinteresse voneinander ab, das ihre Anwendung leitet:

> „Didaktische Begriffe, Kategorien sind daraufhin zu überprüfen, ob und inwieweit sie die Aufgabe leisten, Gesellschaft in bezug auf ‚Überleben' und ‚gutes Leben' erkennbar zu machen."[10]

Erkenntnisleitendes Interesse ist hier identisch mit Lerninteresse; Lernen dient nach Hilligen der Bewahrung der Existenz eines jeden Menschen in der jeweiligen Gesellschaft. In diesem Sinne kann es in didaktischer Absicht wichtig sein, den „sozialen Wandel" greifbar zu machen, damit Lernende auf Veränderungen vorbereitet werden. Beispielsweise kann man den Wandel der Familie durch Fragen erschließen: Wie es damals war — wie es heute ist? Welche Aufgaben sie verloren, welche sie neu hinzugewonnen hat?

Kategorien der Konfliktanalyse

Giesecke:	Lingelbach:
Konflikt	1. Kategorien der Konfliktanalyse:
Konkretheit	Streitfrage
Macht	Gegner
Recht	Interessen
Interesse	Machtverhältnisse
Solidarität	Ordnungsvorstellungen
Mitbestimmung	historische Herkunft
Funktionszusammenhang	2. Kategorien der Urteilsbildung:
Ideologie	Interesse
Geschicklichkeit	Kritik der eigenen Wertvorstel-
Menschenwürde	lungen
	Verantwortungsethik
	Engagement
	3. Kategorien des pol. Handelns:
	Solidarität
	Kompromiß und Koalition
	Effizienz

Eine zentrale Rolle spielen Kategorien, die Bestandteil eines *politischen Entscheidungsdenkens* sind. Durch sie wird das Politische nicht als institutioneller Rahmen, sondern auch als Problembewältigung und konflikthafter Prozeß ins Bewußtsein der Lernenden gehoben. Die Absicht ist, sie auf diese Weise zur politischen Beteiligung fähig zu machen.

In dieser Absicht sind von Sutor und Hilligen Kategoriensysteme zusammengestellt worden. Sutor systematisiert nach „Stufen politischen Entscheidungsdenkens": Situation — Möglichkeit — Entscheidung. Daraus ergeben sich für ihn folgende Kategorien:[11]

Situationsanalyse: Was ist?
  Problem/Konflikt;
  Betroffenheit/Bedeutsamkeit;
  Meinung/Information;
  Interessen/Beteiligte;
  Interpretation/Ideologie;
  Geschichtlichkeit/Strukturen.

Möglichkeitserörterung: Was ist politisch möglich?
  Macht/Organisation;
  Recht/Verfahrensregeln/Institutionen;
  Beteiligung/Mitbestimmung;
  Koalition/Kompromiß/Zielkonflikte;
  Durchsetzung/Entscheidung.

Urteilsbildung/Entscheidungsdiskussion: Was soll geschehen?
  Menschenwürde (individuelle und politische Freiheit/soziale Gerechtigkeit/inner- und zwischenstaatlicher Friede);
  Zumutbarkeit/Grundkonsens;
  Legitimität/Gemeinwohl;
  Wirksamkeit/Folgen/Verantwortbarkeit.

Die Kategorien dienen der Analyse von politischen Entscheidungsfragen.

Hilligen führt in seiner sog. Matrix in der Spalte 2 Begriffe und Schlüsselfragen auf, die als didaktische Kategorien gelten, z.B.: „Wer — von wem — für wen — wofür — wieviel? Wer befindet darüber?"[12] Auch ihm geht es um die Entscheidungsproblematik, aber durch die Fragen wird sie anders akzentuiert; Hilligen rückt das Verteilungsproblem in den Vordergrund, leitend ist die Idee der Gerechtigkeit oder die Absicht, Ungleichheiten zu vermeiden oder zu verringern. Lingelbachs Kategoriensystem zielt auf politisches Handeln, im

Unterschied zu Sutor, dessen Kategorien politisches Urteilen vermitteln wollen. Didaktische Kategorien sind demnach keine neutralen Instrumente, sondern enthalten eine didaktische Intention — des Autors und des Lehrers, der sie verwendet.

(4) *„Kontroverse" als generelles Strukturierungsprinzip.* Didaktische Kategorien sind aufgabenbezogen und werden dementsprechend ausgewählt, je nachdem, ob es sich beispielsweise um eine Konfliktanalyse oder eine Entscheidungsfrage handelt. Im Unterschied dazu hat die Kategorie „Kontroverse" im politischen Unterricht eine universelle Geltung. Wir nennen sie daher ein *generelles Strukturierungsprinzip.*

Differenzierung bewirkt nicht nur Vielfalt im Sinne abwechslungsreicher Varianten oder summierbarer Merkmale oder Bestandteile, sondern auch die Aufdeckung von Gegensätzlichkeiten. Die Sache kann anders sein, der Sachverhalt hat eine Kehrseite, in der Aussage ist eine Bewertung enthalten, der abweichende oder gegensätzliche Meinungen entgegenstehen. Da jede Besonderung und Differenzierung eine Annäherung an die *Bedeutung* eines Sachverhaltes, eines Problems darstellt, kann man leicht übersehen, daß auch eine andere Sicht denkbar ist. Didaktische Planung geschieht jedoch stellvertretend für die Lernenden und muß daher die Möglichkeit kontroverser Perspektiven einbeziehen; der Lehrer muß folglich die eigene Subjektivität kontrollieren.

Die Anwendung dieses Prinzips besteht darin, daß die durch Besonderung ausdifferenzierten Elemente immer auf etwaige Gegensätze und Widersprüche hin geprüft werden. Wenn solche Gegensätze erkennbar sind, wenn also der Lerninhalt eine antinomische Struktur aufweist, dann muß diese auch im Unterricht den Schülern sichtbar gemacht werden. Dazu sind folgende Schlüsselwörter geeignet:

— einerseits — andererseits: die Gegensätzlichkeit in einem Sachverhalt;
— Für und Wider: die widersprüchlichen Meinungen und Interessen bezüglich eines Sachverhaltes;
— Chancen und Gefahren: Antinomie, bezogen auf existentielle Bedürfnisse des Menschen (auf die Lebensgrundlage, auf menschliche Werte).

Innerhalb der Planungsaufgabe „Strukturierung" bezeichnet „Kontroverse" ein Strukturierungsprinzip, das nicht lediglich auf spezifische Inhalte angewendet wird, sondern das möglichst alle Gegenstände des politischen Unterrichts strukturieren soll. Daraus ergibt sich, daß „Kontroverse" ein normatives Prinzip ist; den didaktischen Überlegungen, die zu diesem geführt haben, liegen folgende Prämissen zugrunde:

— In einer offenen Gesellschaft sind politische Fragen immer umstritten.

— Erkenntnis ist nicht absolut, sondern begrenzt; sie steht im Kontext sozialer Beziehungen und ist nicht frei von perspektivischer Verengung.

— Der Lehrende muß bereit sein, seine eigene Position zu reflektieren und ggf. auch zu revidieren; insofern ist seine Haltung „Parteinahme", aber nicht „Parteilichkeit", welche auf diese Offenheit verzichtet.[13]

Unter der Voraussetzung, daß diese Prämissen akzeptiert werden, kann „Kontroverse" als generelles Strukturierungsprinzip gelten und als solches verwendet werden. Es leistet dann diejenige Strukturierung der Lerninhalte, welche die Voraussetzung dafür ist, daß im Unterricht das Lernziel (die „Lernaufgabe") „Kontroverses Denken"[14] angesteuert und erreicht werden kann.

Literatur

1 Vgl. *Walter Gagel, Wolfgang Hilligen, Ursula Buch*: Sehen, Beurteilen, Handeln, Arbeitsbuch für den politischen Unterricht Kl. 7 - 10, Neubearbeitung, Frankfurt: Hirschgraben 1984, S. 50.
2 *Bernhard Claußen*: Methodik der politischen Bildung, Opladen: Westdeutscher Verlag 1981, S. 321-323.
3 *Heinz Moser*: Handlungsorientierte Curriculumforschung, Weinheim: Beltz 1974, S. 71.
4 *Viggo Graf Blücher*: Das Freizeitproblem und seine politische Bewältigung. In Hermann Giesecke (Hg.): Freizeit und Konsumerziehung, 3. Aufl., Göttingen: Vandenhoeck & Ruprecht 1974, S. 75 - 93.
5 *Jürgen Habermas*: Soziologische Notizen zum Verhältnis von Arbeit und Freizeit. In Giesecke (Anm. 4) S. 105 - 122.

6   *Daniel Frey*: Friedenssicherung durch Gewaltverzicht? Beilage zur Wochenzeitung
    Das Parlament B 15-16/83 vom 16.4.1983, S. 3.
7   *Peter Kern, Hans-Georg Wittig*: Die Friedensbewegung — zu radikal oder gar nicht
    radikal genug? Beilage zur Wochenzeitung Das Parlament B 17/83 vom 30.4.1983,
    S. 35, 37, 38.
8   *Hermann Giesecke*: Didaktik der politischen Bildung, N.A., 10. Aufl. München:
    Juventa 1976, S. 161 ff. *Karl-Christoph Lingelbach*: Zum Verhältnis der ,,allgemei-
    nen" zur ,,besonderen" Didaktik. Dargestellt am Beispiel der politischen Bildung.
    In Wolfgang Klafki u.a.: Erziehungswissenschaft 2, Funk-Kolleg, Frankfurt: Fi-
    scher 1970, S. 115 - 118.
9   *Giesecke* (Anm. 8) S. 179.
10 *Wolfgang Hilligen*: Zur Didaktik des politischen Unterrichts I, 3. Aufl., Opladen:
    Leske 1978, S. 77; ähnlich 4. Aufl. 1985, S. 89.
11 *Bernhard Sutor*: Neue Grundlegung politischer Bildung, Bd. II, Paderborn: Schö-
    ningh 1984, S. 72.
12 *Hilligen* (Anm. 10), s. Matrix, dort im Anhang.
13 Zu dieser Unterscheidung vgl. *Walter Gagel*: Einführung in die Didaktik des politi-
    schen Unterrichts, Opladen: Leske 1983, S. 151 - 156 mit weiterführender Li-
    teratur.
14 *Gagel* (Anm. 13) S. 135 - 139.

3.3.3   Verallgemeinerung

Besonderung und Verallgemeinerung sind gegenläufige Denkbewegungen. Bei ein und demselben Thema können beide angewandt werden, um es zu strukturieren. Freilich gibt es auch Themen, die vorzugsweise eine Besonderung nahelegen, weil sie selbst schon einen hohen Grad an Allgemeinheit aufweisen. Generell kann man sagen:
Jedes Thema kann auf einem Kontinuum zwischen ,,Besonderem"
und ,,Allgemeinem" lokalisiert werden.

Als Beispiel dient hier der Unterrichtsinhalt Gastarbeiter. Vier
Themen zu diesem Inhalt sind in der Abb. 18 nach dem Grade ihrer
Allgemeinheit angeordnet. Die Abbildung verdeutlicht: Jedes Thema
kann ausdifferenziert werden, aus ihm können Besonderheiten ausgegliedert werden; jedes Thema enthält aber auch den Bezug zu einem
allgemeineren Aspekt oder Sachverhalt. Die Frage bezüglich Ahmed
enthält die grundsätzliche Frage nach der Schulpolitik gegenüber
Ausländerkindern; das Verhalten gegenüber den Gastarbeitern eröffnet einen Bezug zu Theorien über das generelle Verhalten gegenüber
Minderheiten in einer bzw. in der Gesellschaft der Bundesrepublik.

Abb. 18: Hierarchie der Themen

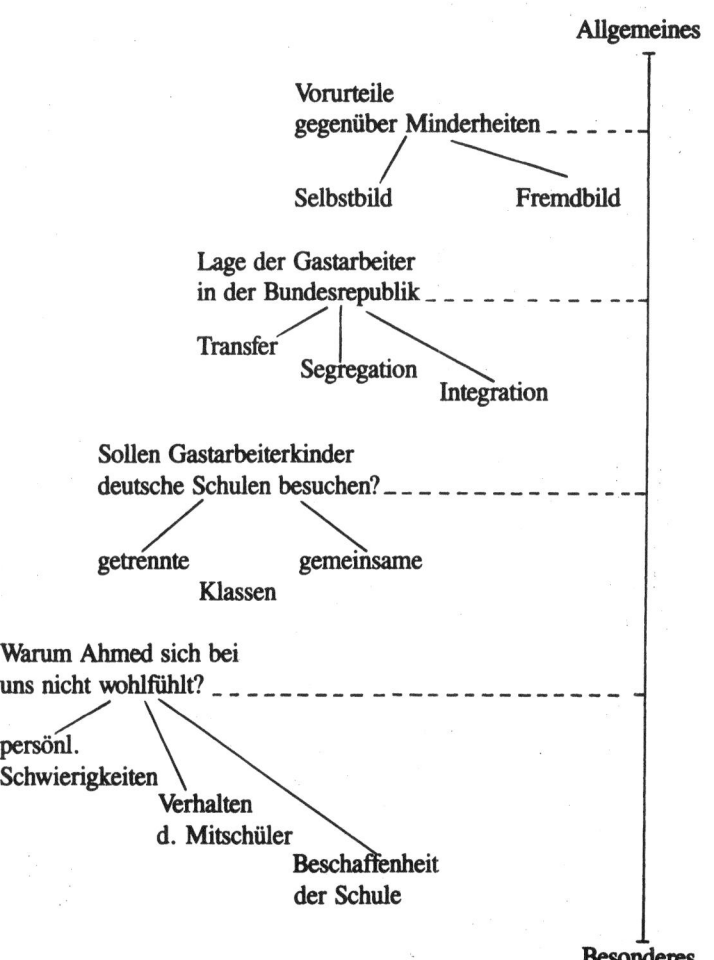

In der Regel kann demnach ein Thema in beide Richtungen strukturiert werden: In Richtung auf „Besonderung" und in Richtung auf „Verallgemeinerung".

Dieser Vorgang der Verallgemeinerung ist in der Didaktik vor allem unter der Bezeichnung „exemplarisches Prinzip" bekannt geworden. Klafki spricht von der „exemplarischen Bedeutung":

„Am potentiellen Thema müssen sich allgemeinere Zusammenhänge, Beziehungen, Gesetzmäßigkeiten, Strukturen, Widersprüche, Handlungsmöglichkeiten erarbeiten lassen."[1]

Klafki zählt Arten von Allgemeinheiten auf; wir werden im folgenden diese Vielfalt auf drei Gruppen reduzieren. Das jeweils Besondere kann sich beziehen auf ein Allgemeines im Rahmen einer

— Sachstruktur,
— Problemstruktur und
— Persönlichkeitsstruktur.

Gemeinsam ist allen drei Gruppen, daß Themen und Unterrichtsinhalte *über sich selbst hinausweisen* — auf ein Allgemeines. — Zum folgenden vgl. immer Abb. 19.

(1) *Sachstruktur.* Die bekannteste Anwendung des exemplarischen Prinzips geschieht dort, wo das Einzelne aufgrund von Merkmalen, die es mit anderen gemeinsam hat, als Teil einer Einheit aufgefaßt wird.

In einem Unterrichtsbeispiel wird die Menschenrechtsproblematik am Beispiel der Folter behandelt. „Der Schüler benötigt hierzu Informationen über die politischen und wirtschaftlichen Hintergründe der Folter. Auch hier steht Argentinien exemplarisch für andere Länder, die in ähnlicher Weise die Menschenrechte verletzen."[2]

Die Folter ist ein Exempel für die Verletzung von Menschenrechten, Argentinien steht als Beispiel für Länder mit ähnlicher Bedrohung dieser Rechte. Genauer wäre zu sagen, daß dieses Land begrifflich in eine Klasse mit anderen eingeordnet ist; ein anderes Beispiel wäre die Klasse der Entwicklungsländer, aus welcher ebenfalls ein einzelnes Land exemplarisch ausgewählt werden kann.

Das Einzelne als Teil einer Einheit: dies kann zweierlei bedeuten, nämlich daß es Teil innerhalb einer *Klasse* und innerhalb eines *Systems* ist.

Zur Definition: Klasse ist eine Gesamtheit von Elementen mit gemeinsamen Merkmalen; System die Gesamtheit von Elementen, die miteinander durch Relationen verknüpft sind.[3]

Abb. 19: Arten der Verallgemeinerung

	Sachstruktur	Problemstruktur	Persönlichkeits- struktur
Definition	Systembezug Einzelnes als Teil eines Systems, einer Klasse	Defizit, das viele/alle angeht	Lerninhalt, der dauerhafte Prägung bewirkt: kognitive Struktur und Ver- haltensdisposi- tionen
Kriterien	Grad der Komplexität	Reichweite der Probleme	Grad der Abstraktheit
Intention	generelle Bedeutung	fundamentale Probleme	Einsichten, Quali- fikationen, allge- meine Lernziele
Hierarchi- sierung	Gegenstands- hierarchisierung	Problem- hierarchisierung	Lernziel- hierarchisierung

In den Sozialwissenschaften werden funktionale Verknüpfungen von Elementen zu Systemen vor bloßen Klassifikationen bevorzugt. Ein Beispiel für die Anwendung systembezogener Exemplarität im Bereich der politischen Didaktik gibt Schmiederer:

Die Erfahrungsbereiche „sollen wichtige Funktionen und Institutionen der Gesell- schaft umfassen und sollen dadurch permanent die Möglichkeit bieten, zum Kern des gesellschaftlich Ganzen zu gelangen, d.h. die zentralen Strukturen und Funktionen der Gesellschaft erkennen lassen.“[4]

Das „gesellschaftliche Ganze" ist ein Objektbereich; seine Deu- tung als System ist zugleich die Beschreibung einer *Sachstruktur*. In diesem Sinne hat z.B. die Veränderung der Umwelt durch ein „grü- nes" Programm eine Wirkung auf den „sozialen Wandel"; das Auf- treten der „Grünen" als Partei hat eine Veränderung des Parteiensy- stems zur Folge, weil jetzt eine zusätzliche und neue Partei „Funktio- nen" ausübt (vgl. das Übungsbeispiel S. 146f.).

Das Kriterium für die Unterscheidung zwischen dem Besonderen und dem Allgemeinen ist hier der *Grad der Komplexität*, worunter die in einer Einheit enthaltene Mannigfaltigkeit zu verstehen ist.

(2) *Problemstruktur*. Ein und dieselbe Sache kann verschiedenartig verallgemeinert werden; das Programm der „Grünen" kann man

theoretisch auf seine Funktion bezüglich des sozialen Wandels untersuchen, jedoch kann man es auch als *Problem* definieren und denkt dabei an seine Vereinbarkeit mit den Funktionsbedingungen der industriellen Gesellschaft. Jedesmal ergibt sich dabei ein anderes Bezugssystem, je nachdem, ob man auf das ,,Systemganze" oder auf ,,fundamentale Probleme" hin verallgemeinert. Dazu ein Beispiel:

> Es wird über einen Mann berichtet, der durch einen Unfall zum Pflegefall wurde. Das Sozialamt sorgte für die Unterbringung in einem Pflegeheim. Der Mann konnte dieses Leben im Heim nicht ertragen und starb zwei Wochen nach seiner Einlieferung.[6]

Dieser ,,Fall" enthält einen Systembezug; man kann an ihm Aufgabe und Wirkung des Systems der sozialen Sicherheit und das Sozialstaatsystem erarbeiten lassen. Freilich ist auch eine andere, weniger systembezogene, sondern mehr problembezogene Auswertung möglich:

> ,,Die Gewährung von größtmöglicher Gerechtigkeit und Reduzierung des Lebensrisikos einerseits wird erkauft durch Bürokratisierung und Entindividualisierung der sozialen Dienstleistungen andererseits."[7]

Das bedeutet: Der ,,Fall" ist die Beschreibung eines individuellen Problems, das weder der Betroffene noch das Sozialamt lösen konnte. Als individuelles Problem ist es jedoch auch ein generalisierbares: Es geht andere, viele oder sogar alle Menschen (z.B. einer Gesellschaft) an, weil sie in ähnlicher Weise davon betroffen werden können. Merkmale des Systems werden zu Problemen, wenn sie neben ihren Funktionen auch Defizite bewirken, die bedrohend wirken können.

Das Kriterium für die Unterscheidung zwischen dem Besonderen und dem Allgemeinen ist hier die *Reichweite der Probleme;* ,,fundamentale Probleme" sind solche, von denen potentiell viele oder alle Menschen einer Gesellschaft oder die Menschheit insgesamt betroffen sind. Die Anordnung geschieht in der Form einer ,,Problemhierarchisierung"[8]:

> ,,Unter Problemhierarchisierung ist zu verstehen, daß an oberster Stelle einer didaktischen Konzeption *Probleme* allgemeinster Art stehen, die in konkretere Probleme aufgeschlüsselt werden. Sie bestimmen Auswahl und Aufgabenrichtung der Unterrichtsinhalte. Davon ist die Lernzielhierarchisierung zu unterscheiden: An oberster Stelle steht eine Verhaltensleistung, so bei Giesecke das Lernziel ,Mitbestimmung'. . ."

Das Beispiel für eine solche Problemhierarchisierung ist Hilligen, der die fundamentalen Probleme ,,Herausforderungen" nennt und als solche anführt:

„Weltweite Interdependenz — industrielle Massenproduktion — Möglichkeiten der Selbstvernichtung und der Zerstörung der Lebensgrundlagen (und auch das Angewiesensein auf mediale anstelle primärer Erfahrung) werden immer wieder genannt."[9]

Diese fundamentalen Probleme werden von Hilligen in seiner sog. „Matrix" in etwas konkretere, aber immer noch mit hohem Allgemeinheitsgrad verbundene Probleme aufgeschlüsselt. Sie können als Hilfsmittel dienen, um in Lerninhalten, Sachverhalten und Themen weiterreichende Probleme zu entdecken.

Die „fundamentalen Probleme" sind in der Spalte 1 der Matrix enthalten; diese Spalte ist mithin ein Hilfsmittel der Verallgemeinerung. Die Spalte 2 mit den „fundamentalen Kategorien" ist hingegen in erster Linie ein Hilfsmittel der Besonderung.[10]

(3) *Persönlichkeitsstruktur.* Hierzu rechnen wir alle Verallgemeinerungen, welche in der sprachlichen Form von Lernzielformulierungen auftreten. Sie sind nicht trennscharf von den vorhergehenden Arten abzugrenzen. Lernziel bedeutet, daß Themen bzw. Lerninhalte mit einer Aussage über eine zu erwartende Verhaltensleistung der Lernenden verbunden werden; die Absicht ist, durch die Lernaufgabe eine dauerhafte Prüfung der Lernenden zu bewirken. Im Unterschied zu „Sachstruktur" handelt es sich hierbei um ein spezifisch didaktisches Strukturierungsprinzip; die „Sachstruktur" wird hier umdefiniert in die „kognitive Struktur" der Lernenden, oder es wird eine Prägung von Verhaltensdispositionen angestrebt: Fähigkeiten und Fertigkeiten.

Wir finden eine solche Verallgemeinerung in allen didaktischen Konzeptionen, welche an ihrer Spitze oder zur Kennzeichnung der allgemeinen Intention „Einsichten", „Qualifikationen" oder „allgemeine Lernziele" herausgestellt haben.

Ohne Nachweis im einzelnen seien aus dem Bereich der politischen Didaktik angeführt und gruppiert:

Einsichten	Qualifikationen	Lernziele
Sutor	Roloff	Giesecke
Fischer		Schmiederer

Im Bereich der Allgemeinen Didaktik gibt es Vorschläge für eine Verbindung von didaktischer Analyse und Lernzielhierarchisierung; so Klafki in seiner neuen Konzeption, welcher die „exemplarische Bedeutung" in eine „Hierarchie von Lernzielen und Lernzielebenen" überträgt.[11] Demgegenüber ist die hier vorgeschlagene dreifache Gruppierung als eine fachdidaktische Modifikation zu verstehen.

Als Beispiel sei die Behandlung des Themas ,,Die Familie als Vermittlerin von Normen und Werten'' angeführt. Schmiederer kennzeichnen seinen Unterrichtsvorschlag folgendermaßen:

,,Das Ziel politischer Bildung, über die direkte und indirekte Lebenswelt aufzuklären und diesem zu helfen, Probleme zu bewältigen und verarbeiten zu lernen, wird hier exemplarisch am Beispiel familiarer Erziehungsziele versucht.''[12]

Für Schmiederer hat das Thema den Zweck, den Lernenden lebenspraktische Kompetenz (,,bewältigen'', ,,verarbeiten'') zu vermitteln. Demzufolge ist in diesem Beispiel das Allgemeine ein Lernziel im Sinne der Vermittlung einer Fähigkeit. Das Kriterium für die Beziehung zwischen dem Besonderen (,,Familie'' als Lernanlaß) und dem Allgemeinen (die Kompetenz) ist der *Grad der Abstraktheit*, weil die Kompetenz für viele Handlungssituationen Verwendung finden kann.

Literatur

1   *Wolfgang Klafki*: Zur Unterrichtsplanung im Sinne kritisch-konstruktiver Didaktik. In ders.: Neue Studien zur Bildungstheorie und Didaktik. Beiträge zur kritisch-konstruktiven Didaktik, Weinheim: Beltz 1985, S. 218.

2   Menschenrechte im Unterricht, hrsg. von *Bernhard Schäfer, Theodor Schulze*, Schriftenreihe der Bundeszentrale für politische Bildung Band 182, Bonn 1982, S. 396.

3   *Ernst König, Harald Riedel*: Unterrichtsplanung I, Konstruktionsgrundlagen und -kriterien, 2. Aufl., Weinheim: Beltz 1979, S. 342, 344, vgl. auch S. 36 ff.

4   *Rolf Schmiederer*: Politische Bildung im Interesse der Schüler, Köln: EVA 1977, S. 172 f.

5   *Dietrich Dörner*: Problemlösen als Informationsverarbeitung, 2. Aufl., Stuttgart: Kohlhammer 1979, S. 16.

6   *Walter Gagel*: Einführung in die Didaktik des politischen Unterrichts, Opladen: Leske 1983, S. 82 f.

7   ebenda S. 84.

8   ebenda S. 132. Vgl. zu ,,Problemstruktur'' den Abschnitt ,,Fundamentale Probleme'', ebenda S. 130 - 135.

9   *Wolfgang Hilligen*: Zur Didaktik des politischen Unterrichts, 4. Aufl., Opladen: Leske 1985, S. 32.

10 Vgl. die Matrix, ebenda im Anhang.

11 *Klafki* (Anm. 1) S. 219 ff.

12 *Rolf Schmiederer* in Siegfried Schiele, Herbert Schneider (Hg.): Die Familie in der politischen Bildung, Stuttgart: Klett 1980, S. 94.

3.3.4 Die Verbindung beider Denkbewegungen im Lernprozeß

Der Begriff „Strukturierung" wird hier in einem engeren Sinne verstanden; er meint, daß durch diese Planungsaufgabe die Struktur des (intentionalen) Inhalts ermittelt oder diesem eine Struktur gegeben werden soll. Die Planungsaufgabe wird mithin auf die Strukturierung des Lerngegenstandes oder der Lernaufgabe eingegrenzt, bezieht sich infolgedessen nicht auf den Lernprozeß und wird vor allem nicht als Synonym für die Didaktische Analyse gebraucht, wie es bei Hilbert Meyer geschieht, wenn er definiert: „Die didaktische Strukturierung ist die Erarbeitung eines begründeten Zusammenhanges von Ziel-, Inhalts- und Methodenentscheidungen."[1]

Wir begrenzen also die Planungsaufgabe um der Eindeutigkeit willen und verweisen darauf, daß sie ja durch die anderen Planungsaufgaben der Zielklärung ergänzt werden muß. Jedoch machen die anderen Verwendungsarten des Begriffes „Strukturierung" darauf aufmerksam, daß es auch einen didaktisch wichtigen *Zusammenhang* zwischen den Denkbewegungen Besonderung/Differenzierung und Verallgemeinerung gibt, der sichtbar wird, wenn die Ergebnisse der Planungsaufgabe auf den Erkenntnisprozeß der Lernenden hin umgedacht werden. Wir haben hier „Strukturierung" zwar als eine Vorbereitungshandlung des Lehrers beschrieben, dessenungeachtet enthalten die Ergebnisse auch Elemente des *Lernprozesses der Schüler*. Denn im Unterricht vollziehen die Schüler ebenfalls „Besonderung" (z.B. Fallanalyse) und „Verallgemeinerung" (z.B. Einsicht in ein generelles Problem), und es steht lediglich die Entscheidung über die Reihenfolge an, also ob dies induktiv (ausgehend vom Besonderen) oder deduktiv (ausgehend vom Allgemeinen) geschieht.

Aus diesem Grunde wird der Lehrer bei der Lösung der Planungsaufgabe „Strukturierung" zugleich einen gedanklichen Vorgriff auf die Verbindung der beiden Denkbewegungen vornehmen, die er im Unterricht herstellen wird. Hinzu kommt die Überlegung hinsichtlich der bevorzugten Reihenfolge. Hilligen spricht von dem „Pulsschlag von Abstraktion und Rekonkretisierung"[2] und meint damit: Der Lernprozeß beginnt im politischen Unterricht mit der Erfassung des Besonderen, was die „Besonderung" oder „Konkretisierung" als

Abb. 20: Instrumentarium der Inhaltsstrukturierung

Instrumentarium zur Inhaltstrukturierung —				
Konkrete Lern- oder Erkenntnisebene		Übergang von der konkreten zur abstrakten Lern- oder Erkenntnisebene	Abstrakte Lern- oder Erkenntnisebene	
konkrete Lerngegenstände	Schlüsselfragen zur Analyse	... können zu einer Inhaltsgeneralisierung führen in den Dimensionen	politische Sachverhalte	
			Dimension	Inhalt
Fall Merkmale: Möglichkeiten – zur Methodengeneralisierung, – zur Inhaltsgeneralisierung, – zum Transfer; *Außenperspektive*	Wer ist beteiligt? → Prozeß Worum geht es? → Inhalt Welche Absichten, Interessen und Zielvorstellungen verfolgen die Beteiligten? → Inhalt/Prozeß Welche Mittel werden zur Durchsetzung der Interessen angewandt? → Prozeß Welches sind die objektiven Bedingungen des Handelns? → Form (Verfassung und Rechtsordnung, das Machtund Herrschaftsgefüge von Institutionen und und gesellschaftlichen Gruppen)		Inhalt/policy Prozeß/politics	Probleme u. Problemlösungen Auseinandersetzung um Durchsetzung oder Verhinderung von Problemlösungen (Konflikte, Kompromißfindung)
Situation Merkmale: Möglichkeiten – zur Methodengeneralisierung, – zur Inhaltsgeneralisierung, – zum Transfer *Innenperspektive*	Welche Haltungen bringen die Beteiligten in die Situation ein? → Inhalt/Prozeß Wie definieren die Beteiligten die Situation? → Inhalt Welches sind die Folgen der Situationsdefinition? → Prozeß/Inhalt Welches sind die objektiven Bedingungen des Handelns? → Form *(Gagel* 1983, S. 59)		Form/polity	der Rahmen, in dem die Konflikte um Durchsetzung oder Verhinderung von Problemlösungen ausgetragen werden.

1) Die Antworten können entsprechend dem Überwältigungsverbot (Beutelsbacher Konsens) kontrovers ausfallen.

2) Die Möglichkeiten zur Herbeiführung von politisch-moralischen Urteilen sind Angebote an die Schüler, über deren Annahme bzw. Ablehnung sie frei entscheiden können.

138

Abstrakte Lern- oder Erkenntnisebene			Konkrete Lern- oder Erkenntnisebene
analysieren		beurteilen	handeln
Analyse-kategorien	Schlüsselfragen	Herbeiführung eines politisch-moralischen Urteils[2]	politische Handlungs-möglichkeiten
Unerträglich-keit Dringlichkeit Ungewißheit (*Gagel* 1983, S. 54)	Ist der Zustand unerträglich oder nicht?[1] Liegt daher ein Problem vor, das dringlich gelöst werden muß?[1] Warum ist die Herbeiführung der Problemlösung ungewiß?[1]	nach der *materialen Wertethik* z. B. mit Hilfe der drei Optionen von W. Hilligen: Werden in dem gegenwärtigen Zustand oder durch die geplanten Problemlösungen erleichtert oder erschwert – die Wahrung der personalen Grundrechte, – die Überwindung sozial Ungleichheit, – die Möglichkeit von Alternativen?	*1. sich informieren* (durch Zeitungen, Rundfunk, Fernsehen, Bücher; Besuch von Wahlkundgebungen); *2. die eigene Meinung zum Ausdruck bringen* (mit anderen über Politik reden, sich an Unterschriften-sammlungen beteiligen, Leser-riefe schreiben, mit Politikern sprechen);
Macht Herrschaft Einfluß Interesse	Welche Gruppen sind an dem Konflikt beteiligt?[1] Welche Interessen vertreten sie?[1] Wer setzt sich warum durch?[1] Wer kann die Entscheidung wie beeinflussen?[1]		*3. sich organisieren* (sich an der Gründung einer Bürgerinitiative beteiligen, eine Demonstration mitorganisieren, Mitglied in einem
Organisation Legitimation Kontrolle Partizipation Effizienz	Wie werden Herrschaft und Entscheidungsbefugnis organisiert und kontrolliert?[1] Entsprechen sich Verfassungsnorm und Verfassungswirklichkeit?[1] Kann der Bürger an der Herrschaftsausübung teilnehmen?[1] Wie kann er Entscheidungen beeinflussen?[1] Erweist sich das Institutionengefüge als stabil und funktionsfähig? Können Konflikte ausgetragen und Kompromisse herbeigeführt werden? Wird die Herrschaftsausübung von den Bürgern akzeptiert?[1]	nach der *formalen Ethik:* a) unter Verwendung des Kriteriums der Verallgemeinerungsfähigkeit: Ist ein Zustand für alle Menschen, also auch für mich selbst, erträglich oder liegt ein Problem vor? Sind die Folgen der Problemlösung für alle Menschen, also auch für mich selbst, zumutbar? (vgl. *Gagel* 1983, S. 161 ff.) b) nach den Stufen der Moralentwicklung von L. *Kohlberg*	Verband oder in einer politischen Partei werden; *4. politisch aktiv werden* (Teilnahme an Wahlen, Demonstrationen, einer Bürgeranhörung, Übernahme von Verantwortung in einer Partei, einem Verband oder einer Bürgerinitiative, Kandidatur bei Wahlen) nach Wochenschau I, 6/1984, S. 231).

139

Denk- und Arbeitsvorgang in der ersten Phase verlangt, schließt die ,,Abstraktion", d.h. die ,,Verallgemeinerung" an, wendet aber dann zu einer erneuten ,,Rekonkretisierung" in der Form der Anwendung, also des handelnden Vollzuges oder des Nachdenkens über Anwendungs- oder Übertragungsmöglichkeiten.

Diese Aussage über eine bevorzugte Reihenfolge im Lernprozeß und damit über die Bevorzugung des induktiven Verfahrens ist als Empfehlung zu verstehen, den Schülern im politischen Unterricht den ,,Zugang" zu einem Themenbereich oder Problemfeld möglichst auf der konkreten Erkenntnisebene zu eröffnen (s. S. 175f.). Das wird vor allem im Rahmen der Methodenplanung wichtig. An dieser Stelle, also bei der Lösung der Planungsaufgabe ,,Strukturierung", sollte der Lehrer die Beziehung beider Denkbewegungen bereits mitberücksichtigen. Im Unterschied zum Unterricht kann er in der Vorbereitungssituation jedoch mit jeder der beiden Denkbewegungen beginnen, also erst nach Verallgemeinerungen suchen und dann nach Besonderungen oder umgekehrt.

Die Unterscheidung einer konkreten Erkenntnisebene von einer abstrakten[3] vermittelt außerdem die Erkenntnis, daß auf jede dieser Erkenntnisebenen Verallgemeinerung und Besonderung/Differenzierung vollzogen werden kann (vgl. Abb. 18 und Kommentar S. 131). Dies zeigt das von G. Breit entwickelte Instrumentarium zur Inhaltsstrukturierung (s. Abb. 20)[4], welches dazu dient, die Anwendung von didaktischen Kategorien, hier in Schlüsselfragen umgewandelt, auf beiden Erkenntnisebenen zum Zwecke sowohl der Besonderung als auch der Verallgemeinerung zu ermöglichen und dabei zugleich die Verbindung der beiden Denkbewegungen im Lernprozeß bereits in der Vorbereitungssituation zu veranschaulichen. Didaktische Kategorien sind teilweise inhaltlich mit fachwissenschaftlichen Kategorien identisch; dies wurde oben (S. 126) bereits erläutert.

Literatur

1 *Hilbert Meyer*: Leitfaden zur Unterrichtsvorbereitung, Königstein: Scriptor 1980, S. 312.
2 *Wolfgang Hilligen*: Zur Didaktik des politischen Unterrichts. 4. neubearb. Aufl., Opladen: Leske 1985, S. 211.

3 Hierzu ausführlicher *Walter Gagel*: Einführung in die Didaktik des politischen Unterrichts. Studienbuch politische Didaktik I, Opladen: Leske 1983, S. 46 - 49.
4 *Gotthart Breit:* ,,Sozialhilfe`` — Didaktische Planung von politischem Unterricht für die Sekundarstufe I und II. In: Sozialwissenschaftliche Informationen 14 (1985), H. 3, S. 216 - 232, hier S. 231f. (Zu den Literaturhinweisen: Gagel s. Anm. 3, Hilligen s. Anm. 2) — Ein anderes, weiter ausdifferenziertes Instrumentarium zur Inhaltsstrukturierung bietet Hilligen (s. Anm. 2) mit seiner sog. ,,Matrix``, daselbst im Anhang.

3.3.5 Strukturierung als Sinngebung

Zum Schluß gehen wir auf die didaktische Bedeutung von Strukturierung ein, um ein mögliches Mißverständnis zu verhindern. Die Berücksichtigung von exemplarischem Prinzip, Verallgemeinerung und Lernzielorientierung hat dazu geführt, daß den Inhalten des politischen Unterrichts eine untergeordnete Rolle zugewiesen wurde.

Beispielsweise sagt Fischer: ,,Die Lehrgüter des Politischen Unterrichts sind austauschbar.``[1] Bei Huber heißt es: ,,Die Gegenstände des politischen Lernens sind sekundär gegenüber Prozessen ihrer Aneignung oder anders: Das Was des Lehrens und Lernens tritt in seiner Bedeutung hinter dem Wie zurück.``[2]

Hier wird den Verallgemeinerungen bzw. der Vermittlung von Fähigkeiten der Vorrang vor den konkreten Inhalten und Themen zugesprochen. Im Unterschied dazu heben wir jedoch hervor, daß das politische Lernen einen unaufgebbaren Bezug zu den konkreten Inhalten hat, nämlich zu den Ereignissen der Politik und zu den Bestandteilen der politischen Wirklichkeit (Personen, Gruppen, Organisationen, Institutionen). Denn das politische Lernen dient a) seiner Intention nach der Orientierung in der jeweiligen Umwelt, welche dem einzelnen konkret und nicht abstrakt und auswechselbar gegeben ist; ferner wird b) die Motivation, sich mit Ereignissen oder Sachverhalten dieser Wirklichkeit zu beschäftigen, durch die von diesen Ereignissen und Sachverhalten ausgehende Betroffenheit oder die ihnen innewohnende Bedeutsamkeit erzeugt und nicht von Abstraktionen. Demzufolge sind Inhalte nicht beliebig austauschbar, sondern haben ihren Eigenwert; freilich stehen sie auch in einer Rangfolge des mehr oder weniger Wichtigen, können also hinsichtlich ihrer Relevanz geordnet werden und danach ausgewählt werden.[3]

Es muß jedoch betont werden, daß es innerhalb dieser Planungsaufgabe nicht um das Selektionsproblem geht, sondern um das Strukturierungsproblem. Wenn wir fragen, was das Allgemeine in einem besonderen Ereignis oder Sachverhalt sei, dann geschieht dies hier nicht, um darzulegen, warum dies Besondere ausgewählt wurde; die Absicht ist vielmehr, die *Bedeutung* des Besonderen zu erfassen.

Argentinien ist nur in einem oberflächlichen Sinn das Beispiel für einen Verstoß gegen die Menschenrechte. In einem tieferen Verständnis stellt das generelle Phänomen der Menschenrechte und die Gefahr ihrer Verletzung ein Sinnelement dar, durch welches der Sachverhalt, also Ereignisse in Argentinien oder die Beschaffenheit seines politischen Systems, eine Bedeutung erhält. Argentinien ist also nicht didaktisches Mittel zum Zwecke, die Bedeutung der Menschenrechte zu lehren, sondern die Menschenrechte sind eine Sinnkategorie, um den Gegenstand Argentinien zu verstehen und um eine Position ihm gegenüber beziehen zu können. Die Verallgemeinerung (Bedeutung der Menschenrechte) ist die Interpretation des Gegenstandes; auf der Grundlage von sinngeleiteten Wahrnehmungen wird der Gegenstand in ein begriffliches Bezugssystem eingeordnet und dadurch gedeutet.

Strukturierung ist keine bloße logische Operation, durch welche eine Einheit in ihre Teile zwelegt wird doer Teile auf eine Einheit bezogen werden. Strukturierung verstehen wir vielmehr als ein sinnvolles Ordnen der Vielfalt eines Gegenstandes (Besonderung) und als eine intentionsgeleitete Auswahl aus der Vielfalt der über den Gegenstand hinausweisenden Bezüge (Verallgemeinerung), durch welche der Gegenstand interpretiert wird. Insofern ist Strukturierung zugleich Sinngebung.

Das Wort „Sinngebung" macht darauf aufmerksam, daß Strukturierungs ein Denkvorgang ist, durch welchen Sachverhalten eine Struktur *gegeben* wird, die nicht durch die Sache bereits zwingend *vorgegeben* ist. Dieser konstruktive Effekt der Planungsaufgabe wird betont, um vor einem „falschen Inhaltsdogmatismus"[4] zu warnen, der zu der Annahme verleitet, jeder Inhalt habe eine gestgelegte Bedeutung. Im Gegensatz hierzu vertreten wir die Auffassung, daß zu der Strukturierung eines Sachverhaltes immer auch Alternativen denkbar sind, daß infolgedessen Strukturierung intentional erfolgt.

Ein Beispiel zum Thema „Betriebliche Rationalisierung" kann dies verdeutlichen. Indem man für das Thema einen Gegenstand, nämlich einen Rationalisierungs*fall* wählt und ihn als *Konflikt* analysiert, hat man eine Besonderung vollzogen, die von einer Intention geleitet wird. (Eine Alternative wäre es, das Thema als ein betriebswirtschaftliches Problem unter der Frage zu bearbeiten: Wie wird Rationalisierung kostengünstig und reibungsarm durchgeführt? — als eine andere die Strukturierung leitende Intention.) In dem herangezogenen Unterrichtsbeispiel wird der Fall nach Konfliktaspekten folgendermaßen aufgeschlüsselt.[5]

Betrachtungsebene Konfliktaspekte	Fallspezifische Ebene	Generelle Ebene
Gegenstand	Änderung der Tätigkeit eines Mechanikers in einem Betrieb des Apparatebaus	Technische, organisatorische und soziale Rationalisierung im Betrieb
Anlaß	Umstellung vom Bau mechanischer Geräte auf Herstellung elektromechanischer Geräte (Taxameter u. a.)	Änderung der industriellen Produktionsverfahren und -techniken
Gründe	Kostensenkung als Ziel der Umstellung	Erhöhung der Arbeitsproduktivität (durch Kostensenkung und/oder Ertragserhöhung) als Ziel betrieblicher Rationalisierung
Ursachen	Diskrepanz zwischen dem Gewinninteresse des Unternehmers und dem Interesse des Mechanikers an der Aufrechterhaltung seines Arbeitsplatzes	Interessengegensatz zwischen Kapital und Arbeit
Folgen	Versetzung an einen Arbeitsplatz mit anderen Anforderungen	Freisetzungen (Entlassungen und Versetzungen), Änderung der Arbeitsinhalte und Qualifikationsanforderungen
Regelungen	Umschulung auf der Grundlage eines Sozialplanes	Ausgleichsmaßnahmen (Rationalisierungsschutz) und Präventivmaßnahmen (im Bereich der Wirtschafts- und Bildungspolitik)

Die Unterscheidung von fallspezifischer und genereller Ebene entspricht der von uns vorgeschlagenen Unterscheidung von konkreter und abstrakter Erkenntnisebene; sie zeigt die Doppelrichtung der Strukturierung: Besonderung/Differenzierung und Verallgemeinerung. Die auf der generellen Ebene aufgeführten Probleme nennen verschiedenartige, einander ergänzende Bedeutungen, auf die hin der Fall verallgemeinernd interpretiert werden kann. Je nach Intention wird infolgedessen die eine oder die andere Verallgemeinerung gewählt und dadurch eine entsprechende Sinnverschiebung bewirkt. (Ein Instrumentarium zur Inhaltsstrukturierung auf den genannten beiden Ebenen bietet Abb. 20, S. 138f. Verallgemeinerung als Sinngebung erfolgt hier in den Spalten der abstrakten Erkenntnisebene ,,analysieren" und ,,beurteilen".)

Die Leistung der Planungsaufgabe ,,Strukturierung" besteht demnach nicht darin, daß eine didaktische Reduktion dessen erfolgt, was die Fassungskraft der Lernenden übersteigt, also die Reduzierung der Vielfalt in quantitative Sinne. Sie ist auch nicht darin zu sehen, daß durch sie ein Gegenstand in seine Teile zerlegt wird, um ihn für den Lernprozeß gleichsam „zuzubereiten". Vielmehr wird durch Strukturierung dem Lerngegenstand eine dem Erkenntnis- oder Handlungsanlaß und der mit ihnen verknüpften Absichten entsprechende Qualität gegeben, nämlich eine *Bedeutung* oder ein *Sinn* (s. S. 54). Strukturierung ist daher nicht als „Didaktisierung" im Sinne von methodischer Aufbereitung zu verstehen, sondern als eine Weise der gedanklichen und verstehenden Durchdringung der Realität, — eben als „Sinngebung".

Literatur

1 *Kurt Gerhard Fischer*: Einführung in die politische Bildung, 3. Aufl., Stuttgart: Metzler 1973, S. 111; s. auch S. 93 f.

2 *Günter L. Huber*: Kognitive Komplexität als Bedingung politischen Lernens. In: Wilhelm Hagemann u.a. (Hg.): Kognition und Moralität in politischen Lernprozessen, Opladen: Leske 1982, S. 19.

3 Vgl. hierzu *Walter Gagel*: Einführung in die Didaktik des politischen Unterrichts, Opladen: Leske 1983, S. 124.

4 Diesen will die „konstruktive Didaktik" von Giel/Hiller vermeiden; vgl. hierzu *Ewald Terhart*: Unterrichtsmethode als Problem, Weinheim: Beltz 1983, S. 46 - 48, aber auch mit Hinweis auf ihre Grenzen.

5 *Heinz Dedering, Hildegard Verlage*: Neue Technik, betriebliche Rationalisierung und Beschäftigungsfolgen. In: Heinz Dedering (Hg.): Konflikt als paedagogicum. Bestandsaufnahme und Weiterentwicklung konfliktorientierter Didaktik, Frankfurt: Diesterweg 1981, S. 289.

3.3.6 Zusammenfassung und Anwendung

Unter Strukturierung verstehen wir, daß Lerngegenstände durch Bearbeitung eine dem Erkenntnis- und Handlungszweck angemessene Bedeutung erhalten. Der Vorgang läßt sich in zwei Denkbewegungen aufgliedern: Besonderung bzw. Differenzierung einerseits, Verallgemeinerung andererseits.

Besonderung und *Differenzierung* lassen sich durch folgende Anweisungen beschreiben.

— Gliederung in Elemente,
— Ordnung der Vielfalt durch Kategorien,
— Kontroverse als generelles Strukturierungsprinzip.

Verallgemeinerung wird durch drei Verallgemeinerungs*arten* beschrieben:

— Sachstruktur,
— Problemstruktur,
— Persönlichkeitsstruktur.

Da diese Denkbewegungen im Unterricht wiederkehren, ist es erforderlich, als Vorgriff auf die Methodenplanung auch die beabsichtigte *Reihenfolge* im Lernprozeß zu überlegen, wobei die Abfolge: zuerst Besonderung/Differenzierung, dann Verallgemeinerung, zu bevorzugen ist.

Strukturierung ist nicht eine Form der methodischen Aufbereitung oder das Herstellen von logischen Beziehungen, sondern meint die aspektbedingte, von Erkenntnisinteressen und Handlungszwecken geleitete *Sinngebung* von Sachverhalten der Umwelt.

Übungsbeispiele:

1. Gliedern Sie bitte folgende Lerngegenstände in Elemente (Besonderung/Differenzierung):
    (17) Werbung
    (18) Grundrechte
    (19) Umweltverschmutzung

2. Eine Konfliktanalyse an dem folgenden Fall auf den beiden Ebenen wie Übersicht S. 143, also fallspezifische und generelle Ebene (Besonderung und Verallgemeinerung):

Konflikt in einem Verlagshaus

Als bei Gruner & Jahr die Zeitschriftenherstellung auf die neue Technologie (Computersatz tritt an die Stelle von Hand- und Maschinensatz) umgestellt worden sollte, beobachteten die Betriebsräte die Tests argwöhnisch und erhoben sofort Einspruch, als der Vorstand des Unternehmens im Frühjahr 1977 die endgültige Einführung beschließen wollte. Der Informationspflicht gegenüber der Arbeitnehmervertretung sei noch nicht ausreichend Genüge getan, lautete der Vorwurf. Die Computer sollten deshalb abgeschaltet werden, bis diese Auflage des Betriebsverfassungsgesetzes erfüllt sei. (...) Während die moderne Technik ruhte, trafen sich Vorstand und Betriebsrat zu Gesprächen über eine Betriebsvereinbarung. (...) Es kam eine Abmachung zustande, die als beispielhaft gelten kann. Sie „dient dem Bemühen, daß kein Arbeitnehmer . . . seine Arbeit verliert und in seinem sozialen Besitzstand beeinträchtigt wird", heißt es ausdrücklich in der Präambel.
Nach: Gaul, Richard, Richter als Schlichter. In: Die Zeit vom 19.1. 1979, S. 19 (aus sbh 1984, S. 144).

(20) Legen Sie eine Tabelle wie Übersicht S. 143 an, aber verwenden Sie die Kategorien von Lingelbach (oben S. 127): Streitfrage, Gegner, Interessen, Macht, Ordnungsvorstellungen.

(21) Wählen Sie eine der Aussagen auf der generellen Ebene als didaktische Perspektive eines beabsichtigten Unterrichts.

3. Ein Autor beschreibt die Vorbereitung auf ein Unterrichtsthema:

„ Bei der Vorbereitung für das Thema „Die Grünen" muß der Lehrer also zunächst prüfen, welche grundlegenden Sachverhalte darin enthalten sind. ...

Es lassen sich dabei mehr inhaltsbezogene und mehr strukturelle Aspekte unterscheiden. Nach der ersten Seite berührt die programmatische Forderung nach „grüner Umwelt" in ihrem möglichen Konflikt zu Wohlstand, Bequemlichkeit und bestimmten Lebensformen vor allem die Sachbereiche:

— sozialer Wandel, Probleme der Modernität
— Grundlegende ökonomische Zusammenhänge: intensives und extensives Wachstum, Arbeitsproduktivität und Produktionsfaktoren, Wohlstandsindikatoren
— Strukturpolitik (Ballungsräume, Wohn- und Industriestruktur, Agrarpolitik)
— Unterschiedliche Kosten-Nutzen-Relationen für verschiedene Gruppen bei allgemeinen Entscheidungen. Interessengebundenheit von Lebensformen (z.B. Arbeiter — Studenten)

Nach der mehr formell-strukturellen Seite sind u.a. folgende prinzipiellen Sachverhalte angesprochen:

146

- Politische Parteien (Aufgaben, Selbstverständnis, innerparteiliche Meinungsbildung, Willensbildung, Kanalisation und Formung von Meinungen, Flügelbildung)
- Protestgruppen, Bürgerinitiativen und Parteien*system* (Pluralismus und nicht repräsentierte Interessen, Grundrechte, Demonstrationen, Hinderung von Entscheidungen, Einflußmöglichkeiten, Rechtsgüterabwägungen)
- Wahlen (Alternative oder personelle Entscheidungen? Sperrklauseln)
- Regierung und Entscheidungsnotwendigkeiten in Zielkonflikten (besondere — allgemeine Interessen, Sicherung von Zukunftsaufgaben in der Gegenwart, ‚Umwelt' als Teilbereich unter anderen)
- Wählerschichten, Interessenbündelungen, Fragen der Wahlsoziologie."

Klaus Rothe: Didaktik der Politischen Bildung, Berlin: Wiss. Verlag Heidi Gercke 1981, S. 103f.

(22)   Untersuchen Sie an dem Beispiel, ob die Strukturierung in Richtung Besonderung oder Verallgemeinerung erfolgt?

(23)   Versuchen Sie, die fehlende Strukturierungsrichtung zu ergänzen. Die gefundenen und die im Text vorhandenen Inhalte können geordnet werden nach ,,Inhalt" (,,inhaltsbezogener Aspekt"), ,,Form" (,,struktureller Aspekt") und ,,Prozeß" (eine dritte Gruppe von Sachverhalten, die im Text nicht erwähnt wird).

4. Hierarchie der Themen:

(24)   Anhand des Textes in Nr. 3 läßt sich eine Hierarchie der Themen wie Abb. 18 (S. 131) erstellen.

(Lösungsvorschläge unten S. 282ff.)

3.4 Bestimmung des Implikationszusammenhanges

Ziel des Handelns ist, nach der von uns verwendeten Definition (s. S. 51), das Herstellen einer Beziehung zwischen Elementen. Mit dieser Formulierung wird jedoch nicht nur das Ergebnis des Handelns, sondern auch der Weg, der zu dem Ergebnis führt, beschrieben. Nach Aebli ,,definiert" die Beziehung das Ziel und ,,kennzeichnet" die Handlung (s. S. 68). Das Ziel enthält demnach das Handlungsschema für seine Realisierung. Wir verstehen dies als die handlungstheoretische Beschreibung dessen, was in der Allgemeinen Didaktik ,,Implikationszusammenhang" genannt wird.

3.4.1 Begriffsklärung

Mit dieser Planungsaufgabe wird hervorgehoben, daß zur Zielklärung auch ein Vorgriff auf die Methodenplanung gehört. Das, was Inhalten und Themen des Unterrichts an Methodischem *implizit* ist, soll herausgearbeitet werden.

Das Theorem ,,Implikationszusammenhang" ist von Blankertz in der Absicht eingeführt worden, in der lange währenden Kontroverse über das Verhältnis von Didaktik und Methodik, die zwischen Vertretern der lerntheoretischen (Heimann/Schulz) und der bildungstheoretischen (Klafki) Didaktik geführt wurde, zu vermitteln. Blankertz erklärt diesen Begriff:

,,Damit ist zweierlei gemeint, nämlich einmal, daß jede Unterrichtsmethode inhaltliche Vorentscheidungen enthält, auch wenn sie diese nicht sichtbar macht, zum anderen, daß inhaltliche Zielsetzungen für den Unterricht nicht ohne Bezugnahme auf ihre mögliche oder ausbleibende methodische Durchsetzung sein können."[1]

Bezogen auf die inhaltliche Seite besagt dies, daß im Lerngegenstand, der ja intentional strukturiert ist, eine Methode enthalten ist, die der Lehrer entdecken kann. Sie ist dem Lerngegenstand ,,implizit" und nicht dezisionistisch, d.h. beliebig angefügt.

Kaiser präzisiert diese Auffassung, indem er ,,das jeder Methode inhärente *gegenstandskonstitutive* Moment" hervorhebt. Die Inhalte haben nach seiner Auffassung kein ,,von der Methode des Inhaltsgewinns losgelöstes Sein"; sie werden erst durch Verfahren konstituiert, und daraus ergibt sich die „gegenstands- bzw. inhaltskonstitutive Funktion von Methode"[2]. Methodisches ist den Gegenständen folglich nicht nur *implizit*, sondern für sie auch *konstitutiv*.

Klafki hat diese Überlegungen aufgenommen, wenn er sagt, daß Themen entweder Methoden oder Ergebnisse methodischen Vorgehens seien. Er folgert daraus den „immanent methodischen Charakter der didaktischen Thematik".[3]

Der Implikationszusammenhang ist allerdings nicht nur in der Didaktik anzutreffen. Vielmehr verweist er auf ein generelles erkenntnistheoretisches Phänomen. Denn auch für die wissenschaftliche Erkenntnis gilt, daß Methode und Gegenstand einander bedingen.

„Ohne Anwendung einer bestimmten Erkenntnismethode stellt ein zu untersuchender Phänomenbereich zunächst nur ein unartikuliertes ‚Etwas' dar, das erforscht werden soll . . . Zum Objekt einer systematischen wissenschaftlichen Untersuchung wird dieses ‚Etwas' erst durch die Anwendung einer bestimmten Methode."[4]

Im durch Methoden geleiteten wissenschaftlichen Erkenntnisprozeß wird der Gegenstand gleichsam konstruiert, und dies ist auf die objektkonstituierende Funktion der Methode zurückzuführen.

Für den Bereich der Didaktik muß ferner eine Unterscheidung zwischen Methode und Unterrichtsmethode gemacht werden. Klafki sagt zu der Beziehung zı schen beiden(„Die Unterrichtsmethode muß der methodischen Struktur der jeweiligen Thematik adäquat sein."[5] Der Implikationszusammenhang wird somit zum Kriterium für die Wahl der geeigneten Unterrichtsmethode. Methoden der Erkenntnisgewinnung und Unterrichtsmethoden sind demnach nicht identisch, aber sie stehen auch nicht fern voneinander.[6] Im politischen Unterricht jedenfalls werden die Unterrichtsmethoden häufig den wissenschaftlichen Zugriffweisen auf die Wirklichkeitsbereiche Politik und Gesellschaft angenähert.

Beispiele hierfür sind die für den politischen Unterricht charakteristischen Inhaltsstrukturen Fall, Problem und Situation.[7] Die Bearbeitung eines Falles oder eines Problems als Unterrichtsgegenstand erfordert aufgrund deren „methodischer Struktur" die Fähigkeit des „problemlösenden Verhaltens" als Erkenntnismethode, die „Situation" verlangt hingegen hermeneutisches „Verstehen". Der Lernprozeß als Weg der Bearbeitung (Unterrichtsmethode) schließt die Intention ein, daß die Schüler auch die in ihm enthaltene Erkenntnismethode erlernen; der Lernprozeß vermittelt also diese Methode als Qualifikation. — Eine Übersicht über den Zusammenhang zwischen Inhaltsarten und methodischen Implikationen bietet Abb. 21 als Orientierungshilfe.

Abb. 21: Vorläufige Inhaltstaxonomie der Implikationen

Inhaltsarten	Erscheinungs-weisen	methodische Implikationen	Kriterium
Ereignis	Fall, Konflikt Vorgang, Situation: ,,Prozeß"	Informationen suchen, Konfliktanalyse, Untersuchung durchführen	Realität
Aussage	Meinung, Absicht, Problem, Theorie: ,,Inhalt"	Befragung, Inhaltsanalyse, Probleme lösen, polit. Entscheidung	Bezug zu Werten
Struktur	Rollen, Normen, Organisation, Institution, Teil- und Gesamtsystem: ,,Form"	Beziehung, Funktion, Interdependenz als Kategorien der Analyse	Stabilität/ Flexibilität, Zweckerfüllung

Die Definition des Begriffes ,,Implikationszusammenhang" muß von dem von Heimann aufgestellten ,,Interdependenzkonzept" unterschieden werden. Es besagt, daß unterrichtliche Entscheidungen ,,Wirkungen" und ,,Rückwirkungen" auf die anderen Momente des Unterrichts haben. Nach Bürger können diese Interdependenzen mit Hilfe der Kriterien ,,Konkordanz" und ,,Diskonkordanz" beurteilt werden, was z.B. zu Korrekturen der didaktischen Entscheidungen führen kann.[8] Mit ,,Interdependenz" sind die Beziehungen zwischen *allen* Momenten des Unterrichts, also zwischen Inhalten, Zielen, Methoden und Medien, gemeint. Dieser Begriff reicht demnach weiter als derjenige des ,,Implikationszusammenhanges", den wir mit anderen[9] nur auf die methodischen und medialen Implikationen von intentionalen Inhalten beziehen. In dieser Bedeutung gehört die Analyse des Implikationszusammenhanges zur ,,Zielklärung".

Unterrichtspraktischen Nutzen erhält die Ermittlung des Implikationszusammenhanges, wenn man sie zum Zwecke der ,,Aufgabenanalyse"[10] verwendet. Wir folgen dabei Bromme/Seeger, welche Begriff und Konzept der Aufgabenanalyse beschrieben und als Bestandteil der Unterrichtsplanung empfohlen haben.[11] Sie definieren:

,,Die Aufgabenanalyse hat zum Ziel, diejenige geordnete Folge von Schritten zu beschreiben, die der Schüler ausführt, wenn er die Aufgabe erfolgreich bewältigt."[12]

Dies ist nicht als Methodenplanung zu verstehen, in welcher der Unterrichtsverlauf festgelegt wird. Gemeint ist vielmehr eine Untersuchung des Lerngegenstandes als Lernaufgabe im Hinblick darauf, welche Anforderungen durch sie an den Schüler gestellt werden, welche Fähigkeiten und welches Wissen bei einer bestimmten Aufgabe zu den ,,Lernvoraussetzungen" gezählt werden können.[13] In diesem Sinne ergibt die Aufgabenanalyse ,,eine als ,Inhaltsstruktur' ausgedrückte Struktur der Lerntätigkeit des Schülers".[14]

Dem als Aufgabe definierten Lerngegenstand ist das Methodische, die Lern-, Erkenntnis- und Ausführungstätigkeiten, immanent. Daher ist die Aufgabenanalyse geeignet, diesen Implikationszusammenhang herauszustellen. Bromme/Seeger beziehen sich nicht auf das Implikationstheorem, aber sie verwenden eine handlungstheoretische Beschreibung, die unausgesprochen dieses Theorem trifft:

Die Aufgabenanalyse ,,ist notwendig, weil es einerseits keine ,Struktur' des Fachinhaltes unabhängig von der Struktur der Handlung, des Umgangs mit dem Fachinhalt gibt, und andererseits, weil es keine Struktur der Handlung unabhängig von dem Fachinhalt (als dem Gegenstand der Handlung) gibt".[15]

Die Aufgabenanalyse verstehen wir demnach als das *Verfahren*, mit dessen Hilfe die Planungsaufgabe ,,Bestimmung des Implikationszusammenhanges" gelöst werden kann. Nach unserer Auffassung wird die Lösung dadurch erleichtert, daß im Begriff der Aufgabe umgangssprachlich verständlicher als im Begriff des Implikationszusammenhanges die Verknüpfung von Inhaltlichem und Methodischem ausgedrückt wird. Denn ,,Aufgabe" besagt ja, daß etwas zu einem bestimmten Zweck zu lösen ist und daß daher nach einem Lösungsweg gesucht werden muß. Die Aufgabe enthält das Handlungsziel und immanent auch die Struktur der Handlung.

Literatur

1 *Herwig Blankertz*: Theorien und Modelle der Didaktik 9. Aufl., München: Juventa 1975, S. 93.

2 *Hermann-Josef Kaiser*: Erkenntnistheoretische Grundlagen pädagogischer Methodenbegriffe. In Peter Menck, Gösta Thoma (Hg.): Unterrichtsmethode. Intuition, Reflexion, Organisation, München: Kösel 1972, S. 131, 142.

3 *Wolfgang Klafki*: Zum Verhältnis von Didaktik und Methodik. In Wolfgang Klafki, Gunter Otto, Wolfgang Schulz: Didaktik und Praxis, Weinheim: Beltz 1977, S. 30. — Zum Diskussionsstand um die ,,gegenstandskonstitutive Funktion" vgl. *Ewald Terhart*: Unterrichtsmethode als Problem, Weinheim: Beltz 1983, S. 37 ff.

4 *Friedrich Rapp*: Art. ,,Methode". In: Handbuch philosophischer Grundbegriffe, hrsg. von Hermann Krings u.a., Bd. 4, München: Kösel 1973, S. 924.

5 *Klafki* (Anm. 3), S. 31.

6 Vgl. die Unterscheidung und Definition der drei Methodenbegriffe bei *Bijan Adl-Amini*: Didaktik, Methodik und das ungelöste Problem der Interdependenz. In ders. (Hg.): Didaktik und Methodik, Weinheim: Beltz 1981, S. 38 f.

7 *Walter Gagel*: Einführung in die Didaktik des politischen Unterrichts, , pladen: Leske 1983, S. 233. Vgl. zu dem gesamten Abschnitt ebenda S. 230 - 234.

8 *Wolfgang Bürger*: Unterrichtsplanung aus der Sicht des Interdependenzzusammenhangs. In Adl-Amini (Anm. 6), S. 82 - 114.

9 So auch *Terhart* (Anm. 3), S. 30.

10 Als ,,Aufgabenstrukturanalyse" vor allem unter kognitionspsychologischem, also auf Denkoperationen bezogenem Aspekt dargestellt bei *Wolfgang Keil*: Psychologie des Unterrichts, München: Juventa 1977, S. 92 - 101. Die mehr auf den Lerngegenstand bezogene Seite behandelt die ,,Lehrstoffanalyse", vgl. *Karl Josef Klauer*: Methodik der Lehrzieldefinition und Lehrstoffanalyse, Düsseldorf: Schwann 1974, und *Franz Schott*: Lehrstoffanalyse, Düsseldorf: Schwann 1975. Wir verwenden hier den integrativen und weniger methodisierten Ansatz von Bromme/Seeger (s. Anm. 11). — Das hier Gemeinte ist nicht identisch mit der in der Teststatistik verwendeten Aufgabenanalyse zur Sicherung der Relialibilität und Validität eines Tests, vgl. *Andreas Schelten*: Grundlagen der Testbeurteilung und Testerstellung, Heidelberg: Quelle & Meyer 1980, S. 128 ff.

11 *Rainer Bromme, Falk Seeger*: Unterrichtsplanung als Handlungsplanung, Königstein: Scriptor 1979, S. 46 - 67. Vgl. auch *Thomas Mormann, Falk Seeger*: Der Zusammenhang von Didaktik und Methodik in der alltäglichen Unterrichtsplanung am Beispiel der Aufgabenanalyse. In Adl-Amini (Hg.): Didaktik und Methodik (Anm. 6), S. 115 - 143. Die Beispiele sind bei beiden dem Mathematikunterricht entnommen.

12 *Bromme, Seeger* (Anm. 11) S. 46.

13 ebenda S. 47, 57.

14 ebenda S. 67.

15 ebenda S. 47.

3.4.2 Bestimmung des Implikationszusammenhanges durch die Aufgabenanalyse

Die Anwendung der Aufgabenanalyse soll an einem Beispiel erprobt werden. Unterrichtsthema ist: ,,Der Jugendvertreter Detlef K. wird entlassen. Vertretung von Lehrlingsinteressen im Betrieb". Der Autor dieses Unterrichtsmodell überlegt:

,,An diesem Thema lassen sich Grundtatsachen der Arbeitswelt erkennen, denen der Schüler während seines ganzen Berufslebens ausgesetzt sein wird. Es ist in erster Linie die Tatsache des Interessengegensatzes zwischen den in abhängiger Arbeit Tätigen und den Arbeitgebern. Dieser Gegensatz kommt auch als allgemeiner Inhalt des konkreten Konflikts zum Ausdruck. Die Erfassung der Grundstrukturen, Unterordnungsverhältnisse und Machtpositionen, der Kampf um mehr Rechte und mehr Schutz für die Arbeitnehmer, die Erfahrung der Wirksamkeit solidarischen Verhaltens, das alles sind allgemeine Bildungsgehalte, die an den konkreten Inhalten dieses Unterrichtsmodells zu gewinnen sind. Für das ,,Erkennen" und ,,Beurteilen" des Konfliktes und der dahinterstehenden Zusammenhänge sind aber auch Vorkenntnisse notwendig, die ein Verstehen erst ermöglichen. So müssen die Schüler zur Beurteilung der Sachlage über die Kenntnis der wichtigsten Vorschriften des Berufsbildungsgesetzes und des Jugendarbeitsschutzgesetzes verfügen, da mehr als eine emotionale Beurteilung sonst nicht möglich sein wird. Über den konkreten Konflikt werden damit die Inhalte dieser Lernsequenz strukturiert. So eignet sich der Schüler etwa in einer Informationsstufe Kenntnisse über die wichtigsten Vorschriften der genannten Gesetze an. Er sucht sich weiter über die Haltung der Gewerkschaften und der Arbeitgeberverbände zu diesen Gesetzen zu informieren. Dabei stellt er fest, daß diese konträre Ansichten vertreten. Über Einzelinhalte des Themas hat er sich damit schon an die über sie zu erschließende Struktur herangearbeitet. Er erkennt den prinzipiellen Gegensatz in den Anliegen dieser beiden Institutionen: Erweiterung des Freiheitsraumes und der Rechte der Arbeitnehmer auf der einen Seite; Abwehr dieser, als Eingriff in die Dispositionsgewalt des Kapitals verstandenen Versuch durch die Arbeitgeber auf der anderen Seite."[1]

Die Aufgabenanalyse beginnt in diesem Text mit dem vierten Satz: ,,Für das ‚Erkennen' und ‚Beurteilen' des Konflikts ..." Vorher erfolgt ,,Strukturierung" des Themas in Richtung auf das Allgemeine und dadurch die pädagogische ,,Sinngebung", die Benennung des ,,allgemeinen Bildungsgehaltes". Letzteres sind die Absichten des Lehrers, die bei der Aufgabenanalyse vorausgesetzt werden. Die Aufgabenanalyse selber zielt auf die *Tätigkeiten der Schüler*.

In dem Text werden als Tätigkeiten der Schüler aufgeführt: ,,Erkennen" und ,,Beurteilen" des Konflikts. Danach werden *Lernvoraussetzungen* genannt: die ,,Vorkenntnisse" über das Berufsbildungsgesetz und das Jugendarbeitsschutzgesetz. Zu ergänzen wären auch noch Fähigkeiten, hier z.B. die Fähigkeit der Fallanalyse, worauf in dem Unterrichtsmodell an anderer Stelle hingewiesen wird. Aus diesen Überlegungen ergibt sich die *Reihenfolge* oder Sequenzierung der Unterrichtsinhalte, wenn der Autor überlegt, an welcher Stelle die Informationen vermittelt werden sollen (,,Informationsstufe"). Sequenzierung heißt ja, daß der Schüler sich ,,über Einzelinhalte des Themas . . . an die über sie zu erschließende Struktur heranarbeitet". Deutlicher aber, als in dem zitierten Text geschehen, muß beachtet werden, daß die Aufgabenanalyse zwar durch den Lehrer, ,,aber aus der Sicht des Schülers erfolgt".[2]

Mit den Begriffen ,,Tätigkeiten der Schüler", ,,Lernvoraussetzungen" und ,,Reihenfolge" haben wir die Schlüsselbegriffe der Aufgabenanalyse genannt. Wir wandeln sie in *Schlüsselfragen* um, die als Analysehilfen dienen können:

1. Welche Tätigkeiten des Schülers verlangt der Lerninhalt / das Thema?
2. Welche Lernvoraussetzungen sind erforderlich?

— Wissen   — Erfahrungen
— Fähigkeiten   — Motivation

3. Welche Reihenfolge (Sequenzierung) bietet sich an?
4. Welche zusätzlichen Interdependenzen (Medien, Methoden) sind vorgesehen oder erforderlich?

Beachtet werden sollte auch ein *Kriterium* für die Angemessenheit der Aufgabenlösung. In dem behandelten Beispiel ist dieses Kriterium die Realität, soweit es sich um die Analyse und Lösung des Streitfalles handelt. Weitere Kriterien enthält die Abb. 21, oben S. 150.

Mit der Aufgabenanalyse wird die Methodenplanung nicht vorweggenommen; es werden lediglich deren Umrisse aufgezeigt. Denn die Aufgabenanalyse ermittelt nur die dem Gegenstand *immanenten* methodischen Erfordernisse. Bei der Methodenplanung werden andere unterrichtliche Momente *hinzugefügt* (Medien, Methoden), welche — unter dem Aspekt der Interdependenz — auch Abwandlungen bewirken können, also im Sinne von ,,Rückwirkungen" (s. S. 150). Daher ist bei der Aufgabenanalyse gleichsam als Leerstelle immer offenzuhalten, daß zusätzliche Methoden, z. B. durch Medien, oder Rückwirkungen durch spezifische Arbeitsweisen beachtet werden müssen.

Die Aufgabenanalyse durch Lernhierarchiebildung nach Gagné erwähnen wir der Vollständigkeit halber.[3] Die Hierarchie von kognitiven Operationen (Wissen . . . bis Bewertung) kann als eine Hilfe dafür dienen, den Schwierigkeitsgrad der „Tätigkeiten" der Schüler abschätzen zu können. Eine solche Orientierung vermittelt das zweidimensionale Lernzielraster nach Lemke (s. Abb. 22), weil in ihm die Skala der kognitiven

Abb. 22: Zweidimensionaler Lernzielraster nach Lemke

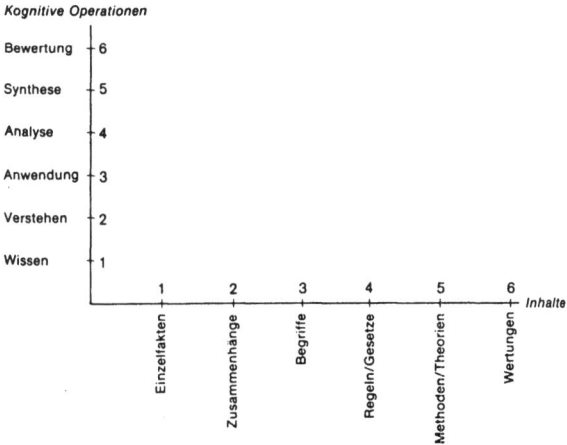

Operationen als Qualifikation der Lernenden kombiniert ist mit Inhaltsklassen.[4] Beachtet werden muß jedoch die Grenze eines solchen Verfahrens im politischen Unterricht; die Komplexität der politischen und sozialen Wirklichkeit, der die Unterrichtsinhalte entnommen werden, verbietet eine Art Zurechtschneiden von Lernaufgaben auf die Anforderung einer bestimmten Stufe der Denkleistungen oder eines erstrebten Komplexitätsgrades. Aus diesem Grunde sehen wir als konstituierend nicht die hierarchisierten Operationen an, sondern die Erkenntnismethoden, wie sie in Abb. 21 (S. 150) in der Spalte „methodische Implikationen" beispielhaft aufgeführt sind.

Eine andere Möglichkeit, Aufgabenklassen zu bilden, um dadurch die Anforderungsart von Lernaufgaben zu bestimmen, ergibt sich aus der Unterscheidung von Lernaufgaben des strukturellen Lernens und Lernaufgaben der kognitiven Strukturiertheit[5]:

strukturelles Lernen
— Begriffe lernen
— Grundbegriffe lernen
— Operationen durchführen
kognitive Strukturiertheit
— Erkennen fundamentaler Probleme
— kontroverses Denken
— problemlösendes Denken.

Dabei ist freilich zu beachten, daß es sich bei dieser Aufzählung nicht um eine vollständige Systematik handelt.

155

Die Aufgabenanalyse ermöglicht ein Urteil darüber, in welchem Verhältnis der Anforderungsgrad des Themas oder des Lerngegenstandes zu den Qualifikationen steht. Sie hat einen „Werkzeugcharakter", besitzt eine „heuristische Funktion"[6] und wird deswegen hier empfohlen. Jedoch wäre es ein Mißverständnis, würde man annehmen, durch die Aufgabenanalyse würden die in der politischen und gesellschaftlichen Umwelt auftretenden Probleme zu „Schulaufgaben" mit Leistungsanspruch. Zwar untersucht der Lehrer mit der Aufgabenanalyse den Anforderungsgrad eines Themas oder eines Lerngegenstandes des politischen Unterrichts, aber dies geschieht in der Absicht, die Anforderungen zu erkennen, welche die *Sache* an die Schüler richtet, wenn sie sich mit ihr auseinandersetzen. Die pädagogische Intention ist also nicht, den Schülern eine Leistung abzuverlangen und diese zu messen, sondern sie zu befähigen, das im Unterrichtsthema enthaltene politische oder gesellschaftliche Problem zu bewältigen.

Literatur

1 *Klaus Keil*: Lernziel Kontroverses Denken. Ein didaktisches Modell für den Politik-Unterricht, Essen: Neue Deutsche Schule 1976, S. 44.
2 *Rainer Bromme, Falk Seeger*: Unterrichtsplanung als Handlungsplanung, Königstein: Scriptor 1979, S. 47.
3 Dargestellt bei *Wolfgang Keil*: Psychologie des Unterrichts, München: Juventa 1977, S. 96 - 100.
4 *D. Lemke* in K. Diener, K. Füller, D. Lemke, G.-B. Reinert: Lernzieldiskussion und Unterrichtspraxis, Stuttgart: Klett-Cotta 1978, S. 342 enthält die in Abb. 22 wiedergegebene Grafik.
5 *Walter Gagel*: Einführung in die Didaktik des politischen Unterrichts. Studienbuch politische Didaktik I, Opladen: Leske 1983, S. 106 - 146. Vgl. hierzu auch *Gotthard Breit*: Die Kurzvorbereitung im politischen Unterricht. In: Gegenwartskunde 1984, H. 4, S. 495.
6 *Bromme, Seeger* (Anm. 2), S. 47.

3.4.3 Aufgabenanalyse als Konstruktion

Die Aufgabenanalyse dient der Entdeckung der dem Thema oder Unterrichtsgegenstand eigentümlichen methodischen Immanenz, so wurde das Verfahren bisher beschrieben. Dabei ist freilich der konstruktive Beitrag des Didaktikers bzw. des Lehrers nicht berücksichtigt worden. Durch die Wahl einer didaktischen Perspektive, durch die Auswahl von Lerngegenständen, durch die Strukturierung von Inhalten beteiligt sich der Lehrer an der Herstellung bzw. Konstitution von Inhalten. Analyse als Entdeckung der methodischen Immanenz wird infolgedessen ergänzt durch die Konstruktion der Lerninhalte von den geeigneten methodischen Implikationen her.[1]

In einem Unterrichtsbeispiel begründet der Autor, warum er sich zur Behandlung des Themas ,,Familie als Vermittlerin von Normen und Werten" für das ,,Fall-Prinzip" entschieden hat.

,,Diese didaktischen, methodischen und politischen Grundentscheidungen bedeuten unter anderem auch dies: der ,Einstieg' ist nicht nur ein interessanter, motivierender ,Aufhänger', ist keine pädagogisch verbrämte Täuschung der Schüler, sondern ,die Sache selbst'. Die methodische Grundfigur der Selbst-Erarbeitung erfordert ein reiches Angebot an Lernmaterialien zum Thema, das in den angemessenen methodischen Formen — Stillarbeit, Gruppen- und Partnerarbeit, Berichterstattung vor der Klasse und Meinungsaustausch — unter schülerinteressenrelevanten Fragestellungen zu bearbeiten ist. Und der Lehrer hat seine Meinung nicht nur als eine unter anderen denkbaren, sondern als seiner Überzeugung entsprechende begründet einzubringen, aber zugleich seine Bewußtheit zu vermitteln, daß andere Meinungen und andere Begründungen gleichermaßen ,legitim' sind.
Mithin bedarf das Thema ,Familie als Vermittlerin von Normen und Werten' eines vielen Anforderungen entsprechenden ,Falles', z.B. aus der Jugendrechtsprechung mit einer Urteilsbegründung, die den straffällig Gewordenen psychologisierend ,versteht' und sein — abweichendes — Verhalten, sei es primär, sei es partiell, aus den ,Umständen' erklärt. An solchen fast schon zu Floskeln abgesunkenen Formulierungen ist in der Rechtsprechung wahrlich kein Mangel; der Delinquent — so liest man immer wieder — ,hat der familiären Wärme entbehren müssen . . .', ,Ist groß geworden in ungünstigen, in ungeordneten häuslichen Verhältnissen . . .' usw.".[2]

Der Autor erläutert, welche Arbeitsweisen er für den politischen Unterricht als angemessen ansieht und welches didaktische Prinzip nach seiner Auffassung als Kriterium zu gelten habe (,,Selbst-Erarbeitung"). Daher wandelt er das gestellte Thema in einen ,,Fall" um, d.h. in ein abgrenzbares Ereignis, welches die im Thema enthaltene Generalisierung exemplarisch zum Ausdruck bringt. Die Umwandlung geschieht wegen der methodischen Implikationen, welche durch die erwünschten Arbeitsweisen realisiert werden können.

Von der Planungsaufgabe ,,Strukturierung" her betrachtet, handelt es sich bei diesem Planungsbeispiel um eine ,,Besonderung". Unter dem Aspekt der Planungsaufgabe ,,Implikationszusammenhang" geht es hingegen um die Herstellung eines bearbeitbaren Lerngegenstandes. Beide Aspekte schließen einander nicht aus, sondern erklären sich gegenseitig.

Die methodischen Implikationen sind für den Lehrer, je nach Thematik, mehr oder weniger leicht zu erschließen. Der zitierte Autor hatte den ,,Fall" gesucht, um dem Thema eine Form zu geben, die unter gegebenen Umständen (Unterricht, zeitliche Begrenzung, Motivation und Fähigkeiten der Lernenden) zur Bearbeitung geeignet erscheint. Der konkrete ,,Fall" ist leichter faßlich: Damit ist gesagt, daß Lernende geringere Schwierigkeiten haben, ihn zum Anlaß für Handlungen (Denkvorgänge, Tätigkeiten) zu nehmen, die dann zur Abstraktion führen können, als umgekehrt, wenn der Weg seinen Ausgang von der Abstraktion nimmt.

Ein anderes Beispiel ist das Thema ,,Wasserverschmutzung"[3]. Dieses enthält keinen Fall, weil es nicht ereignishaft lokalisiert ist. Der Lehrer kann daraus einen *Fall* machen, indem er einen entsprechenden Gesetzgebungsvorgang aufgreift oder einen Gerichtsprozeß gegen einen Gewässerverschmutzer wählt. Dabei hat er das genannte Thema umgeformt; er bietet den Schülern die Möglichkeit, die der Inhaltsart immanenten Arbeitsweisen anzuwenden. Er kann das Thema jedoch auch als *Problem* behandeln; die ein Problem kennzeichnende ,,Ungewißheit" fordert zu anderen Arbeitsweisen heraus (Problemlösungsverfahren).

Wir können also sagen: Die Aufgabenanalyse hat zwei Funktionen; sie dient

— der Ermittlung der dem Thema eigenen methodischen Implikationen (Lernvoraussetzungen, Arbeitsweisen, Sequenzierung) oder auch
— der Konstruktion der Thematik, nämlich ihrer Umformung, um gewünschte (geeignete) methodische Implikationen zu erlangen.

Literatur

1 Dies entspricht der Doppelfunktion der Implikationsthese, vgl. *Ewald Terhart*: Unterrichtsmethode als Problem, Weinheim: Beltz 1983, S. 29.
2 *Kurt Gerhard Fischer* in Siegfried Schiele, Herbert Schneider (Hg.): Die Familie in der politischen Bildung, Stuttgart: Klett 1980, S. 57.
3 Vgl. *Walter Gagel*: Einführung in die Didaktik des politischen Unterrichts, Opladen: Leske 1983, S. 53 f.

3.4.4 Normative Kriterien des Implikationszusammenhanges

Jedes Nachdenken über Methoden steht unter der kritischen Frage nach einem bloß technologischen Verständnis. Dies gilt auch für den Implikationszusammenhang. Wird das Thema umgeformt, damit man effektiver unterrichten kann oder damit Schüler vermehrte Chancen erhalten, eine eigene Sicht auf den Sachverhalt zu entwickeln? Die Aufgabenanalyse muß daher auch mit Hilfe von normativen Kriterien beurteilt werden.

Kritik am Zweck-Mittel-Modell übt Kaiser, wenn er an der bildungstheoretischen Didaktik den technologischen Begriff von Methode kritisiert: ,,Unter diesen Umständen wird Methode immer auf die Durchsetzung von Bildungsinhalten technologisch reduziert bleiben."[1] Moser setzt dem Zweck-Mittel-Zusammenhang ein Methodenverständnis entgegen, das sich an dem ,,Aspekt des gemeinsamen Handelns von Lehrern und Schülern" und am Prinzip der ,,Selbstorganisation" des Unterrichts orientiert.[2] Dies entspricht der Unterscheidung zwischen instrumentellem und strategischem Handeln einerseits und kommunikativem Handeln andererseits.[3] Neuerdings hat Sander die Kategorien ,,Effizienz" und ,,Emanzipation" verwendet, um ,,erfolgreiches" und ,,verantwortliches" Handeln voneinander abzuheben und Kriterien für die Analyse didaktischer Konzeptionen zu gewinnen.[4]

Wir vermeiden an dieser Stelle jedoch die Anwendungsbreite, welche die genannten Autoren diesen Kriterien zuweisen, und beschränken uns auf das Implikationsproblem. Unter seinem Aspekt erscheint der Lerninhalt als *Methodenaggregat*, das jedoch unterschiedlich sein kann im Hinblick darauf, zu welcher Art von Tätigkeiten es die Lernenden anregt.

Wir haben als geeignete Inhaltsstrukturen für die Fachdidaktik des politischen Unterrichts ,,Fall", ,,Problem" und ,,Situation" herausgestellt.[5] Kennzeichnend für den ,,Fall" ist seine Komplexität, für das ,,Problem" die Ungewißheit, für die ,,Situation" die Selbstdefi-

159

nition der die Situation konstituierenden beteiligten Personen. Als Lerngegenstände haben diese Inhaltsstrukturen mithin das Merkmal der Offenheit: Es sind mehrere Perspektiven denkbar, unter denen der Fall betrachtet werden kann, die Problemlösung hat die Struktur des Konfliktes oder der Kontroverse, die Situation demonstriert die Konkurrenz divergierender, je subjektiver Perspektiven und Situationsdefinitionen.

Rumpf hat für die Analyse von Gegenständen als Kriterium den Grad der ,,Definietheit'' vorgeschlagen. Er meint damit die Endgültigkeit und Unüberholbarkeit von Schulwissen, und das heißt: vereinfachte und gleichsam abgeschlossene Lerninhalte. Wichtig ist dabei jedoch der Zusammenhang zwischen Inhaltsstruktur und Handlungen: Rumpf meint, ,,daß so vereinfachte Lerninhalte nicht zu divergierendem, autoritätsunabhängigem und realitätsoffenem Denken disponieren''.[6]

Wenn wir Inhaltsstrukturen unter dem Aspekt des Implikationszusammenhanges als Methodenaggregate ansehen, dann wird deutlich, daß die Wahl einer Inhaltsstruktur die Selektion von Handlungen, hier als Denkhandlungen verstanden, bewirkt; Offenheit verlangt z.B. ein Denken, das mit Unsicherheit und Nichtwissen fertig werden kann.

Zur Definition: ,,Beim *konvergenten* Denken richtet sich die Denkaktivität auf ein ganz bestimmtes Ziel und nur eine Lösung ist richtig. Beim *divergenten* Denken gibt es mehrere richtige Lösungen. Die Denkaktivität kann demnach in verschiedene Richtungen verlaufen.''[7]

Divergentes Denken wird als ,,kreatives'' oder ,,schöpferisches'' Verhalten nicht nur definiert, sondern auch bewertet, und dies entspricht den Eigenschaften, die Rumpf verwendet: ,,autoritätsunabhängiges und realitätsoffenes Denken''. Damit werden Denkstile gekennzeichnet, die einen Komplex von kognitiven Fähigkeiten und Persönlichkeitsmerkmalen begrifflich fassen.

Kriterium für die Bewertung von Inhaltsstrukturen als Methodenaggregat ist also der Denkstil, den dieses Aggregat herausfordert; dabei bevorzugen wir den Stil, der das selbstbestimmte Denken ermöglicht, also die *Fähigkeit des divergierenden Denkens* vermittelt. Dies gilt hier als normatives Kriterium zur Bewertung des Implikationszusammenhanges.

An anderer Stelle haben wir das Kriterium der *kognitiven Strukturiertheit* verwendet; ein hoher Grad an kognitiver Strukturiertheit gilt als die Voraussetzung für die Fähigkeit, mit neuartigen und komplexen Situationen fertig zu werden.[8] Es handelt sich hier um eine weiter ausdifferenzierte Kategorienbildung, die ebenfalls als Kriterium für die Bewertung methodischer Implikationen dienen kann.

Literatur

1   *Hermann-Josef Kaiser*: Erkenntnistheoretische Grundlagen pädagogischer Methodenbegriffe. In Peter Menck, Gösta Thoma (Hg.): Unterrichtsmethode, München: Kösel 1972, S. 131.
2   *Heinz Moser*: Historische und institutionelle Aspekte des Zusammenhangs von Didaktik und Methodik. In Bijan Adl-Amini (Hg.): Didaktik und Methodik, Weinheim: Beltz 1981, S. 55.
3   *Jürgen Habermas*: Theorie des kommunikativen Handelns, Bd. 1, Frankfurt: Suhrkamp 1981, S. 385.
4   *Wolfgang Sander*: Effizienz und Emanzipation. Prinzipien verantwortlichen Urteilens und Handelns. Eine Grundlegung zur Didaktik der politischen Bildung, Opladen: Leske 1984.
5   *Walter Gagel*: Einführung in die Didaktik des politischen Unterrichts, Opladen: Leske 1983, S. 49 - 66.
6   Zit. nach *Peter Menck*: Ansätze zur Erforschung von Unterrichtsmethode in der BRD. In Menck, Thoma (Anm. 1), S. 168.
7   *Walter Edelmann*: Einführung in die Lernpsychologie, Bd. 2, München: Kösel 1979, S. 112.
8   *Gagel* (Anm. 5) S. 120 - 122 und 125 - 128.

3.4.5 Zusammenfassung und Anwendung

Mit ,,Implikationszusammenhang'' wird das einem Thema oder einem Lerninhalt *immanente* Methodische bezeichnet, mit ,,Interdependenz'' die gegenseitige Beeinflussung der *kombinierten* Momente des Unterrichts. Der Implikationszusammenhang ist begründet durch die gegenstandskonstitutive Funktion von Methode. Für die Unterrichtsplanung kann er durch die Aufgabenanalyse fruchtbar gemacht werden.

Die *Aufgabenanalyse* hat zwei Funktionen:

— die Bestimmung der dem Thema eigenen methodischen Implikationen, welche Umrisse für die Methodenplanung bieten,
— die Konstruktion oder Umkonstruktion der Thematik in der Absicht, geeignete methodische Implikationen zu erlangen.

161

Als *normatives Kriterium* gilt:

— Abgeschlossenheit oder Unabgeschlossenheit des Lerngegenstandes, und korrespondierend dazu

— konvergierendes oder divergierendes Denken als Maßstab für die Beurteilung der impliziten Methoden bzw. der Grad der kognitiven Strukturiertheit.

Durch diese Kriterien wird der Implikationszusammenhang einer pädagogischen Beurteilung unterzogen.

Übungsbeispiele

1. Aufgabenanalyse zu folgenden Unterrichts*materialien* (mit Hilfe der Fragen 1 - 3, oben S. 154):

(25) Modeberufe und die Folgen

Insgesamt besteht bei einem Drittel der 220 Ausbildungsberufe in München Nachwuchsmangel, bei einem Drittel gleichen sich Angebot und Nachfrage aus und bei einem weiteren Drittel gibt es mehr Bewerber als Stellen, etwa im Elektro- und Textilbereich. Gesucht werden dagegen noch rund 2000 Auszubildende, die sich vornehmlich für Ernährungsberufe, verschiedene Metallberufe, Bau- und Baunebenberufe und für bestimmte Büroberufe interessieren. Süddeutsche Zeitung, 26.10.1982, S. 13.

(26)   Soziale Schichtung und Schulabschluß

Für Kinder angestrebter allgemeinbildender Schulabschluß nach der sozialen Stellung des Familienvorstandes, 1972

Soziale Stellung des Familienvorstandes	Angestrebter Schulabschluß		
	Hauptschule	Realschule	Hochschul-/Fach-hochschulreife
	in Prozent		
Nichterwerbstätige	44	28	27
Selbständige außerhalb der Landwirtschaft	17	34	49
Beamte/Richter	8	31	62
Angestellte	10	35	55
Arbeiter	49	36	15
— gelernte und Facharbeiter	40	42	18
— ungelernte Arbeiter	61	28	11
Selbständige Landwirte und alle mithelfenden Familienangehörigen	50	33	17
Insgesamt	32	34	34

(27)   Imperatives Mandat

Mit großer Mehrheit hat der Landesausschuß der baden-württembergischen Grünen den Freiburger Landtagsabgeordneten Helgo Braun aufgefordert, sein 1980 errungenes Mandat niederzulegen. Obwohl der Abgeordnete abermals beteuerte, seine Äußerung über die Hochtemperaturreaktoren dürften keineswegs als Votum für den Bau solcher Atomreaktoranlagen verstanden werden, hielt sich die Mehrheit an das Argument des Kreisverbandes Freiburg, man habe ,,kein Vertrauen mehr zu Braun".
Süddeutsche Zeitung, 30.3.1982, S. 5 (gekürzt)

2. Aufgabenanalyse zu folgenden Unterrichts*themen* mit Hilfe der Fragen 1 - 3 auf S. 154, zunächst stichwortartig, danach als darstellenden Text.
Hinweis: Zu beachten ist, daß die Aufgabenanalyse ,,aus der Sicht des Schülers erfolgt (s. S. 154).

(28)   Aus einem Unterrichtsbeispiel zum Thema ,,Randgruppen in der Bundesrepublik Deutschland, aufgezeigt am Beispiel der Gastarbeiter": Die Ausführungen zur zweiten Unterrichtsstunde sollen in eine Aufgabenanalyse umgewandelt werden.
Thema: Ursachen der Emigration und Anpassungsschwierigkeiten

I. Didaktische Überlegungen

Die Stunde verfolgt primär das Globalziel, die Andersartigkeit von Gastarbeitern durch das Aufzeigen der spezifischen Entstehungsbedingungen zu verdeutlichen. Grundsätzlich soll hiermit Vorurteilen entgegengewirkt und eine differenzierte Betrachtungsweise angestrebt werden, die im affektiven Bereich einer vorschnellen Negativbeurteilung vorbeugt und die Bereitschaft weckt, sich einer solchen Entwicklung entgegenzustellen. Das Aufzeigen der großen Anpassungsschwierigkeiten, denen sich Gastarbeiter in der BRD ausgesetzt sehen, hat hauptsächlich zum Ziel, die außerordentlichen menschlichen Probleme darzulegen, die daraus für den einzelnen resultieren. Diese emotional belastende Situation kann nicht allein durch eine vorwiegend rationale Beweisführung für die Schüler vorstellbar werden. Bei der Erarbeitung der Lernziele bietet sich deshalb eine Vorgehensweise an, die sich an dem konkreten Schicksal eines Gastarbeiters orientiert. In Form eines Berichts, der die verschiedenen Stationen eines Emigranten erfaßt, könnten alle Teilaspekte der Lernziele dargestellt und von den Schülern erarbeitet werden. Zur weiteren Veranschaulichung wäre vor allem der Einsatz von audiovisuellen Medien zu prüfen.

II. Lernziele

1. LZ: Die Schüler sollen wissen, daß Arbeitslosigkeit und niedrigere Löhne in den Heimatländern der Gastarbeiter die Hauptursachen für die Auswanderung sind.

2. LZ: Für Gastarbeiter bedeutet die Situation in Deutschland eine erhebliche Veränderung ihrer bisherigen Lebensführung. Der Schüler soll die größten Schwierigkeiten kennen, denen ein Gastarbeiter hier begegnet (Trennung von Familie, Freunden, Sprache, ungewohnte Industriearbeit).

3. LZ: Am Beispiel der Arbeitsbedingungen soll der Schüler erkennen, daß die Gastarbeiter in der BRD eine enorme Anpassungsleistung erbringen müssen. Der Schüler soll angeben, welche Merkmale eines industriellen Arbeitsplatzes für einen Gastarbeiter unbekannt sind.

(29) Unterrichtsbeispiel zum Thema ,,Informieren und Manipulieren" für das vierte Grundschuljahr (Sachunterricht). Die didaktischen Überlegungen sollen in eine Aufgabenanalyse umgewandelt werden:

Massenmedien werden von Kindern der vierten Grundschulklasse nur in Ausnahmefällen zur politischen Informations- und Meinungsbildung genutzt. Dies zu ändern, kann nicht Ziel dieser Unterrichtseinheit sein; das wäre dem Alter der Kinder unangemessen. Wohl aber kann eine Sensibilisierung bzw. Bereitschaft zur kritischen Distanz gegenüber dem Informationsangebot der Massenmedien angestrebt werden. Der Glaube an die Richtigkeit und Wahrheit dessen, was in Schrift, Ton und Bild berichtet wird, soll relativiert und Grundlage für eine später selbständige politische Urteilsbildung gelegt werden. Es soll ein Anfang gewagt werden, an den zukünftiger Unterricht zum Thema ,,Politische Information" im Sinne eines Spiralcurriculums anknüpfen kann.

Zusammenfassend können als *Lernziele* genannt werden:

Das Interesse der Schüler an den Informationsmöglichkeiten, wie sie ihnen die Massenmedien (Presse, Rundfunk, Fernsehen) täglich anbieten, soll geweckt werden. Die Schüler sollen erkennen, daß

— Massenmedien nicht nur der Unterhaltung, sondern auch zur Information dienen können,

— von Massenmedien übermittelte Informationen nicht die Wirklichkeit wiedergeben, sondern eine durch die persönliche Einstellung des Informanten gefärbte Erklärung der Wirklichkeit,

— daher nicht die kritiklose Übernahme von Informationen, sondern eine vorsichtige Distanz gegenüber Nachrichten und Berichten angebracht ist.

(Lösungsvorschläge und Nachweise unten S. 288 ff.)

4. Planungsaufgaben II: Methodenplanung

Die zweite Gruppe von Planungsaufgaben nennen wir ,,Methoden-planung'' und meinen damit die Handlungsplanung, die erforderlich ist, wenn ein Ziel erreicht werden soll. Um die Vorstellung einer strikten Trennung von Didaktik und Methodik zu vermeiden, wie sie früher einmal unter dem Einfluß der bildungstheoretischen Didaktik verbreitet war, betonen wir die Verflechtung der Planungsaufgaben in beiden Gruppen hinüber und herüber. Wir haben diese Verflechtung durch die Planungsaufgabe ,,Bestimmung des Implikationszusam-menhanges'' konstruktiv berücksichtigt.

Im folgenden werden die Planungsaufgaben der Methodenplanung wie im vorhergehenden Kapitel in getrennten Studieneinheiten ent-wickelt.

4.1 Zugangsweisen

Durch didaktisches Handeln wird eine Beziehung zwischen Lerngegenständen und den Lernenden hergestellt. Das Problem des schulischen Lernens besteht jedoch darin, daß in vielen Fällen der Gegenstand nicht unmittelbar zugänglich ist. Folglich muß er in der Lernsituation in irgendeiner Form „vergegenwärtigt" werden, damit eine Beziehung zwischen ihm und den Lernenden möglich wird. Die Absicht ist, den Lernenden einen Zugang zu dem Gegenstand zu eröffnen. Die Planungsaufgabe besteht darin, zu überlegen, welche Zugangsmöglichkeiten geschaffen werden können.

4.1.1 Begriffsklärung

Gebräuchlicher als „Zugangsweisen" ist in der Didaktik der Begriff „Medien". Wir nennen die Planungsaufgabe jedoch nicht so, weil „Zugangsweisen" besser die Aufgabe bezeichnet: Unterrichtsarbeit setzt voraus, daß der Lerngegenstand in der Lernsituation in irgendeiner Weise anwesend ist; der Lehrer muß ihn also den Lernenden „zugänglich" machen. Dazu werden Medien benötigt. Während „Medien" die Objekte bezeichnet, welche den Lerngegenstand vermitteln, nennt „Zugangsweisen" die Funktion, welche die Medien im Unterricht erfüllen.

Die Bezeichnung haben wir in Anlehnung an Klafki gewählt. Er nennt die Planungsaufgabe „das Problem der Zugänglichkeit bzw. Darstellbarkeit . . . der Thematik bzw. einzelner ihrer Momente und Teilzusammenhänge."[1] Das darf jedoch nicht auf die Frage nach dem „Einstieg" verengt werden. Gewiß eröffnet der Einstieg einen Zugang zur Thematik oder zum Lernbereich; aber die Aufgabe ist universell: Alles, was im Verlauf eines Lernprozesses an Inhaltlichem auftritt, muß „zugänglich" gemacht werden: durch Symbole, Bilder oder Handlungen. Insofern ist die Planungsaufgabe während des Unterrichts allgegenwärtig.

Klafki hebt hervor, daß diese Planungsaufgabe in zwei Aspekte ausdifferenziert werden kann, die er mit den beiden Begriffen „Zugänglichkeit" und „Darstellbarkeit" andeutet.

,, ,Zugänglichkeit' bezeichnet das subjektive Moment, ,Darstellbarkeit' das objektive Moment der unterrichtlichen ,Vermittlungsproblematik' . . .‟[2].

Wenngleich diese Unterscheidung nur gedanklich vollzogen werden kann, so ist sie doch hilfreich, um die Bedingungen für einen gelingenden Zugang entdecken zu helfen. Richtig ist ja, daß es zu den Aufgaben des Lehrers gehört, ,,den Schülern einen adäquaten Zugang zu den zu bearbeitenden Sachverhalten zu ermöglichen‟[3]. Aber ob das gelingt, hängt von zwei *Bedingungen* ab: Der Gegenstand muß a) ,,adäquat‟ vergegenwärtigt werden, — das bezieht sich auf seine Darstellung oder Repräsentation; und b) die Lernenden müssen so beschaffen sein, daß sie ihn ,,adäquat‟ auffassen können, — das bezieht sich auf die Wahrnehmungs- und Verständnisbedingungen bei den Lernenden. Wir unterscheiden daher *Repräsentation* (Vergegenwärtigung) und *Wahrnehmung* (Perzeption) als die zwei Seiten der unterrichtlichen Vermittlungsproblematik.

Repräsentation: Sie ist vor allem Darstellung von etwas Wirklichem in medialen Zeichensystemen. J. Bruner unterscheidet drei Stufen der Repräsentation:

— enaktive Repräsentation: sie geschieht durch ,,wortlose‟ Handlungen;
— ikonische Repräsentation durch Bilder;
— symbolische Repräsentation durch Wörter und Sprache oder durch andere Zeichen.[4]

Wahrnehmung: Sie ist nicht als passive Rezeption oder Widerspiegelung im Bewußtsein zu verstehen, sondern als aktiver Vorgang. Wahrnehmung vermittelt eine ,,durchstrukturierte Umweltinformation‟, wobei die Strukturierung als Leistung des wahrnehmenden Subjektes angesehen werden muß: Sie erfolgt aus dem ,,individuellen Gedächtnisbesitz (Erfahrung)‟[5]. Wahrnehmung ist also geprägt von subjektiven Bedingungen, die aber nicht vorschnell als Lernvoraussetzungen im Sinne einer Bedingungsanalyse relativiert werden dürfen, d.h. nicht als Einschränkungen verstanden werden sollten, die überwunden werden müssen. Vielmehr haben sie generell als die individuelle Komponente des Wahrnehmungsvorganges zu gelten.

Da Medien Tätigkeiten ermöglichen und verlangen, hat die Planungsaufgabe ,,Zugangsweisen‟ auch eine enge Beziehung zu den Methoden (,,Arbeitsweisen‟). Diesen Zusammenhang stellt die

Abb. 23: Modi der Repräsentation und Methoden

Repräsentations-modi[2]	Kategorien von Verhaltensweisen, durch die Information gewonnen werden kann (= Modi der Erfahrung)		Methodische (= techno logical) Realisationen
enaktiv	Handlungslernen	Lernen durch Tun / Gelenktes Tun	Strukturierte Umwelt Labor-Experiment Simulation Lernspiele Lehrautomaten
ikonisch	Beobachtungslernen	Lernen durch Vergleich / Vorführung Darstellung	Filme und Animationen Demonstrationen Modellierungen
symbolisch	Lernen d. Gebrauch v. Symbol-Systemen bes. Sprache	Lernen durch Kommunikation / Belehrung	Gedrucktes Zeichnungen Diagramme Modelle Graphiken Karten

Nach Olson und Bruner, bei *Theodor Schulze:* Methoden und Medien der Erziehung, München: Juventa 1978, S. 89 (gekürzt).

Abb. 23 her. Dabei erweist es sich, daß es fließende Übergänge zwischen ,,Medien" und ,,Methoden" gibt, wie ja z.B. der Lehrervortrag sowohl medial als auch methodisch klassifiziert werden kann.

Literatur

1 *Wolfgang Klafki:* Zur Unterrichtsplanung im Sinne kritisch-konstruktiver Didaktik. In ders.: Neue Studien zur Bildungstheorie und Didaktik. Beiträge zur kritisch-konstruktiven Didaktik, Weinheim: Beltz 1985, S. 225.
2 ebenda S. 214.
3 *Horst Dichanz, Karin Mohrmann:* Unterrichtsvorbereitung. Probleme,Beispiele, Vorbereitungshilfen, 4. Aufl., Stuttgart: Klett 1980, S. 103.
4 *Heinz Moser:* Didaktisches Planen und Handeln, München: Kösel 1978, S. 82 f.
5 *Anton Hajos:* Art. ,,Wahrnehmung". In: Handbuch psychologischer Grundbegriffe, hrsg. Theo Herrmann u.a., München: Kösel 1977, S. 531.

4.1.2 Adäquate Repräsentation

Der Begriff ,,Repräsentation'' erfaßt die objektive Seite der Planungsaufgabe ,,Zugangsweisen'': die Wiedergabe eines Bestandteils der Wirklichkeit durch einen Repräsenanten.

Zur Definition: ,,Repräsentant ist hier der Vertreter eines selbst nicht anwesenden, sinnlich wahrnehmbaren originären Unterrichtsgegenstandes (des Fernen, zu großen, zu kleinen, nicht zur Verfügung stehenden) oder der prinzipiell nicht sinnlich wahrnehmbaren Sachverhalte (der Begriffe, psychischen Merkmale, des Zukünftigen, Phantasierten, Transzendenten)''[1].

Wir verändern diese Definition jedoch insofern, als wir auf die Funktion der Vergegenwärtigung abheben und von einer Vergegenständlichung des nur gedanklich Vorhandenen sprechen. Wichtig ist dabei, daß Repräsentant und Repräsentiertes nur in seltenen Fällen gestaltähnlich sind, am ehesten noch in Form der Abbildung. Wird ein Gegenstand verbal repräsentiert, also durch Sprechen oder durch Texte, dann stellt sich das Problem, inwieweit er trotz der Umsetzung in ein Zeichensystem *adäquat* repräsentiert wird.

Das Kriterium ist die *Isomorphie*, d.h. die strukturelle Ähnlichkeit von Repräsentant und Repräsentiertem.[2] Man darf jedoch keine Abbildähnlichkeit erwarten; Isomorphie zielt auf die Frage, ob in dem Medium (z.B. Text) die für das Repräsentierte wesentlichen Strukturelemente so erfaßt werden, daß diese als Information zum Rezipienten transportiert werden und ihm dadurch die *Bedeutung* des Objektes vermitteln.

Für den politischen Unterricht stellt dieses Kriterium der Isomorphie ein besonderes Problem dar. Einerseits liefert es eine fruchtbare heuristische Fragestellung, weil sie anregt zu prüfen: Welche Art von Wirklichkeit wird durch das Medium repräsentiert — also vollständig, fragmentarisch, vereinfacht, komplex, realitätsnah oder konstruiert (fiktiv)? Andererseits stellt sich durchaus die Frage, ob die Wirklichkeit ein eindeutiger Bezugspunkt für die Prüfung der Adäquatheit ist. Wirklichkeit ist uns fast ausschließlich nur medial vermittelt zugänglich. Folglich ist sie selber eine ,,Konstruktion'', die einen Rückgang auf eine Art ,,Ding an sich'' sehr erschwert. Beispielsweise sind Ereignisse das, was in Nachrichten als Ereignisse definiert wird. Und auch das Einordnen von Ereignissen in wissenschaftliche Begriffssysteme ist nicht zwingend eindeutig,sondern mit Deutungen verbunden, z.B. wenn das Schließen eines Einzelhandelsgeschäftes als „Konzentration" oder als „sozialer Wandel" bezeichnet wird.

Der Bezug zur Wirklichkeit hat daher in dem vorliegenden Zusammenhang vor allem eine regulative Funktion. Er ermöglicht es dem Lehrer, den Realitätsgehalt einer spezifischen medialen Vermittlung zu prüfen an seiner, aus anderen Informationsquellen und durch wissenschaftliche Aussagen generalisierten Vorstellung von gesellschaftlicher Realität.

Dieser Prozeß der Prüfung und Reflexion, den das Kriterium der Isomorphie in Gang setzt, soll an einem Beispiel erläutert werden.

Wir nehmen an, daß ein Lehrer das Thema „Hausbesetzungen" anhand eines Falles bearbeiten lassen will. Der von ihm gewählte Fall wird durch zwei verschiedene Texte repräsentiert. Er überlegt nun, welchen von beiden er als Unterrichtsmaterial auswählen soll.

(1) „Das Haus Jüdenstraße 35 in Göttingen ist von einer Anlageberatungsgesellschaft aus Wiesbaden aufgekauft worden, zusammen mit einem dahinterliegenden Schulgebäude, das ebenfalls besetzt ist (. . .) Die Gebäude waren seit einem halben Jahr leer, obwohl in Göttingen akute Wohnungsnot herrscht (geschätzter Fehlbestand: etwa 5000 Wohnungen). Betroffen sind vor allem die sozial Schwächeren, zu denen man in der Universitätsstadt viele der 25 000 Studenten rechnen muß. Zwar dürfen Wohnhäuser weder leerstehen, umgewandelt oder abgerissen werden, so ist es in einer ‚Zweckentfremdungsverordnung' festgeschrieben, aber die ist nur Papier. Nur selten wird solche Mißwirtschaft von den Behörden geahndet.

In der Jüdenstraße soll demnächst das komfortable ‚Stadtquartier Atlantik' entstehen — 43 Eigentumswohnungen, vom Ein-Zimmer-Appartement bis zur Maisonettewohnung. Finanziert wird das Projekt von Leuten, die von Wohnungssorgen nichts wissen. Legen sie ihr Geld hier an, sparen sie auch noch reichlich Steuern, da hilft der Staat. (. . .)

Am 12. Dezember 1980 wurde das Haus von Schülern, Lehrlingen und Studenten mit der Parole ‚Lieber Instandbesetzer als Kaputtbesitzer' gestürmt."[3]

(2)„Am 12.12.1980 besetzt eine ca. 50 Personen umfassende Gruppe in einem Handstreich das über 100 Jahre alte, seit 1/2 Jahr leerstehende Wohnhaus, Jüdenstraße 35 und gleichzeitig eine alte ungenutzte Schule (Prager Schule), die in ein Kommunikationszentrum umgewandelt wird. Eigentümerin der besetzten Gebäude und Grundstücke ist die Wiesbadener Treuhandgesellschaft Orbi Grund und Boden GmbH mit der Tochterfirma Dr.-Voss-Gruppe. Sie beabsichtigt, nach Abriß der Gebäude auf den Grundstücken Luxuswohnungen (Verkaufspreis ca. DM 360.000,00) zu errichten. Für die Schule wurde bereits die Abrißgenehmigung erteilt. Am 13.12.1980 erstattete die Dr.-Voss-Gruppe Anzeige wegen Hausfriedenbruch. In der Silvesternacht 1980/81 kommt es zu schweren Krawallen; als Verursacher werden die Hausbesetzer der Jüdenstraße 35 angesehen. Vermittlungsversuche von Göttingens Oberbürgermeister, dem Oberstadtdirektor und anderen Vertretern der Stadtverwaltung sowie der Kirche schlagen fehl; ein Einvernehmen zwischen Hausbesitzer und Hausbesetzern ist nicht herzustellen."[4]

Der Vergleich beider Texte, die dasselbe Ereignis behandeln, ergibt, daß der erste im Unterschied zum zweiten die Wiedergabe der Fakten mit Wertungen vermischt und daß der zweite hinsichtlich der Fakten vollständiger als der erste ist. Wir fragen jedoch nach der strukturellen Übereinstimmung. Wenn man den Sachverhalt als Ereignis auffaßt, dann ergibt sich, daß in Text 2 Isomorphie vorliegt (Darstellung als Ereignisfolge), in Text 1 nicht (Unvollständigkeit). Andererseits: Aus Text 1 geht eindringlicher hervor, was die Ursache des Ereignisses ist (unerträglicher Zustand). Man könnte sagen: Der Text 1 stellt das Problem dar, weniger das Ereignis.

Hinsichtlich der Isomorphie stellt sich demzufolge die Frage nach der Definition der dem Repräsentanten zugrundeliegenden Realität. Je nach Erkenntnisinteresse ist sie Ereignis oder Problem, und danach, also nach der Definition der Realität, bemißt sich der Grad der Isomorphie.

Freilich ist mit dieser Überlegung nicht gemeint, daß die Realität auseinanderfällt in standpunktbedingte Blickweisen. Der Fall ,,Jüdenstraße 35" ist sowohl Ereignis als auch Problem. Die didaktische Frage ist jedoch hier: Soll der Repräsentant das Ereignis so vergegenwärtigen, daß die Lernenden das Problem selber erarbeiten können, oder soll der Repräsentant auch das Problem vermitteln?

Aus diesen Überlegungen ergeben sich die *Schlüsselfragen*, welche bei der Unterrichtsvorbereitung helfen können.

— Wozu (zu welcher Dimension, Schicht u.ä.) soll der Repräsentant den Zugang eröffnen — wird durch ihn der Zugang eröffnet?
— Wird der intendierte Sachverhalt adäquat repräsentiert?

Literatur

1 *Jürgen Grzesik*: Unterrichtsplanung, Heidelberg: Quelle & Meyer 1979, S. 170.
2 *Bernhard Claußen*: Medien und Kommunikation im Unterrichtsfach Politik, Frankfurt: Diesterweg 1977, S. 93.
3 Stern Nr. 7/1981; zit. nach *Walter Gagel, Wolfgang Hilligen, Ursula Buch*: Sehen Beurteilen Handeln, Arbeitsbuch für den politischen Unterricht für Kl. 7 - 10, Neubearbeitung, Frankfurt: Hirschgraben 1984, S. 126.
4 *Gotthart Breit, Hermann Harms*: Hausbesetzungen. Unterrichtsplanung mit Lerngegenständen unterschiedlicher Inhaltsstruktur. In: Gegenwartskunde 30 (1981) H. 4, S. 548 f.

4.1.3 Bedingungen der Wahrnehmung

Die subjektive Seite der Planungsaufgabe „Zugangsweisen" ist die Wahrnehmung. „Subjektiv" meint, daß das, was wahrgenommen wird, nicht nur von der Beschaffenheit des Repräsentanten abhängt, sondern auch von den Bedingungen der Wahrnehmung im Subjekt selber. Allgemein gilt, daß jede Wahrnehmung sich nicht als bloße Aufnahme von Informationen vollzieht (passive Rezeption), sondern angesichts deren Fülle in der Selektion, Verarbeitung und Reduktion dieser Informationen durch das Subjekt besteht (aktives Sehen).[1]
Wir können sagen: Das Wahrgenommene wird vom Rezipienten gestaltet durch

— seine *Intention*, also die Aufmerksamkeitsrichtung,
— durch Zuordnung zu *Wissen*, also zu Begriffen und durch Einordnung in vorhandene kognitive Schemata,
— durch Aktivierung von im Gedächtnis gespeicherten konkreten *Erlebnissen*.

Das bedeutet, daß Wahrnehmung immer individuell geprägt ist, daß sie aber auch durch Lernen verändert, verbessert werden kann. Folglich ist diese subjektive Seite der Zugangsweisen nicht nur ein Problem der Bedingungsanalyse, wenngleich diese in der Vorbereitung auf die Planungsaufgabe eine wesentliche Rolle spielt. Sondern wir haben es mit zwei Merkmalen zu tun: sowohl mit der

— Lernbarkeit der Wahrnehmung (Gesichtspunkt: Lernbedingungen) als auch mit der
— Individualität der Wahrnehmung (Gesichtspunkt: Perspektive der Schüler).

Als Beispiel dient wieder der Unterricht über „Hausbesetzungen". Die Schüler haben mehrere Texte der folgenden Art erhalten:

Ottos Geschichte: „Ich bin ein freier Schriftsteller und Lyriker. Davon kann ich mich aber nicht ernähren. Deshalb gelte ich in den Augen der meisten als Arbeitsloser. Ich hab' mal Kunst und Sozialpädagogik studiert. Ich wollte Lehrer werden, aber damit habe ich aufgehört. Die Widersprüche waren zu groß. Ich kann diese Leute nicht auf ein System bringen, das ich hasse.
Hier im Haus habe ich von Anfang an ein gutes Gefühl gehabt. Das ist meine Vorstellung vom Leben. Gemeinsam lieben, leben und arbeiten. Wir können einfach aufeinander zugehen ohne diese Mauern, die draußen überall sind. Alle wollen ein herrschafts-

loses Leben ohne Unterdrückung führen. Wir werden kriminalisiert, nur weil wir uns verwirklichen wollen. Nur, weil wir zufällig gegen ein paar Gesetze verstoßen, die sich irgendwelche Greise ausgedacht haben. Das ist eine Frechheit. Ich akzeptiere Gesetze nur dann, wenn sie von allen für gut befunden werden.
Durch Gewaltandrohung lasse ich mich nicht zum Untertan manipulieren. Ich bin Kriegsdienstverweigerer, aber die letzten Reste von Pazifismus sind bei mir spätestens seit Gorleben verschwunden. Das Haus ist total mein Ding. Das darf mir niemand wegnehmen, sonst kracht's".[2]

Es handelt sich hierbei um die Wiedergabe von Interviews mit einzelnen der Hausbesetzer Jüdenstraße 35. Ein Lehrer machte im Unterricht folgende Erfahrung:

,,5. Stunde: Auswertung der Äußerungen dreier Hausbesetzer aus Göttingen mit dem Ziel, sich besser in deren Lage versetzen und ihr Handeln besser nachvollziehen zu können.
Es stellte sich jedoch erneut heraus, daß die geistigen Barrieren beim Verständnis der Hausbesetzer nicht wesentlich abgebaut werden konnten; nur von einer Minderheit von Schülern wurde die Meinung geäußert: ,Ich kann mir schon gut vorstellen, was in den Beteiligten in einer solchen Situation vorgeht'. Das Ziel der Empathie war also nur zu einem geringen Teil erreicht. . .
Was war zu tun?
Aus der immer wieder geäußerten Meinung der Schüler, sich in die Lage und Gedanken und Gefühle der Personen, die an einer Haubesetzung beteiligt sind, nicht hineinversetzen zu können, entstand der Gedanke an ein Planspiel. Zwar hatten die Schüler keine Erfahrungen mit dieser methodischen Variante des Politik-Unterrichts, doch waren sie nach einigen einführenden Erläuterungen sehr interessiert, einige auch — auf einer oberflächlichen Ebene — begeistert (,endlich mal action')."[3]

In den vorhergehenden Stunden gelang die Analyse des ,,Falles" nur unvollkommen, weil die Schüler das Verhalten der Konfliktparteien (vor allem der Hausbesetzer) nicht deuten konnten. Der Lehrer zog daher die Selbstdarstellung der Hausbesetzer heran. Diese Texte waren demnach Repräsentanten der Empfindungen und Meinungen der Hausbesetzer und entsprachen in dieser Hinsicht dem Kriterium der Isomorphie. Dessenungeachtet sagten sie den Schülern in der Stunde nichts. Diese konnten den Inhalt nicht mit eigenen Erlebnissen verbinden; innerhalb ihrer Umwelt, einer ländlichen Mittelstadt, waren die beschriebenen Verhaltensweisen etwas Fremdes.
Der Lehrer nahm daraufhin einen Wechsel des Repräsentationsmodus (s. Abb. 23, oben S. 168) vor: Die symbolische Repräsentation war mißlungen, er wählte jetzt die enaktive Repräsentation (Rollen- oder Planspiel). Der Erfolg stellte sich ein: Die Schüler erhielten einen Zugang zu den am Ereignis beteiligten Personen. ,,Es zeigte sich,

daß die Schüler in und mit dem Planspiel Einsichten gewonnen hatten, die ihnen während des vorherigen ‚normalen' Unterrichts fast völlig verschlossen geblieben waren."[4]

Von den oben (S. 172) genannten Faktoren der Wahrnehmung war bei den Schülern die *Intention* sicherlich vorhanden, nämlich die gerichtete Aufmerksamkeit. Sie konnten aber das in den Texten Repräsentierte nicht mit eigenem, vorher erworbenen *Wissen* in Verbindung bringen, und noch weniger war es möglich, frühere *Erlebnisse* zu aktivieren, durch welche die sprachlichen Symbole mit Realität und dadurch mit Leben gefüllt werden können. Dadurch waren aber die erforderlichen *Bedingungen der Wahrnehmung* nicht erfüllt.

Das Beispiel zeigt, daß auch die subjektive Seite der Zugänglichkeit, also die Wahrnehmung und ihre Bedingungen, geprüft werden muß, wenn ein Unterrichtsgegenstand durch einen Repräsentanten vergegenwärtigt werden soll. Diese Prüfung kann mit Hilfe der *Schlüsselfrage* erfolgen:

— Haben die Schüler für den gewählten Repräsentanten (das gewählte Medium) eine adäquate Wahrnehmungs*bereitschaft* und Wahrnehmungs*fähigkeit*?

Literatur

1 *Anton Hajos*: Art. ,,Wahrnehmung". In: Handbuch psychologischer Grundbegriffe, hrsg. Theo Herrmann u.a., München: Kösel 1977, S. 537.
2 Stern Nr. 7/1981, zit. nach *Gotthard Breit, Hermann Harms*: Hausbesetzungen. Unterrichtsplanung mit Lerngegenständen unterschiedlicher Inhaltsstruktur. Gegenwartskunde 30 (1981), H. 4, S. 559.
3 *Andreas Unger*: Das Thema ,,Hausbesetzungen" in der Provinz. Werkstattbericht über die Durchführung einer Unterrichtsreihe im Gemeinschaftskundeunterricht einer 11. Klasse. Gegenwartskunde 32 (1983), H. 3, S. 345.
4 ebenda S. 347.

4.1.4 Didaktische Kriterien

Bei der Repräsentation von Thematik und Lerngegenständen müssen folgende didaktische Gesichtspunkte beachtet werden:

Bevorzugung der konkreten Erkenntnisebene. In Band I haben wir die Unterscheidung gemacht zwischen einer konkreten und einer abstrakten Erkenntnisebene.[1] Ereignisse und Personen ordnen wir der ersten, Institutionen und Strukturen der zweiten zu. Der Fall der Hausbesetzung Jüdenstraße 35 gehört folglich zur konkreten Erkenntnisebene.

Wir empfehlen, die konkrete Erkenntnisebene im politischen Unterricht als Zugang zu bevorzugen, weil sie die größere Nähe zur subjektiven Erfahrung aufweist. Politik soll dort aufgespürt werden, wo sie etwas für den einzelnen oder für Gruppen der Gesellschaft bedeutet, weil man Wirkungen spürt oder aktiv sein kann: also bei den Ereignissen. Politik erhält dadurch einen Lebensbezug. Die Verwandlung des Wohnungsbestandes, wie sie an dem Fall aus Göttingen sichtbar wird, bleibt für sich genommen abstrakt; am Ereignis ist jedoch nicht nur das Faktum, sondern auch die Wirkung auf die Betroffenen zu erfassen.

Die Bedeutung der konkreten Erkenntnisebene wird besonders an den beiden Gruppen der fachdidaktischen Valenz sichtbar (s. oben S.98ff.). Soziales Lernen entnimmt seine Themen der Mikrowelt, infolgedessen ist ein konkreter Zugang bei Ereignissen und Situationen mit Erfahrungsnähe in der Regel gegeben. Für das politische Lernen hingegen, das sich auf Themen der Makrowelt richtet, ist es charakteristisch, daß ein Zugang durch Erfahrungsnähe meist nicht gegeben ist; er muß daher so hergestellt werden, daß die Wahrnehmungs-*fähigkeit* der Schüler nicht überfordert wird.

Beispiele für beide Themenarten führt Engelhardt an, indem er zwischen ,,Fall" und ,,Realsituation" unterscheidet[2]:

,,So ist es . . . für die Unterrichtspraxis ein ganz erheblicher Unterschied, ob das zu untersuchende Problem heißt ,,Autoritäre Strukturen in unserer Gesellschaft, dargestellt an dem Fall des Internats XY", wobei sich die Analyse auf die von Massenmedien vermittelten Informationen zu eben diesem Fall stützt; oder ob das Problem heißt ,,Autoritäre Strukturen in unserer eigenen Schule", wobei eben kein einzelner, herausragender Fall (Konflikt oder Skantal) im Mittelpunkt steht, sondern die Summe der tagtäglich von Lehrern und Schülern praktizierten Verhaltensweisen, die, als einzelne betrachtet, kaum ins Auge fallen und der Reflexion nicht bedürftig scheinen.

Hier liegen keine schriftlichen Informationen vor wie bei der Fall-Analyse; hier ist die unmittelbare Lebenswirklichkeit Informationsquelle selbst, die mit Hilfe von Beobachtungsaufträgen, Interviewtechniken, Reflexion eigener und fremder Verhaltensweisen und nicht zuletzt selbständig zu organisierender Lernprozesse aufzuschließen ist."

Im ersten Beispiel wird der Zugang zu dem abstrakten Thema durch einen „Fall" eröffnet, der wahrscheinlich durch Zeitungsberichte dokumentiert wird. Im zweiten Fall kann auf die Alltagserfahrung zurückgegriffen werden; der Zugang muß nicht eigens hergestellt werden. Für beide Beispiele trifft jedoch zu: Über die konkrete Erkenntnisebene erhalten die Lernenden einen Zugang zu dem eigentlichen Thema, den allgemeineren Problemen oder abstrakten Strukturen der Gesellschaft und der Politik.

Hier berührt sich die Planungsaufgabe „Zugangsweisen" mit der Planungsaufgabe „Strukturierung": Die Besonderung der Thematik kann erfolgen, um einen Zugang über das Konkrete zu eröffnen, — so im ersten Beispiel. Besonderung kennzeichnet dabei den *Planungsvorgang*: Herstellung des Zugangs durch den Lehrer. Demgegenüber geht der *Lernprozeß* in die entgegengesetzte Richtung: Strukturierung als Verallgemeinerung zielt auf die generelle Erkenntnis.

Allgemein gilt für den politischen Unterricht, daß dieser Zugang über das Konkrete nicht allein deshalb gewählt wird, weil er leichter ist (induktives Verfahren), sondern vor allem, weil er die subjektive Bedeutung von Politik erfahrbar macht (Betroffenheit).

Aktivierung. Die Art der Repräsentation soll den Schülern Eigenleistung ermöglichen; das Medium sollte demnach inhaltlich nicht abgeschlossen, sondern offen sein und zu weiterführenden Fragen anregen. Besser ist, das Ereignis aus zwei Quellen erschließen zu lassen als bloß aus einer; die Reportage eines Magazins wie der „Stern" ist kein Dogma. Auch die Kontroverse muß adäquat repräsentiert werden; in der Materialsammlung zu dem Unterrichtsbeispiel findet sich auch die Stellungnahme des Göttinger Oberbürgermeisters und sein eigener biografischer Hintergrund.[3]

Man unterscheidet zwischen Polyvalenz und Monovalenz der Medien.

Polivalent sind Medien, die mehreren Zielen zuzuordnen sind oder in sich mehrere Intentionen enthalten. *Monovalent* sind Medien, die nur für ein Ziel zu verwenden sind.[4]

Demnach ist das Kriterium der bevorzugten Repräsentanten deren Polyvalenz, da durch sie die Komplexität, welche jedem politischen Ereignis und Problem innewohnt, vergegenwärtigt wird. Diese kann auch durch die Kombination mehrerer Repräsentanten gesichert werden.

Interdependenz. Die Repräsentation hat, je nach dem gewählten Medium, einen Einfluß auf die anderen Komponenten des Unterrichts. Dem Bericht über die Unterrichtsreihe ist zu entnehmen, daß der Lehrer zunächst durch die Behandlung des ,,Falls" den Schülern das allgemeine Problem der Gewaltanwendung zur Durchsetzung von Interessen zugänglich machen wollte. Mit dem Wechsel der Repräsentationsform (Planspiel) ergab sich auch ein Wechsel der Zielperspektive; das Ziel eröffnete eine andere Zielperspektive:

,,Durch die Übernahme einer bestimmten Rolle versetzte man sich in die jeweilige Gruppe oder Person, und das Problem, um das es ging, wurde so auf einmal als wichtig erkannt: Subjektive Betroffenheit war hergestellt. Auch das vorher weitgehend verfehlte Ziel der Empathie wurde ,spielend' erreicht. . ."[5]

An diesem Beispiel wird sichtbar, daß eine vielfache Interdependenz die Medien mit den anderen Komponenten des Unterrichts verknüpft: Die Beeinflussung der Zielperspektive, aber auch der fließende Übergang zur *Methode.* Das Medium verlangt oder es *ist* sogar eine bestimmte Arbeitsweise (Planspiel als Methode; vgl. Abb. 23, oben S. 150), das Medium ist ferner eine Gestaltung des *Inhalts*, z.B. die Abgrenzung des Ereignisses von anderem Geschehen durch den verbalen Bericht, die Gliederung des Ablaufes in dem Bericht usw.

Literatur

1 *Walter Gagel:* Einführung in die Didaktik des politischen Unterrichts, Opladen: Leske 1983, S. 46 - 49.
2 *Rudolf Engelhardt* in Protokoll des Lehrgangs 1799 ,,Zur Didaktik der politischen Bildung — Entwicklung und Probleme". Hessisches Institut für Lehrerfortbildung, Fuldatal 1971, S. 57 f.
3 *Gotthart Breit, Hermann Harms:* Hausbesetzungen. Unterrichtsplanung mit Lerngegenständen unterschiedlicher Inhaltsstruktur. Gegenwartskunde 30 (1981), H. 4, S. 559.
4 *Bernhard Claußen:* Medien und Kommunikation im Unterrichtsfach Politik, Frankfurt: Diesterweg 1977, S. 89.
5 *Andreas Unger:* Das Thema ,,Hausbesetzungen" in der Provinz. Werkstattbericht über die Durchführung einer Unterrichtsreihe im Gemeinschaftskundeunterricht einer 11. Klasse. Gegenwartskunde 32 (1983), H. 3, S. 347.

4.1.5 Zusammenfassung und Anwendung

Die Planungsaufgabe ,,Zugangsweisen" ist in zwei Aspekte aufzuschlüsseln, welche zugleich die zwei Seiten eines jeden Medienproblems darstellen:

— Aus der Beziehung des Mediums zur vermittelten Realität ergibt sich die Frage nach der adäquaten *Repräsentation*.
— Aus der Beziehung des Mediums zum Rezipienten der medial vermittelten ,,Botschaft" ergibt sich die Frage nach der adäquaten oder subjektiv modifizierenden *Wahrnehmung*.

Bei der Lösung dieser Planungsaufgabe helfen folgende *Schlüsselfragen*:

1. Wozu (zu welcher Dimension, Schicht, Bedeutung u.ä.) soll der Repräsentant einen Zugang eröffnen — wird durch ihn ein Zugang eröffnet?
2. Wird der intendierte Sachverhalt von dem Repräsentanten adäquat repräsentiert?
3. Haben die Schüler für den gewählten Repräsentanten (Medium) eine adäquate *Wahrnehmungsbereitschaft* und eine adäquate *Wahrnehmungsfähigkeit*?

Bei der Auswahl von Medien und bei der Gestaltung des Zugangs sind folgende Kriterien zu berücksichtigen:

— Bevorzugung der konkreten Erkenntnisebene für den Zugang,
— Ermöglichung von Selbständigkeit der Schüler,
— Beachtung der Interdependenz zu den anderen Komponenten des Unterrichts.

Übungsbeispiele

1. Die Übungen (30) und (31) enthalten *didaktische Texte*, durch welche die Anwendung der Schlüsselfragen zu Repräsentation und Wahrnehmung erprobt werden kann.

   (30) Für eine Unterrichtseinheit zum Thema ,,Es ist so schön Soldat zu sein" wird ein Film auf seine Eignung als Medium untersucht. Unabhängig von der Meinung des Autors: Prüfen Sie bitte die Eignung des Filmes als Zugang zur Thematik mit Hilfe der Schlüsselfragen 1 - 3 (s. oben).

178

,,Es ist so schön Soldat zu sein". Hier handelt es sich um einen Werbefilm für die Bundeswehr von ganz anderer Qualität und Wirkung: Mit einer Fülle von ,,gags", Trickszenen von kabarettistischer Komik und ständig wechselnden filmischen Mitteln spricht er das typische Alltagsverhalten des Jugendlichen an, der durch die Einberufung zur Bundeswehr seine Bequemlichkeiten, seine liebgewordenen Gewohnheiten, Freunde und Freundin und mehr zu verlieren fürchtet. Er weckt den ,,inneren Schweinehund" und verschweigt nicht, daß das Leben als Soldat keineswegs ,,schön" ist, sondern unbequem, anstrengend und nicht ungefährlich ist. Auf diese Weise will er die psychologische ,,Schwellenangst" (vor dem Kasernentor) bewußtmachen und abbauen.

Mit großer Wahrscheinlichkeit kann der Lehrer damit rechnen, daß dieser Film ,,ankommt" und daß die Tendenz von den Schülern auch ohne medienkritische Schulung schnell erkannt wird. Der Vorzug dieses Filmes liegt vielleicht gerade in seiner bewußten Einseitigkeit, weil er das Recht auf Kriegsdienstverweigerung nur beiläufig als nicht relevant erwähnt. Der Mangel als Werbefilm besteht darin, daß nicht deutlich wird und nach einmaligem Ansehen deshalb auch nicht im Bewußtsein hängenbleibt, warum die Bundeswehr überhaupt wirbt. Er zeigt weder die Aufgaben der Bundeswehr noch die reale Bedrohung der Bundesrepublik, trägt also wenig dazu bei, die im ,,Wehrkundeerlaß" geforderte Einsicht in die Notwendigkeit einer bewaffneten Verteidigungsmacht zu erreichen. Gleichwohl wird ein Lehrer, der grundsätzlich dieser Tendenz zuneigt, diesen Film als einen geeigneten Einstieg nutzen können.

(31) In einer Unterrichtsreihe über das Thema ,,Jugendarbeitslosigkeit" versucht ein Lehrer vergeblich, den Schülern mit Hilfe einer Karikatur auf einem Plakat den Sachverhalt ,,Lehrstellenboykott" nahezubringen. Prüfen Sie bitte, welche *Bedingungen der Wahrnehmung* (s. oben S. 172) erfüllt bzw. nicht erfüllt sind.

,,Das erste Plakat, welches den BDI-Präsidenten Schleyer mit Stempeln anstelle von Füßen zeigt, mit denen er Massen von jugendlichen Arbeitslosen mit ,Lehrstellenboykott' und ,Arbeitslos' abstempelt, sagte den Schülern anscheinend wenig. Es stellte sich erst nach einigem Nachfragen heraus, daß sie den Begriff ,Boykott' nicht kannten . . .''

2. Prüfung von *Unterrichtsmaterialien* als Medien mit Hilfe der Fragen 1 - 3 auf S. 178:

(32) Jugendarbeitslosigkeit

Die Lage verschärft sich in den kommenden Jahren dramatisch, wenn die geburtenstarken Jahrgänge 1953 bis 1970 die Schulen und Universitäten verlassen. Die Angehörigen dieser sogenannten demographischen Welle, der erst die Pille Einhalt gebot, werden laut Nürnberger Analyse ,,insgesamt weniger

Bildungschancen haben als die Generationen davor, aber auch weniger Chancen als die Generationen danach". Zu den „chancengeminderten Schulabgangsjahrgängen" zählen bei Hauptschülern die Geburtsjahrgänge 1962 bis 1972. Bei Realschülern die von 1960 bis 1970, bei den Gymnasiasten trifft es vor allem die Jahrgänge 1957 bis 1967.

Bis 1985 wird die Zahl derer, die eine Berufstätigkeit beginnen werden, um rund 1 Million größer sein als die der ausscheidenden Rentner. Auf dem Höhepunkt der demographischen Welle werden es statt 750 000 Schul- und Universitätsabsolventen im Jahr 1975 beispielsweise rund 1,1 Millionen 1984 sein. Nach Berechnungen der Bundesanstalt für Arbeit sind mittelfristig 350 000 Ausbildungsplätze in Betrieben und Hochschulen zusätzlich vonnöten.

Andernfalls, so der Ökonom Gerfin, „wird Jugendarbeitslosigkeit großen Ausmaßes mittelfristig zum vermutlich unlösbaren Problem". Ein Viertel eines jeden Schulabgänger-Jahrganges müßte sich ohne eigenes Verschulden mit Unterqualifizierung abfinden. (Generation der Überzähligen — Jugendarbeitslosigkeit in Deutschland. In: Der Spiegel vom 19. April 1976).

(33)   Aus dem Interview eines Nichtseßhaften:

Und im Asyl, die kucken einen an wie den letzten Dreck. Kommt man schon an die Pforte hin, wie Ungeziefer kommt man sich vor, wie Ungeziefer. Ich geh in die Küche rein. Also, das ist der verkehrte Ausdruck, das ist nicht Küche, das ist der Speisesaal. Da geht man in den Speisesaal rein und möcht was essen. Wenn man Hunger hat, ist das doch ganz normal. (Die Marktlage ist im Augenblick doch beschissen, das weiß jeder, braucht man niemanden zu erzählen.) Und wenn man da reinkommt in den Speisesaal und will was zu essen, die kucken einen an genau wie die Graukittel an der Pforte: Was bist du, du Parasit! Friß! Ungefähr so.

So lieblos alles. Nicht daß mal was freundlich ist. Es kann ja vorkommen, daß die keine gute Laune haben, das passiert jedem Menschen, aber nicht jeden Tag. Alles so lieblos, da kriegt man das Essen hingeschmissen wie ein Aussätziger: Kommen Sie nicht so nah! So ungefähr. Kommen Sie nicht so nah! Kommen Sie ja nicht so nah an die Essensausgabe! Sie könnten mich vielleicht anstecken, ne?

Da kriegt man dann den Scheißdreck hingeschmissen. Und ich bin großgewachsen, hab auch einen guten Hunger, das geb' ich zu. Beim erstenmal kriegt man schon den Schock mit, wie einem das Essen hingeschmissen wird, da vergeht einem schon der Appetit. Und wenn dann Leute, die noch im besten Alter sind, noch einen Nachschlag haben wollen, dann ungefähr abserviert werden: Hau ab, geh erst mal arbeiten! Nicht alles, daß sie einem sagen: Du Stinktier, jetzt hast du gefressen, jetzt willst du auch noch Nachschlag holen!

Ich hab schon genug Steuern bezahlt in meinem Leben, als Junggeselle, was man da an Steuern bezahlt. Hab Akkord gearbeitet wie ein Tier. Ich war alles in allem gesehen doch nützlich für die Gesellschaft. Nicht, daß ich nur Parasit war. War doch größtenteils meines Lebens nützlich gewesen und hab der Gesellschaft gedient oder dem Staat, wollen wir mal sagen . . .

(34)   Jugendvertretung und Betriebsrat

Aus einer Betriebsratssitzung
Der Jugendvertreter liest vor: Die Jugendvertretung fordert, daß alle ausbildungsfremden Arbeiten abzuschaffen sind. Aufhören muß das ständige Laufen in die Kantine und zu den Automaten. Die Lehrlinge in den Werkstätten dürfen keine Hilfsarbeiter sein, d.h. Späne wegfahren, in die Werkzeugausgabe rennen, für Materialnachschub sorgen . . .
Die Jugendvertretung erinnert an das Betriebsverfassungsgesetz. Dort heißt es:
§ 8 Durchführung betrieblicher Bildungsmaßnahmen:
(1). Der Betriebsrat hat bei der Durchführung von Maßnahmen der betrieblichen Berufsbildung mitzubestimmen*.
Der Betriebsratsvorsitzende dankte dem Jugendvertreter und sagt:
,,Ihr tragt aber dick auf und tut so, als ob bei uns die Lehrlinge nur ausgebeutet werden. Haben wir nicht eine gute Ausbildung? Schneiden unsere Lehrlinge bei den Prüfungen nicht immer am besten ab? Ihr müßt euch mal in die Lage der Kollegen am Arbeitsplatz versetzen. Die können nicht wegen jeder Kleinigkeit die Maschine abstellen und zum Automaten laufen. Schließlich arbeiten sie im Akkord. Ihr müßt uns auch verstehen. Wir haben die Interessen der Belegschaft zu vertreten und nicht nur die der Lehrlinge. Wenn wir euch zustimmen, bekommen wir mit den Arbeitern Ärger. Sie brauchen durch die Lauferei mehr Zeit und verdienen dadurch weniger."
Ostertag/Schmidthenner: Jugendvertreter und jugendliche Vertrauensleute, Frankfurt/M. 1971.

*Nach dem BetrVG von 1972 ist dies § 98, Abs. 1

(Lösungsvorschläge und Nachweise S. 291ff.).

4.2 Arbeitsweisen

Die Definition von Handeln als Verwirklichung einer Beziehung zwischen Elementen (s. S. 51) enthält eine Aussage über Ziel *und* Weg. Sie bezeichnet sowohl das Ergebnis (die Beziehung) als auch den Vorgang, in welchem die Beziehung hergestellt und dadurch das Ziel realisiert wird. Für didaktisches Handeln des Lehrers geht es dabei um die Beziehung zwischen Lernenden und Lerngegenständen. Die Schüler sind in diesem Verständnis Handlungsteilnehmer, welche dazu *veranlaßt* und *befähigt* werden, in diese Beziehung einzutreten. Befähigung heißt, daß die Lernenden als Handlungsteilnehmer die erforderlichen Eigenschaften erhalten, welche die Ausübung von Tätigkeiten ermöglichen. Diese Tätigkeiten nennen wir Arbeitsweisen.

4.2.1 Begriffsklärung

Mit dieser Planungsaufgabe gehen wir auf einen Aspekt der Unterrichtsplanung ein, welcher allgemein mit ,,Methoden" bezeichnet wird. Die Besonderheit der hier verwendeten Bezeichnung wird deutlich, wenn sie mit anderen Definitionen von ,,Methode" verglichen wird.

Methoden als zielgerichtete Verfahrensweisen: Dies ist sicherlich das am weitesten verbreitete Methodenverständnis. Unterschiede werden lediglich hinsichtlich Lehrer- oder Schülerperspektive gemacht. Daraus ergibt sich a) ein didaktischer Methodenbegriff: ,,Formen und Verfahrensweisen, mit denen Menschen unter pädagogischen Zielvorstellungen das Lernen anderer Menschen bewußt und planmäßig zu beeinflussen versuchen"[1], und b) ein erkenntnistheoretischer Methodenbegriff: ,,Unterrichtsmethoden regeln die schulische Aneignung von Wirklichkeit"[2].

Methode als Strukturmoment des Unterrichts[3]: Hier wird Methode als Bestandteil von Unterricht als Struktur aufgefaßt; der leitende Gesichtspunkt dieser Definition ist Darstellung und Erfassung des *Zusammenhangs* der Elemente von Unterricht, zu denen Methode gehört. Dieser Methodenbegriff wird infolgedessen aus einer Unterrichtstheorie hergeleitet.

Methode als Form der Unterrichtskommunikation: Methodik wird hier als ,,eine Theorie des kommunikativen Handelns" verstanden[4], und das bedeutet das Miteinanderhandeln von Lehrern und Schülern im Rahmen des schulischen Unterrichts. Methoden sind demnach Formen der Interaktion innerhalb von Lehr- und Lernprozessen.

Bei allen Unterschieden haben diese Definitionen etwas gemeinsam: Methoden erscheinen in ihrem Verständnis als objektive Gebilde, die man auflisten oder beschreiben kann und die als Methodenrepertoire dem Lehrer zur Benutzung zur Verfügung stehen. Im Unterschied hierzu stellt Schulze die subjektive Seite der Methode heraus:

Methode als Zusammenhang des ,,methodischen Handelns"[5]: Damit ist gemeint ,,die Gesamtheit aller Aktivitäten, die sich unmittelbar auf die Gestaltung und Veranstaltung von einzelnen Lernsituationen oder auch Folgen und Felder von Lernsituationen beziehen"[6]. Dieser Methodenbegriff bezieht sich nicht auf Verfahren, aus denen der Lehrer auswählt, sondern auf sein Handeln; dieses richtet sich nicht unmittelbar auf ein Ziel, sondern auf die für Lernen erforderlichen Lernbedingungen. Diese Definition enthält ferner das Verständnis von Mehode als Handeln des Lehrers und nicht als dasjenige des Lernenden.

Die Definition von Schulze entspricht dem von uns gewählten handlungstheoretischen Ansatz. Dieser wurde entwickelt ,,unter dem Gesichtspunkt des handelnden Subjektes" (s. S. 55); methodisches Handeln ist auch im Verständnis von Th. Schulze ,,Lehrerhandeln". Zwar verhindert dieser Methodenbegriff keineswegs, auch die Kommunikation oder Interaktion der Beteiligten an einer Lernsituation als Bedingung für Lernergebnisse in den Blick zu nehmen. Aber es geschieht in der Form einer Aufforderung an den Lehrer, die Sichtweise der Schüler und ihre Handlungen zu beachten und sie in den Zusammenhang seines ,,methodischen Handelns" einzubeziehen.

Methodisches Handeln wird infolgedessen von der Frage geleitet, wie Lernsituationen so gestaltet werden können, daß Schüler ein Lernergebnis erzielen oder daß eine Beziehung zwischen ihnen und Lerngegenständen hergestellt wird. Methodisches Handeln bewirkt die Beeinflussung von Handlungen der Lernenden, nämlich ihrer zielgerichteten Tätigkeiten. Diese zielgerichteten Tätigkeiten der Schüler nennen wir *Arbeitsweisen*.

Giesecke unterscheidet zwischen „Methoden" und „Arbeitsweisen" und bezeichnet mit dem erstgenannten Begriff die Makrostruktur, mit dem zweiten die Mikrostruktur des Unterrichts[7]. Die Makrostruktur wird von anderen „Methodenkonzeption"[8] oder „Makro-Methoden"[9] genannt. Gemeint ist damit eine Zusammenfassung von Sozial- und Aktionsformen, Verlaufsformen und Lehraktivitäten zu jeweils einem spezifischen Gesamtentwurf.

Eine Konzeption der Unterrichtsplanung ist weder eine Didaktik noch eine Methodik. Daher beabsichtigen wir an dieser Stelle nicht, die zahlreichen methodischen Möglichkeiten des Lehrens und Lernens, also die „Arbeitsweisen" im Sinne von Giesecke, systematisch aufzulisten. Wir setzen diese als Orientierungswissen des Lehrers voraus. Innerhalb dieser Planungsaufgabe suchen wir demgegenüber nach Entscheidungshilfen für die Wahl von Methoden bzw. Arbeitsweisen. Eine solche Hilfe sehen wir darin, daß der Lehrer sich von einem methodischen Gesamtentwurf leiten läßt, und zwar so, daß er sich Typen solcher Gesamtentwürfe vergegenwärtigt, um einen von ihnen als momentane Richtschnur zu wählen. Solche Gesamtentwürfe nennen wir mit Th. Schulze „Lehrmodelle".

Zum Begriff: „Lehrmodelle sind typologische Modelle von unterrichtlichen Handlungszusammenhängen, die in erster Linie dazu dienen, den didaktisch intendierten Kern von Unterricht zu konstruieren oder zu rekonstruieren."[10] Nach Schulze sind die einzelnen Lehrmodelle jeweils ein „umfassender Entwurf von Handlungsmöglichkeiten des Lehrers genauso wie für die Schüler"[11]. Sie sind nicht als bloße Techniken zu verstehen, sondern stellen eine Integration von „Zielsetzungen und inhaltlichen Themen mit Aufgaben, Gegenständen, Handlungsmöglichkeiten und besonderen Bedingungen" dar.[12] In ihnen ist die Komplexität des Unterrichtsgeschehens in einer gestalthaften Vorstellung auf den Begriff gebraucht; aus ihm lassen sich dann angesichts einer Unterrichtsaufgabe die jeweiligen methodischen Maßnahmen ableiten.

Der Lehrer kommt über die Lehrmodelle zu den Arbeitsweisen, zu denen er die Schüler veranlaßt. Daher dienen die Lehrmodelle innerhalb unseres Planungsmodells als Leitfaden für methodische Entscheidungen je nach Zielen und Lernsituationen.

Freilich müssen auch fachdidaktische Gesichtspunkte berücksichtigt werden. Methode wird hier nicht als effiziente Verfahrensweise des Lehrens verstanden, sondern als „methodisches Handeln", das auf die Lösung von Unterrichtsaufgaben zielt. Globale Unterrichtsaufgabe des politischen Unterrichts ist die Vermittlung einer Kompetenz zur Auseinandersetzung mit dem Politischen. Handeln im politischen Unterricht, sowohl des Lehrers als auch der Schüler, muß sich orientieren an sachstrukturellen Gegebenheiten der Politik und an den Normen politischer Beteiligung im demokratischen Staat. Wir gewinnen daraus Kriterien für die Bewertung und damit für die Bevorzugung von Arbeitsweisen und Lehrmodellen.

Aufgrund dieser Überlegungen werden hier aus der Planungsaufgabe ,,Arbeitsweisen" folgende Teilaufgaben ausgegliedert:

(1) Der *Beziehungsaspekt* als normatives Kriterium für die Gestaltung unterrichtlicher Interaktion.

(2) Die fachspezifischen *Lehrmodelle* als Leitfaden für spezielle Methodenentscheidungen.

Damit ist der Gesichtspunkt der Bewertung von Lehrmodellen und Arbeitsweisen angesprochen. Ohne daß hier ein Lehrmodell oder bestimmte Arbeitsweisen dezidiert favorisiert werden sollen, ist es jedoch aufschlußreich, das tatsächliche Methodenverhalten von Lehrern als Anhaltspunkt für die Bewertung heranzuziehen. Eine empirische Untersuchung des Methodenrepertoires von Lehrern brachte für das Fachgebiet Gesellschaftslehre (Geschichte, Erdkunde, Gesellschaftslehre) u.a. als Ergebnis:

,,Bei der *Methodischen Grundformen* im Gesellschaftslehreunterricht lag der Schwerpunkt bei allen drei Schulformen auf dem gelenkten Unterrichtsgespräch. Die Hauptschule zeigte eine überrepräsentative Betonung von Stillarbeit. Das Gymnasium wies einen überrepräsentativen Anteil von Katechisieren auf, *keine* Diskussionen und Demonstrationsformen, sowie signifikant weniger selbständige Schülertätigkeiten mit Betreuung und Stillarbeit. Überrepräsentiert sind in der Gesamtschule die Diskussionen, Demonstrationsformen und die selbständigen Schülertätigkeiten mit Betreuung. Die Gesamtschule nutzt die methodischen Variationsmöglichkeiten in diesem Fachbereich am weitesten aus, während die Hauptschule vor allem zwischen dem Unterrichtsgespräch und in der Stillarbeit zu wechseln schien. Das Gymnasium betonte die Gesprächsformen, vor allem das Katechisieren, während z.B. Diskussionen nicht vorkamen."[13]

Ferner wurde festgestellt, daß die Gesamtschule in der Gesellschaftslehre einen relativ größeren Anteil von Gruppenarbeit und Klassenkooperation im Vergleich zu den anderen Schulformen aufwies und daß die überwiegende Zahl der Schülertätigkeiten produktiv war, während die reproduktiven Unterrepräsentiert waren. Als Ergebnis konstatieren die Autoren: ,,Wenn man so will, dann ist die Gesellschaftslehre nur in der Gesamtschule ein Fach, das diesen Namen verdient."[14] Dies legt nahe, auf die dem politischen Unterricht adäquaten Methoden zu achten und die methodischen Defizite zu vermeiden. Das ist möglich a) durch die Wahl der Lehrmodelle, b) durch die Ausgestaltung eines gewählten Lehrmodells.

Literatur

1   *Wolfgang Klafki* u.a.: Funk-Kolleg Erziehungswissenschaft 2, Frankfurt: Fischer 1970, S. 129. — Einen Überblick über Methodenbegriffe gibt *Theodor Schulze*: Methoden und Medien der Erziehung, München: Juventa 1978, S. 19 - 25.
2   *Karsten Friedrichs, Hilbert Meyer, Eva Pilz*: Unterrichtsmethoden. Universität Oldenburg: Zentrum für pädagogische Berufspraxis 1982, S. 15.
3   *Paul Heimann, Gunter Otto, Wolfgang Schulz*: Unterricht. Analyse und Planung, Hannover: Schroedel 1965, S. 30 ff.
4   *Hermann Giesecke*: Methodik des politischen Unterrichts, München: Juventa 1973, S. 19.
5   *Schulze* (Anm. 1), S. 29.
6   ebenda, S. 34.
7   *Giesecke* (Anm. 4) S. 42.
8   *Wolfgang Hilligen*: Zur Didaktik des politischen Unterrichts, 4. Aufl., Opladen: Leske 1985, S. 205.
9   *Peter Franke*: Methoden und Medien aus der Sicht sozialer und politischer Bildung, Donauwörth: Auer 1981, S. 15.
10 *Schulze* (Anm. 1), S. 137.
11 ebenda, S. 139.
12 ebenda, S. 142.
13 *Klaus Hage, Heinz Bischoff, Horst Dichanz, Klaus-D. Eubel, Heinz-Jörg Oelschläger, Dieter Schwittmann*: Das Methoden-Repertoire von Lehrern. Eine Untersuchung zum Schulalltag der Sekundarstufe I, Opladen: Leske 1985, S. 65.
14 ebenda, S. 67.

Methodiken des politischen Unterrichts sind

Bernhard Claußen: Methodik der politischen Bildung. Opladen: Westdt. Verlag 1981.
Franke (Anm. 9).
Giesecke (Anm. 4).
Wolfgang W. Mickel: Methodik des politischen Unterrichts, 4. Aufl., Frankfurt: Hirschgraben 1980.
Volker Nitzschke, Fritz Sandmann (Hg.): Neue Ansätze zur Methodik des Politischen Unterrichts, Stuttgart: Metzler 1982 (mit umfangreicher Bibliographie).

186

4.2.2 Beziehungsaspekt als normatives Kriterium

Mit dem gewählten Methodenbegriff ,,methodisches Handeln" wird Unterricht als ein Miteinanderhandeln von Schülern und Lehrern, als Interaktion aufgefaßt. Das hat zur Folge, daß im politischen Unterricht das Politische nicht nur als Lerngegenstand berücksichtigt werden kann. Politik selbst ist nicht lediglich ein Sachverhalt oder ein Objektbereich; sie ist auch Form und Methode des zielbezogenen sozialen Handelns, hier zur Gestaltung der Verhältnisse in einem gesellschaftlichen System. Demokratische Politik enthält außerdem das Postulat, daß jeder mündige Bürger sich an diesem politischen Handeln beteiligt, da in diesem gleichen Recht auf Partizipation im demokratischen Staat der Legitimationsgrund politischer Entscheidungen beruht.

Daraus ergibt sich eine didaktische Forderung: Die als Handeln verstandene Arbeit an Lerngegenständen des politischen Unterrichts darf den im politischen Feld erforderlichen Handlungsformen nicht widersprechen. Imitatives oder rezeptives Lernen wären ein solcher Widerspruch. Denn in der Politik finden Handelnde eine ständig wiederkehrende Neuartigkeit von Problemen vor, deren Ungewißheit und Umstrittenheit bezüglich der Lösungsmöglichkeiten erfinderisches, problemlösendes Denken und risikobereites Handeln verlangen. Die Forderung lautet demnach: Politisches und unterrichtliches Handeln müssen einander entsprechen.

Dem ist eine Einschränkung hinzuzufügen. Der Unterricht ist keine politische Handlungssituation, folglich sind politisches und unterrichtliches Handeln (von Lehrern und Schülern) nicht identisch. Angesichts der zunehmenden Forderung nach Handlungsorientierung des politischen Unterrichts ist es zweckmäßig, sich zu vergegenwärtigen, welches die Rahmenbedingungen der Lernsituation sind, die wir Unterricht nennen. Schulze bezeichnet sie als ,,veranstaltete Lernsituation", deren Besonderheit darin besteht, daß sie ,,aus dem allgemeinen Lebenszusammenhang herausgelöst worden" ist[1]. Politik ist in einer solchen Lernsituation immer nur vermittelt gegenwärtig, also in Form einer in der Regel vom Lehrer veranstalteten ,,Repräsentation". Das schließt nicht aus, daß dieser Rahmen gelegentlich auch ausgeweitet werden kann, z.B. durch Erkundung oder Projekte.

Dennoch bleibt eine Grenze, weil es sich auch in diesen Fällen nicht um Ernstsituationen handelt, sondern um veranstaltete Ausgriffe in die Realität. Ausschlaggebend ist das Prinzip der Risikofreiheit: Politisches Lernen durch Unterricht ist risikofreies Lernen. Im Unterricht kann man durch *trial and error* nur deshalb erfolgreich lernen, weil hier der Irrtum nicht Schaden verursacht, sondern Einsicht bewirkt. Voraussetzung hierfür ist jedoch, daß die Grenzen beachtet werden.

Ein Beispiel dafür, daß diese Bedingung der veranstalteten Lernsituation nicht beachtet wird, ist das Unterrichtsprojekt „Frieden schaffen ohne Waffen". Hier heißt es: „Die Handlungsorientierung des Unterrichts als weiteres zentrales Element fordert Lehrer und Schüler auf, selbst tätig zu werden und in gesellschaftliche Prozesse einzugreifen"[2], — also unmittelbar einzugreifen.

Beachtet man die spezifischen Bedingungen des unterrichtlichen Lernens, dann besteht die „Entsprechung" zwischen politischer Handlungssituation und unterrichtlicher Lernsituation darin, daß in letzterer Fähigkeiten erworben werden, die für die erstere erforderlich sind. Wir nennen hier zwei: problemlösendes Denken und politische Beteiligung. Die Fähigkeit des problemlösenden Denkens soll Kriterium für die Wahl der Lehrmodelle sein; diejenige der politischen Beteiligung verwenden wir als Kriterium für die Beurteilung der unterrichtlichen Kommunikation bzw. Interaktion.

Um dieses letztgenannte Kriterium anwenden zu können, machen wir die Unterscheidung zwischen dem *Inhalts-* und dem *Beziehungsaspekt* in der Kommunikation.

Arbeitsweisen sind soziale Formen, in denen einzelne oder mehrere sich mit einem Inhalt beschäftigen. Indem sie Miteinanderhandeln ausschließen (Einzelarbeit) oder verlangen (Partner- oder Gruppenarbeit), gestalten sie die sozialen Beziehungen. Zugleich kann durch die Wahl der Arbeitsweisen auch das Verhältnis zwischen Lehrer und Schülern bestimmt werden: mehr oder weniger dominantes Verhalten des Lehrers und entsprechende Reaktionen der Schüler. Das bedeutet, daß die Wahl der Arbeitsweisen auch unter dem Beziehungsaspekt beurteilt werden muß.

Zum Begriff: Die Unterscheidung zwischen Inhalts- und Beziehungsaspekt, inzwischen in der Erziehungswissenschaft verbreitet, findet man bei Watzlawick u.a.: Jede Mitteilung enthält ein „Was", d.h. einen Inhalt als Information. Zugleich aber enthält sie auch einen Hinweis darauf, wie der Empfänger nach Wunsch des Senders sie verstehen soll, d.h. ein Signal für die Beziehung zwischen Sender und Empfänger[3]. Als Formen der Beziehung werden symmetrische und komplementäre Interaktionen herausgestellt. *Symmetrisch* sind Interaktionen, die auf Gleichheit, *komplementär* solche, die auf Ungleichheit beruhen[4]. Letztere meinen unterschiedliche, aber einander ergänzende Verhaltensweisen, z.B. diejenige zwischen Lehrer und Schüler.

Methodisches Handeln des Lehrers ist zunächst komplementäre Interaktion, da es sich auf die Gestaltung der Lernsituation richtet und infolgedessen auch auf die Gestaltung des Beziehungsaspektes. Wir setzen daher nicht voraus, daß Unterricht geprägt sein könnte von der Form der symmetrischen Interaktion. Aber wir nehmen an, daß es Segmente mit symmetrischer Kommunikation geben kann (z.B. zwischen Schülern oder zwischen Lehrer und Schülern) und daß es ein Mehr oder Weniger von dem einen oder anderen geben könne: daß komplementäre Interaktion auch reduziert werden kann. Dabei setzen wir voraus, daß durch symmetrische Interaktion diejenige Verhaltensprägung erfolgt, welche zur demokratischen Beteiligung befähigt.

Symmetrische Interaktion ist demnach als normatives Kriterium für die Wahl und Beeinflussung der Arbeitsweisen zu verstehen. Insofern ist sie eine ,,regulative Idee''[5], welche das methodische Handeln des Lehrers leitet. In der schulischen Wirklichkeit bedeutet dies jedoch, daß immer nur Annäherungen an diese Interaktionsform möglich ist.

Indikator für die Ineraktionsform ist das Lehrerhandeln, die Definition seiner Rolle und ihre Realisation in der Lernsituation. Der Grad der Annäherung an symmetrische Interaktion, aber auch die immer nur graduelle Annäherung kann durch einen Bericht über Arbeitsformen in der reformierten Oberstufe veranschaulicht werden, den ein Lehrer und mehrere Schüler verfaßt haben[6]:

,,Dem Lehrer war es verständlicherweise auch innerhalb dieses Kurses nicht möglich, sein spezifisches Rollenverhalten abzulegen. Es sind wohl im wesentlichen zwei Gründe, die ihm den Schülern gegenüber eine Art Sonderstellung einräumen, nämlich einmal seine Ausbildung und somit bessere Vorkenntnis des Themas und pädagogische Sachverhalte, zum anderen sein Privileg, als Aufsichts- und Bewertungsperson auftreten zu dürfen (oder zu müssen). Aus dieser Sonderstellung heraus ergibt sich nun eine Reihe von Aufgaben bezüglich der Information der Schüler und der Organisation des Unterrichts.

In unserem Kurs sah sich der Lehrer bei der Erfüllung dieser Aufgaben so weit als möglich als Kursteilnehmer, er versuchte also, durch die Einführung eines weitestgehend emanzipatorischen Unterrichts seine Sonderstellung nicht überdeutlich hervortreten zu lassen. So beschränkte er sich zunächst darauf, Anregungen bezüglich Arbeitsmethode und Stoffbehandlung zu geben und sie mit den Schülern auszudiskutieren. So wurden z.B. auf seine Anregung hin eine umfangreiche Gliederung und ein Zeitplan für das Semester ausgearbeitet. Im weiteren Verlauf des Kurses zeigte er sich immer wieder als eine Art Verbindungsglied zwischen uns, den Schülern, und einem riesigen Berg von Informationsmaterial (sprich einschlägige Literatur) für Gruppenarbeit und Einzelreferate. (Es wurde z.B. eine eigene Kursbücherei eingerichtet, in der das gesamte Material für alle greifbar war.) — Darüberhinaus hielt der Lehrer einige Kurzreferate als Ergänzung zu den von den Schülern erarbeiteten Ergebnissen, ggf. durch die Vorführung eines Filmes oder Tonbildes veranschaulicht."

Die Skala der Verhaltensweisen, die der Lehrer in diesem Unterricht praktizierte, spannte sich zwischen den Polen ,,Kursteilnehmer" (symmetrisch) und ,,Aufsichts- und Bewertungsperson" (komplementär). Die Unentbehrlichkeit komplementärer Interaktionsformen ergab sich (und ergibt sich) aus dem Informationsvorspruch und der Informationsfunktion des Lehrers, aber auch aus seiner Verantwortung für das Gelingen von Lernprozessen.

Unterricht kommt ohne Intervention des Lehrers nicht aus. Dort, wo er überflüssig ist, endet die ,,veranstaltete Lernsituation". Aufgabe des Lehrers ist es jedoch, seine Interaktionen, also sein methodisches Handeln, so anzulegen, daß die Schüler Lernfortschritte nicht nur hinsichtlich ihres Wissens, sondern auch ihrer Persönlichkeitsmerkmale machen, also in Richtung auf Selbständigkeit und Selbstbestimmung. Auf Seiten des Lehrers gehört dazu die Bevorzugung von *indirekten Lernhilfen* gegenüber den direkten. Auf Seiten der Schüler geschieht dies durch die Möglichkeit der *Mitplanung* des Unterrichtsverlaufs.

Damit ergibt sich eine Variationsbreite methodischen Handelns zwischen den Polen der komplementären und der symmetrischen Interaktion. Der Beziehungsaspekt ermöglicht eine normative Bewertung von Arbeitsweisen, jedoch nach den jeweiligen situativen Gegebenheiten: inhaltlich (Schwierigkeitsgrad) und sozial (Handlungskompetenz). Vermieden werden soll durch diese Relativierung der Interaktionsformen, daß symmetrische Interaktion und damit der Beziehungsaspekt verabsolutiert wird gegenüber den inhaltlichen Anforderungen des Unterrichts (Inhaltsaspekt) und den durch sie zu vermittelnden Fähigkeiten.[7]

Literatur

1 *Theodor Schulze*: Methoden und Medien der Erziehung, München: Juventa 1978, S. 85.

2 In: Politische Bildung in den Achtzigerjahren. Erster Bundeskongreß für Politische Bildung 1982, hrsg. Dt. Vereinigung für Pol. Bildung, Stuttgart: Metzler 1983, S. 215.

3 *Paul Watzlawick, Janet H. Beavin, Don D. Jackson*: Menschliche Kommunikation, 4. Aufl., Bern: Huber 1974, S. 53.

4 ebenda S. 69.

5 Zur Bedeutung dieses Begriffes „regulative Idee" vgl. *Walter Gagel*: Einführung in die Didaktik des politischen Unterrichts, Opladen: Leske 1983, S. 156 ff.

6 *Hans-A. Carstensen* u.a.: Soziales Lernen in der Studienstufe. In: Gegenwartskunde 24 (1975), H. 4, S. 459.

7 Davor warnt *Wolfgang Schulz*; vgl. ders. in: Didaktische Trends, hrsg. Wolfgang Born, Gunter Otto, München: Urban & Schwarzenberg 1978, S. 97 - 99; ders.: Alltagspraxis und Wissenschaftspraxis in der Schule. In Eckard König, Norbert Schier, Ulrich Vohland (Hg.): Diskussion Unterrichtsvorbereitung. Verfahren und Modelle, München: Fink 1980, S. 53 f.

Allgemein zu Problemen von Interaktionen im politischen Unterricht:

Sybille Reinhard: Risiken des demokratischen Unterrichtsstils. In: Gegenwartskunde 23 (1974), H. 2, S. 163 - 172.

Gerd Zboril u.a.: Zur sozialen Situation der Schüler in der reformierten Oberstufe. In: Gegenwartskunde 27 (1978), S. 447 - 457.

Ein Unterrichtsbeispiel zur Verbesserung der Interaktionsfähigkeit:

Edwin Stiller: Kommunikation und Kooperation in Kleingruppen als Unterrichtsthema. In: Gegenwartskunde 29 (1980), H. 2, S. 235 - 245.

4.2.3 Lehrmodelle des politischen Unterrichts

Lehrmodelle sind Typen von Organisationsformen des Unterrichts. Sie weisen folgende Merkmale auf (s. S. 184f.):

— Sie haben einen *integrativen Charakter*, und das bedeutet, daß sie Modelle für den Zusammenhang von speziellen Arbeitsweisen mit Zielen und Inhalten des Unterrichts darstellen.

— Sie sind *aufgabenorientiert*; sie beziehen den organisatorischen Zusammenhang auf Zwecke, hier die Lösung von Aufgaben: Wissensvermittlung, Entscheidungen treffen usw.

— Sie haben eine *praktische* und *konstruktive Funktion*: Mit ihrer Hilfe kann der Lehrer den Lehraufgaben geeignete Organisationsformen zuordnen, und er bekommt Entscheidungshilfen für die Wahl von Arbeitsweisen, für die Gliederung des Lernprozesses (Artikulationsschema) und für die Beeinflussung des Unterrichtsverlaufs. Sie sind Anleitungen für methodisches Handeln.

Zum *Verhältnis von Inhalten und Lehrmodellen* ist zu sagen, daß grundsätzlich der jeweilige Lerngegenstand im Rahmen von mehreren Lehrmodellen unterrichtet werden kann. Giesecke nennt diesen Sachverhalt die ,,methodische Variation"[1]. Dabei ist jedoch zu berücksichtigen, was oben zum ,,Implikationszusammenhang" gesagt wurde (S. 148ff.). Daraus ergibt sich, daß Methodisches den Lerngegenständen (Themen) *implizit* sein kann, woraus folgt, daß Themen eine Affinität zu spezifischen Lehrmodellen haben können (der Wertkonflikt z.B. zu Entscheidungsfindung und Simulation). Umgekehrt ist aber auch zu beachten, daß Methoden und Inhalte *interdependent* sind: Die Wahl eines Lehrmodells beeinflußt die Ziele des Unterrichts (das sozialwissenschaftliche Thema, z.B. Ungleichheit in der Gesellschaft, wird durch das Lehrmodell ,,Untersuchung" zum Erkenntnisproblem).

Die hier getroffene *Auswahl* der Lehrmodelle erfolgt nach fachdidaktischen Gesichtspunkten und in der Absicht, die Zahl möglichst klein zu halten.

Franke beschreibt als ,,Makro-Methoden" des politischen Unterrichts: die Fallstudie, Spiele und Vorhaben; zu letzterem gehören Projekt und Sozialstudie[2]. Giesecke nennt als ,,Modalitäten der Bearbeitung politischer Themen": Lehrgang, Produktion, Sozialstudie, Provokation, Rollenspiel, Planspiel, Tribunal, Projekt[3]. Schulze zählt aus der Sicht der Allgemeinen Didaktik auf: Lehrmodelle der Wissensvermittlung, der Verhaltenskontrolle, der Untersuchung und Entdeckung, der Entwicklung, rationale Lehrmodelle, Lehrmodelle der sozialen Interaktion, der Selbsterfahrung und Selbstorganisation, der Urteilsfindung und Entscheidung und Lehrmodelle auf der Grundlage von Simulationen[4].

Gieseckes Aufzählung erscheint uns zu breit gefächert; infolgedessen sind nicht alle Unterscheidungen auf derselben Ebene angesiedelt. So lassen sich Planspiel und Rollenspiel im Lehrmodell der Simulation zusammenfassen. Die Fallstudie verstehen wir nicht als ein Lehrmodell, sondern als Kennzeichnung einer Inhaltsstruktur, die der ,,methodischen Variation" zugänglich ist (z.B. Untersuchung oder Urteilsbildung). Das Projekt klammern wir aus, weil es bezüglich der Lehrmodelle unspezifisch ist. Die Lehrmodelle finden daher *innerhalb* eines Projektes Verwendung, und das bedeutet, daß syste-

Abb. 24: Lehrmodelle und Interaktionsformen des politischen Unterrichts

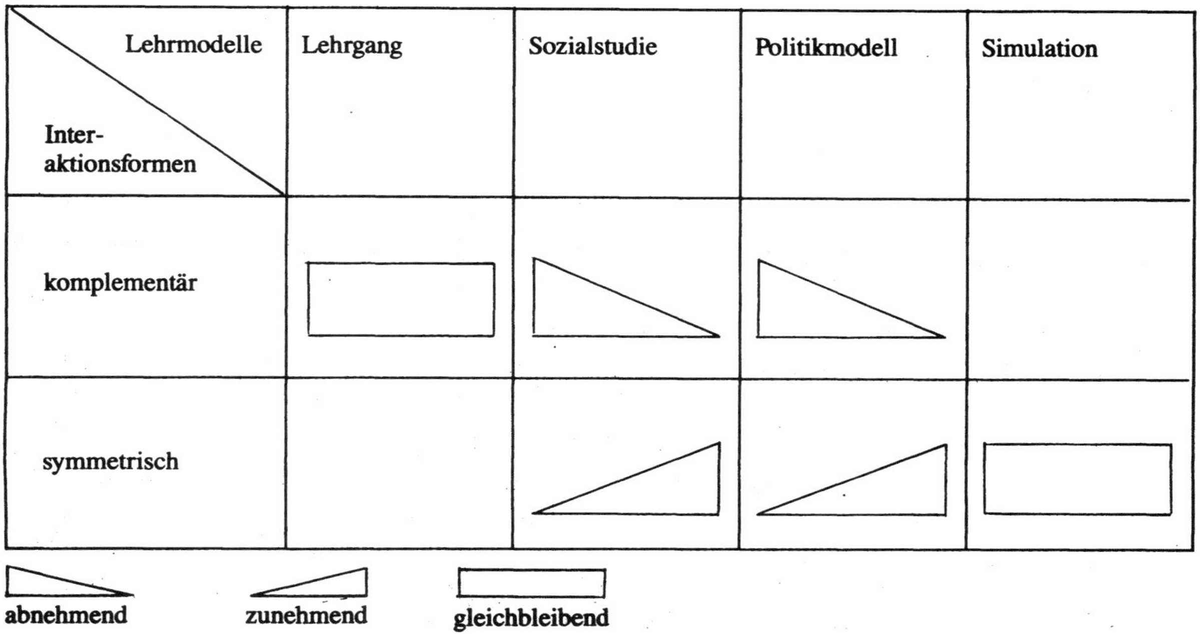

Lehrmodelle / Interaktionsformen	Lehrgang	Sozialstudie	Politikmodell	Simulation
komplementär	▭	◺	◺	
symmetrisch		◹	◹	▭

abnehmend ◹   zunehmend ◺   gleichbleibend ▭

matisch das Projekt auf einer anderen Ebene liegt.[5] Aber es darf ja nicht übersehen werden, daß auch in der normalen Schule das Projekt im Rahmen von Projektwochen z.T. regelmäßig realisiert wird.

Die hier getroffene Auswahl fachspezifischer Lehrmodelle geben wir auf der Übersicht Abb. 24 wieder. Wir setzen dort die Lehrmodelle in Zusammenhang mit den Interaktionsformen. Dies soll als Hilfe zur Bewertung und Ausgestaltung der Lehrmodelle dienen. Denn wir setzen voraus, daß bei der Realisierung eines Lehrmodells in der Planung und Durchführung des Unterrichts der Lehrer eine gewisse Gestaltungsbreite hat, daß die Lehrmodelle jedoch auch, wie schon erwähnt, eine Affinität zu eine der beiden Interaktionsformen besitzen. Während der Lehrgang im wesentlichen komplementäre Interaktion einbeschließt, kann — je nach Intention und Umständen — die Untersuchung mit mehr oder weniger Anteil an symmetrischer Interaktion durchgeführt werden, auch kann im Verlauf der Unterrichtseinheit eine Zunahme des einen und Abnahme des anderen erfolgen. Die Übersicht ist demnach als Aufforderung zu verstehen, nach der Wahl der Organisationsform auch an die bewußte Beeinflussung der Interaktionsformen zu denken.

Im folgenden wird bei der Skizzierung der Lehrmodelle dasjenige der Simulation nicht berücksichtigt, weil es einerseits leichter vorstellbar ist (Spiel im Unterricht), andererseits in seinen methodischen Varianten (z.B. Planspiel, Rollenspiel) so spezifisch beschrieben werden müßte, daß dies den Rahmen dieser Ausführungen sprengen würde. Dafür werden Literaturhinweise gegeben, ebenso für das Projekt.

Literatur

1 *Hermann Giesecke*: Methodik des politischen Unterrichts, München: Juventa 1983, S. 41.
2 *Peter Franke*: Methoden und Medien aus der Sicht sozialer und politischer Bildung, Donauwörth: Auer 1981, S. 15 ff.
3 *Giesecke* (Anm. 1), S. 46 ff.
4 *Theodor Schulze*: Methoden und Medien der Erziehung, München: Juventa 1978, S. 144 ff.
5 *Heinz Moser*: Ansätze einer kritischen Didaktik und Unterrichtstheorie, nennt das Projekt eine „didaktische Konzeption" im Unterschied zur „Methodenkonzeption"; in ders. (Hg.): Probleme der Unterrichtsmethodik, Kronberg: Athenäum 1977, S. 60.

Literatur zur *Simulation*:

Giesecke (Anm. 1), S. 75 - 91.
Franke (Anm. 2), S. 23 - 50.
Wolfgang W. Mickel: Methodik des politischen Unterrichts, 4. Aufl., Frankfurt: Hirschgraben 1980, S. 195 - 203 (mit weiterführender Lit.).
Gerhard Kolb (Hg.): Methoden der Arbeits-, Wirtschafts- und Gesellschaftslehre. Praktische Beispiele für Unterrichtsverfahren, Ravensburg: Maier 1978, S. 27 - 63.
Heinz Klippert: Wirtschaft und Politik erleben. Planspiele für Schule und Lehrerbildung, Weinheim: Beltz 1984.

Literatur   zum   *Projekt:*

Franke (Anm. 2) S. 50 - 65.
Karl Frey: Die Projektmethode, Weinheim: Beltz 1982.
Franz Kost: Projektunterricht und ,,Kritische Didaktik". In Heinz Moster (Hg.): Probleme der Unterrichtsmethodik, Kronberg: Athenäum 1977. S. 133 - 162.
Mickel (s.o.) S. 179 - 187 (mit zusätzlichen Literaturangaben).

4.2.3.1 Das Lehrmodell der Wissensvermittlung: der Lehrgang

Dieses in der Schule am weitesten verbreitete Lehrmodell betrachten wir auch hinsichtlich des politischen Unterrichts als eine Art Grundmodell, aus dem sich die anderen Lehrformen — zwar nicht ihrer Idee nach, jedoch ihres gebräuchlichen Realisierungsmodus nach — als Variationen ableiten lassen.

Seine *Merkmale* sind, daß der Lehrer ein Stoffgebiet vorbereitet und den Schülern in vorgesehenen Zeiteinheiten darbeitet. Der Stoff ist sinnvoll geordnet, in Schritte gegliedert, das Ergebnis ist im voraus festgelegt (Lernziel) und wird über die Erarbeitung von Teilzielen erreicht. Der Lernprozeß ist ergebnisorientiert organisiert, nicht prozeßorientiert; inhaltlich ist der Unterricht geschlossen, weil das Sachgebiet als geordnetes Wissen aufgefaßt und in diesem Sinne vermittelt wird.

Aufgabenbezug: Dieser so charakterisierte Unterricht ist zweckmäßig, soweit die didaktische Aufgabe darin besteht, Wissen zu vermitteln. Darunter verstehen wir

— das Lernen systematisch erfaßbarer Zusammenhänge, meist durch eine der sozialwissenschaftlichen Disziplinen gesichert (nach Giesecke ,,Orientierungswissen", vgl. auch sein Lernziel ,,Training gesamtgesellschaftlicher Vorstellungen"[1]).
— Begriffslernen (induktiv oder deduktiv) und Einübung in Denkvorgänge (Operationen).

195

— Erlernen von Regeln und Handlungsnormen.

Bevorzugte *Arbeitsweisen* der Schüler sind das mehr oder weniger gebundene Unterrichtsgespräch, andere Sozialformen wie Gruppenarbeit und Partnerarbeit sind möglich, bleiben jedoch eingebunden in den vom Lehrer gesteuerten ergebnisorientierten Unterrichtsverlauf. Es findet eine kontinuierliche Lenkung durch den Lehrer statt, meist direkt, aber auch indirekte Lenkung durch mediengebundene Aufgabenstellung ist möglich. Vorherrschend ist die komplementäre Interaktionsform, da der Lehrer die Rolle des fachlichen Experten innehat.

Beispiel:[2]

Thema: ,,Wenn ich Zeuge werde". 7. Schuljahr Hauptschule.

Unterrichtsverlauf:

1. *Ausgangssituation*: Filmanfang mit Unfallhergang. Willi ist Zeuge, — Begriffsklärungen, Fragen.
2. *Arbeit am Problem*
2.1 Erstes Teilziel: Muß ich aussagen? Streitgespräch, rechtliche Informationen. Ergebnis als Tafelanschrieb.
2.2 Zweites Teilziel: Was soll ich aussagen? Vergleich zweier Zeugenaussagen. Auswertung in Partnerarbeit. Ergebnisse als Eintrag ins Arbeitsblatt und Tafelanschrieb.
2.3 Drittes Teilziel: Motive falscher Aussagen. Erarbeitung an Beispielen arbeitsteilig oder im Klassengespräch. Ergebnisse auf Tafel/Arbeitsblatt.
2.4 Gesamtwiederholung. Was soll ein Zeuge wissen?
3. *Transfer*: Besprechung eines Falles, der Schüler betreffen kann.

Merkmale: Der ,,Fall" ist nur Einstieg, nämlich Hinleitung zum Thema, Aufgliederung in sachgebundene Teilziele, feststehendes und eindeutiges Ergebnis (rechtlicher Tatbestand), daher lernzielorientierter bzw. ergebnisorientierter Unterricht.

Literatur

1 *Hermann Giesecke*: Didaktik der politischen Bildung, 10. Aufl., München: Juventa 1976, S. 146 ff.
2 *Paul Brunnhuber*: Fachbereich Sozialkunde/Soziallehre. In: Handbuch der Unterrichtspraxis, hrsg. Otto Meißner u. Helmut Zöpfl, Bd. 3: Der Unterricht in der Hauptschule, München: Ehrenwirth 1974, S. 92 f.

Ausführlichere Hinweise bei

Bernhard Claußen: Methodik der politischen Bildung, Opladen: Westdt. Verlag 1981, S. 245 - 248.

Hermann Giesecke: Methodik des politischen Unterrichts, München, Juventa 1973, S. 46 - 49.

4.2.3.2 Das Lehrmodell der Untersuchung und Entdeckung: die Sozialstudie

Das Wort ,,Sozialstudie" wird hier im weiten Sinne gebraucht. Es meint die Erkenntnisgewinnung mit Hilfe empirischer Methoden der Sozialwissenschaft. In der Allgemeinen Didaktik ist das Lehrmodell als ,,entdeckendes Lernen" bekannt. Die fachdidaktische Bedeutung dieses Lehrmodells liegt einmal darin, daß die Sozialwissenschaften die Bezugswissenschaften des politischen Unterrichts sind. Zu erlernen wären demnach nicht nur die ,,gesamtgesellschaftlichen Vorstellungen", welche u.a. die Soziologie erarbeitet hat, sondern auch die Wege, auf welchen Wissenschaft zu ihren Erkenntnissen gelangt. Die andere Bedeutung ist darin zu sehen, daß sozialwissenschaftliches Denken in der Form der Kenntnis von Methoden unabhängig von Autoritäten macht: Sie läßt Erkenntnisabsichten durchschauen (Ideologiekritik), sie gibt die Möglichkeit, Erkenntnisse zu bestreiten (Relativität wissenschaftlicher Erkenntnis).

Die *Merkmale* der Sozialstudie sind, daß hier der Lehrer die Untersuchungsaufgabe vorbereitet, aber die Untersuchungsschritte nicht selber lenkt. Das Ergebnis kann vom Lehrer nicht im voraus festgelegt werden, der Lernprozeß ist infolgedessen nicht ergebnis-, sondern prozeßorientiert. Die Schüler besitzen einen Plan der Untersuchung, und das bedeutet, daß sie einen Vorgriff auf das Ergebnis schon zu Beginn der Untersuchung haben. Der Unterricht ist offen, weil die Methode, aber nicht das Ergebnis festgelegt werden kann.

Aufgabenbezug: Bei Giesecke heißt dieses Lehrmodell ,,Ein Problem erforschen". Gemeint ist damit, daß im Vordergrund die beweiskräftige Sicherung von Tatsachen aus dem Bereich von Gesellschaft und Politik steht, nicht aber die Lösung des Problems. Infolgedessen ist Thema einer Sozialstudie ein Erkenntnisproblem und nicht ein Entscheidungsproblem. Hinzu kommt, daß durch die Erarbeitung des Erkenntnisproblems (Nichtwissen wird in Wissen überführt) zu-

197

gleich den Lernenden das Problem der sozialwissenschaftlichen Erkenntnis bewußt gemacht wird (Bedingtheit durch Forschungsinteresse, Vorläufigkeit von Ergebnissen).

Bevorzugte *Arbeitsweisen* sind alle diejenigen, welche selbstgesteuerte Tätigkeiten ermöglichen, also Gruppenarbeit und vielfältige Tätigkeiten der Informationsbeschaffung. Es findet nur eine indirekte Lenkung durch den Lehrer statt, die im Verlauf der Arbeit auf beratende Begleitung reduziert werden kann. Die Untersuchung beinhaltet die Tendenz zu symmetrischen Kommunikation: sowohl im Verhältnis der Schüler untereinander als auch in demjenigen zwischen Schüler und Lehrer. Jedoch erfordert dies einen Lernprozeß über einen längeren Zeitraum, da Schüler erst die Kompetenz zum sozialwissenschaftlichen Arbeiten erwerben müssen. Daher ist das Verhältnis zwischen komplementärer und symmetrischer Interaktion als Prozeß der Ab- bzw.. Zunahme zu verstehen.

Beispiel:

Bei ihm ist zu berücksichtigen, daß in der Sekundarstufe I sozialwissenschaftliche Methoden nur elementar erlernt und angewendet werden können.

Thema: Chancengleichheit[1]:
Untersuchungsgegenstand: Der Lebenslauf eines Jugendlichen, der nach einigen Schuljahren vom Gymnasium in die Hauptschule zurückgeht (Text).
Untersuchung in Arbeitsschritten:
1. *Vermutung* (Hypothese) *formulieren*: Was könnte (die Ursache, der Grund usw.) sein? Hier: Hans hatte zu wenig Unterstützung von zu Hause (alleinstehende Mutter, ganztätig berufstätig, Fabrikarbeiterin).
2. *Verfahren überlegen*: Welche Hilfen gibt es? Welche Reihenfolge ist zu wählen? Als Erkenntnishilfe dient ein Schaubild, in welchem Zusammenhänge zwischen sozialer Lage der Eltern und ihrem Bildungsverhalten benannt werden.
3. *Untersuchung* des Lebenslaufes: Fragekategorien, Antworten aus dem Lebenslauf, Eintragen in eine Tabelle.
4. *Auswertung* der Untersuchungsergebnisse: Die Zusammenhänge zwischen Ursachen und Folgen werden überprüft. Sind sie stichhaltig? Wie lassen sie sich erklären?
5. *Überprüfung der Hypothese*: Bestätigung oder Widerlegung.
6. *Verallgemeinerung*: Können die festgestellten Ursachen auch bei anderen Personen in gleicher Lage zutreffen? Heranziehung von statistischem Material.

Literatur

1 *Walter Gagel, Wolfgang Hilligen, Ursula Buch*: Sehen Beurteilen Handeln. Arbeitsbuch für den politischen Unterricht Kl. 7 - 10, Neubearbeitung, Frankfurt: Hirschgraben 1984, S. 26 - 28.

Ausführlichere Hinweise bei:

Peter Franke: Methoden und Medien aus der Sicht sozialer und politischer Bildung, Donauwörth: Auer 1981, S. 59 - 65.

Johanna Fickel: Ausgewählte Lernformen im politischen Unterricht. In Volker Nietzsche, Fritz Sandmann (Hg.): Neue Ansätze zur Methodik des politischen Unterrichts, Stuttgart: Metzler 1982, S. 281 - 295 (,,Erkundende Lernwege im politischen Unterricht'').

Giesecke, Methodik, S. 59 - 65.

Mickel, Methodik, S. 147 - 155 und 187 - 190.

Eine Übersicht über empirische Methoden im Unterricht bieten die ,,Methodenkästen'' in dem Schulbuch *Gagel* u.a. (Anm. 1), S. 318.

Unterrichtseinheiten zur Einführung in die Arbeit mit sozialwissenschaftlichen Methoden bietet:

Unser Werkzeug, bearb. von *Hartmut von Hentig*. Aus: Detto und andere. Acht Einheiten für Sozialwissenschaften in der Schule (5. - 7. Schuljahr), Stuttgart: Klett 1975, dazu Lehrerband ,,Elemente zur Unterrichtsplanung''.

4.2.3.3 Das Lehrmodell der Urteilsfindung und Entscheidung: das Politikmodell

Für dieses Lehrmodell gibt es in der politischen Didaktik keine einheitliche Bezeichnung.

Sutor bezeichnet es als Fall- und Problemanalyse[1], Franke als Fallanalyse[2]. Wir verstehen unter Fall und Problem jedoch jeweils nur eine unterschiedliche Inhaltsstruktur, die eine Bearbeitung im Rahmen desselben Lehrmodells durchaus zuläßt. In diesem Sinne bedeutet ,,Fallmethode'' bei Kaiser ein ,,entscheidungsorientiertes Methodenkonzept''[3], das der Problemlösungsmethode zuzuordnen ist. Wird unter ,,Fall'' nur die Abgrenzung einer Untersuchungseinheit verstanden, dann wäre das Lehrmodell der ,,Sozialstudie'' zu verwenden. Giesecke beschreibt das ,,Tribunal' als eine Methode, durch welche man ,,politischen Zuständen spielend den Prozeß machen'' kann[4]. Damit ist etwas gemeint, was dem Lehrmodell der Urteilsfindung entspricht, jedoch zielt ,,Tribunal'' auf ein besonderes methodisches Arrangement (z.B. Pro-und-Contra-Diskussion).

Wir nennen dieses Lehrmodell mit einem gewissen Vorbehalt „Politikmodell", um zu signalisieren, daß es die Organisationsform einer spezifisch politikdidaktischen Aufgabenstellung ist. Politik ist gestaltender Eingriff in Zustände und Verhältnisse des sozialen Systems. Politik ist Handeln, und politisches Urteil ist Bestandteil eines Denkens, das auf Handeln ausgerichtet ist. Während die Sozialstudie von einem Erkenntnisproblem geleitet wird (Nichtwissen in Wissen überführen), ist Thema eines Unterrichts im Rahmen des Politikmodells ein Entscheidungsproblem. Wissen ist das Ergebnis der Frage: Was ist? Handeln folgt auf die Überlegung: Was soll sein? Um dies zu finden, muß eine Wahl getroffen werden; dieser geht eine Bewertung voraus. Demzufolge gehören in den Rahmen des Politikmodells alle Unterrichtsaufgaben, bei denen das Ziel nicht der *Beweis* von Richtigkeit, sondern die *Bewertung* im Hinblick auf Wünschbarkeit und Handlungsabsicht ist.

Dies trifft auf solche *Fallanalysen* zu, in welchen Verhalten und Entscheidungen der Beteiligten untersucht und bewertet werden (z.B. der Fall einer Hausbesetzung, die Entscheidung über die Nachrüstung). Die Konfliktanalyse ist eine spezielle Art einer derartigen Fallanalyse. Zum Politikmodell gehört ferner die *Problemanalyse*: Politische Probleme werden untersucht imHinblick auf Lösungs- und Handlungsmöglichkeiten (Was könnte — müßte getan werden?). Wir rechnen dazu auch die *Entscheidungsdiskussion*, die auf die Klärung des eigenen Verhaltens der Schüler zielt.

Die *Merkmale* dieses Politikmodells bestehen darin, daß die Inhalte einen Handlungsbezug haben (Aufgabenerfüllung), daß widerstreitende Interessen zum Ausdruck kommen, die sich an unterschiedlichen Werten orientieren. Der Unterricht an einem solchen Thema zielt auf eine Entscheidung, deren Ausgang prinzipiell offen ist; infolgedessen kann das Ergebnis nicht vom Lehrer festgelegt werden, der Lernprozeß ist prozeß-, nicht ergebnisorientiert. Im Vordergrund steht nicht die sozialwissenschaftliche Methode; maßgeblich sind vielmehr die *Kriterien* der Beurteilung und des Entscheidens.

Aufgabenbezug: Das Lehrmodell zielt auf eine Entscheidung, entweder über die Bewertung oder die Handlungsabsicht. Das Problem des politischen Entscheidens wird dabei sichtbar: Risiken, Benachteiligungen, Machtinteressen, Folgewirkungen.

Bevorzugte *Arbeitsweisen* sind, wie bei der Sozialstudie, solche, die selbstgesteuerte Tätigkeiten der Schüler ermöglichen. Jedoch ist zu berücksichtigen, daß der Arbeitsprozeß sich nicht am Leitfaden einer sozialwissenschaftlichen Methode beschreiben läßt, er vielmehr auf eine Grundstruktur des politischen Handelns zurückgeführt werden muß. Der Lehrer wird nicht nur als Berater, sondern auch als Regulator des Lernprozesses benötigt; aber auch hier wird der Anteil an symmetrischer Interaktion zunehmen, da der Lehrer in der Werte- und Entscheidungsdiskussion nicht als Schiedsrichter fungieren kann, sondern allenfalls als Diskussionsleiter, im Prinzip aber als gleichberechtigter Diskussionsbeteiligter auftritt.

Beispiel:

Es wird hier ausgewählt, um einen Vergleich mit dem zum Lehrgang herangezogenen Beispiel zu ermöglichen.

Thema: Jugendkriminalität[5]
Gegenstand ist ein Strafprozeß gegen sechs Mädchen, die der gemeinsam begangenen Mißhandlung einer Frau beschuldigt werden. Material ist der Bericht über die Gerichtsverhandlung.
1. Die Erscheinungsweise der Angeklagten vor Gericht.
2. Der Lebensweg der Angeklagten.
3. Der Tathergang.
4. Die Beurteilung: Das erwartete Gerichtsurteil aus der Sicht von Publikum und Zeugen, aus der Sicht der Schüler (Gruppenarbeit); Auswertung im Rollenspiel: Die Prozeßpause. Dabei als Kriterien: Unterschiedliche Zwecke der Strafe.
5. Das Urteil: Bewertung des getroffenen Gerichtsurteils.

Thema ist das Problem, wie Menschen zu einer Straftat kommen, aber auch die Frage, was ein gerechtes Urteil ist. Ziel des Unterrichts ist die Beurteilung; sie kann unterschiedlich erfolgen, dabei ist unentbehrlich der Bezug zu Kriterien (Resozialisierung, Abschreckung oder Wiedergutmachung als Zweck der Strafe). Beurteilt wird die Entscheidung von Beteiligten, hier des Gerichts als Teil des staatlichen Rechtssystems. Damit wird zugleich ein rechtspolitischer Sachverhalt bewertet: Zweck der Strafe.

Literatur

1   *Bernhard Sutor*: Neue Grundlegung politischer Bildung, Band II, Paderborn: Schöningh 1984, S. 97.
2   *Franke* (s. S. 199), S. 15.
3   *Franz-Josef Kaiser*: Fallmethode. In Gerhard Kolb (Hg.): Methoden der Arbeits-, Wirtschafts- und Gesellschaftslehre, Ravensburg: Maier 1978, S. 10.
4   *Giesecke*, Methodik S. 91 - 95.
5   *Gotthart Breit*: Jugendkriminalität. Eine Unterrichtseinheit für Sekundarstufe I. In: Gegenwartskunde 28 (1979), H. 3, S. 361 - 369.

    Weiterführende Hinweise sind nur begrenzt möglich. Zur Fallanalyse:
    Franke (Anm. 2), S. 15 - 23.
    Mickel, Methodik, S. 151 f.
    Günter Hobbensiefken: Zur Fallmethode in der politischen Bildung. In: Gegenwartskunde 22 (1973), S. 435 - 448.
    Kaiser (Anm. 3), S. 10 - 26.

    Zur Problemlösungsfähigkeit:
    Walter Gagel: Einführung in die Didaktik des politischen Unterrichts, Opladen: Leske 1983, S. 139 - 146.

    Zur Methode des Beurteilens:
    Hans-Peter Viechtbauer: Erziehung zur Rationalität? Überlegungen zu einer Aufgabe des sozialwissenschaftlichen Unterrichts. In: Gegenwartskunde 31 (1982), S. 335 - 346.

4.2.4 Zusammenfassung und Anwendung

Methodisches Handeln des Lehrers richtet sich auf die Gestaltung der Lernsituation und beeinflußt damit die Handlungen der Lernenden. Diese Handlungen nennen wir Arbeitsweisen. Der Lehrer wird dabei von der Überlegung geleitet, wie gewählte *Lehrmodelle* unter Berücksichtigung gewünschter und möglicher *Interaktionsformen* ausgestaltet werden.

Als wichtigste Lehrmodelle des politischen Unterrichts stehen zur Auswahl:

— *Lehrgang* zur Wissensvermittlung,
— *Sozialstudie* zur Untersuchung und Entdeckung,
— *Politikmodell* zur Urteilsfindung und Entscheidung.

Durch die Interaktionsformen wird der Beziehungsaspekt im unterrichtlichen Miteinanderhandeln definiert. Aus den Rahmenbedingungen des Unterrichts ergibt sich, daß sowohl *komplementäre* als auch *symmetrische* Interaktion stattfindet; die Abnahme des einen und Zunahme des anderen ist erwünscht, aber nur in Annäherungen möglich.

Übungsbeispiele

1. Untersuchen Sie die Texte (35) und (36) bitte unter folgenden Fragen:
   — Welches Lehrmodell hat der Autor ausgewählt?
   — Welche Merkmale des gewählten Lehrmodells sind im Text zu identifizieren?

   (35) Thema: ,,Freizeit"

   ,,In der 2. Unterrichtsstunde veranlaßt der Lehrer die Schüler zunächst durch den einleitenden Impuls zur Reproduktion der in der vorangegangenen Stunde erworbenen Kenntnisse. Der anschließende Impuls führt zur Problemfrage, die an die Tafel geschrieben wird.
   Im Unterrichtsgespräch versuchen die Schüler erste Antworten zu finden. Da ihnen aber noch geeignete Maßstäbe zur Beurteilung von Freizeitverhalten fehlen, muß der Lehrer an dieser Stelle Hilfen geben. Das geschieht durch ein Arbeitsblatt, welches in Partnerarbeit ausgewertet wird. Von großer Bedeutung für den Erkenntnisprozeß der Schüler ist das Vortragen der Arbeitsergebnisse und deren Beurteilung. In die Bewertung der Beispiele fließen jetzt schon Kriterien für die Unterscheidung von sinnvoller und weniger sinvoller Freizeit ein. Diese werden vom Lehrer an der Tafel festgehalten. Dabei kann er sich weitgehend der Formulierungen der Schüler bedienen. Die Rückführung auf die Anfangsmotivation, die hier eine erneute Motivierung darstellt, führt zur Diskussion über die Rolle der Freizeitindustrien und der Werbung für Freizeitartikel. Angestrebt ist hier wiederum, daß sich die Schüler kritisch diesem Komplex gegenüber äußern. Im Unterrichtsgespräch schließlich machen sich die Schüler ihr eigenes Freizeitverhalten bewußt und überprüfen es auf dem Hintergrund der erworbenen Erkenntnisse."

   (36) Thema: ,,Jugendarbeitslosigkeit"

   ,,Als methodisches Konzept zur Bearbeitung einer aktuellen und komplexen Thematik wie der unsrigen bietet sich in erster Linie die Projektmethode an. Damit ist hier ein Unterrichtsvorhaben gemeint, dessen Gegenstand nicht aus der fachlichen Systematik, sondern aus der gesellschaftlichen Realität bestimmt ist und in dem die Schritte der Bearbeitung, die Fragestellungen und Verfahrenweisen von Lehrer und Schülern gemeinsam geplant werden mit dem Ziel möglichst starker Selbsttätigkeit der letzteren. Das Projekt könnte in unserem Fall leicht die Form einer auf den regionalen Raum bezogenen Sozialstudie annehmen; doch würde die Explikation eines solchen Vorschlags zu wenig Modellhaftes und damit Übertragbares enthalten und kann daher in der didaktischen Literatur sinnvoll nur als Bericht erscheinen.

Daß Schüler die Auswahl der Teilthemen und der Verfahren mitentscheiden, macht die Vorplanung durch den Lehrer nicht weniger wichtig. Ausgeschlossen ist damit nur ein geschlossenes Programm, in dem von den Richtzielen bis zu sog. Feinzielen, zu Inhalten und Medien alles vorweg festliegt. Im Projekt muß die Vorplanung des Lehrers gründlich und offen zugleich sein, d.h. sie besteht im Durchdenken und Vorbereiten von Möglichkeiten der Fragestellung, der Teilthemen-, Material- und Methodenwahl. In diesem Sinn, als Darstellung eines Spektrums von Möglichkeiten, ist unser unten folgender Aufriß von Unterrichtsphasen zu verstehen. Möglichkeit heißt freilich nicht Beliebigkeit: zum Planungsgespräch gehört die Verständigung über unabdingbare Teilfragen und Methoden."

2. Wahl von Lehrmodellen

(37) Welches Lehrmodell ist folgenden Unterrichtsthemen angemessen?

1. Der Angestellten Gisela Maier wird gekündigt
2. Verbraucher und Markt
3. Tarifautonomie und Arbeitskampf am Beispiel eines Tarifkonfliktes
4. Das Parlament als Instrument der politischen Willensbildung
5. Schickt die Frauen doch zurück an den Kochtopf! (Frauenarbeitslosigkeit)
6. Wahlwerbung
7. Meinungs- und Pressefreiheit
8. Das Recht auf Kriegsdienstverweigerung
9. Politische Wahlen
10. Die Gemeinde als Freizeitraum

(Lösungsvorschläge und Nachweise unten S. 293f.).

4.3 Verlaufsplanung

Zur Handlungsplanung gehört die Anordnung von Teilhandlungen zu einer Handlungsfolge. Beabsichtigt ist die Zielhandlung; im Verhältnis zu ihr sind alle Teilhandlungen, die zu ihr hinführen, untergeordnet. Teilhandlungen sind demnach nicht in einer Kette aneinandergereiht, sondern auf das Ziel hin final geordnet. Jede vorausgehende Teilhandlung ist als Bedingung für die Folgehandlung zwar zeitlich vorgeordnet, jedoch logisch untergeordnet. Bei komplexen Handlungsfolgen ergeben sich daraus unumkehrbare Strukturmuster von Handlungsfolgen (Verlaufsschemata), die als Orientierung für die Verlaufsplanung des Unterrichts dienen können.

4.3.1 Begriffsklärung

Die Planungsaufgabe besteht darin, das methodische Handeln des Lehrers und die durch Arbeitsweisen gekennzeichneten Tätigkeiten der Schüler in einem Verlaufsplan zu ordnen. Im Vergleich zu den Lehrmodellen richtet sich diese Planungsaufgabe auf die dynamische Seite des Unterrichts als Prozeß. Es besteht jedoch eine enge Beziehung zu jenen. Die in der vorhergehenden Planungsaufgabe herausgestellten Lehrmodelle enthalten auch jeweils typische Verlaufsmuster, aber da es mehr als eines sind, in welchem sich die Verlaufsseite des einzelnen Lehrmodells abbilden läßt, wird die Verlaufsplanung als gesonderte Planungsaufgabe behandelt.

Diese Verlaufsmuster sind Typen von Handlungsfolgen. Bei ihrer Darstellung können wir an die Tradition der Allgemeinen Didaktik anknüpfen, in welcher seit Herbart versucht wurde, dem Unterricht durch Artikulationsstufen eine konstante und reproduzierbare Struktur zu geben.[1] Zwar wurde gegen diese seither gebräuchlichen Stufenschemata häufig eingewandt, daß sie den Unterricht in ein starres Korsett zwingen. Das gilt aber nur, wenn man den Anspruch erhebt, ein einziges, für jeden Unterricht geltendes Schema entwickelt zu haben. Wenn es eine Vielzahl von Möglichkeiten solcher Verlaufsmuster gibt, entfällt dieser Vorwurf, weil der Lehrer dann Entschei

Abb. 25: Übersicht über die Verlaufsmodelle

(1)	Lehrgang (2)	(3) Sozialstudie
Motivation	Anschauung	
	Fragen/ Probleme	Problem- formulierung
Erarbeitung	Information	Informations- sammlung
		Analyse der Informationen
	Antworten/ Urteilsbildung	Problemlösen
Ergebnissiche- rung/Anwendung	Abstraktion/ Transfer	Synthese
		Anwenden/ Transfer

problemlösendes Verfahren

rezeptives Lernen

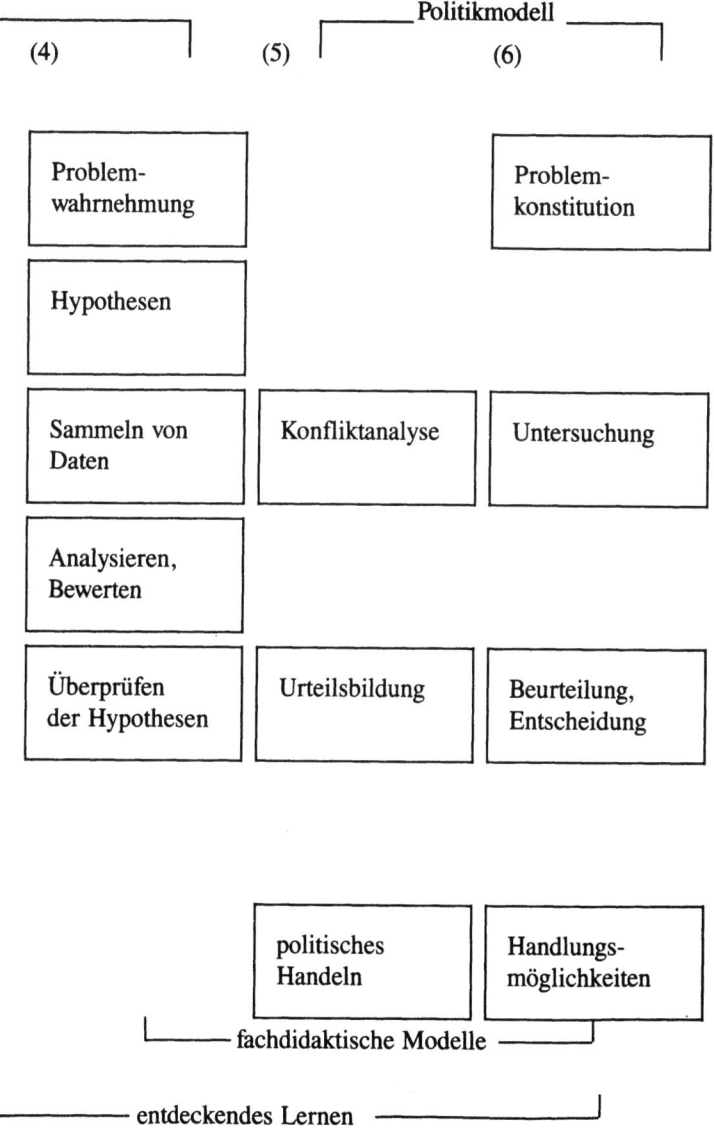

Politikmodell

(4)   (5)   (6)

Problem- wahrnehmung		Problem- konstitution
Hypothesen		
Sammeln von Daten	Konfliktanalyse	Untersuchung
Analysieren, Bewerten		
Überprüfen der Hypothesen	Urteilsbildung	Beurteilung, Entscheidung

politisches
Handeln   Handlungs-
                 möglichkeiten

fachdidaktische Modelle

entdeckendes Lernen

dungsspielraum hat und er das von Giesecke herausgestellte Prinzip der „methodischen Variation" (s. S. 192) auch auf die Wahl der Stufenschemata ausdehnen kann.

Entsprechend unseres handlungstheoretischen Ansatzes nehmen wir an, daß die Gliederung der Handlungsfolge durch ein Stufenschema zielgerichtet ist, und das bedeutet, daß diese Folge durch die methodischen Implikationen der Zielhandlung bestimmt wird. Die Stufenschemata sind daher aufgabenorientiert gestaltet und können entsprechend unterschiedlicher Aufgaben auch variiert werden.

Wir schlagen daher im folgenden nicht ein einziges Verlaufsschema vor, sondern sechs bzw. sieben, die — entsprechend den ebenfalls aufgabenbezogenen Lehrmodellen — in drei Gruppen geordnet sind. Die Zahl der Verlaufsschemata ist hier relativ willkürlich gewählt; durch Erweiterung der Lehrmodelle und Aufgabentypen könnte die Zahl vergrößert werden. Jedoch geht es uns hier nicht um Vollständigkeit; wichtiger ist uns, das *Prinzip der aufgabenbezogenen Variation* hervorzuheben und seine Bedeutung sichtbar zu machen, weil es innerhalb der Didaktik des politischen Unterrichts bisher nicht gesehen worden ist.[1a]

Verlaufsmodelle sind von fast jedem Didaktiker der politischen Bildung entwickelt worden, jedoch meist nur ein einziges, und wenn außerdem ein weiteres, dann mit untergeordneter Bedeutung (Beispiele in den Literaturangaben). Offenbar wurde angenommen, daß es für den politischen Unterricht nur ein verbindliches Schema geben könne. Das hatte zur Folge, daß zwar insgesamt eine Vielzahl von Schemata angeboten wurde, für deren Auswahl aber die Kriterien fehlen.

Diesem Mangel versuchen wir abzuhelfen, indem wir die Verlaufsschemata verschiedenen *Aufgaben* zuordnen, wodurch wir auch Kriterien gewinnen. Diese Aufgaben wurden bereits durch die Lehrmodelle herausgestellt:

— Informieren (Lehrgang),
— Entdecken (Sozialstudie),
— Entscheiden (Politikmodelle).

Indem wir diesen Aufgaben die Stufenschemata zuordnen, gewinnen wir drei Gruppen.

Neben diesem Prinzip der aufgabenbezogenen Variation betonen wir auch das *Prinzip der unaufgebbaren Stufung des Lernprozesses.*

Dieses Prinzip besagt, daß jede Handlung auf einer vorhergehenden aufbaut, daß dadurch ein Verhältnis von Bedingung und Folge entsteht und daß diese Reihenfolge unumkehrbar ist. Übertragen auf die Didaktik wird dies von Hilbert Meyer so formuliert: „Die Erreichung der nächst höheren Stufe eines Stufenschemas ist nur möglich, wenn die auf allen vorhergehenden Stufen vom Schüler zu erbringenden Leistungen auch tatsächlich beherrscht werden."[2] Jede Stufe des Unterrichts wirkt in die folgenden hinein; Meyer spricht von der „konstruktiven Aufhebung in die nächste" Stufe.[3] Deutlicher wird dies, wenn man den Unterrichtsverlauf als Handlungsfolge versteht: Handlungen sind nicht getrennt, sondern bedingen einander. Aebli nennt dies „Hierarchisierung".[4]

Wir setzen demnach voraus, daß politischer Unterricht jeder Intention durch Stufenschemata geplant werden muß, daß aber die Art dieser Schemata je nach Intention variiert. Die Planungsaufgabe „Verlaufsplanung" besteht demnach in der Wahl und der Ausführung eines aufgabenspezifischen Verlaufsschemas für den beabsichtigten Unterricht.

Innerhalb unserer Überlegungen zur Unterrichtsplanung beschränken wir uns hier, die Auswahlalternativen der Verlaufsschemata zu skizzieren. Eine Entwicklung solcher Schemata und eine kritische Bestandsaufnahme wäre hingegen Aufgabe einer Methodik. Die drei Gruppen von Verlaufsschemata werden den Lehrmodellen zugeordnet; innerhalb dieser Gruppen bieten wir Varianten an (s. Abb. 25).

Literatur

1 Überblick und Einführung bei *Alfred Vogel*: Artikulation des Unterrichts, Ravensburg: Otto Maier 1973 (und folgende Auflagen); *Karsten Friedrich, Hilbert Meyer, Eva Pilz*: Unterrichtsmethoden, Universität Oldenburg, hrsg. Zentrum für pädagogische Berufspraxis, 1982, S. 251 - 304.
1a Während der Drucklegung erschien der Versuch einer *gegenstandsbezogenen* Variation von *Bernd Janssen:* Wege politischen Lernens, Frankfurt: Diesterweg 1986.
2 In *Friedrich, Meyer, Pilz* (Anm. 1), S. 273.
3 ebenda
4 *Hans Aebli*: Denken als Ordnen des Tuns, Bd. 1, Stuttgart: Klett-Cotta 1980, S. 160. Vgl. auch S. 243ff.

Allgemein zum Lernprozeß:
Hermann Giesecke: Methodik des politischen Unterrichts, München: Juventa 1973, S. 107 - 124.
Wolfgang W. Mickel: Methodik des politischen Unterrichts, 4. Aufl., Frankfurt: Hirschgraben 1980, S. 141 - 144.

Die Reduktion von Methode auf den Lernprozeß aufgrund marxistischer Erkenntnistheorie:

Wolfgang Christian: Die dialektische Methode im politischen Unterricht, Köln: Pahl-Rugenstein 1978.

Beachtung verdient der Versuch, typische Unterrichtsverläufe als ,,Prozeßgestalten" und ,,Inszenierungsmuster" zu systematisieren:

Gotthilf Gerhard Hiller: Ebenen der Unterrichtsvorbereitung. In Bijan Adl-Amini, Rudolf Künzli (Hg.): Didaktische Modelle und Unterrichtsplanung, München: Juventa 1980, S. 134 ff.

4.3.2 Verlaufsschemata des Lehrganges

Merkmal des Lehrmodells ,,Lehrgang" ist, daß der Lehrstoff vom Lehrer sinnvoll geordnet und gegliedert wird, daß er im wesentlichen vom Lehrer direkt oder indirekt dargeboten wird und daß ein im voraus feststehendes Lehrziel über die Erarbeitung von Teilzielen erreicht wird. Der Aufgabenbezug besteht in der Wissensvermittlung.

Wir unterscheiden zwei Grundtypen von Lehrgängen: Analytische und synthetische Lehrgänge.

Zu den Begriffen[1]: Der *analytische Lehrgang* geht in der Hierarchie der Inhalte von oben nach unten vor. Er ähnelt dem ganzheitlichen Verfahren, bei dem man mit dem komplexen Problem beginnt. Das Ganze steht am Anfang und wird schrittweise aufgehellt, zerlegt, ausdifferenziert.

Der *synthetische Lehrgang* beginnt dagegen mit der Basis der Hierarchie, steigt von unten nach oben auf und bewegt sich somit vom Einfachen zum Zusammengesetzten. Der Lernende kann dabei häufig nicht erkennen, auf welches Ziel hin der Lernprozeß verläuft.

Nicht zu verwechseln sind diese Begriffe mit den logischen Beziehungen deduktiv — induktiv[2]: Letzteres Begriffspaar benennt das Verhältnis zwischen Allgemeinem — Besonderem, ersteres zwischen Ganzem — Teile.

Der Grundtyp des *synthetischen Lehrgangs* (1) eignet sich für den Unterricht dort, wo Lernende in ein neues Wissensgebiet eingeführt werden sollen. Der Lehrer zerlegt das Gebiet in Teile, behandelt diese nacheinander und baut dadurch schrittweise das Ganze auf.

> *(1) Synthetischer Lehrgang*[3]
>
> *Thema*: Gastarbeiter
>
> A. Motivation: 1. Urteile und Vorurteile
> B. Erarbeitung: 2. Lage im Betrieb
>   3. Wirtschaftliche Nachfrage nach
>   ausländischer Arbeitskräften
>   4. Soziale Schwierigkeiten
>   5. Probleme der Rückkehr
> C. Anwendung/Vertiefung: 6. Lösungsmöglichkeiten

Die Unterrichtsreihe nimmt in dem hinzugefügten Beispiel ihren Ausgang bei Meinungen in der Gesellschaft und damit häufig auch bei den Erfahrungen der Schüler (Einstieg, Motivation). Danach werden die Schüler mit verschiedenen Aspekten des Lerngegenstandes vertraut gemacht (Erarbeitung). Die 6. Teileinheit stellt dann die Synthese her: Die Kenntnisse der vorhergehenden werden benötigt, um über Lösungen nachdenken zu können (Anwendung, Vertiefung).

Der analytische Lehrgang (2) kann nach folgendem Verlaufsschema aufgebaut sein[4]:

> (2) *Analytischer Lehrgang*
>
> 1. Anschauung von Elementarsituationen
> 2. Formulierung von Fragen/Problemdefinitionen
> 3. Erarbeitung von Informationen
> 4. Antwortversuche/Urteilsbildung
> 5. Abstraktion/Fixierung allgemeiner Erkenntnis/Transfer

Dieser Beginn mit dem „Ganzen" wird durch die erste Phase repräsentiert: Der Einstieg erfolgt bei der „problemhaltigen Situation", also bei einem der Erfahrung oder der Beobachtung der Schüler zugänglichen Sachverhalt, der ein Problem enthält. Die Situation ist immer komplex und insofern ein Ganzes; das Problem stellt das übergeordnete Lernziel — gleichsam noch in verschlüsselter Form — dar, da der Unterricht auf dessen Lösung zielt. Der Ausgang beim Ganzen bedeutet zugleich, daß ein Vorgriff auf das Ergebnis vorgenommen wird; im Unterschied zum synthetischen Lehrgang haben die Lernenden einen gewissen Überblick über den Lernprozeß. Dieses Vorgreifen geschieht durch ihre Beteiligung an der Formulierung von Fragen und Problemdefinitionen, durch welche der Problemkomplex zerlegt wird und in ein Arbeitsprogramm übertragen werden kann (Phase 2).

Der analytische Lehrgang besitzt eine Nähe zum Problemlösungsverfahren; vom ,,Entdeckungslernen'' unterscheidet ihn die Art des methodischen Handelns. Indikator ist Lenkungsfunktion des Lehrers und Grad der Beteiligung der Schüler an der Planung. Inhaltliches Kriterium ist auch, ob eine bestimmte Problemlösung erarbeitet werden soll (ergebnisorientiert) oder die Lösung offen ist (prozeßorientiert).

Literatur

1 *Karl Josef Klauer*: Methodik der Lehrzieldefinition und Lehrstoffanalyse, Düsseldorf: Schwann 1974, S. 179 - 182.
2 ebenda, S. 182.
3 *Hartmut Thiele*: Artikulation des Unterrichts als Lernhilfe. Pädagogische Welt 32 (1978), H. 3, S. 131 - 137.
4 *Bernhard Sutor*: Neue Grundlegung politischer Bildung, Bd. II, Paderborn: Schöningh 1984, S. 165.

4.3.3 Verlaufsschemata der Sozialstudie

Die Sozialstudie bezweckt Erkenntnisgewinnung durch sozialwissenschaftliche Methoden. In erziehungswissenschaftlicher Terminologie handelt es sich dabei um eine besondere Art des ,,entdeckenden Lernens''.

Zum Begriff: *Entdeckendes Lernen* ist der Versuch, Selbsttätigkeit im Unterricht zu realisieren. ,,Das Ausfindigmachen von Problemen, die Entwicklung und Planung von Bearbeitungsstrategien, der Vergleich verschiedener — und verschieden gewonnener — Einsichten, das Ausloten von Beziehungsfeldern einzelner Probleme erscheint ebenso wichtig wie das Erlernen verschiedener zur Lösung erforderlicher Techniken.''[1] Es ist folglich nicht zu verwechseln mit bloßem ,,Methodenlernen'', bei welchem die Gefahr des ,,Methodendogmatismus'' kritisiert wird[2].

Bei der Anwendung von sozialwissenschaftlichen Methoden steht daher im Vorgrund, die Fähigkeit zur selbständigen Erkenntnisgewinnung zu üben, und das bedeutet: Probleme zu entdecken und zu bearbeiten.

Dabei ist jedoch zu beachten, daß „entdeckendes Lernen" eine Organisationsform, also ein Lehrmodell ist, Problemlösen jedoch eine kognitive Operation. Problemlösen ist nicht an ein einziges Lehrmodell gebunden und wird auch nicht durch ein bestimmtes vermittelt. Das meint Aebli, wenn er sagt: „Dies bedeutet, daß die erste Schule des Problemlösens das Gespräch mit dem Klassenlehrer ist, nicht die Gruppenarbeit und nicht die individuelle Arbeit."[3] Folglich gibt es didaktische Übergänge vom Problemlösen innerhalb des Lehrganges (s. S. 212) zum Problemlösen im Lehrmodell des Entdeckungslernens (Sozialstudie).

Diese Nuancen sind in den beiden Schemata der Sozialstudie zu erkennen. Das erste (3) hat die größte Nähe zu dem zweiten innerhalb des Lehrmodells „Lehrgang" (2), auch die größere Allgemeinheit gegenüber dem folgenden mehr fachspezifischen Verlaufsschema (4).

---

(3) *Artikulationsschema der entdeckenlassenden Lehr-Lern-Planung*[4]

1. Problemformulierung, Problemverständnis
2. Informationssammlung
3. Analyse der Information
4. Problemlösung — kreativer Akt
5. Synthese
6. Ausführung, Anwendung, Transfer, Kommunikation der Ergebnisse.

An dem Verlaufsschema (3) ist nicht ohne weiteres zu erkennen, welche Phasen die Akte der Selbsttätigkeit der Schüler enthalten. Man wird sie vor allem in den Phasen 1 und 2 vermuten: Entwicklung von Fragestellungen, Planung der weiteren Arbeit, das Sammeln von Informationen. Doch gilt für alle Phasen, daß erst die methodische Ausgestaltung darüber entscheidet, ob gelenktes oder selbsttätiges Problemlösungsverhalten ermöglicht wird.

Problemlösungsprozesse orientieren sich an einem Modell interner kognitiver Operationen; sie bestehen aus Denkhandlungen. Das Modell des sozialwissenschaftlichen Forschens enthält eine Methode im objektiven Sinne, die als externe Handlungsregel aufgefaßt werden kann. Aus diesem Grunde läßt sie sich auch in einem Arbeitsplan wiedergeben. Wir führen hier das Schema des Amerikaners Edwin Fenton an[5]:

---

(4) Schritte zum entdeckenden Lernen in den Social Studies

1. Problemwahrnehmungen aufgrund vorliegender Daten

2. Formulieren von Hypothesen
   a) analytische Fragen stellen
   b) Hypothesen setzen
   c) sich der Vorläufigkeit von Hypothesen bewußt bleiben

3. Die logischen Zusammenhänge von Hypothesen erkennen

4. Sammeln zusätzlicher Daten
   a) Entscheiden, welche Daten benötigt werden
   b) Auswählen bzw. Zurückweisen von Quellen

5. Analysieren, Bewerten und Interpretieren der Daten
   a) Auswählen relevanter Daten
   b) Bewerten der Quellen
      (1) Bestimmen des Bezugsrahmens eines Autors
      (2) Bestimmen der Genauigkeit der Sachaussage
   c) Interpretieren der Daten

6. Überprüfen der Hypothesen im Lichte der analysierten, bewerteten und interpretierten neuen Daten
   a) Eventuelles Modifizieren der Hypothesen
      (1) Zurückweisen logischer Zusammenhänge, die von den Daten nicht gestützt werden
      (2) Setzen der revidierten Thesen
   b) Ausformulieren und Setzen einer generalisierenden Erkenntnis bzw. Einsicht.

Gelernt wird hierbei die Methode der Erkenntnissicherung; die einzelnen Schritte sind — didaktisch gesprochen — Verfahren des ,,reflektierenden Denkens". Darunter wird nach Dewey das ständige Prüfen dessen, was für wahr gehalten wird, verstanden.[6] Sozialwissenschaftliche Methoden, von denen hier eine elementare Form wiedergegeben ist, sind demnach Methoden für die überprüfbare Lösung eines *Erkenntnisproblems* (Nichtwissen in Wissen überführen).

Dabei sind zwei *Grenzen* zu beachten. Die eine besteht darin, daß im Unterricht nur wenige Erkenntnisse wirklich selbständig nach Art von Forschern erarbeitet werden können. So bezweifelt Gerald Leinwand, daß man Schülern umfassende Vorstellungen vermitteln könne, „indem man sie in die Wurmperspektive versetzt".[7] Sozialwissenschaftliche Methoden dienen im Unterricht nicht dazu, aus Schülern Sozialwissenschaftler zu machen, sondern ihnen die Möglichkeit zu geben, sozialwissenschaftliche Erkenntnisse kritisch zu prüfen (das „Problem" der Erkenntnis) oder in ihrer Umwelt selbständig Daten zu gewinnen, um Probleme erörtern zu können.

Die andere Grenze ist durch den positivistischen Ansatz bedingt. Das entdeckende Lernen endet bei der Entdeckung, also bei der Erkenntnis und ihrer generalisierenden Einordnung. Durch eine solche Erkenntnis kann aber auch ein Problem aufgedeckt werden, nämlich ein Defizit oder ein Mißstand, also ein *Entscheidungsproblem*. Dann müßten ja weitere Schritte folgen. Holtmann hat daher vorgeschlagen, auf die Überprüfung der Hypothesen, die generalisierbare Erkenntnisse erbringt, die Phase „Entwurf von Handlungsmöglichkeiten" folgen zu lassen. Er ergänzt das genannte Schema 4 durch drei zusätzliche Schritte[8]:

— Entwurf von Handlungsmöglichkeiten
— Handlungspraxis
— evtl. Revision der Erkenntnisprozesse

Wir lassen offen, ob diese Stufen nicht den Rahmen des durch Schule bedingten Unterrichts sprengen. Der Vorschlag zeigt jedoch, daß die Formen des entdeckenden Lernens nach dem Lehrmodell „Sozialstudie" nur spezifische didaktische Aufgaben lösen können. Sie sind zweckmäßig, wo und soweit es sich um Erkenntnisprobleme handelt. Eine generelle Methode des politischen Unterrichts stellen sie jedenfalls nicht dar. Daher müssen die Verlaufsschemata des Lehrmodells „Sozialstudie" noch durch diejenigen des „Politikmodells" ergänzt werden.

Literatur

1 Wörterbuch der Erziehung, hrsg. *Christoph Wulf*, München: Piper 1974, S. 518. Vgl. auch die Ausführungen von *Jerome S. Bruner*: Entdeckendes Lernen. In Antonius Holtmann (Hg.): Das sozialwissenschaftliche Curriculum in der Schule, 2. Aufl., Opladen: Leske 1976,S. 77 - 90.

2 *Fritz Loser*: Aspekte einer offenen Unterrichtsplanung. In: Bildung und Erziehung 28 (1975), H. 4, S. 245.

3 *Hans Aebli*: Grundformen des Lehrens, 12. Aufl., Stuttgart: Klett-Cotta 1981, S. 280 f.

4 Bei *Loser* (Anm. 2), S. 250.

5 Bei *Holtmann* (Anm. 1), S. 21. Außerdem bei *Christoph Wulf*: Das sozialwissenschaftliche Curriculum. Eine Analyse der Curriculumentwicklung in den USA, München: Piper 1973, S. 116 f.

6 *Wulf* (Anm. 5), S. 113.

7 *Gerald Leinwand*: Kritische Überlegungen zum entdeckenden Lernen in den Social Studies. In: Holtmann (Anm. 1), S. 110.

8 *Antonius Holtmann*: Politische Bildung. In Kurt Gerhard Fischer (Hg.): Zum aktuellen Stand der Theorie und Didaktik der Politischen Bildung, 4. Aufl., Stuttgart: Metzler 1980, S. 88 f.

Weitere Beispiele

Zu (3)
Bernhard Claußen: Methodik der politischen Bildung, Opladen: Westdt. Verlag 1981, S. 186 - 206.

Zu (4)
Peter Franke: Methoden und Medien aus der Sicht sozialer und politischer Bildung, Donauwörth: Auer 1981, S. 63 f.
Siegfried George: Einführung in die Curriculumplanung des politischen Unterrichts, Ratingen: Henn 1972, S. 166 - 126.

Allgemein zum Methodenlernen:
Wolfgang Hilligen: Zur Didaktik des politischen Unterrichts, 4. neubearb. Aufl., Opladen: Leske 1985, S. 209 - 211.
Vgl. auch Literatur zu 4.2.3.2

4.3.4 Verlaufsschemata des Politikmodells

Kennzeichnend für das Politikmodell ist, daß es ein Entscheidungsproblem und nicht ein Erkenntnisproblem zum Thema hat. Der Unterricht zielt also auf eine Entscheidung, entweder als Bewertung oder — darauffolgend — auch als Handlungsabsicht. Da das Ergebnis Resultat widerstreitender politischer Interessen ist, kann es vom Lehrer nicht im voraus festgelegt werden; der Unterricht ist infolgedessen prozeßorientiert, nicht ergebnisorientiert.

Die Besonderheit des Politikmodells liegt darin, daß es die Bedingungen des Politischen in sich aufnimmt. Das ist einmal der Handlungsaspekt (Aufgabenbezug), zum anderen die Konfliktstruktur (Alternativen, Interessen). Das hierfür geeignete Stufenschema hat nicht das Verfahren sozialwissenschaftlicher Erkenntnisgewinnung als Grundmuster wie Stufenschema (4), sondern nimmt die Bedingungen politischen Handelns in sich auf. Wir beziehen daher die Artikulationsstufen auf die Phasen des politischen Entscheidungsprozesses.

Hierin unterscheiden wir uns von B. Claußen, welcher seinen Artikulationsstufen zwar den politikdidaktischen Dreischritt ,,Sehen — Beurteilen — Handeln" zugrundelegt, diesen jedoch als ,,Erkenntnisverfahren" und mithin als Denkprozeß versteht, welcher über den empirisch-analytischen Methodenansatz hinaus um die Kritik als Denkverfahren erweitert wird[1]. Dies mag der Grund dafür sein, daß wir sein Artikulationsschema dem Typ 3 ,,entdeckendes Lernen" zugeordnet haben (s. S. 216). Im Unterschied hierzu versuchen wir, die Realitätsbedingungen politischen Handelns in die Stufen des Lernprozesses aufzunehmen, um dadurch Denkkategorien zu gewinnen, die sich auf politisches Handeln richten.

Die Realitätsbedingungen des politischen Entscheidungsprozesses werden in der Definition von Wolf-Dieter Narr genannt:

,,Politik, das politische Feld, ist gekennzeichnet durch wissenschaftlich als Fragen formulierte *Probleme*, alternative *Möglichkeiten*, diese Probleme zu bewältigen, also Möglichkeiten des offenen oder unterdrückten Konflikts, und schließlich der *Entscheidung* und *Durchführung* der aktualisierten Problemlösung."[2]

,,Probleme" sind als dringlich erachtete Aufgaben, ,,Möglichkeiten" stellen sich in der Form von Alternativen und damit als Anlaß für Konflikte dar, aber auch im Unterschied zu dem bloß wünschbaren als das Realisierbare angesichts von Knappheit, ,,Entscheidung" ist die legitimierte Wahl unter den Alternativen mit dem Charakter der Verbindlichkeit für alle und ,,Durchführung" der Bereich der meist durch Verwaltung erfolgenden Verwirklichung und Durchsetzung der Entscheidung.

Der Lernprozeß orientiert sich mithin an einer phänomenologischen Beschreibung des Entscheidungsprozesses[3]. Jedoch kann diese nicht abbildartig übernommen werden, weil eine spezifische Lernphase eingeschoben werden muß. Das ergibt sich aus einem Vergleich mit einem politikdidaktischen Phasenmodell:

Narr	Dörge[4]
Probleme	Fragen (Problemstellung)
	Anschauen (Lageanalyse)
Möglichkeiten Entscheidung	Urteilen (Zielkonflikte und Entscheidung)
Durchführung	Handeln (Maßnahmen und Wirkungsanalyse)

Man findet also eine Phasenverschiebung, die damit zu erklären ist, daß im Unterricht die Lernenden sich sachkundig machen müssen, da mit dem Problem nicht bereits die Informationen gegeben sind. Freilich ist auch im politischen Prozeß die Informationsbeschaffung eine Notwendigkeit, doch läßt sie sich nicht in eine bestimmte Phase verorten, wird außerdem häufig an spezielle Institutionen („Stäbe") delegiert.

Wenn wir das Modell von Dörge als Grundtypus des Politikmodells nehmen, dann ergibt sich als charakteristischer Unterschied zur Sozialstudie (Typ 4), daß eine Entscheidung oder Wertung angesichts von Alternativen (Ziele oder Mittel) vollzogen werden muß. Die Kontroversstruktur des Politischen wird in die Artikulationsstufen aufgenommen. Außerdem ist für die Verlaufsschemata dieses Lehrmodells die Handlungsorientierung konstitutiv: Es enthält immer ein Nachdenken über Handlungsmöglichkeiten oder eine Untersuchung bereits vollzogener Handlungen, z.B. die erfolgte Konfliktregelung, die Wirkung von Maßnahmen.

Die im folgenden angebotenen Typen von Stufenschemata unterscheiden sich durch die unterschiedliche Zahl der Stufen (drei oder vier). Diese Differenz ist durch die verschiedenartige Aufgabenstellung bedingt: Bei der *Fallanalyse*, die in dem einen Schema in der Form der Konfliktanalyse beabsichtigt ist, wird vorausgesetzt, daß der „Fall" ohne einführende Vorphase im Unterricht repräsentiert wird; bei der *Problemanalyse* ist eine Vorphase vorgesehen. Sie hat als Phase der Problemdefinition (Fragen) ein eigenes didaktisches Gewicht, bedeutet also mehr als den bloßen „Einstieg".

Als Beispiel für die Fallanalyse wählen wir Lingelbach, weil bei ihm die Dreistufigkeit hervortritt; in der politischen Didaktik hat

218

diese Dreistufigkeit vor allem durch das Unterichtswerk von Hilligen Verbreitung gefunden (,,Sehen — Beurteilen — Handeln"[5]).

---

(5) *Zielkomplexe politischer Bildung nach Lingelbach*[6]

1. Kategorien der Konfliktanalyse:
   — Streitfrage
   — Gegner
   — Interessen
   — Machtverhältnisse
   — Ordnungsvorstellungen
   — historische Herkunft

2. Kategorien der Urteilsbildung:
   — Interesse
   — Wert- und Ordnungsvorstellungen
   — Verantwortungsethik
   — Engagement

3. Kategorien des politischen Handelns:
   — Solidarität
   — Kompromiß und Koalition
   — Effizienz

Der Unterricht ist in drei Phasen aufgeteilt, in denen die Arbeit nach verschiedenen Verfahren erfolgt, je nach dem Zweck: Erkennen, Werten und Handeln. Wir nehmen an, daß in diesen Schritten der Verlauf eines Konfliktes und damit eines politischen Entscheidungsprozesses verfolgt werden kann (typisch: Tarifkonflikt, aber auch Gesetzgebungsprozeß). Diese wäre eine politische Fallanalyse als Untersuchungsaufgabe. Lingelbach gibt seinen Kategorien aber auch eine subjektive Wendung: Engagement zielt auf eigene Parteinahme, Solidarität auf Nachdenken über eigene Beteiligung.

Im Unterschied zu Kaiser und Franke[7] handelt es sich bei diesem hier vorgestellten, durch Lingelbach veranschaulichten Typ um eine *spezielle* Form der Fallanalyse, also der *politischen* Fallanalyse.

Für die *Problemanalyse* führen wir hier das Verlaufsschema (6) an.[8] Es enthält den Vierschritt, in welchem bereits die erste Phase politische Bedeutung hat. Denn die ,,Problemkonstitution", also die Benennung oder Definition des politischen Problems, ist ein politischer Prozeß, nämlich der Konflikt um die ,,Umsetzung von latenten Pro-

219

> (6) *Verlaufsschema für den politischen Problemlösungsprozeß*
>
> 1. *Problemkonstitution*
>   a) Vergegenwärtigung des Problems, Erzeugen einer Fragehaltung zur Weckung des Problembewußtseins (Einstieg, Motivation)
>   b) Herkunft des Problems (Problematik der Problemkonstitution), ggf. Korrektur der Problemdefinition
>   c) Planungsgespräch: Ermittlung der Fragerichtungen und (vermuteten) Lösungsrichtungen
>
> 2. *Untersuchung*
>   a) Beschaffen von Informationen über den Problembereich, ggf. Erwerb von Orientierungswissen
>   b) Ermittlung der alternativen Möglichkeiten, Feststellen der unterschiedlichen Interessen und Machtpositionen
>   c) Rückbezug auf die Problemdefinition und auf die Untersuchungsfragen; erster Versuch der Problemlösung und deren Prüfung; Planung der weiteren Arbeit
>
> 3. *Beurteilung und Entscheidung*
>   a) Ermittlung der Beurteilungskriterien
>   b) Bearbeitung des Ziel-/Wertkonflikts durch Zieldiskussion; begründete Entscheidung
>
> 4. *Handlungsmöglichkeiten*
>   a) Suche und Prüfung der eigenen Handlungsmöglichkeiten oder derjenigen der Beteiligten (Maßnahmen); alternativ dazu:
>   b) Transfer, Generalisierung, ,,Weiterdenken''.

blemen in aktuelle politische Streitfragen''[9]. Bereits in dieser Phase, in welcher die Lernenden Problembewußtsein erwerben, muß ihnen auch bewußt werden, daß Probleme etwas politisch Hergestelltes sind und aus diesem Grunde die kritische Prüfung schon zu Beginn der Beschäftigung einsetzen muß.

Die vierte Phase nennen wir ,,Handlungs*möglichkeiten*'', weil der prinzipielle Unterschied zwischen der unterrichtlichen Lernsituation und der politischen Realsituation beachtet werden muß (vgl. oben S. 187f.). Politik ist in der Lernsituation immer nur vermittelt, also durch ,,Repräsentation'' gegenwärtig. Unter Handeln verstehen wir daher im wesentlichen das Nachdenken über Handeln, also über mögliche Handlungen, über Handlungsabsichten.

Eine spezielle Form eines Stufenschemas, das ebenfalls dem Politikmodell zugeordnet werden muß, hat W. Sander entwickelt: das Modell der politisch-moralischen Urteilsbildung (7).

> (7) *Stadien der politisch-moralischen Urteilsbildung nach W. Sander*[10]
>
> 1. Der verfassungsgebende Akt
> 2. Präzisierung des Konfliktfalles
> 3. Gewinnung von Beurteilungskriterien
> 4. Beweisaufnahme
> 5. Einzelbeurteilung kontroverser Positionen
> 6. Entscheidung
> 7. Begründung und Veröffentlichung.

Der Verlauf dieses Lernprozesses zielt speziell auf die Urteilsbildung. Die ,,Stadien" sind dem Verlauf des Gerichtsverfahrens nachgebildet; Urteil ist demzufolge die Entscheidung über einen Konflikt durch Bezugnahme auf Normen. Daraus ergibt sich die deduktive Anlage dieses Lern- und Arbeitsprozesses: Zu Beginn stehen einmal der ,,verfassungsgebende Akt", d.h. die Festlegung der generellen Urteils- und Handlungsmaxime, nach welcher der Streitfall bearbeitet und die gesollte Handlung gefunden wird, zum anderen die ,,Gewinnung der Beurteilungskriterien", welche an die zu beurteilenden Sachverhalte des Konfliktfalles angelegt werden. Die ,,Stadien der politisch-moralischen Urteilsbildung" machen das Verfahren lehrbar, nach dem ein Wertkonflikt entschieden und eine Handlungsregel gefunden und begründet werden kann. Die Intention ist die individuelle Urteilsbildung und die Verständigung unter Diskutierenden. Die ,,Stadien" enthalten jedoch nicht die Bedingungen des politischen Entscheidungsprozesses, wo z.B. schon die ,,Präzisierung des Problems" ein Ergebnis von Konflikten und nicht das Ergebnis eines klaren Denkens ist und wo die Entscheidung als Kompromiß den Bezug zu einer oder zu konsistenten Entscheidungsnormen häufig nicht zuläßt, sondern der Anteil widersprechender Normen in der Schwebe gehalten werden muß. Das Verlaufsschema kann daher nicht für alle Themen des politischen Unterrichts verwendet werden.

Zum Schluß muß noch auf das grundsätzliche Problem von Stufenschemata des Unterrichts eingegangen werden. Die Aufzählung von

Stufen oder Lernschritten suggeriert eine lineare Abfolge von Phasen des Unterrichts. Wir haben oben (S. 208f.) versucht, demgegenüber die Vorstellung von der hierarchischen Integration der Stufen zu vermitteln; die zeitliche Abfolge bedeutet danach die „konstruktive Aufhebung in die nächste Stufe". Jede Stufe kehrt in der folgenden wieder, daher kann auch in jeder folgenden auf die Ergebnisse der vorhergehenden zurückgegriffen, aber auch ein Neuansatz versucht werden. Dieser Gedanke ist in dem Schema (6) durch den „Rückbezug" in 2 c verwirklicht worden; an dieser Stelle findet ein Innehalten im Vorgehen statt, es bietet sich die Gelegenheit zu „reflektierendem Denken" mit der Möglichkeit der Korrektur. Grundsätzlich müßten solche Verklammerungen in jeder Phase möglich sein, weil sie dem nichtlinearen Denk- und Arbeitsprozeß entsprechen. Loser hat deshalb ein allgemeindidaktisches Modell für den Unterricht entworfen, in welchem die Unterrichtsplanung als „iterativer Vorgang" verstanden wird, d.h. als ein wiederholter Wechsel von zwei „Elementartätigkeiten": Erzeugung von Vielfalt — Reduktion von Vielfalt[11]. Auf dieses sehr komplexe Modell des ineinander übergehenden Planungs- und Unterrichtsprozesses kann hier nur hingewiesen werden, um ein Weiterdenken über die hier angebotenen Typen von Verlaufsmodellen zu ermöglichen. Das Prinzip des „iterativen Vorganges" haben in der politischen Didaktik in je unterschiedlicher Form Giesecke und Rössner berücksichtigt[12].

Literatur

1 *Bernhard Claußen*: Methodik der politischen Bildung, Opladen: Westd. Verlag 1981, S. 77 - 93.

2 *Wolf-Dieter Narr*: Logik der Politikwissenschaft. In Gisela Kress, Dieter Senghaas (Hg.): Politikwissenschaft. Eine Einführung in ihre Probleme, Frankfurt: Fischer 1972, S. 24.

3 Ähnlich auch *Erhard Forndran*: Legitimation und Paradigma sozialwissenschaftlicher Lehrerausbildung aus der Sicht der Politikwissenschaft. In Erhard Forndran, Hans J. Hummel, Hans Süssmuth (Hg.): Studiengang Sozialwissenschaften, Düsseldorf: Schwann 1978, S. 43 f. *Karl Rohe*: Politik. Begriffe und Wirklichkeiten, Stuttgart: Kohlhammer 1978, S. 25 f.

4 *Friedrich-Wilhelm Dörge*: Problemlösendes Verhalten als Ziel politischen Lernens. In: Gegenwartskunde 20 (1971), H. 4, S. 396.

5   *Walter Gagel, Wolfgang Hilligen, Ursula Buch*: Sehen Beurteilen Handeln. Arbeitsbuch für den politischen Unterricht Kl. 7 - 10, Neubearbeitung, Frankfurt: Hirschgraben 1984.
6   *Karl-Christoph Lingelbach*: Zum Verhältnis der ,,allgemeinen'' zur ,,besonderen'' Didaktik. Dargestellt am Beispiel der politischen Bildung. In W. Klafki u.a.: Erziehungwissenschaft 2. Fischer Funkkolleg, Frankfurt: Fischer 1970, S. 115 - 118.
7   *Peter Franke*: Methoden und Medien aus der Sicht sozialer und politischer Bildung, Donauwörth: Auer 1981, S. 16 f.
8   Eine Fortentwicklung von *Walter Gagel*: Gestalt und Funktion von Unterrichtsmodellen zur politischen Bildung. In: Politische Bildung 1967, H. 4, S. 49.
9   *Narr* (Anm. 2), S. 25.
10 *Wolfgang Sander*: Effizienz und Emanzipation. Prinzipien verantwortlichen Urteilens und Handelns, Opladen: Leske 1984, S. 269 - 274.
11 *Fritz Loser*: Aspekte einer offenen Unterrichtsplanung. In: Bildung und Erziehung 28 (1975), H. 4, S. 251 - 253.
12 *Hermann Giesecke*: Didaktik der politischen Bildung, 10. Aufl., 1976, S. 182. Lutz Rössner: Der politische Bildungsprozeß, Frankfurt: Diesterweg 1969, S. 14.

zu (5)

Jürgen Belgrad: Didaktik des integrierten Politischen Unterrichts, Weinheim: Beltz 1977, S. 220 — 233.
Die beiden wichtigsten Phasenschemata zu (6):
Wolfgang Hilligen: Zur Didaktik des politischen Unterrichts, 4. Aufl., Opladen: Leske 1985, S. 204.
Bernhard Sutor: Neue Grundlegung politischer Bildung, Band II, Paderborn: Schöningh 1984, S. 98.

Ferner:

Belgrad, a.a.O., S. 209 - 220.
Wolfgang W. Mickel: Methodik des politischen Unterrichts, 4. Aufl., Frankfurt: Hirschgraben 1980, S. 148.

4.3.5   Zusammenfassung und Anwendung

Die Planungsaufgabe ,,Verlaufsplanung'' verlangt die Wahl und Anwendung aufgabenspezifischer Verlaufsschemata des politischen Unterrichts. Durch sie wird die prozeßhafte Seite der Lehrmodelle dargestellt; sie ist eine Methodenorganisation im Zeitverlauf.

Die Wahl folgt dem Prinzip der *aufgabenbezogenen Variation*: für die Lösung unterschiedlicher Lehraufgaben ist jeweils ein aufgabenspezifisches Verlaufsschema zu wählen.

Bei der Anwendung ist zu berücksichtigen, daß der Lernprozeß „gestuft" ist, und das heißt, daß er zielbezogen angeordnet und seine Phasen unumkehrbar sind.

Als Orientierungs- und Entscheidungshilfe sind Verlaufsschemata in Gruppen den drei Lehrmodellen zugeordnet worden; sie werden in der Übersicht Abb. 25 in der Form einer Synopse zusammengefaßt.

Übungsbeispiele

(38) Methodische Beschreibung zu einer Unterrichtseinheit „Informieren und Manipulieren":

1. Welches Lehrmodell hat der Autor vorgesehen?
2. Übertragen Sie bitte den Text in ein geeignetes Verlaufsschema.

„Neben einer Befragung der Schüler über ihre Benutzungsgewohnheiten von Zeitung und Fernsehen und der Analyse der Wirkung einer Zeitungsmeldung sollen die Lernenden an drei Beispielen nachvollziehen, wie unterschiedlich Wirklichkeit gesehen und darüber berichtet werden kann. Zunächst soll anhand einer Zeitungsmeldung und zweier darauf fußender Berichte vorgeführt werden, wie unterschiedlich ein Vorgang dargestellt werden kann. Dann sollen die Schüler über ein Geschehen im Klassenraum berichten und an ihrem eigenen Beispiel feststellen, wie verschieden ein Ereignis gesehen werden kann. Nach dem Versuch einer Verallgemeinerung über den Informationswert von Berichten werden die Lernenden in der folgenden Phase der Rekonkretisierung feststellen, daß man auch aus einem einseitigen Bericht eine eigene Vorstellung von den geschilderten Ereignissen gewinnen kann.

Als Einstieg werden die Kinder gefragt, welche Fernsehsendungen und welche Teile der Zeitung ihnen bekannt sind. Die Antworten werden an der Tafel gesammelt und den unten stehenden Tabellen zugeordnet. Dabei kann über die Fernsehgewohnheiten der Kinder und das Informations- und Unterhaltungsangebot von Presse und Fernsehen gesprochen werden."

(39) Unterrichtsthema: „Der Konflikt zwischen Umweltschutz und Wirtschaftsförderung beim Ausbau eines Regionalflugplatzes". Sachbereich: Kommunalpolitik im Unterricht. (s. Übersicht S. 225)

1. Welches Verlaufsschema ist diesem Plan am ähnlichsten?
2. Stellen Sie ggf. Abweichungen fest.

(40) Zuordnung von Verlaufsschemata zu den Themen in (37).

(Lösungsvorschläge und Nachweise S. 294f.)

Struktur der Unterrichtsreihe „Regionalflugplätze"

I. Phase: Einführung in die Problematik

1. Std.	1. Charakterisierung kommunalpolitischer Aufgaben als Projekte 2. Auswahl eines Projekts und einführender Überblick

▼

2. Std.	Planung der Unterrichtsreihe

▼

3. Std.	Benennung der angestrebten Entscheidungskriterien: Lärmgutachten; betriebswirtschaftliche Rentabilität und volkswirtschaftl. Nutzen

▼   ▼

II. Phase: Lärmproblem   III. Phase: Betriebs- und volkswirt-
                                                         schaftliche Problematik

▼

4. Std.	Rahmenbedingungen und Voraussetzungen für die Erstellung des Gutachtens	6. Std.	Wirtschaftspolitische Bedeu- tung des ausgebauten Flugplatzes
5. Std.	Problematik der Voraus- setzungen des Gutachtens	7. Std.	Die Finanzierbarkeit des Projekts von überregionaler wirtschaftl. Bedeutung — finanzielle Abhängigkeit der Gemeinde
		8./9. Std.	Die Dialektik von betriebs- wirtschaftl. Verlust und volkswirtschaftl. Gewinn

▼

IV. Phase: Veranschaulichung

10. Std.	Vorbereitung und Durchführung einer Ortsbegehung

▼

V. Phase: Entscheidungssituation

▼

11. Std.	1. Schüler simulieren Entscheidung im Stadtrat 2. Analyse der Entscheidung des Stadtrats

VI. Phase: Diskrepanz zwischen Anspruch und Wirklichkeit d. Kommunalpolitik

▼

12. Std.	1. Inhaltliche Beschreibung des Anspruches der Kommunalpolitik 2. Vorbereitung und Durchführung der Expertenbefragung

13./14. Std.	1. Gründe für die Einschränkung des Anspruchs 2. Alternativen für die Lösung des Widerspruchs

▼

VII. Phase: Zusammenfassung und Auswertung

15. Std.	Fixierung von Ergebnissen

225

4.4 Synopse der Planungsaufgaben mit „Einführung in die Didaktik des politischen Unterrichts"

Planungsaufgaben	Einführung
Thematisierung	Dimensionen des Politikbegriffes 2.2.1 Festlegung des Themas: soziales/politisches Lernen 7.3.2 Beteiligung der Schüler 7.3.5
Begründung	Betroffenheit/Bedeutsamkeit als Auswahlkriterien 3.3 dialogische Struktur der Legitimierung 6.3
Strukturierung	Strukturelles Lernen als Lernzielart 4.2 Kontroverses Denken 4.4.2 Fundamentale Probleme 4.4.1
Implikationszusammenhang	Implikationszusammenhang 7.2.3 Inhaltsstruktur 2.3
Zugangsweisen	Erkenntnisebenen 2.2.2
Arbeitsweisen	
Verlaufsplanung	

Walter Gagel: Einführung in die Didaktik des politischen Unterrichts. Studienbuch politische Didaktik Band I, Opladen: Leske 1983.

C. Anwendungssteil: Planungshandlungen und Planungsprodukte

Vorbemerkung

Die Planungsaufgaben haben wir in Teil B isoliert voneinander dargestellt, weil zwischen ihnen kein *linearer* Zusammenhang im Sinne eines Algorithmus, also einer verbindlich schrittigen Abfolge hergestellt werden kann. Diese isolierte Darstellung soll jedoch nicht den Eindruck erwecken, als beständen keine Beziehungen zwischen ihnen. Vielmehr gibt es zwei Arten von Beziehungen: a) hierarchische Beziehungen in der Form der Über- bzw. Unterordnung der beiden Gruppen von Planungsaufgaben ,,Zielklärung" und ,,Methodenplanung", b) vernetzte Beziehungen, in denen die Planungsaufgaben innerhalb der beiden Gruppen untereinander stehen.

Im Anwendungsteil C soll nun der Versuch gemacht werden, einen Schritt weiterzugehen. In irgendeiner Form müssen die Ergebnisse der innerhalb der Planungsaufgaben angeregten Denkvorgänge in den Unterricht übertragen werden. Daher folgt jetzt die Aufgabe, nach Hilfen für die Unterrichtsplanung zu suchen, durch welche die Planungsaufgaben angewendet werden können.

Diese Aufgabenbeschreibung weist Merkmale auf, die besonders hervorgehoben werden müssen:

a) Sie enthält eine Eingrenzung. Die beabsichtigte Anwendung bezieht sich auf Planung und nicht auf Realisation von Unterricht. Sie zielt auf ein Produkt, nämlich den Plan, und nicht auf die Vermittlung einer Denkstruktur, welche jetzt vorausgesetzt wird.

b) Der Begriff ,,Hilfen" besagt, daß ein Weg von der didaktischen und methodischen Reflexion zur *schriftlichen* Unterrichtsvorbereitung gesucht wird.

c) Das hier angezielte Planungsprodukt ist die *ausführliche* schriftliche Unterrichtsvorbereitung, die in der Ausbildung verlangt wird.

Diese Wahl wird hier getroffen, weil Hilfen am dringlichsten diejenigen benötigen, die in der Ausbildung stehen. Wir orientieren uns also am ,,Prüfstand". Der ,,Alltag" wird jedoch auch berücksichtigt, und zwar durch Hinweise zur ,,Kurzvorbereitung".

Diese Merkmale leiten die Ausführungen im Kapitel 6 ,,Die schriftliche Unterrichtsvorbereitung". Das Kapitel 5 ,,Der Weg zum Handlungsplan" stellt ein Zwischenglied dar. Es vermittelt eine Vorstellung von Denkakten, welche geeignet sind, Planungsaufgaben und die Ergebnisse ihrer Lösung in einen (schriftlichen oder mentalen) Unterrichtsplan zu übertragen. Das Kapitel 5 enthält demnach keine Planungsanweisungen, sondern bietet die Möglichkeit des Hineindenkens in kognitive Planungshandlungen. Dabei versuchen wir, die denkpsychologische Handlungstheorie von Hans Aebli, die uns beim Entwurf der Planungskonzeption geleitet hat, auch für die Anwendung zu nutzen. Man kann es so formulieren: In Kapitel 5 wird die in Kap. 2 entwickelte Planungskonzeption ,,in Aktion" vorgestellt.

Dieses Kap. 5 muß nicht genutzt werden. Die Anleitung zur schriftlichen Unterrichtsvorbereitung in Kap. 6 kann auch ohne dieses befolgt werden. Aber die Handlungskompetenz des Lehrers wird größer sein, wenn ihm die kognitiven Operationen bewußt sind, welche sein Handeln leiten.

5. Der Weg zum Handlungsplan

Weil die Planungsaufgaben keine streng logische, regelhafte Abfolge bilden, können sie weder als Muster für Planungsschritte noch als Vorlage für die Gliederung eines schriftlichen Unterrichtsentwurfs dienen. Um sie trotzdem verwenden zu können, muß nach einer Verbindung zwischen den Planungsschritten und dem Unterrichtsplan gesucht werden.

Diese Verbindung ist theoretisch möglich, weil zwischen Planen und Handeln — wie oben (S. 61) dargelegt wurde — strukturelle Gemeinsamkeiten und strukturelle Unterschiede bestehen.

In dem Schema der Unterrichtsplanung (Abb. 11, oben S. 82) wird der Plan als ,,hierarchische Integration" von Teilhandlungen unter ein Ziel und das Handeln als chronologische Integration der Teilhandlungen auf ein Ziel hin erklärt. Zu fragen ist jedoch, wie diese Integration geschieht, wie man die dadurch zu bewirkende logische und chronologische Ordnung gewinnt. Wir nehmen an, daß innerhalb der Planungsaufgaben Ergebnisse gewonnen werden (Thema, inhaltliche Struktur usw.), welche danach in ein Handlungskonzept zusammengeführt werden, und das heißt hier: integriert werden. Diese Integration, so nehmen wir an, kann gelingen, wenn man drei mentale Tätigkeiten oder Operationen ausführt:

— Zusammenfassung der Zielklärung zu einer *Ergebnishandlung,*
— *Explikation* der Methodenplanung aus der Ergebnishandlung,
— Übertragung der Methodenelemente in eine *Handlungsfolge.*

Diese Tätigkeiten sind erforderlich, um den Unterrichtsplan herzustellen. Ihren Zusammenhang mit den Planungsaufgaben gibt Abb. 26 wieder. Allerdings muß jetzt von Planungs*schritten* gesprochen

231

Abb. 26: Planungsschritte

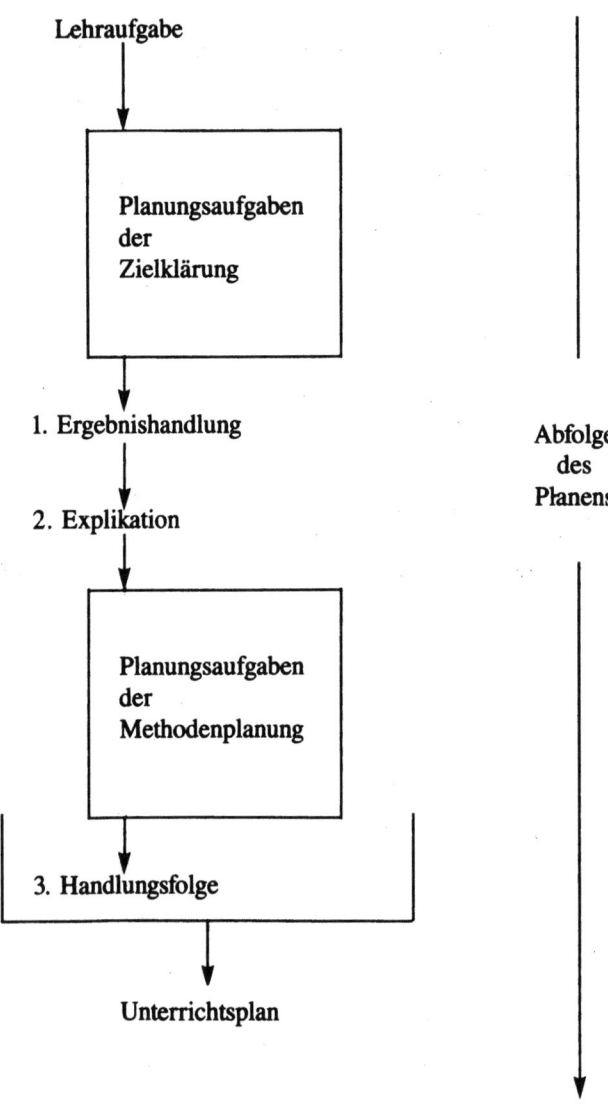

Lehraufgabe

Planungsaufgaben
der
Zielklärung

1. Ergebnishandlung

2. Explikation

Abfolge
des
Planens

Planungsaufgaben
der
Methodenplanung

3. Handlungsfolge

Unterrichtsplan

werden. Denn im Unterschied zu den Planungsaufgaben können diese Tätigkeiten nur in der angegebenen Reihenfolge ausgeführt werden; sie sind unumkehrbar. Die Planungsschritte bilden dadurch die Klammer zwischen den beiden Gruppen von Planungsaufgaben (Zielklärung und Methodenplanung) und eröffnen den Weg von den Planungsaufgaben zum Unterrichtsplan.

5.1 Ergebnishandlung

Die erste Tätigkeit ist die Zusammenfassung der Zielklärung in eine Ergebnishandlung. Sicherlich weist das Wort ,,Zusammenfassung" in dieser Verwendung eine oberflächliche Bedeutung auf. Genauer ist es, den Vorgang ,,Integration" zu nennen; darunter ist zu verstehen: das Zusammentreten vorhandener Elemente zu einer neuen Struktur. Die Zielklärung hat den Zweck, das Ziel zu ,,klären"; der Lehrer soll eine Erkenntnis darüber gewinnen, was er im Unterricht erreichen will. Der Lehrer entwickelt eine Vorstellung vom Ziel, indem er aus einer Vielzahl von Elementen eine neue Gestalt herstellt. Zielklärung ist demnach zugleich ein Prozeß der Konstruktion.

Der Vorgang der Zielklärung enthält zwei Phasen[1]: a) die Phase der *Differenzierung* durch das Lösen der Planungsaufgaben. Durch das Arbeiten an den Planungsaufgaben werden die zu berücksichtigenden Aspekte und Elemente des Ziel-Inhalt-Methoden-Feldes vermehrt und durch Entscheidungen reduziert. Jede dieser Planungsaufgaben führt zu einem Ergebnis, die insgesamt den Zielkomplex bilden: Thema, Inhaltsstrukturen, Verfahrenselemente. b) Die zweite Phase ist diejenige der *Integration* dieser Elemente in eine Zielgestalt. ,,Gestalt" ist hier die Bezeichnung für alle Ziele, die eine Struktur aufweisen; das naheliegendste Beispiel hierfür ist das ,,Produkt" eines Projektunterrichts. Wir nehmen hier an, daß aus handlungstheoretischer Sicht jedes Ziel eine solche ,,Gestalt" aufweisen sollte.

Die Vorgänge der Differenzierung und der Integration, aus denen die Zielklärung beteht, folgen aus dem Handlungsbegriff, den wir diesem Planungsmodell zugrundegelegt haben. Oben (S. 51) wurde definiert: ,, Eine Handlung zielt darauf, eine Beziehung zwischen den Elementen zu verwirklichen." In dieser Definition ist eine Aussage über die Struktur des Zieles enthalten, die aus der Bezihung zwischen den Elementen besteht. Gleichzeitig wird in dieser Definition aber auch eine Aussage über die Struktur der Handlung genacht. Daraus ist zu folgern: ,,Die Zielstruktur ist zugleich die Handlungsstruktur, darum leitet sie die Handlung."[2] Das Ziel hat eine handlungsleitende Funktion, weil aus ihm die Kriterien für die zielerreichenden Handlungen zu entnehmen sind.

Anhand dieser Forderungen untersuchen wir als Beispiel Lernzielformulierungen zum Thema ,,Frieden schaffen ohne Waffen"[3]:

,,— Die Projektteilnehmer sollen die Hintergründe der aktuellen Kriegsgefahr durchschauen; sie sollen über die militärische Lage und Politik in Ost und West aufgeklärt werden.
— Die Projektteilnehmer sollen die Argumentationen für und gegen die Sicherung des Friedens durch Rüstung und Alternativen zu dieser Art der Friedenssicherung kennenlernen.
— Die Projektteilnehmer sollen Erscheinungsformen dieser Aspekte vor Ort erkunden.
— Die Projektteilnehmer sollen in die Lage versetzt werden und bereit sein, aus ihren Einsichten und ihrem Standpunkt notwendige gesellschaftliche Handlungskonsequenzen zu ziehen."

Diese Lernzielformulierungen weisen Erschwerungen auf, die ihre Verwendung beeinträchtigen: LZ 1 enthält metaphorische und infolgedessen unpräzise Tätigkeitsbeschreibungen (durchschauen, aufklären); sie müßten erst übersetzt werden. LZ 2 und 4 enthalten als Tätigkeiten innere, also mentale Vorgänge. Sie lassen zwar eine Handlungsstruktur erkennen, weil das Objekt eine Struktur aufweist (,,für und wider", ,,Alternativen"). Aber eine Übertragung in Unterrichtshandlungen ist dadurch noch nicht gewährleistet, weil die hierfür erforderlichen äußeren Handlungen erst noch gesucht werden müssen. Das LZ 3 weist diese Erschwerungen auf den ersten Blick nicht auf, weil es eine äußere und daher für die Beteiligten wahrnehmbare und auch vollziehbare Handlung enthält. Untersucht man jedoch genauer, so stellt man fest, daß diese Tätigkeit noch unpräzise benannt ist; richtiger müßte es heißen: ,,Beobachten durch Aufsuchen der Objekte".

Mit dieser Forderung, die Zielklärung in eine Ergebnishandlung münden zu lassen, folgen wir dem ,,kategorischen Imperativ" der

Lernzielformulierung: ,,Versuche soviel innere, implizite Prozesse (Denken, Gefühle usw.) wie möglich zu explizieren, für die Schüler wahrnehmbar und erkennbar zu machen."[4] Dies ist nicht als Dogma, sondern als Optimierungsstrategie zu verstehen; nicht *alle*, sondern möglichst viele *geeignete* Lernziele sollen Beobachtbares enthalten.

Damit wird die lange Zeit umstrittene *Operationalisierung von Lernzielen* wieder aufgegriffen, wenngleich mit Einschränkungen. Wir halten deren Grundforderung, nämlich Lernziele durch beobachtbare Handlungen zu beschreiben, für wünschenswert, weil dadurch eine Verständigung zwischen Schülern und Lehrer über Lernergebnisse möglich wird[5] und weil Schüler und Lehrer Gelegenheit zur Selbstkontrolle erhalten, für Lehrer z.B. dahingehend, ob seine Absicht realisierbar ist[6]. Wir fügen noch hinzu, daß aufgrund der hier verwendeten Handlungstheorie erwartet werden kann, daß im Ziel zugleich die Handlungsstruktur enthalten ist, welche auf das Ziel hinführt.

Um dies an einem Beispiel zu erproben, versuchen wir, das LZ 3 in eine Ergebnishandlung umzuformulieren:

Lernziel 3

Die Projektteilnehmer sollen Erscheinungsformen dieser Aspekte vor Ort erkunden.

Ergebnishandlung

Die Projektteilnehmer suchen . . . . auf, beobachten diese im Hinblick auf . . . . und prüfen die Ergebnisse daraufhin, ob . . . .

Diese Übertragung deckt die Lücken auf, welche in dem LZ 3 enthalten sind; daran läßt sich erkennen, daß dieses LZ, obwohl es eine äußere Handlung als Tätigkeit benennt, kein Handlungsschema enthält. Dieses wäre erst in der Übertragung faßbar, jedoch fehlen die Informationen, um die Lücken füllen zu können. Das Lernziel enthält keine Aussage über das ,,Produkt" als Ergebnis und infolgedessen auch keine über den Prozeß der Herstellung.

Ein positives Beispiel entwickeln wir aus demselben Sachbereich. Dabei stellen wir den Vorgang der Differenzierung und Integration jetzt vollständig dar. Wir nehmen an, daß der Durchgang durch die Zielklärung die in Abb. 27 stichwortartig aufgeführten Ergebnisse erbracht hat (Differenzierung). Diese werden danach in die Ergebnishandlung zusammengefaßt (Integration):

Die Teilnehmer werden in einer geregelten Pro- und Contra-Diskussion über die Frage ,,Einseitige Abrüstung oder Rüstungskontrolle?" jeweils eine Position begründen und die andere zu widerlegen suchen, um Zuhörer zu überzeugen, die abschließend ihr Votum abgeben.

Abb. 27: Differenzierung und Integration innerhalb der Zielerklärung

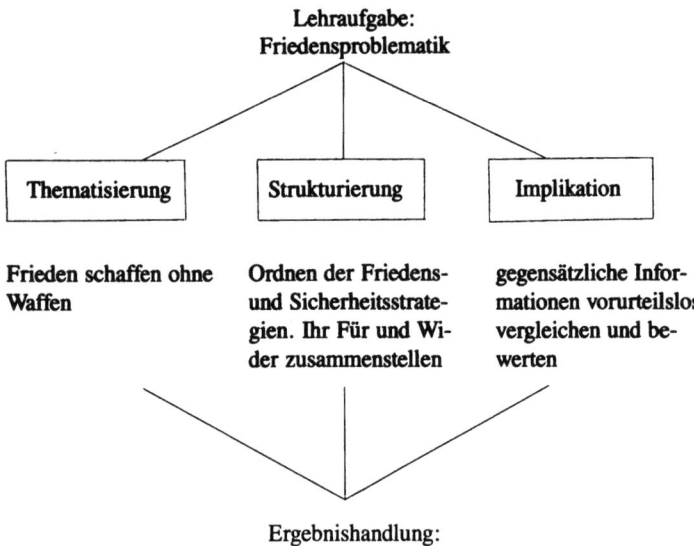

Lehraufgabe:
Friedensproblematik

| Thematisierung | Strukturierung | Implikation |

Frieden schaffen ohne Waffen

Ordnen der Friedens- und Sicherheitsstrategien. Ihr Für und Wider zusammenstellen

gegensätzliche Informationen vorurteilslos vergleichen und bewerten

Ergebnishandlung:

Die Teilnehmer werden in einer geregelten Pro- und Contra-Diskussion über die Frage ,,Einseitige Abrüstung oder Rüstungskontrolle?" jeweils eine Position begründen und die andere zu widerlegen suchen, um Zuhörer zu überzeugen, die abschließend ihr Votum abgeben.

Im Sinne der Integration fließen in diese vorgestellte Ergebnishandlung ein: das offen formulierte Thema, die kontroverse Sachstruktur, die Fähigkeit, vorübergehend von einer persönlichen Einstellung abzusehen.

Es sind dies Resultate der Überlegungen innerhalb der drei Planungsaufgaben Thematisierung, Strukturierung und Implikationszusammenhang. Als Ergebnishandlung wird das Ziel in der Gestalt eines Produktes beschrieben; in diesem Beispiel ist das Produkt die Diskussion, also eine Situation mit Teilnehmern, die bestimmte Rollen spielen müssen, um eine Entscheidung (Votum) herbeizuführen.

Da die Planungsaufgaben bzw. ihre Resultate integriert werden, ist es selbstverständlich, daß zu der operationalen Beschreibung auch normative Implikationen und Kompetenzen mitgedacht werden müssen; die beschriebene Situation verlangt Urteilsbildung und Wertentscheidung.

Wir fassen zusammen:

> Der Planungsschritt ,,Ergebnishandlung" verlangt die Integration von Resultaten der Planungsaufgaben ,,Zielklärung" in einer vorgestellten Zielhandlung. Diese gilt als antizipierte Ergebnishandlung im Unterschied zu der im Unterricht realisierten Ergebnishandlung; als Lernziel ist die antizipierte Ergebnishandlung eine Ziel*erwartung*, welche später bestätigt oder korrigiert wird.

Literatur

1 *Hans Aebli*: Grundformen des Lehrens. Eine allgemeine Didaktik auf kognitionspsychologischer Grundlage, 12. Auflage, Stuttgart: Klett-Cotta 1981, S. 100 ff.

2 *Hans Aebli*: Denken als Ordnen des Tuns, Band I, Stuttgart: Klett-Cotta 1980, S. 99.

3 *J. Asdonk* u.a.: Das Unterrichtsprojekt ,,Frieden schaffen ohne Waffen". In: Politische Bildung in den Achtzigerjahren, hrsg. von der Deutschen Vereinigung für Politische Bildung, Stuttgart: Metzler 1983, S. 216.

4 *Rainer Bromme, Falk Seeger*: Unterrichtsplanung als Handlungsplanung, Königstein: Scriptor 1979, S. 43.

5 *M. Gebauer* u.a.: Praxis der Unterrichtsvorbereitung, 2. Aufl., Stuttgart: Klett 1979, S. 98.

6 *Wolfgang Klafki* im Gespräch mit Wolfgang Born. In Wolfgang Born, Gunter Otto (Hg.): Didaktische Trends, München: Urban & Schwarzenberg 1978, S. 73. Vgl. auch die Frage ,,Erweisbarkeit" im ,,neuen" Klafki: *Wolfgang Klafki*: Zur Unterrichtsplanung im Sinne kritisch-konstruktiver Didaktik. In ders.: Neue Studien zur Bildungstheorie und Didaktik. Beiträge zur kritisch-konstruktiven Didaktik, Weinheim: Beltz 1985, S. 223 ff.

5.2 Explikation

Wir fragen nun, was geschieht, wenn der Lehrer sich die oben beschriebene Ergebnishandlung als Ziel gewählt hat. Dies ist leicht zu beantworten: Er bespricht mit seinen Schülern die Rollenverteilung (wer ist Akteur, wer Zuhörer?), er vereinbart die Regeln (wer erhält das Wort, wieviel Redezeit, welche Reihenfolge?), legt Raum und Zeit fest, auch die Dauer. Damit hat er die Vorbereitung getroffen, also dafür, daß das Ziel erreicht wird, und das heißt: daß die Elemente in eine Beziehung gebracht werden. In diesem Fall ist das Ziel die Beziehung der Teilnehmer in Form einer strukturierten Interaktion über einen gemeinsam akzeptierten Inhalt (Thema). Um herauszufinden, was an Vorbereitungshandlungen erforderlich ist, bedarf es also keines großen Aufwandes: Aus den Merkmalen der Situation geht hervor, woran der Lehrer denken muß.

Trotzdem ist es wahrscheinlich, daß die beabsichtigte Diskussion mißlingt. Denn die Beschreibung der Vorbereitung ist lückenhaft. Es wurden nämlich zwei Gesichtspunkte vergessen: Es wurde nicht berücksichtigt, daß Elemente der Situation bzw. des Zieles nicht nur Personen, sondern auch ,,Sachen'' sind, hier also symbolisch durch Begriffe vermittelte Gegenstände (Abrüstung usw.). Und es wurde übersehen, daß eine Beziehung zwischen diesen ,,Sachen'' und Personen erst dadurch zustandekommt, daß die Personen diese ,,Sachen'' begreifen und mit ihnen geistig umgehen können. Die Personen müssen demnach die hierfür erforderliche Sachkompetenz aufweisen.

Für den Lehrer ist es selbstverständlich, daran zu denken, daß die Schüler, welche Teilnehmer der intendierten Situation sein sollen, diese Kompetenz in der Regel erst erwerben müssen. Handlungstheoretisch ausgedrückt heißt dies: Der Teilnehmer ,,weist nicht die Beschaffenheit, mit anderen Worten, das oder die Merkmale auf, die für das Gelingen der Handlung notwendig sind''.[1] In solch einem Fall müssen die Merkmale erst erzeugt werden, in unserem Beispiel: Die Schüler müssen zunächst das Wissen vom Gegenstand und die Kompetenz des kommunikativen Umgangs (Diskussion, Argumentieren) erwerben.

Aebli nennt dies ,,Bereitstellung der notwendigen Handlungsteilnehmer" (letzteres können sein: Sachen, Personen, Vorgänge, Handlungen). Es gibt drei Formen dieser Bereitstellung und damit der Realisierung geplanter Handlungen: ,,Erzeugen des fehlenden Handlungsteilnehmers (1 a) oder eines notwendigen Merkmals (1 b), Suchen und Herbeiholen des fehlenden Handlungsteilnehmers (2) und Aufsuchen desselben (3)."[2]

Allgemein gilt demnach, daß der Zielhandlung andere Handlungen vorausgehen müssen, damit die beabsichtigte Beziehung zwischen Elementen bewirkt werden kann. Diese Handlungen haben die gleiche Struktur wie die Zielhandlung, nur daß bei ihnen das Ziel die Herstellung des fehlenden Handlungsteilnehmers ist. Daraus ergibt sich: Aus der Vorstellung der intendierten Zielhandlung werden herstellende oder aufsuchende Handlungen entwickelt, welche — als Bedingungen für die Zielhandlung — dieser untergeordnet sind, und zwar in einer Kette fortschreitender Unterordnung, weil jeder untergeordneten Handlung eine weitere bereitstellende oder aufsuchende Handlung vorausgehen kann, um die erforderlichen Teilnehmer zu beschaffen.[3]

Wichtig ist also die Erkenntnis, daß Handlungsplanung ,,vom Ziel her" erfolgt[4] und daß dies methodisch in Unterrichtsplanung umgesetzt werden kann. Dem Beispiel der Pro-und-Contra-Diskussion ist zu entnehmen, daß — untergeordnete — Unterrichtshandlungen zeitlich vorgeschaltet werden müssen, durch welche z.B. den Teilnehmern die unentbehrlichen Kenntnisse vermittelt werden; dies geschieht durch Unterrichtsinhalte wie: begriffliche Unterscheidung von Sicherheits- und Friedenspolitik, Kenntnisse der Konzepte einseitiger Abrüstung, Erarbeitung des Für und Wider eines jeden Konzeptes, Geschichte der Rüstungskontrollverhandlungen, Wertbezüge usw. Erforderlichenfalls müssen außerdem Trainingsphasen des argumentativen Diskutierens eingeschoben werden, und dabei geht es auch um die Beurteilsmaßstäbe für adäquate oder rationale Argumentation oder den Maßstab für die Geltung, z.B. das Prinzip der Verallgemeinerungsfähigkeit.

Wir nennen diese Planungstätigkeit ,,Explikation", weil das im Ziel enthaltene Handlungsschema ,,heraus"gearbeitet wird.

Zur Terminologie: Die hier gemeinte Bedeutung kommt der in den Sozialwissenschaften verwendeten Definition nahe.[5] Analog zu der ,,Explikation von Begriffen", die den Zweck hat, einen unklaren Begriff so zu präzisieren, daß er in der Forschung verwendet werden kann, bedeutet Explikation für uns hier die Präzisierung des in einem Ziel enthaltenen Handlungsschemas, welches es ermöglicht, reale Handlungen auf das Ziel hin zu organisieren. Hingegen ist mit dem Begriff ,,didaktische Explikation" bei Adl-Amini etwas anderes gemeint, nämlich mögliche Aspekte eines Gegenstandes herauszuarbeiten[6], dasjenige also, was wir ,,didaktische Perspektive" nennen (s. oben S. 90).

Wir sind nicht sicher, ob diese Planungstätigkeit ,,Explikation" unbedingt methodisiert werden muß. Wichtige Hinweise wurden bereits gegeben, als handlungstheoretisch erklärt wurde, was es heißt, ,,vom Ziel her" zu planen. Überhaupt ist ja der Planungsaufwand umso geringer, je mehr die Handlungsstruktur des Zieles unmittelbar einleuchtet und die hierarchisierten Handlungen gleichsam automatisch folgen, wie in vielen Zielhandlungen des täglichen Lebens. Allgemein gilt jedoch, daß Unterricht als komplexes Geschehen mit unbekannten Faktoren *geplant* werden muß, also ,,vom Ziel her". Daher fügen wir den Vorschlag einer Methodisierung an, um eine Trainings- bzw. Kontrollmöglichkeit anzubieten.

Zu diesem Zwecke verwenden wir einen Vorschlag von Grzesik, welcher die Methodenplanung in der Weise beschreibt, daß er Faktoren des Unterrichts in die sprachliche Form einer Aussage (Proposition) bringt.[7] Zwecks Vereinfachung verwenden wir jedoch nicht alle von Grzesik aufgeführten Faktoren. Ausgehend von einem Unterrichtsthema aus einem Schulbuch, entwickeln wir folgende Aussagenfigur (s. S. 241).

In dieser Aussage zeichnet sich der Vorgang der Explikation sprachlogisch in der Weise ab, daß sie mit dem Ziel beginnt und mit den externen Handlungsbedingungen endet. Dadurch ist grammatikalisch die Unterordnung der Handlungen, die Voraussetzung für die übergeordneten Handlungen schaffen, festgelegt. Stellt man sich die Inhalte dieser Aussage in den Unterricht übertragen vor, dann wird bewußt, daß der Unterrichtsverlauf die umgekehrte Richtung nimmt, daß dieser nämlich zuerst die Repräsentanten einführt (Medien), damit an ihnen Operationen ausgeübt werden können (Denkvorgänge, Arbeitsweisen), welche zu den Teilzielen führen.

Die hier aufgeführten Faktoren können ohne weiteres in Handlungen übersetzt werden, so z.B. die Repräsentanten des Lerngegenstandes: Sie müssen (vom Lehrer) *dargeboten* und (von den Lernenden) *wahrgenommen* werden.

Lehraufgabe: Berufswahl[8]

Ergebnishandlung: Um die eigene Berufswahlentscheidung vorzubereiten oder zu prüfen, bewerten die Lernenden Informationen über die Faktoren der Berufswahl dahingehend,ob sie für die eigene Entscheidung förderlich oder hinderlich sind, und wägen abschließend das Verhältnis der positiven und negativen Auswirkungen im Hinblick auf die eigene Entscheidung ab.

Kommentar	Aussageform	Inhalte
	Für die Realisierung dieses Unterrichts- zieles	s.o.
	soll der Lernende	Schüler der Kl. 8
Teilziele, gewonnen durch Strukturierung	die ihnen untergeord- neten Unterrichtsziele	Faktoren der Berufs- wahl in ihrer Wirkung erkennen
	und Methodenziele erreichen	Tabellen/Grafiken le- sen und erklären, si- tuative Darstellungen interpretieren
interne Hand- lungsbedingungen	und zwar durch Ope- rationen	Zahlen vergleichen, Texte sinnvoll lesen
externe Handlungsbedin- gungen	aufgrund der Unter- richtsgegenstände (Re- präsentanten)	Wandel der Berufs- Strukturen, Selbstdar- stellungen von Ju- gendlichen
	mit Hilfe der themati- sierten Aspekte dieser Unterrichtsgegen- stände	z. B. Erschließungs- hilfen wie: Welche Chancen für wen?

Zusammenfassend kann also gesagt werden:

Die Planungstätigkeit „Explikation" besteht darin, daß aus der operationalen Darstellung des intendierten Lernergebnisses die Umrisse der methodischen Anlage des Unterrichts herausgearbeitet werden, — anders ausgedrückt: Das im Ziel enthaltene Handlungsschema wird erkannt, damit die auf das Ziel füh- renden Handlungen geplant werden können.

Um das Mißverständnis zu umgehen, hierbei handele es sich um die technokratische Festlegung eines starren Unterrichtsverlaufes, muß daran erinnert werden, daß „Explikation" einen Planungs*schritt* darstellt, nicht aber ein Planungsergebnis, und auch nicht den Unterrichtsplan festlegt. Im Ablauf der Planungschritte Ergebnishandlung, Explikation und Handlungsfolge bewirkt „Explikation" die Aufstellung von methodischen Hypothesen, welche dann mit Hilfe der Planungsaufgaben „Methodenplanung" vertieft oder geklärt werden (vgl. Abb. 26, oben S. 232).

Literatur

1   *Hans Aebli*: Denken als Ordnen des Tuns, Band 1, Stuttgart: Klett-Cotta, S. 150 f.
2   ebenda S. 151.
3   Diese Erklärung ist ein handlungstheoretisches Konstrukt; Aebli nennt es das „H(n)-Schema der Handlungsplanung". Der Vollständigkeit halber wird dieses hier in der Darstellungsweise Aeblis wiedergegeben (ebenda S. 152):

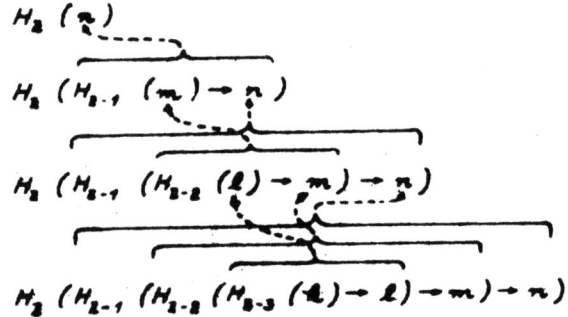

Das H(n)-Schema der Handlungsplanung.

„Am Anfang steht die Vorstellung der intendierten Handlung, der Zielhandlung H_z. Sie sucht den Teilnehmer n. Wenn er verfügbar ist, wird sie mit dem gefundenen Teilnehmer n in die Tat umgesetzt: Wir schreiben, wie gewohnt, $H_z(n)$. Wenn nun n fehlt, tritt an seine Stelle eine neue, n herstellende oder aufsuchende Handlung, eine erste Subroutine H_{z-1}, die mit dem oder den Teilnehmern m ausgeführt wird. Ist m verfügbar, so lautet das Schema nun: $H_z(H_{z-1}(m) \rightarrow n)$. Ist es nicht verfügbar, so tritt an die Stelle von m eine neue Subroutine H_{z-2} die m bereitstellt, mit dem oder den Teilnehmern 1. Wir schreiben: $H_z(H_{z-1}(H_{z-2}(1) \rightarrow m) \rightarrow n)$ usw. Man erkennt, daß hier das fehlende n, dann m, usw. je zu einer Handlung expandiert wird: Es ist die n, m . . . bereitstellende Handlung."

4   ebenda S. 150.
5   *Rolf Prim, Heribert Tilmann*: Grundlagen einer kritisch-rationalen Sozialwissenschaft, 3. Aufl., Heidelberg: Quelle & Meyer 1977, S. 43 ff.
6   *Bijad Adl-Amini*: Didaktik, Methodik und das ungelöste Problem der Interdependenz. In ders. (Hg.): Didaktik und Methodik, Weinheim: Beltz 1981, S. 30 f.
7   *Jürgen Grzesik*: Unterrichtsplanung. Eine Einführung in ihre Theorie und Praxis, Heidelberg:] uelle) Meyer 1979, S. 161 f.
8   Inhaltlich nach *Walter Gagel, Wolfgang Hilligen, Ursula Buch*: Sehen Beurteilen Handeln. Arbeitsbuch für den politischen Unterricht Kl. 7 - 10, Neubearbeitung, Frankfurt: Hirschgraben 1984, S. 94 - 98.

5.3   Handlungsfolge

5.3.1   Die Notwendigkeit einer „hierarchischen Integration"

Explikation, so haben wir festgestellt, bewirkt das Erkennen des im Ziel enthaltenen Handlungsschemas. Dies ist eine kognitionspsychologische Definition, welche den Zweck erfüllen soll, diesen Denkschritt von der Verlaufsplanung des Unterrichts abzuheben. Im Alltag der Unterrichtsvorbereitung verwischen sich die Grenzen zwischen Explikation und Handlungsfolge meistens. Sie gehen beide auf in der Antwort auf die Frage nach dem „Wie" des Unterrichtens, und diese besteht meist in einer Vorstellung vom Verlauf der Unterrichtsstunde im Hinblick auf deren zeitliche Gliederung und auf die bevorzugten Arbeitsweisen. Diese Vorstellung haben wir oben (S. 49) das „Methodenbild" des Unterrichts genannt: das Bild vom methodisch organisierten Verlauf der Unterrichtsstunde.

Ohne daß die Zweckmäßigkeit einer solchen intuitiv entworfenen methodischen Struktur des Unterrichts bestritten werden soll, versuchen wir hier, den Denkvorgang der Übertragung von Planungsaufgaben in die schriftliche Unterrichtsvorbereitung zu präzisieren. Dabei muß daran erinnert werden, daß „Explikation" zunächst nur die Funktion hat, den methodischen Gehalt der Ergebnishandlung zu ermitteln. Es folgt dann die Lösung der Planungsaufgaben der Metho-

denplanung, die ihrerseits in die Planung der Handlungsfolge
münden.

Unter Handlungsfolge verstehen wir hier nicht eine zeitliche Folge,
sondern einen inneren Zusammenhang. Den Unterschied wollen wir
an einem Beispiel verdeutlichen.

Das Unterrichtsthema ,,Berufswahl" wird in dem bereits zitierten Schulbuch folgendermaßen gegliedert[1]:
1. Einstieg: Beispiele für Schwierigkeiten, eine Berufswahlentscheidung zu treffen
2. Gesichtspunkte (Faktoren) der Berufswahl werden erarbeitet
3. Bearbeitung der einzelnen Faktoren anhand von Materialien:
   a) Veränderte Berufsstrukturen
   b) Persönliche Voraussetzungen
   c) Gesellschaftliche Einflüsse
4. Entscheidung

Versteht man diese Gliederung als Handlungsfolge, dann kann diese
so beschrieben werden:

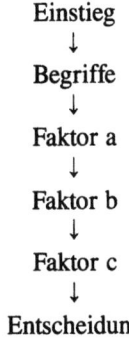

Einstieg
↓
Begriffe
↓
Faktor a
↓
Faktor b
↓
Faktor c
↓
Entscheidung

Bei dieser Deutung wird jedoch nicht berücksichtigt, daß diese
Folge eine zeitliche (im Unterricht) oder räumliche (im Schulbuch)
Anordnung wiedergibt, nicht aber den inneren Zusammenhang,
durch welchen Wissenselemente zu ,,Handlungswissen" werden.
Denn Handlungswissen besitzt eine hierarchische Struktur, und das
heißt: ,,Unterordnung von Handlungen, die Voraussetzung schaffen,
unter Folgehandlungen, die auf diese aufbauen" (s. oben S. 57). Die
Gliederung des Beispiels macht keine Aussage darüber, ob und inwiefern einer der ,,Faktoren" eine Voraussetzung für eine ,,Folgehand-
lung" darstellt. Keineswegs ist es bei diesem Thema so, daß Faktor a

244

Voraussetzung für Faktor b als Folgehandlung bildet; im Gegenteil: alle drei Faktoren sind in der Reihenfolge austauschbar, weil sie nicht untereinander in einem Bedingungszusammenhang stehen. Die angemessenere Beschreibung dieses Beispiels ist daher:

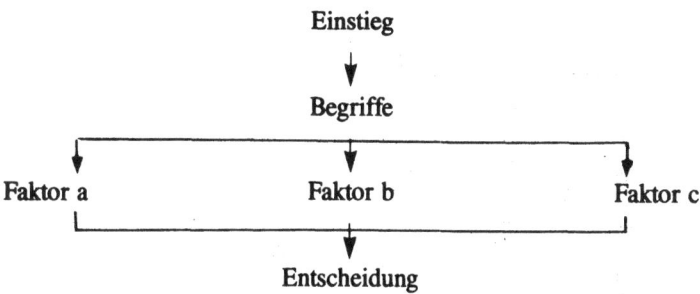

Diese grafische Darstellung macht allerdings eine Leerstelle sichtbar, da sie keine Antwort auf die Frage gibt, wie sich die Integration der Faktoren zur Entscheidung vollzieht.

Unterricht als Handlungsfolge ist als ein Entwurf von Teilhandlungen zu verstehen, die Voraussetzungen für Folgehandlungen schaffen und insgesamt die Voraussetzung für die Ergebnishandlung (Ziel) herstellen. Dies ist hierarchische Integration (s. oben S. 58). Sie kann in einer Folge von Sätzen sprachlich formuliert werden; bei diesem Beispiel:

Entscheiden ist eine Wahl aus Alternativen. Die Alternativen müssen bewertet werden. Kriterien der Bewertung sind die Faktoren der Berufswahl. Die Faktoren sind verstanden und anwendbar, wenn eine Reihe von Informationen bekannt sind. Diese Informationen werden durch Medien (Texte, Bilder, Grafiken) vermittelt.

Diese Satzfolge enthält die Hierarchisierung dadurch, daß jeder Satz ausdrückt, inwiefern die durch ihn bezeichnete Handlung Voraussetzung für die im vorhergehenden Satz genannte Handlung bildet. Diese Über- und Unterordnung der Teilhandlungen kann grafisch auf zwei Weisen dargestellt werden:

a) als Unterordnung (von unten nach oben zu lesen)

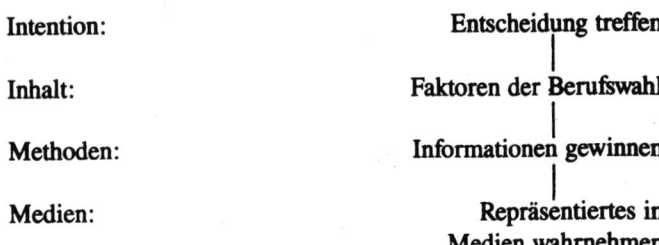

Intention: Entscheidung treffen

Inhalt: Faktoren der Berufswahl

Methoden: Informationen gewinnen

Medien: Repräsentiertes in
Medien wahrnehmen

b) als hierarchische Integration, die zweiseitig gelesen werden kann (in Analogie zu Abb. 7, oben S. 59)

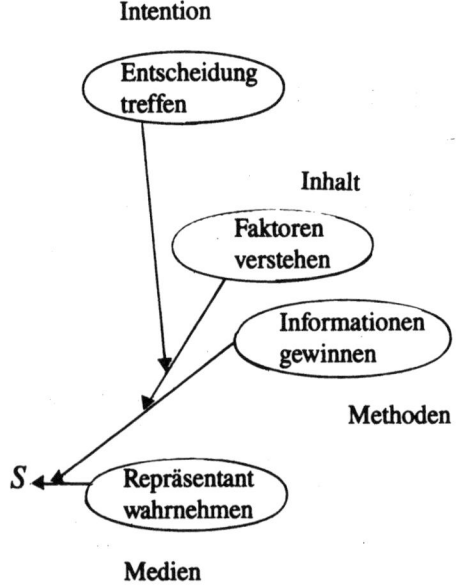

Die Grafik b veranschaulicht, daß die zeitliche Folge des Lernprozesses den Pfeilen entgegenläuft, weil das hierarchisch *Untergeordnete* die sachliche und zeitliche *Voraussetzung* für die Folgehandlungen ist.

Beim Vergleich der linearen Darstellung auf S. 244 mit diesen Grafiken muß berücksichtigt werden, daß der ,,Einstieg'' auf S. 244 dem ,,Repräsentiertes wahrnehmen'' als Schülertätigkeit entspricht; die Grafiken S. 246 hierarchisieren also Tätigkeiten der Schüler (analog könnte dies auch mit Lehrertätigkeiten geschehen). Ferner stellen die Grafiken Hierarchisierung allgemein dar, und das bedeutet, bezogen auf das Unterrichtsbeispiel: Sie symbolisieren die Hierarchisierung der Handlungen innerhalb der Teilabschnitte (Faktor a - c), also deren Unterordnung unter Teilziele dieses Unterrichts; jedoch sagen diese Grafiken auch aus, daß in gleicher Weise die durch die Teilziele bezeichneten Teilhandlungen auf das Ziel des ganzen Unterrichts zu beziehen bzw. diesem unterzuordnen sind. Hierarchisiert werden also sowohl Teilhandlungen als auch die gesamte Handlung.

Hierarchisierung verlangt eine Präzisierung dessen, was wirklich *Bedingung* für den Vollzug einer Folgehandlung oder zum Zustandekommen der Ergebnishandlung ist, wobei unter Handlungen sowohl reale als auch Denkhandlungen zu verstehen sind. Die Gliederung des Unterrichtsverlaufs ist nicht mit einer davon unabhängigen systematischen Gliederung der Sache (z.B. das Ganze und seine Teile) identisch, denn das wäre kumulatives Wissen und nicht Handlungswissen. Handlungswissen ist hingegen das durch ein Handlungsschema integrierte Wissen, das eine intendierte Handlung ermöglicht. Abb. b auf S. 246 ist die grafische Darstellung eines solchen Handlungsschemas.

Wir müssen noch auf die genannte Leerstelle eingehen, da die Hierarchisierung zunächst nur auf die Teilziele hin erfolgt. Wenn die Entscheidung über die Berufswahl getroffen werden soll, müssen den Lernenden jedoch alle Faktoren zur Verfügung stehen. Die Aussagenfolge (s. oben S. 245f.) muß daher im dritten Satz korrigiert werden:

Entscheiden ist eine Wahl aus Alternativen. Die Alternativen müssen bewertet werden. Diese Bewertung setzt eine kognitive Struktur von Bewertungskriterien voraus, die aus den Faktoren der Berufswahl besteht. Die Faktoren sind verstanden und anwendbar, wenn eine Reihe von Informationen bekannt sind. Diese Informationen werden durch Medien (Texte, Bilder, Grafiken) vermittelt.

In dem Schulbuch wird diese kognitive Struktur durch eine Tabelle in ein Instrument veräußerlicht, also wahrnehmbar und erkennbar gemacht[2]:

Wenn ich den Gesichtspunkt berücksichtige	ergeben sich diese Folgerungen	Sie wirken sich auf meinen Entschluß + oder - aus
persönliche Voraussetzungen (z.B. Eignung, Neigung, Absicht)		
. . .		

Nach Prüfung der Auswirkungen (Spalte 3):
Ich bleibe wahrscheinlich bei meiner Entscheidung — ändere wahrscheinlich meine Entscheidung — benötige erst noch zusätzliche Informationen.

Dieses Instrument erleichtert die kognitiven Operationen ,,Abwägen" und ,,Entscheiden".

Selbstverständlich müssen für andere Unterrichtsthemen andere Lösungen gefunden werden. Auch die grafische Darstellung von parallel zu denkenden Lernprozessen gilt nur für Themen, die es erforderlich machen, daß separate Teilergebnisse gleichzeitig zur Verfügung stehen, um die Ergebnishandlung zu realisieren. An dieser Stelle war wichtig, an einem Beispiel zu demonstrieren, wie der Begriff ,,Hierarchisierung" in Planungstätigkeiten umgesetzt werden kann. Eine solche Hierarchisierung ist auch bei Themen des politischen Lernens angezeigt, nicht nur bei solchen des sozialen Lernens wie die Berufswahl.

Literatur

1 *Walter Gagel, Wolfgang Hilligen, Ursula Buch*: Sehen Beurteilen Handeln. Arbeitsbuch für den politischen Unterricht Kl. 7 — 10, Neubearbeitung, Frankfurt: Hirschgraben 1984, S. 94 - 98.
2 ebenda S. 98.

5.3.2 Lernsituation und Handlungsfolge

In der beschriebenen hierarchischen Integration von Wissen zu Handlungswissen und den Überlegungen zur Handlungsfolge haben wir zwei Eckpunkte ausgeklammert, die für eine Unterrichtsplanung selbstverständlich sind: Einstieg und Überprüfung. Die vollständige Handlungsfolge umfaßt daher insgesamt drei Gruppen von Tätigkeiten:

— Zugang: Aufbauen der Handlungssituation, das Erkennen des Handlungszieles.
— Bearbeitung: Handlungsfolge, die auf das Ziel hinführt.
— Ergebnissicherung: Kriterien, an denen die Zielerreichung abgelesen werden kann.

(1) *Zugang.* Alltägliches und unterrichtliches Handeln unterscheiden sich darin, daß den Schülern in der Regel das Handlungsziel erst vermittelt werden muß, während im Alltag situative Anforderungen unmittelbar wirksam sind. Für jede Handlung trifft es zu, daß eine kognitive Erfassung des Zieles nicht ausreicht; der Handelnde muß durch ein Motiv dazu angeregt werden, ein Handlungsziel auch zu *wollen.*[1]

Der Lehrer muß also sowohl das Motiv erzeugen als auch den Bearbeitungsgegenstand vermitteln. Dadurch wird die Handlungssituation „Unterricht" überhaupt erst aufgebaut. Wir nennen dies: Der Lehrer eröffnet den *Zugang* zum Handlungsziel.

Dabei sind zwei Gesichtspunkte zu beachten: a) Durch Bearbeitung der Planungsaufgabe „Zugangsweisen" (s. oben S. 166ff.) wird ein Lerngegenstand im Unterricht vergegenwärtigt (repräsentiert) und für die Schüler wahrnehmbar gemacht. b) Der Lerngegenstand wird so gestaltet, daß er eine Zielstruktur aufweist. Das ist in der Regel der Fall, wenn der Gegenstand (ein durch ein Thema interpretierter Sachverhalt) den Schülern nicht als etwas Selbstverständliches erscheint, sondern ihnen „fragwürdig" wird, daß er also ein Nichtwissen bewußt macht und die Lernenden dadurch neugierig werden können.[2]

Im Beispiel „Berufswahl" wird der Zugang dadurch eröffnet, daß ein Text die Schwierigkeiten von Jugendlichen bei der Berufswahl veranschaulicht. Eine Umfrage, die sich anschließen soll, kann wahrscheinlich bestätigen, daß die Schüler der eigenen

Schule ebenfalls Schwierigkeiten haben. Den Antworten sind außerdem konkrete Probleme zu entnehmen, welche die Schüler erfahren; diese können zu Problemgruppen zusammengefaßt werden, — die im folgenden benötigten „Faktoren".

In dieser Phase erfolgt also das Eindringen in die Handlungssituation „Berufswahl", welche auch für eine 8. Hauptschulklasse — noch — fiktiv ist und daher erst aufgebaut werden muß, indem der Lehrer Betroffenheit erzeugt.

Der Zugang ist eröffnet, wenn nicht nur der Gegenstand für die Lernenden repräsentiert wird, sondern wenn er auch eine Zielstruktur aufweist, die *Aufforderungscharakter* besitzt und dadurch sowohl motiviert, als auch eine Zielrichtung eröffnet. Man kann dies auch „Problemstellung" nennen, denn das Problem ist „eine schematische Vorausnahme der projektierten Handlung".[3] In diesem Sinne erscheint das Ziel als eine Hypothese, als Aufgabe, die zur Lösung drängt, als Frage, deren Antwort gesucht werden muß. Nicht das Ergebnis ist sichtbar, aber die Qualität, welche das Ergebnis haben muß, um die Problemsituation aufzulösen. Es handelt sich um eine Art Vorgriff auf das Ergebnis, welcher den Schülern in dieser Phase des Unterrichts ermöglicht wird.

Die methodische Form für die Gewinnung der Zielorientierung ist das *Planungsgespräch*. In ihm werden die Schüler an der Unterrichtsplanung beteiligt, und sie erhalten dadurch die Möglichkeit, das intendierte Ergebnis zu *ihrer* Sache zu machen.[4] Dies kann durch die Berücksichtigung der „Schülerperspektive" gefördert werden, die innerhalb des Planungsgesprächs „unterrichtsbegleitend" erfolgt (s. oben S. 97).

Das Planungsgespräch mündet in die Handlungsplanung, indem die Schüler die Frage stellen: Was wollen wir wissen? Wie können wir es erfahren? Denn die zu planende Handlungsfolge enthält ja nicht nur die Maßnahmen des Lehrers, sondern insgesamt das Miteinanderhandeln von Lehrer und Schülern. Dadurch erfassen auch die Schüler in der Phase „Zugang" das Handlungsschema.

(2) *Bearbeitung*. Diese Phase des Unterrichts enthält die „Handlungsfolge", die unmittelbar auf das Ziel hinführt oder mittelbar, indem sie zunächst auf Teilziele ausgerichtet ist. Im wesentlichen gilt für diese Phase das, was in Abschn. 5.3.1 über die „hierarchische Integration" gesagt worden ist. Als Ergänzung muß noch auf die Pla-

nungsaufgabe ,,Verlaufsplanung" (s. oben S. 205ff.) hingewiesen werden.
Die dort beschriebenen Verlaufsschemata (Übersicht S. 206f.) sind eine Hilfe für die zielbezogene Hierarchisierung von Handlungen. Sie enthalten wichtige Merkmale dieser Hierarchisierung, nämlich a) den Zielbezug in ihrer ,,Aufgabenorientierung", welche die Verschiedenartigkeit dieser Schemata erklärt, und b) ,,das Prinzip der unaufgebbaren Stufung des Lernprozesses", welches die Hierarchisierung der Handlungen gewährleistet (s. oben S. 208).

(3) *Ergebnissicherung.* Wenn das Ziel in Form einer Ergebnishandlung beschrieben wird, dann dient dies zwei Zwecken: a) Die antizipierte Ergebnishandlung enthält das Handlungsschema, welches durch Explikation sichtbar gemacht werden kann. b) Die realisierte Ergebnishandlung kann anzeigen, ob das Ziel erreicht worden ist oder welche Abweichungen eingetreten sind.

Antizipierte und realisierte Ergebnishandlung sind theoretisch deckungsgleich. In der Praxis wird man eher davon ausgehen müssen, daß beide mehr oder weniger voneinander abweichen. Denn während des Unterrichts können unplanbare Faktoren ins Spiel kommen, oder es ergibt sich die didaktische Notwendigkeit, während des Unterrichts die Intention zu korrigieren, z.B. weil eine unvorhergesehene Schülerperspektive berücksichtigt wird. Die Abweichung wird geringer sein, je mehr die Ergebnishandlung inhaltlich offen bzw. neutral formuliert wird. Allgemein ist jedoch zu sagen, daß auch eine operationale Beschreibung des Lernziels (Ergebnishandlung) nach unserer Auffassung nur eine ,,Erwartung" zum Ausdruck bringt. Dies entspricht der Definition des Begriffes Lernziel von Hilbert L. Meyer: ,,Sprachlich artikulierte Erwartung einer durch Unterricht oder andere Lehrveranstaltungen zu bewirkende Verhaltensänderung eines Lernenden".[5] Die antizipierte Ergebnishandlung wird hier demnach als eine Handlungserwartung verstanden, die von der realisierten Ergebnishandlung bestätigt oder korrigiert wird.

Bei dem Themabeispiel ,,Berufswahl" ist die Ergebnishandlung (s. oben S. 241) inhaltlich offen beschrieben, weil ja keine bestimmte Wahl erwartet werden kann, sondern nur, *daß* gewählt wird. Das Kriterium der Zielerreichung ist also der Vollzug der Entscheidung; die Qualität dieser Handlung wird außerdem durch die Art und Weise der Begründung bestimmt. Aber auch die mißlungene Wahl hat als Ergebnis zu gelten, weil es zur Sache gehört, daß die Schwierigkeiten für eine Entscheidung zu groß sein können.
Inhaltliche Offenheit bedeutet also nicht Beliebigkeit, sondern Unmöglichkeit, die von den Lernenden zu treffende Entscheidung im

251

voraus festlegen zu können. Diese Offenheit ist besonders für Themen bedeutsam, welche politische Entscheidungsfragen enthalten. Auch bei diesen bemißt sich die Qualität des Ergebnisses nicht an einem Kriterium der Richtigkeit, sondern an der Rationalität des Weges, der zum Ergebnis führt.

Zusammenfassung:

Im Planungsschritt ,,Handlungsfolge" werden Teilhandlungen in eine Folge gebracht und auf ihren inneren Zusammenhang hin überprüft. Dieser innere Zusammenhang ist als hierarchische Integration unter die Ergebnishandlung oder unter Teilziele zu verstehen; vorausgehende Handlungen sind Bedingungen für Folgehandlungen. Ergänzt werden muß die Handlungsfolge durch den Aufbau der Handlungssituation (,,Zugang") und durch Kriterien der Zielerreichung (,,Ergebnissicherung").

Literatur

1 Vgl. *Hans Aebli*: Denken als Ordnen des Tuns, Band 1, Stuttgart: Klett-Cotta 1980, S. 99.

2 Ausführlicher bei *Walter Gagel*: Ein Strukturmodell für den politischen Unterricht — Generalisierbare Elemente für die didaktische Analyse und Planung. Zuerst unter dem Titel: Gestalt und Funktion von Unterrichtsmodellen zur Politischen Bildung. In: Politische Bildung 1 (1967), H. 4, S. 60. Andere Druckorte s. Literaturverzeichnis.

3 *Hans Aebli*: Grundformen des Lehrens. Eine allgemeine Didaktik auf kognitionspsychologischer Grundlage, 12. Auflage, Stuttgart: Klett-Cotta 1981, S. 103.

4 *Gagel* (Anm. 2), S. 62.

5 *Hilbert L. Meyer*: Einführung in die Curriculum-Methodologie, München: Kösel 1972, S. 162. Grundsätzlich hierzu *Walter Gagel*: Lernziele und politischer Unterricht. In: Gegenwartskunde 1974, H. 4, S. 435 - 444. Siehe auch oben S. 237 (Kasten).

252

6.   Die schriftliche Unterrichtsvorbereitung

6.1   Absicht und Grenzen

Unter schriftlicher Unterichtsvorbereitung soll hier der ausführliche Planungsentwurf verstanden werden, der für Lehrproben oder Prüfungsarbeiten verlangt wird. Wir nennen ihn fortan ,,Unterrichtsentwurf". Er ist nicht identisch mit dem, was wir bisher den Plan des Unterrichts genannt haben. Denn die Ausarbeitung des schriftlichen Unterrichtsentwurfes ist ein Sonderfall der allgemeineren Tätigkeit des Planens von Unterricht. Diese Unterscheidung wird häufig nicht gemacht; so bezeichnet z.B. Hilbert Meyer seinen ,,Leitfaden zur Unterrichtsvorbereitung" als eine ,,Anleitung zum Schreiben von Unterrichtsentwürfen".[1]

Wir wiederholen hier die Definition von Unterrichtsplanung, die wir oben (s. 22) gegeben haben:

Unterrichtsplanung ist ein mentaler Vorgang, in welchem der Lehrer Entscheidungen über die Prämissen trifft, die als Absichten sein Handeln im Unterricht leiten. Die Gesamtheit der Prämissen ist der Plan, der somit den Rahmen des künftigen Unterrichts bildet, welchen der Lehrer durch situative Entscheidungen füllt oder auch verändert.

Im Vergleich zu diesem Begriff von Unterrichtsplanung ist der schriftliche Unterrichtsentwurf, zumal in der ausführlichen Form, wie er in Prüfungssituationen erwartet wird, nur ein Zwischenprodukt mit relativ begrenzten Funktionen.

Der Unterrichts*plan* ist die ,,Dokumentation der Vorstellung der Unterrichtsstunde" (s. oben S. 24), also eine gedankliche Antizipation des beabsichtigten Unterrichts, welche das Handeln des Lehrers leitet. Der schriftliche Unterrichtsentwurf enthält zwar auch diese antizipierende Vorstellung, doch hat er neben dieser handlungsleitenden Funktion auch eine Übungsfunktion und die Funktion der Rechenschaftslegung: Er stellt eine Anforderung zur sprachlichen Präzisierung und damit ein Mittel dar, zur gedanklichen Klarheit über didaktische Entscheidungen zu gelangen, — und er dient als Nachweis über die Qualität der Unterrichtsvorbereitung gegenüber anderen, ermöglicht somit Überprüfung, freilich auch unter Umständen Selbstüberprüfung. Die Prüfungssituation bringt es mit sich, daß letzten Endes primär die Unterrichtsvorbereitung dokumentiert wird und nicht die „Vorstellung des Unterrichts".

Wegen des Stellenwertes, den der schriftliche Unterrichtsentwurf im Rahmen der Lehrerausbildung hat, halten wir eine Anleitung zu seiner Ausarbeitung für wichtig. Aber die Plazierung dieses Kapitels am Ende des Buches darf nicht so verstanden werden, als würden alle vorhergehenden Überlegungen in dieses einmünden. Die Unterschiede zwischen Plan und Unterrichtsentwurf machen vielmehr deutlich, daß der Unterrichtsentwurf eine Sonderform darstellt und im Rahmen der handlungstheoretischen Aufarbeitung des Planungsproblems, wie sie in den Teilen A und B versucht worden ist, nur als ein Nebenprodukt zu verstehen ist. Daher wird hier die Anleitung zur Ausarbeitung eines schriftlichen Unterrichtsentwurfs den Überlegungen in den vorhergehenden Kapiteln bewußt nur *angefügt*.

Somit kommen wir zu folgenden Merkmalen der hier in Aussicht gestellten Anleitung:

1. Vorgeschlagen wird eine mögliche, aber nicht allgemeingültige *Gliederung* des Unterrichtsentwurfes (s. S. 257). Mit ihrer Hilfe sollen Überlegungen und Entscheidungen über den beabsichtigten Unterricht geordnet werden. Die Gliederung darf nicht als Verlaufsmodell der Unterrichtsplanung verstanden werden; ihre Aufgabe ist lediglich die Inventarisierung der Ergebnisse des Planungsdenkens.

2. Der Vorschlag wird als *Leitfaden* für die Erstellung des schriftlichen Unterrichtsentwurfes angeboten. Dadurch grenzen wir die folgende Anleitung von dem in Teil A entwickelten Planungsmodell ab, welches, wie oben (S. 43f.) dargelegt wurde, als kognitives Schema zu verstehen ist, das nicht mit einem Leitfaden verwechselt werden darf. Der spezielle Zweck rechtfertigt hingegen eine Anleitung für die schrittweise Ausarbeitung des Unterrichtsentwurfes. Denn nur dieser Teilhandlung „schriftliche Ausarbeitung" ist die lineare Ab-

folge angemessen, welche dem Vorschlag zugrundeliegt, nicht aber dem Planungsdenken allgemein. Wir grenzen uns damit gegen Auffassungen ab, in denen angenommen wird, daß es einen „Ablauf der Unterrichtsplanung" gebe, der aus aneinandergereihten „Schritten" besteht.[2]

3. Da demnach Unterrichtsplanung einen Überschuß an kognitiver Strukturiertheit repräsentiert, der im schriftlichen Entwurf nicht enthalten ist, machen wir in dem folgenden Leitfaden eine Unterscheidung: Wir heben die didaktischen Überlegungen einerseits und deren Ergebnis in Form der schriftlichen Aussage andererseits voneinander ab. Der Leitfaden bietet daher eine Art Gebrauchsanweisung dafür, wie man bei den einzelnen, durch die Gliederungspunkte abgegrenzten Abschnitten *von den didaktischen Überlegungen zu schriftlichen Aussagen* kommt. Um diesen Weg zu eröffnen, wird jeder Abschnitt, aus dem die Gliederung besteht, durch folgende immer wiederkehrende Fragen und deren Beantwortung erschlossen:

1. Worin besteht die *Aufgabe*, die in dem einzelnen Abschnitt gelöst werden soll?
2. Welche Überlegungen müssen/können vorausgehen? (*Vorüberlegungen*)

3. Was muß niedergeschrieben werden, was muß der *Text* enthalten?

4. Welche *Schwierigkeiten* sind zu erwarten?
5. Welche *Lösungshilfen* stehen zur Verfügung, können angeboten werden?

Diese Unterscheidung zwischen Überlegungen und Ergebnis (Text) macht es möglich, die Elemente des Planungsmodells, also besonders die Planungsaufgaben, zu integrieren, — freilich nicht in den schriftlichen Unterrichtsentwurf, sondern in dessen Erarbeitung. Daher verweist die „Gebrauchsanweisung" fortwährend auf die früheren Kapitel und deren geeigneten Abschnitte, gelegentlich auch auf Band I. Innerhalb des genannten Katalogs von fünf Fragen erscheint die dritte gleichsam als Achse, auf die hin sich die durch die übrigen Fragen angeregten Überlegungen richten. Dies soll durch die Umrahmung veranschaulicht werden. Dem Benutzer müßte bewußt werden, daß er im Text nicht den Gedankengang seiner Unterrichtsvorbereitung reproduziert, sondern dessen Ergebnisse geordnet vorstellt.

Diese Einschränkung wird betont, um dem Benutzer die Grenzen und die strukturelle Andersartigkeit des schriftlichen Unterrichtsentwurfes im Vergleich zum Planungsdenken bei jedem Schritt seiner Ausarbeitung vor Augen zu führen. Als Gebrauchsanweisung dient der hier folgende Vorschlag einem speziellen Zweck, nämlich auf dem ,,Prüfstand'' schriftliche Rechenschaft über die Unterrichtsvorbereitung ablegen zu können. Jedoch wäre es töricht, die Illusion zu wecken, als sei diese Art des Vorgehens ein Muster für Unterrichtsvorbereitung ganz allgemein und somit auch für diejenige im ,,Alltag''. Denn eine solche Illusion fördert die verbreitete Meinung, didaktische Ausbildung sei blasse Theorie und diene bestenfalls Prüfungszwecken, im Schulalltag sei sie jedoch zu nichts nütze.

Dagegen wird hier folgende These vertreten:

> **Nicht der schriftliche Unterrichtsentwurf ist das Muster für Unterrichtsplanung allgemein und damit auch für den Schulalltag; Einfluß auf Planungsverhalten und damit auch auf die spätere Praxis der Unterrichtsvorbereitung hat, so nehmen wir an, die kognitive Struktur des Lehrers, welche durch das Planungsmodell repräsentiert und welche durch die Arbeit an ihm und innerhalb der Planungsaufgabe vermittelt wird.**

Die Perspektive auf diese spätere Praxis der Unterrichtsvorbereitung wird durch die Hinweise auf die Kurzvorbereitung eröffnet (6.3), mit denen dieser Anwendungteil beschlossen wird.

Erwähnt werden muß, daß wir mit anderen das ,,Stundenmodell'' prinzipiell ablehnen.[3] Für die Unterrichtsplanung ist die thematisch abgegrenzte Unterrichtsreihe von mehreren Unterrichtsstunden die angemessene Planungseinheit. Freilich schließt das eine Verwendung der folgenden Anleitung für den schriftlichen Entwurf einer Stundenlektion nicht aus.

Literatur

1 *Hilbert Meyer*: Leitfaden zur Unterrichtsvorbereitung, Königstein: Scriptor 1980, S. VII.

2 *Holger Reinisch*: Hilfen für die schriftliche Unterrichtsplanung. In: Die Deutsche Schule 1983, H. 4, S. 336 - 347 (338). *Karl Aschersleben:* Didaktik, Stuttgart: Kohlhammer 1983, S. 67 ff. Weitere Beispiele bei *M. Gebauer* u.a.: Theorie der Unterrichtsvorbereitung — eine handlungstheoretische Begründung, 2. Aufl., Stuttgart: Klett 1979, S. 62 - 71. *Kunert* und *König/Riedel* wurden oben S. 35 erwähnt.

3 So z.B. *Wolfgang Klafki*: Zur Unterrichtsplanung im Sinne kritisch-konstruktiver Didaktik. In ders.: Neue Studien zur Bildungstheorie und Didaktik, Weinheim: Beltz 1985, S. 210 f.

Vorschlag für die Gliederung eines Unterrichtsentwurfes

1. *Voraussetzungen*
1.1 Herkunft der Lehr-/Lernaufgabe
1.2 Sachanalyse
1.3 Unterrichtsbedingungen
1.4 Normative Vorentscheidungen

2. *Didaktische Reflexion und Entscheidungen*
2.1 Wahl des Themas und Begründung
2.2 Inhaltliche Dimensionen
2.3 Aufgabenanalyse
2.4 Medien
2.5 Methodenkonzeption und Arbeitsweisen
2.6 Lernziele

3. *Geplanter Unterrichtsverlauf*

6.2.1   Voraussetzungen

6.2.1.1   *Herkunft der Lehr-/Lernaufgabe*

Das, was inhaltlich im Unterricht bearbeitet wird, ist häufig nicht das Ergebnis der didaktischen Reflexion des Lehrers, sondern wird durch andere Faktoren vorherbestimmt. Wir nennen dies die *Quellen der Lehr-/Lernaufgabe*. Solche möglichen Quellen sind (vgl. auch Abb. 28):

— Richtlinien
— Schulbuch
— Schülerinteresse
— Fachkonferenz/schuleigener Lehrplan
— aktuelle Ereignisse der Umwelt
— pädagogische Intention des Lehrers

Die Frage nach den Quellen macht darauf aufmerksam, daß es eine inhaltliche Vorwegbestimmtheit des Unterrichts geben kann, die auf schulischen Bedingungen oder situativen Umständen beruht. Das schließt eine didaktische Entscheidung über die Intentionen jedoch nicht aus. Aus diesem Grunde verwenden wir hier den Begriff ,,Inhalt", um deutlich zu machen, daß erst aufgrund didaktischer Reflexion eine Umwandlung in ein Thema und damit die Entscheidung für eine Intention erfolgt (s. 6.2.2.1).

Auf diese Unterscheidung von Inhalt und gewähltem Thema sollte bei der schriftlichen Ausarbeitung schon an dieser Stelle geachtet werden; der Herkunftsnachweis bezieht sich hier also auf den Inhalt.

6.2.1.2   *Sachanalyse*

Aufgabe. Durch die Sachanalyse wird die fachwissenschaftliche Grundlage des Unterrichts über den gewählten Inhalt aufgezeigt.

Vorüberlegungen. Wissenschaft hat einen kontroversen Charakter; infolgedessen gibt es — zumal in den Sozialwissenschaften — keine

Abb. 28: Einflußfaktoren der Lerninhaltsauswahl

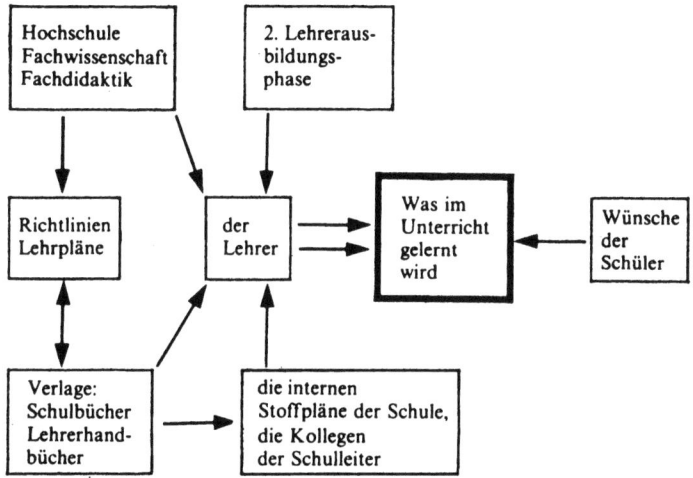

Ulrich Vohland: Praxis der Unterrichtsplanung, Düsseldorf, Schwann 1982, S. 99.

objektive Wahrheit, sondern immer entweder differenzierte oder auch kontroverse Ansätze und Basiskonzepte zur Behandlung eines wissenschaftlichen Problems und entsprechend abweichende Ergebnisse. Aus diesem Grunde muß geprüft werden, welche verschiedenen und/oder kontroverse Positionen bei der Behandlung des Sachbereiches bzw. des Inhaltes es in der Wissenschaft gibt. In

Walter Gagel, Einführung in die Didaktik des politischen Unterrichts. Studienbuch politische Didaktik I, Opladen: Leske 1983, (hinfort I), S. 224 ff.

wird dies am Vergleich mehrerer Definitionen zu ,,Werbung" demonstriert. Wünschenswert ist vor allem, daß in der Sachanalyse im Unterricht nicht berücksichtigte Positionen erwähnt werden, um die Tatsache der (unvermeidlichen) Auswahl sichtbar zu machen.

Wichtig ist die Unterscheidung einer ,,vorpädagogischen Sachbegegnung" (Klafki) und einer Sachanalyse, die bereits im Blick auf die Unterrichtsaufgabe angelegt ist. Jedoch soll nicht die Empfehlung gegeben werden, die Sachanalyse in reiner Form ,,vorpädagogisch" anzulegen, weil dies der Situation widerspricht, in welcher die Sachanalyse schriftlich ausgearbeitet wird: In dieser Situation hat der Lehrer bereits den Blick auf die Unterrichtsaufgabe. Die Unterscheidung muß nur *bewußt* sein, damit nicht das gleichsam als Sachzwang dargestellt wird, was in Wirklichkeit eine intentionale Auswahl aus einer Mehrzahl von wissenschaftlichen Zugriffsmöglichkeiten darstellt. Leitend sind also zwei Fragen:

— Was wird in der Wissenschaft ausgesagt?
— Was ist davon didaktisch relevant?

Text. Er enthält die Darstellung der Ansätze oder Positionen, welche nicht berücksichtigt wurden (Offenlegung der Differenzierung und der Kontroverse), und zwar wenigstens exemplarisch, und diejenigen, welche die inhaltliche Aufbereitung und die Beurteilung des Gegenstandes in didaktischer Absicht beeinflußt haben, also im Hinblick auf die didaktische Perspektive. Ebenso wird die im Unterricht erscheinende Kontroverse fachwissenschaftlich dokumentiert.

Schwierigkeiten. Nicht nur im Alltag, sondern auch in der Ausbildung ist die Erfüllung dieser Postulate der Sachanalyse nicht einfach. Die Schwierigkeiten sind in der begrenzten Zugänglichkeit der Quellen für die Einarbeitung in den Sachbereichen zu sehen, nämlich a) die relevante fachwissenschaftliche Literatur oder b) die Dokumente zu aktuellen Ereignissen zu beschaffen und c) die Zeit zum Durcharbeiten zu erübrigen. Es müssen daher in der Realität Abstriche gemacht werden, doch sollten die ,,Prinzipien der Sachanalyse" (s.u.) auf jeden Fall leitend sein.
Lösungshilfen. Zum einen die Prinzipien der Sachanalyse (I, S. 234, ff.):

— Die Berücksichtigung kontroverser bzw. komplementärer Ansätze,
— Prüfung von Definitionen,
— Ermittlung der Sachstruktur.

Ein Beispiel für eine Sachanalyse unter diesen drei Aspekten bietet

Friedhelm Löbbert: Grundrechtsinterpretationen am Beispiel der Gleichberechtigung der Frau. In: Gegenwartskunde 1985, H. 2, S. 238 - 244.

Zum anderen die Benutzung oder Vorbereitung von Hilfsmitteln:

a) kurzfristig

— Lehrerhandbücher zu den Schulbüchern (sowohl zum benutzten als auch zu solchen, die in der Klasse nicht eingeführt sind).

— Bibliographien, z.B.

Dietrich Zitzlaff, Friedrich Jäger, Hermann Pappert: Medien für die Gesellschafts-lehre (Sozialkunde, Geschichte, Geographie). Ein Handbuch, Stuttgart: Metzler 1979;

hier findet man zu ,,Themenkreisen" wie ,,Familie und Gesell-schaft" Angaben über Anschriften, Bibliographien, Dokumenta-tionen, Literatur zur Sachinformation für den Lehrer, unterrichts-praktische Veröffentlichungen und Materialien für die Hand des Schülers.

— Annotierte Bibliographie für die politische Bildung, hrsg. von der Bundeszentrale für politische Bildung (erscheint dreimal im Jahr, kostenloser Bezug).

— Lexika, z.B.

Hanno Drechsler, Wolfgang Hilligen, Franz Neumann: Gesellschaft und Staat. Le-xikon der Politik, 6. Aufl., Baden-Baden: Signal-Verlag 1984.
Wolfgang W. Mickel (Hg.): Handlexikon zur Politikwissenschaft, München: Eh-renwirth 1983.

— Handbücher, besonders

Carl Böhret, Marie-Therese Junkers, Eva Kronenwett: Innenpolitik und politische Theorie. Ein Studienbuch, 2. Aufl., Opladen: Westdt. Verlag 1982,

weil Sachbereiche und diese durchweg kontrovers aus der Sicht vier verschiedener Positionen dargestellt werden.

b) langfristig

— Sammeln von thematisch relevanten Zeitungsausschnitten,

— Sammeln der thematisch geordneten Rezensionen in der Wochen-zeitung DAS PARLAMENT,

— kontinuierliche Benutzung der Fachzeitschriften für Sozialkunde: Gegenwartskunde, Leske Verlag Opladen,
Materialien zur politischen Bildung, Leske Verlag Opladen
Sozialwissenschaftliche Informationen, Friedrich Verlag / Klett Verlag Velber,
Politische Bildung, Klett Verlag Stuttgart.

c) Als Vorgriff auf die ,,Medien" (6.2.2.4) werden schon hier Quellen für die Unterrichtsmaterialien angeführt:

— Unterrichtsbeispiele in den aufgeführten Fachzeitschriften;
— als Periodika für Unterrichtsmaterialien:
Wochenschau, jeweils getrennte Nummern für Sek. I und II, Wochenschau Verlag Schwalbach/Ts.,
Sozialwissenschaftliche Materialien, Klett Verlag Stuttgart (erscheinen regelmäßig zu jedem Heft von Politische Bildung);
— in den Schulbuchverlagen erscheinende Materialiensammlungen.

6.2.1.3 Unterrichtsbedingungen

Aufgabe. Die beeinflussenden Umstände der Lernsituation und die Besonderheiten der Lerngruppe sollen als Ausgangspunkt und Bedingungen des Lernprozesses zusammengestellt werden.

Vorüberlegungen. ,,Ausgangspunkt" kann technokratisch als Leistungsvermögen der Schüler (zur Optimierung des Lernens), aber auch kommunikativ als ,,Eigenart", d.h. als Subjektivität der Schüler verstanden werden. Der zweite Aspekt sollte nicht übersehen werden, er hat später Bedeutung für die Berücksichtigung der Schülerperspektive (in 6.2.2.1).
Die Person des Lehrers als Unterrichtsbedingung wird meist vergessen. Dazu gehört a) seine eigene Einstellung zum Thema, b) sein Verhältnis zu denSchülern; dadurch kann die ,,Vorwegbestimmtheit" der Thematik bzw. Intention überprüft werden.

Text. Hinsichtlich der Umstände (Schule, Gesellschaft, also soziokulturelle Bedingungen nach Heimann/Schulz), der Lerngruppe und des Lehrers sollte möglichst nur das angeführt werden, was im Hinblick auf das Thema und den beabsichtigten Unterricht von Einfluß ist. Die aufgeführten Einzelheiten sollten aber dahingehend kommentiert oder geordnet werden, ob sie den beabsichtigten Unterricht erschweren oder erleichtern und die Intentionen beeinflussen.

Schwierigkeiten. Probleme bietet das Erkennen der Unterrichtsbedingungen vor allem, wenn es sich um eine fremde Lerngruppe handelt, weil der Lehrer darüber kein „kumulatives Wissen (s. oben S. 56f.) besitzt. Methodisch schwierig ist ferner die Ermittlung der subjektiven Sichtweise der Schüler (Schülerperspektive); diese kann der Lehrer häufig erst im Verlauf des Unterrichts erfassen, besonders in der Eingangsphase.

Lösungshilfen. Vor allem in der Ausbildung ist die Unterscheidung zwischen allgemeiner (jugendsoziologische Erkenntnisse) und spezieller (die Lerngruppe betreffende) Bedingungsanalyse hilfreich. Für die allgemeine B. ist jugendsoziologische Literatur heranzuziehen, beispielsweise neuerdings

Klaus Allerbeck, Wendy Hoag: Jugend ohne Zukunft? Einstellungen, Umwelt, Lebensperspektiven, München: Piper 1985.

Diese Literatur liefert jedoch nur *Hypothesen* für die spezielle B. Für letztere kann auch ein Analyseraster benutzt werden:

Wolfgang W. Mickel: Methodik des politischen Unterrichts, 4. Aufl., Frankfurt: Hirschgraben 1980, S. 145.

6.2.1.4   Normative Vorentscheidungen

Aufgabe. Es ist darzulegen, welche obersten Lernziele oder welche Konzeption „meinen" Unterricht kontinuierlich leiten und daher auch für den beabsichtigten Unterricht maßgeblich sind

Vorüberlegungen. Die Aufgabe bedeutet, daß der Lehrer sich Rechenschaft über die eigene Wertorientierung im Unterrichtsfach ablegt, er muß also zur Offenlegung seiner normativen Prämissen bereit sein. Damit bewirkt er zugleich, daß sein gegenwärtiger und sein zukünftiger Unterricht „konsistent" sind.

Text. Knappe Darlegung mit Bezug auf die relevante didaktische Literatur.

Schwierigkeiten. Häufig wird die Nennung oberster Lernziele einer Unterrichtsreihe als Pflichtübung erledigt, ohne daß ein Bezug zur didaktischen Analyse und zu den Lernzielen der Unterrichtsreihe (z.B. zu den in 6.2.2.6 genannten) erkennbar wird. Es kann auch ein Gegensatz oder eine Abweichung zu den geltenden Richtlinien bestehen; dann und vor allem in der Ausbildung gibt es Hindernisse für die Bereitschaft zur Offenlegung.

Lösungshilfen. Um die politische Wertorientierung zu erfassen, wird auf die Analysehilfe in I, Abschn. 5.1, verwiesen. Zur Funktion oberster Lernziele s. auch I, Abschn. 5.2.2. Bei vermuteter Differenz zu Richtlinien und Ausbildungsanforderungen bereite man sich vor a) auf Ermittlung des Auslegungsspielraumes, b) auf Argumentationen bzw. Begründungen. Als Beispiel, wie man oberste Lernziele begründet:

Wolfgang Hilligen: Zur Didaktik des politischen Unterrichts, 4. Aufl., Opladen: Leske 1985, S. 167 - 170.

Ferner die ,,Begründungsregeln'' in I, Abschn. 6.4, S. 206 ff.

6.2.2   Didaktische Reflexion und Entscheidungen

6.2.2.1   Wahl des Themas und Begründung

Aufgabe. Dem Gegenstand soll eine didaktische Perspektive zugeordnet werden; das Ergebnis ist ein Thema. Dadurch wird die Intentionalität des Unterrichts dargelegt; da immer eine Wahl aus mehreren möglichen Perspektiven erfolgt, ist diese Wahl auch zu begründen.

Vorüberlegungen. Vorausgehen muß eine Orientierung über verschiedene Möglichkeiten von didaktischen Perspektiven zu demselben Inhalt. Geprüft werden muß auch die ,,wertungsmäßige Vorweg-Bestimmtheit'' von Lerngegenständen, vor allem, wenn nicht explizit die Unterscheidung zwischen Inhalt und Thema vorgenommen wird; ggf. ist die Sachanalyse eine Kontrollmöglichkeit (s. oben S. 93ff.). Weitere Überlegungen richten sich auf die Schülerperspektive (s. oben S. 96f.): Welche Sicht und welche Einstellungen haben die Schüler zum Thema? Ist eine Abweichung von der intendierten zu erwarten? Sollte demgegenüber die Schülerperspektive berücksichtigt werden?

> *Text.* Formulierung des Themas und Beschreibung der in ihm enthaltenen Intention (didaktische Perspektive). Diese ist mit Nennung der ausgeschlossenen alternativen Intentionen zu begründen.

Schwierigkeiten bestehen einmal darin, überhaupt Alternativen zu Thema und Intention zu finden und Inhalt und Thema zu unterscheiden. Zum anderen darin, daß häufig eine nachträgliche Begründung für Vorentschiedenes verlangt wird, z.B. wenn ein Thema aus Richtlinien gewählt oder das Thema für eine Lehrprobe ,,aufgegeben" wird.

Lösungshilfen bieten die Planungsaufgaben 3.1 ,,Thematisierung" und 3.2 ,,Begründung". Besonders sollte auf den Unterschied zwischen sozialem und politischem Lernen geachtet werden — (,,fachdidaktische Valenz", s. oben 3.1.4, S. 98ff.). Bei ,,nachträglicher" Begründung: Zu beachten ist, daß die Unterscheidung von Inhalt und Thema auch verwendet werden kann, um dem Unterricht eine selbstgewählte Intention zu geben.

6.2.2.2 Inhaltliche Dimensionen

Aufgabe. Die für die Bearbeitung des Themas erforderlichen Teilbereiche, Einzelheiten, Verallgemeinerungen und Bedeutungen sollen so zusammengestellt werden, daß eine sinnvolle Gliederung erkennbar wird.

Vorüberlegungen. In diesem Abschnitt werden die Ergebnisse der ,,Strukturierung" des Themas wiedergegeben, daher ist vorher eine Orientierung über diese Planungsaufgabe erforderlich (oben 3.3). Wichtig ist auch die Klärung des Lernzielbegriffes ,,kognitive Struktur" (dazu in I, Abschn. 4.3.1) und eine Bestimmung der Sachstruktur mit Hilfe von Begriffen, Grundbegriffen und Operationen (dazu s. I, Abschn. 4.2). Dabei können Ergebnisse der Sachanalyse übernommen werden.

> *Text.* Darlegung der beachtenswerten *Elemente* (Besonderung und Differenzierung) und Einordnen in verallgemeinerbare Bezüge (Verallgemeinerung) und vor allem auch Benennung der ,,Bedeutung" (vgl. ,,Sinngebung", oben S. 141ff.).

Schwierigkeiten. Nicht jede ,,Sachstruktur" hat auch als ,,kognitive Struktur" zu gelten, ist also nicht in jedem Fall didaktisch relevant, so z.B. häufig eine systematische Gliederung der ,,Sache". Merkmal einer kognitiven Struktur ist es, daß sie Erkenntnismöglichkeiten eröffnet. Ferner ist zu beachten, daß Besonderung/Differenzierung und Verallgemeinerung nicht lediglich logische Operationen sind, sondern sich auf intendierte Bedeutungen richten oder von ihnen geleitet werden (Strukturierung als ,,Sinngebung").

Lösungshilfen für ,,Besonderung" in 3.3.2, für ,,Verallgemeinerung" in 3.3.3.

6.2.2.3 Aufgabenanalyse

Aufgabe. Die Bearbeitung des Themas aus der Sicht der Schüler beschreiben; dadurch werden die dem Thema/Inhalt immanenten Methoden benannt (methodische Implikationen).

Vorüberlegungen. Erforderlich ist eine Klärung und Unterscheidung der Begriffe ,,Implikationszusammenhang" und ,,Interdependenz" (s. oben 3.4.1,S. 148ff.); dort außerdem die Definition von ,,Aufgabenanalyse" (S. 151f.). Zu beachten ist, daß die Aufgabenanalyse auch zum Zweck der ,,Konstruktion" verwendet werden kann (s. 3.4.3). Zur Vorbereitung allgemein dient die Planungsaufgabe 3.4 ,,Implikationszusammenhang".

> *Text.* Beschreibung der Anforderungen, welche das Thema bzw. der Lerngegenstand an die Schüler richtet; daher werden aufgeführt: die Tätigkeiten der Schüler, die erforderlichen Lernvoraussetzungen und die Sequenzierung (Verlaufsgliederung). Dieses Methodische kann im Hinblick auf konvergentes und divergentes Denken bewertet werden (s. 3.4.4)

Schwierigkeiten bestehen vor allem darin, die in einem Inhalt enthaltenen „Tätigkeiten" zu finden, und das bedeutet, daß man einsehbar macht, wie Gegenstände durch den Erkenntnisprozeß konstituiert werden. Die Aufgabenanalyse wird auch leicht isoliert gesehen. Daher ist zu beachten, daß es einen engen Zusammenhang zur Ergebnishandlung (s. 6.2.2.6) gibt und daß ein Bezug, aber auch eine Abgrenzung zu den Methodenkonzeptionen besteht (s. 6.2.2.5): die Methodenplanung wird nicht vorweggenommen, sondern es werden deren Umrisse aufgezeigt.

Lösungshilfen bieten vor allem die Fragen auf S. 124, ferner die Inhaltstaxonomie Abb. 21, oben S. 150. Beispiele für Inhaltsstrukturen mit methodischen Implikationen findet man in I, Abschn. 2.3 (S. 49ff.): Fall, Problem, Situation. Beispiele für „Konstruktion": oben S. 157f.

6.2.2.4 Medien

Aufgabe. Der Zugang zur Lehr-/Lernaufgabe und zu Teilinhalten wird beschrieben, wie er mit Hilfe von Medien eröffnet wird.

Vorüberlegungen. Es muß geklärt werden, was mit „Zugang" gemeint ist (s. 5.3.2, Ziff. 1, S. 249f.). Dabei wird auch deutlich, daß bei den Vorüberlegungen zur schriftlichen Ausarbeitung die „Explikation" der Ergebnishandlung (s. 5.2) vorausgehen muß. Ferner ist eine Orientierung über die Unterscheidung von „Repräsentation" (4.1.2) und „Wahrnehmung" (4.1.3) erforderlich: daß der Sachverhalt „adäquat" vergegenwärtigt, aber auch von den Lernenden adäquat wahrgenommen werden muß.

Text. Nennung der gewählten Medien, aber auch darlegen, was diese im Hinblick auf Adäquatheit, Wahl der Erkenntnisebene und Wahrnehmbarkeit leisten können.

Schwierigkeiten bestehen vor allem darin, die Adäquatheit zu beurteilen, weil erkenntnistheoretische Probleme entstehen (s. S. 169f.). Ferner ist es nicht leicht, die Wahrnehmungsweisen und -fähigkeiten der Schüler überhaupt zu erkennen; Bezüge ergeben sich zum Abschn. 6.2.1.3 „Unterrichtsbedingungen" und zu 6.2.2.3 „Aufgabenanalyse". Die Interdependenzen zu den anderen Komponenten des Unterrichts dürfen nicht übersehen werden (S. 177f.).

Lösungshilfen bieten die Fragen in 4.1.5 (S. 178) und Abb. 23 (S. 168) über die Beziehungen zwischen Modi und Methoden, letzteres, um Interdependenzen zu ermitteln. Hinsichtlich „Wahrnehmung" ist die Unterscheidung von Intention, Wissen und Erlebnisse (S. 172) hilfreich.

6.2.2.5 Methodenkonzeption

Aufgabe. Im Rahmen eines „Methodenbildes", also einer gewählten Methodenkonzeption („Lehrmodell", oben S. 184), die wichtigsten Arbeitsweisen des Unterrichts und seinen Verlauf beschreiben.

Vorüberlegungen. Zu prüfen ist, ob die in der Ergebnishandlung enthaltenen methodischen Elemente, welche durch die „Explikation" erschlossen werden, bereits auf eine bestimmte Methodenkonzeption (Lehrmodell) hinweisen („Implikation"), oder ob durch die Wahl einer Methodenkonzeption die Intentionen oder andere Komponenten des Unterrichts verändert werden („Interdependenz"); vgl. zum Verhältnis von Inhalten und Lehrmodellen oben S. 192. Zu beachten ist ferner, daß Methoden auch eine intentionale Funktion haben, wenn es um das Erlernen wünschenswerter Erkenntnis- oder Verhaltensweisen geht (s. oben 4.2.2, S. 187f.). Überlegungen zur Wahl des Verlaufsschemas s. 6.2.3.

> *Text.* Beschreibung der Methodenkonzeption (Lehrmodell) mit Hilfe der wichtigsten Arbeitsweisen und Aufzeigen des Bezuges zu Inhalten und Zielen. Benennung des gewählten Verlaufsschemas. Begründung der Wahl von Methodenkonzeption und Verlaufsschema.

Schwierigkeiten sind, vor allem in der Ausbildung, darin zu sehen, daß Arbeitsweisen und Methodenkonzeptionen eine Wertfärbung im Hinblick auf fortschrittlich/traditionell besitzen und dadurch die Gefahr entsteht, Methoden zu wählen, welche die Lerngruppe bzw. der Lehrer persönlich noch nicht erprobt haben. Es ist also vor ungewohnten Methoden zu warnen. Zu beachten ist daher das eingeübte Methodenrepertoire der Schüler (s. Unterrichtsbedingungen) und die Lehrfähigkeit des Lehrers. Das gleiche gilt für die Wahl des Verlaufsschemas.

Lösungshilfen bieten die Abschn. 4.2.3.1 - 4.2.3.3 und die Übersicht S. 193. Ferner ist die Methodik von Hilbert Meyer nützlich:

Karsten Friedrich, Hilbert Meyer, Eva Pilz: Unterrichtsmethoden, hrsg. vom Zentrum für pädagogische Berufspraxis der Universität Oldenburg, Oldenburg 1982, S. 87 - 137,

weil dort unter den Sozialformen des Unterrichts auch der Frontalunterricht (unter dem Motto ,,Wenn schon — denn schon") mit hilfreichen Ratschlägen ausführlich behandelt wird.

Die Wahl des Verlaufsschemas wird durch die Ausführungen in 4.3.2 - 4.3.4 erleichtert.

6.2.2.6 Lernziele

Aufgabe. Integration der didaktischen Analyse in eine Ergebnishandlung und die Ausdifferenzierung von konkreten Lernzielen.

Vorüberlegungen. Erforderlich ist die Unterscheidung von antizipierter und realisierter Ergebnishandlung (s. S. 251) und die Überlegung, welche Abweichungen von der antizipierten Ergebnishandlung denkbar sind. Notwendig ist ferner eine Orientierung darüber, wie man innere Handlungen sichtbar machen kann (,,Operationalisierung"; s. oben S. 234f.). Die Durcharbeitung von Abschn. 5.1 ,,Ergebnishandlung" müßte zweckmäßigerweise der endgültigen Formulierung des Textes vorausgehen.

> *Text.* Er enthält die (antizipierte) Ergebnishandlung und Überlegungen zu möglichen Abweichungen (Vorbereitung auf Alternativen im Unterricht), ferner die konkreteren Lernziele (Teilziele).

Schwierigkeiten bereitet es häufig, interne Handlungen sichtbar zu machen. Man muß versuchen, sich die Lernsituation am Ende des Lernprozesses/der Unterrichtsreihe als Handlungssituation vorzustellen, indem man überlegt: Was geschieht — was tun Schüler/Lehrer? Ferner wird leicht übersehen und ist daher zu beachten: a) der Bezug zur Intention der Thematik (didaktische Perspektive), b) die Konsistenz, also Übereinstimmung mit den normativen Vorentscheidungen (oberste Lernziele, s. 6.2.1.4).

6.2.3 Geplanter Unterrichtsverlauf

Aufgabe. Eine Abfolge des Unterrichts als „hierarchische Integration" zu konzipieren.

Vorüberlegungen. Eine Orientierung über das Angebot verschiedenartiger Verlaufsschemata (Artikulationsschemata) muß vorausgehen (Übersicht Abb. 25, S. 206f.), wenn nicht schon zu 6.2.2.5 geschehen. Bei der Wahl ist zu berücksichtigen, daß das gewählte Verlaufsschema der Lehr-/Lernaufgabe angemessen sein sollte, also das „Prinzip der aufgabenbezogenen Variation" (oben S. 208). Abfolge des Unterrichtsverlaufs ist eine „Stufung", und das bedeutet, daß eine „hierarchische Integration" vom Ziel her angestrebt wird („Prinzip der unaufgebbaren Stufung des Lernprozesses", oben S. 208f.). Geprobt werden sollte daher an Beispielen die Unterscheidung von „Ergebnishandlung", „Explikation" (Beispiel zu beiden oben S. 241f.) und „hierarchischer Integration" (Beispiel oben S. 244-248).

Text. Die Abfolge der Teilthemen einer Unterrichtsreihe wird nach dem gewählten Artikulationsschema dargestellt, also Bezeichnung der jeweiligen Phase. Jede Phase wird ihrerseits mit Zielangaben (Ergebnishandlung, also im Sinne von Teilzielen, dabei beachten 6.2.2.6!) und zugeordneten Inhalten beschrieben. Je nach Ausbildungsanforderungen wird der Verlauf einer oder mehrerer Unterrichtsstunden, ggf. in Form einer Tabelle, konzipiert. Wenn der schriftliche Unterrichtsentwurf für eine einzelne Prüfungslektion angefertigt wird, dann sollte aber auch das Vorher und Nachher der Unterrichts*reihe* skizziert werden, um die Kritik am bloßen „Stundenmodell" zu vermeiden.

Schwierigkeiten. Häufig wird der Verlauf einer Unterichtsreihe, nach dem Einstieg, in der Form einer bloßen *Reihung* von Teilthemen gestaltet, die sich möglicherweise aus einer reinen Sachsystematik ergeben. Dagegen helfen die Artikulationsschemata, eine zielbezogene Konzeption des Lernprozesses im Sinne einer ,,hierarchischen Integration" zu erreichen.

Lösungshilfen. Es wird empfohlen — wenn nicht schon geschehen —, zunächst den Begriff ,,hierarchische Integration" mit Hilfe von Abschn. 5.3.1 zu klären. In Analogie zum Beispiel S. 244ff. kann man eine ,,hierarchische Integration" zur bereits beschriebenen Ergebnishandlung (6.2.2.6) in Aussageform anfertigen. Dann skizziert man die *Zuordnung* der Teilthemen zur Ergebnishandlung ähnlich wie S. 247. Danach erst wird die zeitliche Reihenfolge festgelegt.

6.3 Die Kurzvorbereitung

Zum Schluß soll die Frage gestellt werden, was von den Bestandteilen eines ausführlichen schriftlichen Unterrichtsentwurfs, wie er im Rahmen der Ausbildung angefertigt wird, im späteren Berufsalltag des Lehrers wiederkehrt.

Wir haben unser Planungsmodell unter der Prämisse entwickelt, daß es eine für ,,Prüfstand" und ,,Alltag" identische Grundstruktur aufweisen müsse, weil das Denken des Lehrers in beiden Verwendungssituationen dieselbe Struktur besitzt (s. oben S. 24ff.). Das Modell der Planungsaufgaben ist daher für beide Situationen gleich, es kann jedoch im Hinblick auf die Zahl der Planungsaufgaben und damit hinsichtlich des Grades der Differenzierung je nach Verwendungssituation variiert werden (s. oben S. 77 - 79). Gemeinsam ist beiden Varianten die duale Grundstruktur, bestehend aus ,,Zielklärung" und ,,Methodenplanung" (s. oben S. 68f.).

Verglichen mit der empirisch zu beobachtenden Praxis der Unterrichtsvorbereitung von Lehrern im Alltag stellt das beschriebene Alltagsmodell jedoch eine Abweichung dar. Untersuchungen bestätigen mehrfach: ,,Lehrer denken in Kategorien von Inhalten und Schüleraktivitäten weit mehr als in Kategorien von Lehr- und Lernzielen."[1]

Unsere Absicht ist es, nicht die beobachtbare Alltagspraxis zur Norm zu erheben, sondern sie, falls erforderlich, zu verbessern, indem die Aufgaben der Unterrichtsplanung *bewußt* gelöst werden (s. oben S. 76). Aus diesem Grunde betonen wir die Notwendigkeit der Zielklärung auch in der Alltagspraxis, also in der alltäglichen Unterrichtsvorbereitung, die ,,Kurzvorbereitung" genannt wird.

Dabei sind zu unterscheiden: (1) die Planungsüberlegungen, (2) die Niederschrift als Gedächtnisstütze für das Unterrichten (,,Spickzettel").

(1) *Planungsüberlegungen.* Der reduzierte Katalog von Planungsaufgaben, den wir für den ,,Alltag" empfohlen haben (s. oben S. 77), besagt, daß der Lehrer sich mindestens vier Fragen beantworten sollte:

---

1. Welche didaktische Perspektive wähle ich?
   (Thematisierung)

2. Wie kann/muß der Inhalt/das Thema gegliedert werden?
   (Strukturierung)

3. Wie eröffne ich den Zugang zu Thema und Inhalt(en)?
   (Zugangsweisen)

4. Welchen Verlauf soll der Unterricht nehmen?
   (Arbeitsweisen als *Handlungsfolge)*

Bei diesem Fragenkatalog ist das Gewicht auf Zielklärung und Methodenplanung gleichermaßen verteilt. Schwergewicht vor allem auf die Zielklärung legt Breit, der für die Kurzvorbereitung im politischen Unterricht folgende Aspekte zu beachten vorschlägt[2]:

1. Entwicklung didaktischer Perspektiven
2. Das Durchdenken des Implikationszusammenhangs
3. Didaktische Begründung eines Themas.

Der zweite Aspekt entspricht dabei dem, was wir oben ,,Aufgabenanalyse" genannt haben (s. oben S. 151ff.); demzufolge kommen hier methodische Elemente in den Blick. Im Vordergrund dieses Vorschlages steht jedoch die Wahl und Entscheidung für ein — intentional verstandenes — ,,Thema" und deren Begründung. Damit ist eine kompensatorische Absicht verbunden: Die genannten Aspekte werden betont, um die Alltagspraxis zu verbessern.

In seinen ,,Sechs Fragen zur Kurzvorbereitung" legt Meyer vor allem Gewicht auf die Einbeziehung des Schülers als Komponente (nicht als Akteur) der Unterrichtsvorbereitung.[3] Hinzu kommen Fragen zur Anknüpfung an die vorhergehende Stunde und zur Auswertung der Unterrichtsergebnisse. Dieser Katalog weist einen konzeptionellen Unterschied zu unserem Vorschlag auf, weil er schülerorientiert in dem Sinne angelegt ist, daß sich das Denken des Lehrers am Schüler als Subjekt des Lernprozesses orientieren soll. Diese Intention haben wir nicht in die Form der Fragen eingebracht, weil die Schülerorientierung für uns zur Binnenstruktur der Planungsaufgaben gehört (vgl. Bedeutung der Schülerperspektive, s. oben S. 96ff.).

Die Ausführungen von Breit zeigen, daß die Routine für die alltägliche Unterrichtsvorbereitung nicht kurzschlüssig durch ,,Rezepte" vermittelt werden kann, sondern allein durch das Einüben eines kategorialen Durchdenkens von Planungsaufgaben. Daher verweisen wir an dieser Stelle nur auf die genannten Fragen (s. Kasten) und fügen keine Lösungshilfen hinzu, weil diese in den Planungsaufgaben enthalten sind, wie sie oben im Studienteil entwickelt werden. Unsere Prämisse ist es ja, daß die in der Ausbildung oder durch das Studium der Planungsaufgaben erworbene kognitive Struktur des Lehrers auch in der späteren Berufspraxis wirksam bleibt. Der Fragenkatalog ist demnach kein Rezept, sondern eine Erinnerung zur Aktivierung des bereits Gewußten.

(2) ,,*Spickzettel*". Die schriftliche Gedächtnisstütze unterscheidet sich in zweierlei Hinsicht von den vorher beschriebenen Planungsüberlegungen: Einmal bezieht sie sich ausschließlich auf die jeweilige Unterrichtsstunde, während wir die Planungsüberlegungen sowohl für den Alltag als auch für den Prüfstand immer auf die Unterrichts-*reihe* richten. Zum anderen enthält die Gedächtnisstütze zweckmäßigerweise vor allem die Notizen über den Unterrichtsverlauf.

Meyer empfiehlt die Berücksichtigung folgender Punkte:[4]

,,1. eine Beschreibung des *Einstiegs* in die Stunde, der vorgesehenen *Unterrichts-schritte* und des denkmöglichen Unterrichtsergebnisses;
2. eine grobe *Zeiteinteilung* für diese Schritte,
3. Notizen zu wichtigen organisatorischen Regelungen.

Zusätzlich können je nach Zielstellung und Inhalt der Stunde auf dem Spickzettel notiert werden:

4. Vorformulierung wichtiger *Fragen/Impulse* und der *Arbeitsaufträge,*
5. Notizen über den Einsatz von *Materialien, Arbeitsblättern, Tafelbenutzung* oder *Hausaufgaben.*"

Die Punkte nennen das, was nach Ansicht des Autors notiert werden muß; nach den hier vorgetragenen Überlegungen fehlt dabei eine Erinnerung an die gewählte didaktische Perspektive als Ausdruck der

Abb. 29: Beispiel für einen *Spickzettel*

Intentionalität, die also, wenn man es dabei beläßt, im Gedächtnis des Lehrers gleichsam als Kompaß vorausgesetzt werden muß. In dem Beispiel des Spickzettels von Meyer[5] (Abb. 28) ist das Ziel notiert. Dieses Beispiel geben wir jedoch lediglich zum Zwecke der Veranschaulichung; wir nehmen an, daß über die Gestaltung des Spickzettels am wenigsten ein Konsens unter Lehrern herbeigeführt werden muß.

An dieser Stelle soll aber noch erwähnt werden, daß der Spickzettel nur den ,,Handlungsrahmen" (,,Entscheidungen über Entscheidungen", s. oben S. 21) festlegen kann, innerhalb dessen der Lehrer während des Unterrichts auch variieren sollte. Daher muß das Beispiel eines Spickzettels in der Weise ergänzt werden, daß der Lehrer gelegentlich auch Alternativen notiert, damit die schriftlichen Notizen nicht als ,,Fahrplan" wirken.

Literatur

1 *Ben-Peretz/Tamir*, zit. nach *Will Lütgert*: Was leisten die Modelle der allgemeinen Didaktik? Neue Sammlung 21 (1981) S. 585. Ebenso *Fritz Loser, Ewald Terhart*: Alltägliche Unterrichtsvorbereitung: Die Perspektive der Lehrer und die Perspektive der Schüler. Bildung und Erziehung 32 (1979) S. 407.
2 *Gotthard Breit*: Die Kurzvorbereitung im politischen Unterricht. Gegenwartskunde 33 (1984), H. 4, 489 - 498.
3 *Hilbert Meyer*: Leitfaden zur Unterrichtsvorbereitung, Königstein: Scriptor 1980, S. 64 f.
4 ebenda S. 61
5 ebenda S. 60.
Zur Kurzvorbereitung außer *Breit* (Anm. 2):
Meyer (Anm. 3) S. 57 - 88.
Gerhard Kallweit: Vom Umgang mit der ,,Feiertagsdidaktik" in der II. Phase der Lehrerausbildung. Die Deutsche Schule 1983, H. 4, S. 329 - 335.

D. Anhang

7. Lösungsvorschläge für die Übungsbeispiele

Die folgenden Lösungen sind als Vorschläge gedacht; sie bieten *eine* Antwortmöglichkeit zu den Übungsbeispielen.

Aus diesem Grunde können sie nicht dazu dienen, die eigene Antwort als richtig oder falsch zu klassifizieren. Vielmehr stellen sie eine *Hilfe zur Selbstüberprüfung* dar. Denn die eigene Antwort wird in den meisten Fällen abweichen, ohne daß sie deshalb unzutreffend sein muß. Selbstüberprüfung bedeutet also festzustellen,

— ob die Frage bzw. das Übungsbeispiel richtig verstanden worden ist,

— ob die eigene Antwort neben dem Lösungsvorschlag gelten kann, oder

— ob die eigene Antwort unter bestimmten Umständen (Lernsituation, Intentionen) zu bevorzugen ist.

7.1 Thematisierung

(1) Inhalt; Thema z.B. ,,Sind Bürgerinitiativen eine Gefahr für die Demokratie?‘‘

(2) Inhalt; Thema z.B.: ,,Recht auf Leben, Recht auf Freiheit: Welche Garantien gibt es dafür?‘‘

(3) Thema, aber zu allgemein; besser: ,,Europäische Gemeinschaft: Ziel und Wirklichkeit‘‘

(4) Aus einer jugendsoziologischen Studie:

,, ,,Die meisten wichtigen Entscheidungen im Leben einer Familie sollten vom Mann getroffen werden": Daß weibliche Befragte diesen Satz häufiger ablehnen als Männer, wird nicht überraschen (die Befürworter sind bei beiden Geschlechtern in der Minderheit). 40,2 % der männlichen und 64,1 % der weiblichen Befragten lehnen diesen Satz voll und ganz ab.

Hier gibt es Sichtunterschiede, die unter den männlichen Befragten stärker ausgeprägt sind. Die Gleichberechtigung wird mit steigender sozialer Schicht mehr unterstützt.[6] Bei weiblichen Befragten gibt es einen kleinen Alterseffekt: Der Anteil der Ablehner nimmt mit zunehmendem Alter zu."

(*Klaus Allerbeck, Wendy Hoag*: Jugend ohne Zukunft? München: Piper 1985, S. 124)

Vorurteile gegenüber der Gleichberechtigung sind also möglich; bei männlichen Jugendlichen auch die Diskrepanz zwischen kognitiver Zustimmung zur Gleichberechtigung und affektiver Ablehnung in konkreten Entscheidungssituationen. Dies sind Hypothesen zur Beobachtung der jeweiligen Lerngruppe.

(5) Hypothesen auf Grundlage derselben Studie:

,,Wovon hängen aber nun die Meinungen über Ausländer, insbesondere als generalisierter Gruppe, und über die Türken ab? Hier gibt es eine auffallende und durchgängige Beziehung zur sozialen Schicht. Je höher seine Position im sozialen Gefüge, desto positiver ist die Meinung eines Jugendlichen über Gastarbeiter im allgemeinen und Türken im besonderen. Je niedriger die soziale Schicht des Befragten, desto negativer ist seine Meinung über Gastarbeiter. 82 % der Befragten mit höherer Schulbildung sind gegenüber Gastarbeitern positiv eingestellt; dagegen sind bei den Befragten mit niedriger Schulbildung positive und negative Meinungen in etwa gleich häufig."

(*Allerbeck/Hoag* S. 139 f.).

(6) 1 - 3 politisches Lernen.
4 je nach didaktischer Perspektive soziales (soziale Beziehungen) oder politisches Lernen.
5 ebenfalls beides, z.B. Vorurteile (soziales Lernen), Gastarbeiterpolitik (politisches Lernen).

(7) ,,Ich habe ein fünftes Kind zu Hause!" (Äußerung einer Ehefrau über ihren arbeitslosen Mann)

(8) ,,Sind Arbeitslose faul?"

(9) ,,Konkurrenten oder Kollegen?" — ,,Freunde, Feinde oder Fremde?"

Nachweise zu den Übungsbeispielen:

(4) *Hermann Harms:* Vorurteile gegen Gleichberechtigung. In: Gegenwartskunde 1979, H. 4, S. 494.

(7) bis (9) Nach *Gotthard Breit:* Didaktische Perspektiven zur Planung einer Unterrichtseinheit ,,Arbeitslosigkeit". In: Arbeitslehre zwischen Technikfeindlichkeit und Arbeitslosigkeit, hrsg. von der Gesellschaft für Arbeit, Technik und Wirtschaft im Unterricht, Bad Salzdetfurth 1983, S. 160 - 163.

7.2 Begründung

(10) Soziale Folgen des technologischen Fortschritts als generelles Problem.

(11) Verlust des Arbeitsplatzes und Arbeitslosigkeit oder Notwendigkeit der beruflichen Umschulung — für Arbeitnehmer in den genannten Produktions- und Erwerbszweigen, mit den psychischen Folgen (Erschütterung der personalen Identität). Didaktisch gesehen ist es hier Betroffenheit, die bei anderen wahrgenommen wird und die der Wahrnehmende mitempfinden kann. Möglich ist auch eigene Betroffenheit der Schüler: Antizipation ihres zukünftigen Berufsschicksals.

(12) An den Gefühlen: Mißbehagen und Freude. Beachtet man die Bedürfnisse, so entdeckt man, daß das Bedürfnis nach sozialem Kontakt nicht befriedigt werden kann (Langeweile in der fernsehfreien Zeit), daß das Fernsehen demnach hierfür ein Surrogat bildet. Die ,,Empfindungen" sind also auf mangelnde Befriedigung des ,,Bedürfnisses" nach sozialem Kontakt zurückzuführen.

(13) Ja: Das universelle Angebot besonders des Fernsehens kann zur Abhängigkeit der Menschen von den Massenmedien führen.

(14) Schülerorientierung, wissenschaftliche Vertretbarkeit.

(15) Bedenken können gegen das Kriterium ,,wissenschaftliche Vertretbarkeit" vorgebracht werden, weil die Berufung auf Wissenschaft in dem Text selektiv erfolgt. Denn die Funktion von Konflikten wird in unterschiedlichen Theorien kontrovers definiert: Erhaltung der Stabilität, Störung der Stabilität, Aufforderung zum Problemlösen, Aufforderung zur Systemveränderung. Hier hat das durch die Sachanalyse zu erschließende oder zu vervollständigende Orientierungswissen des Lehrers eine Korrekturfunktion. (Als Überblick über

kontroverse Konflikttheorien z.B. *Dieter Eißel:* Theorien sozialer Konflikte. In Heinz Dedering (Hg.): Konflikt als paedagogicum, Frankfurt: Diesterweg 1981,S. 25 - 62.)

(16) Denkbar wäre auch ,,Lehrerorientierung" (Prüfung der eigenen Kompetenz) und ,,demokratische Orientierung" (Konflikte fordern Partizipationsbereitschaft).

7.3 Strukturierung

(17)

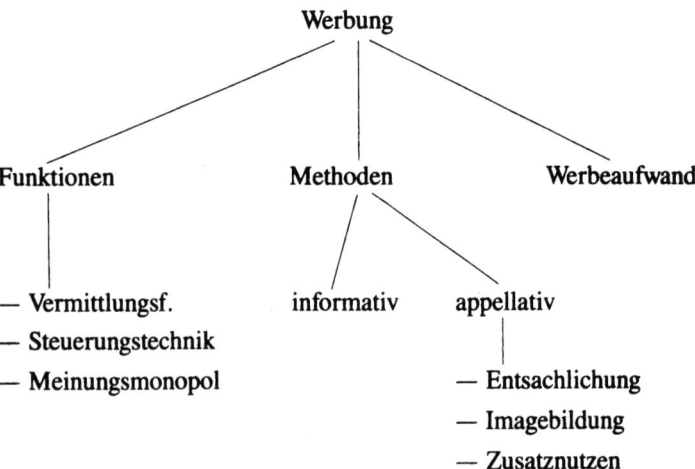

Sinn: Stärkung der Konsumentensouveränität bzw. Verbraucheraufklärung

(18)

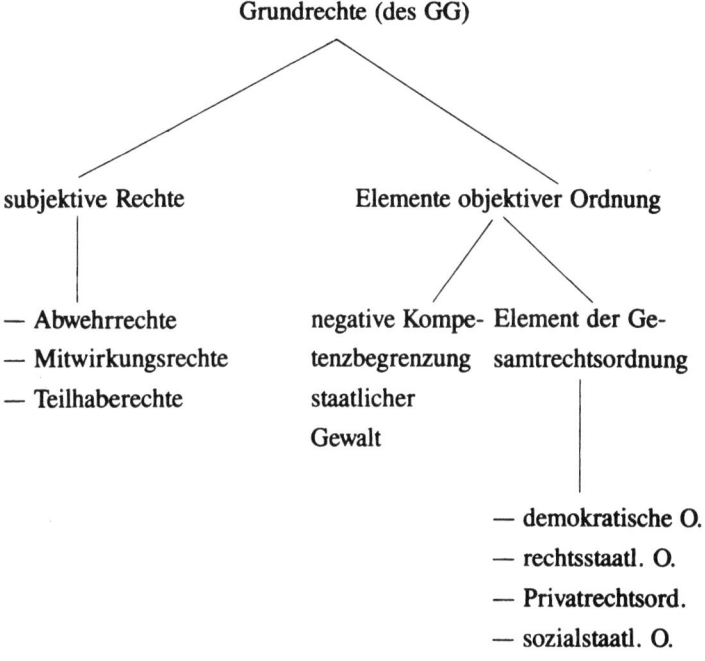

Grundrechte (des GG)

subjektive Rechte   Elemente objektiver Ordnung

— Abwehrrechte   negative Kompe- Element der Ge-
— Mitwirkungsrechte   tenzbegrenzung samtrechtsordnung
— Teilhaberechte   staatlicher
                     Gewalt

                               — demokratische O.
                               — rechtsstaatl. O.
                               — Privatrechtsord.
                               — sozialstaatl. O.

Sinn: Grundrechte *im* Staat, nicht *gegen* den Staat, also subjektrecht-
liche *und* objektivrechtliche Bedeutung.

283

(19) Umweltverschmutzung in der Bundesrepublik

Ursache	→ Wirkung	→ Folgewirkung
Kraftfahrzeuge/ Flugzeuge Industrieanlagen Heizungen/ Heizwerke	Luftver- schmutzung Saurer Regen	Störung des Pflanzen- wachstums (Waldsterben) Verfall von Bau- denkmälern gesundheitliche Beein- trächtigung (z.B. Pseu- dokrupp)
Industrieabwässer Haushaltsabwässer Saurer Regen	Wasserverunrei- nigung	Gefährdung der Wasser- versorgung Fischsterben Beeinträchtigung des Freizeitwertes (z.B. Baden)
Abfälle (Industrie und Haushalt) Dünger Pflanzenschutz- mittel	Bodenvergiftung Wasservergiftung	Geruchsbelästigung Grundwasserverun- reinigung Schadstoffe in Nahrungsmitteln

Sinn: Notwendigkeit von Verhinderung oder Beseitigung nachzuweisen.

Kommentar: Die Tabelle ist eine Bestandsaufnahme ausdifferenzier-
ter bzw. gesammelter Einzelheiten, aber kein Deutungsschema (es
fehlt z.B. die ,,Vernetzung'').

(20)

	fallspez. Ebene	generelle Ebene
Streitfrage	Folgen der Einführung des Computersatzes	Soziale Folgen des technologischen Wandels
Gegner	Betriebsrat und Betriebsleitung	Arbeitnehmer und Kapitaleigner
Interessen	Schutz der Arbeitnehmer gegen Rationalisierungsfolgen	Interessengegensatz zwischen Kapitel und Arbeit
Macht	Rechtsmittel und Streikdrohung	Streikrecht und Friedenspflicht
Ordnungsvorstellung	Mitbestimmung als betriebliche Ordnung	Gleichberechtigung von Kapital und Arbeit, Kontrolle wirtschaftlicher Macht

(21) Entfällt

(22) In Richtung auf Verallgemeinerung.

(23)

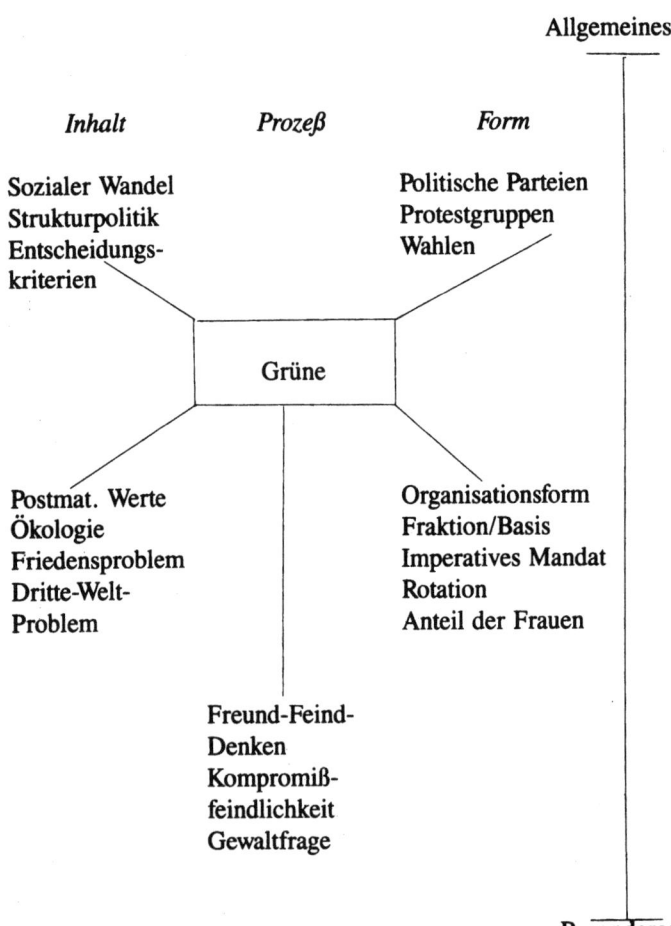

Allgemeines

Inhalt *Prozeß* *Form*

Sozialer Wandel
Strukturpolitik
Entscheidungs-
kriterien

Politische Parteien
Protestgruppen
Wahlen

Grüne

Postmat. Werte
Ökologie
Friedensproblem
Dritte-Welt-
Problem

Organisationsform
Fraktion/Basis
Imperatives Mandat
Rotation
Anteil der Frauen

Freund-Feind-
Denken
Kompromiß-
feindlichkeit
Gewaltfrage

Besonderes

(24) Hierarchie der Themen zu ,,Die Grünen"

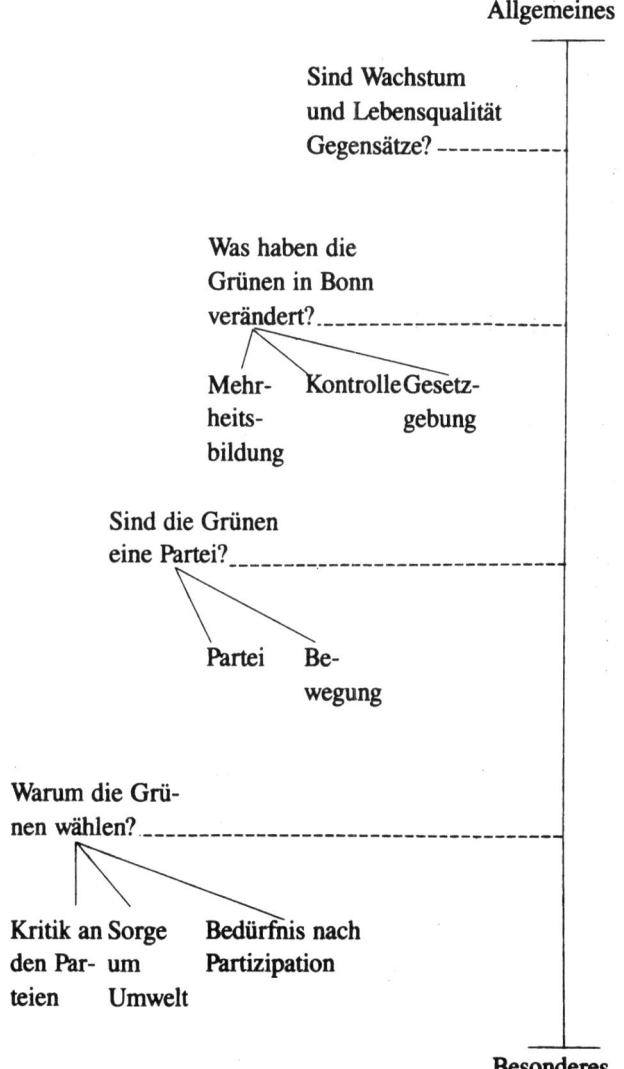

Allgemeines

Sind Wachstum
und Lebensqualität
Gegensätze? -----------

Was haben die
Grünen in Bonn
verändert?_____

Mehr-   Kontrolle Gesetz-
heits-   gebung
bildung

Sind die Grünen
eine Partei?_____

Partei   Be-
          wegung

Warum die Grü-
nen wählen?_____

Kritik an Sorge   Bedürfnis nach
den Par- um   Partizipation
teien   Umwelt

Besonderes

Nachweise zu den Lösungsvorschlägen:

(17) Nach Wörterbuch zur politischen Ökonomie, hrsg. von *G. von Eynern, C. Böhret*, 2. Aufl., Opladen: Westdt. Verlag 1977, S. 543 ff. (Stichwort ,,Werbung)
(18) Nach *K. Hesse*. Grundzüge des Verfassungsrechts der Bundesrepublik Deutschland, 8. Aufl., Karlsruhe: Müller 1975, S. 121 ff.

7.4 Bestimmung des Implikationszusammenhanges (Aufgabenanalyse)

(25)

1. Tätigkeiten: Anwendung des Marktmodells zur Erklärung der Zahlen. Vorschläge zur Verbesserung machen.
2. Lernvoraussetzungen:
   — Wissen: Kenntnis des Marktmodells
   — Fähigkeiten: Marktbeziehungen analysieren
3. Sequenzierung: a) Erklärung, b) Vorschläge zur Verbesserung; ggf.Informations- und Übungsphase ,,Marktmodell".

Kommentar: Auf dem Markt treffen Angebot und Nachfrage nach Gütern zusammen. Der Ausgleich wird durch den Preis bewirkt. Beim Lehrstellenmarkt entfällt die Steuerungsfunktion des Preises. Die Vorschläge richten sich demzufolge darauf, einen Ersatz für die Funktion des Preises zu finden.

(26)

1. Tätigkeiten: a) Zahlen in Aussagen übersetzen, b) Aussagen in Verhältnisbeziehungen übersetzen, c) Verhältnisbeziehungen in einer Erklärung zusammenfassen. Beispielsweise:
   a) Von 100 Selbständigen streben 49 für ihre Kinder den Hochschul-/Fachhochschulabschluß an, usw.
   b) Die Wahrscheinlichkeit, daß Arbeiter für ihre Kinder das Abitur (Hochschul-/Fachhochschulreife) anstreben, ist geringer — sehr viel geringer als . . .
   c) Die Bildungserwartung ist abhängig von der Schichtzugehörigkeit.

2. Lernvoraussetzungen:

— Wissen: Schulabschlüsse, Berufsgruppen, Begriff ,,Soziale Schicht".

— Fähigkeiten: Abstrahieren und Konkretisieren. Begriff ,,Soziale Schicht" anwenden können.

3. Sequenzierung: Reihenfolge wie unter 1.

Kommentar: Das didaktische Problem ist die Veranschaulichung in doppelter Hinsicht: a) Die Schwierigkeit der Übersetzung von Zahlen in Verhältnisbeziehungen geschieht hier verbal, eine andere Möglichkeit ist die grafische Darstellung (Streckenzüge, Balkendiagramme, Kurven); b) die Übersetzung der Verhältnisbeziehungen in die dahinter stehenden Verhaltensweisen. Methodisierung ist hier auch der Umgang mit wissenschaftlichen Methoden: wie man von Fakten zu Generalisierungen kommt.

(27)

1. Tätigkeiten: Anlaß des Beschlusses aus dem Text erschließen. Rechtmäßigkeit des Beschlusses prüfen.

2. Lernvoraussetzungen

— Wissen: Landesausschuß/Gliederung der Parteien
 Unterscheidung von Partei und Fraktion
 Rechte des Abgeordneten
 Begriffe freies und imperatives Mandat

— Sequenzierung: a) Anlaß, b) eingeschobene Informationsvermittlung,
 c) rechtliche Prüfung (Beurteilung)

Kommentar: Die Zusammenstellung der Lernvoraussetzungen kann möglicherweise ergeben, daß der Text für eine bestimmte Lerngruppe ungeeignet ist, um den Zugang zum Problem zu eröffnen.

(28)

1. Tätigkeiten: Situationsanalyse, Rollenwechsel (role taking, d.h. sich in die Rolle des anderen versetzen), interkultureller Vergleich.

2. Lernvoraussetzungen:

— Wissen: Bedeutung sozialer Beziehungen, Merkmale der Indu striearbeit, soziale und psychische Bedingungen von ,,Anpassung".
— Fähigkeiten: Abstraktionen bilden, Rollenwechsel.

3. Sequenzierung: a) Arbeitsbedingungen in den Heimatländern (exemplarisch), b) Situationsanalyse eines Gastarbeiters in der Bundesrepublik, c) Reflexion der eigenen Situationsdeutung.

Das Thema verlangt von den Schülern, daß sie von ihren Voreinstellungen absehen und vorurteilsfrei Informationen prüfen und deuten, und zwar Informationen über die Motive der Emigration, über die persönlichen Schwierigkeiten im Gastland und über die Anpassungsleistungen eines Gastarbeiters. Die Schüler müssen einen Rollenwechsel vollziehen und sich in die Situation der ,,Fremden" versetzen. Dazu sind als Voraussetzungen erforderlich: daß sie nicht nur Wissen, sondern auch Erfahrungen mitbringen über die Bedeutung familiarer Bindungen und sozialer Kontakte für das Wohlergehen, daß sie Kenntnisse über die Industriearbeit besitzen und daß sie unterschiedliche Lebens- und Arbeitsbedingungen sachlich vergleichen können. Insgesamt verlangt das Thema die Erfassung der subjektiven Perspektive der Gastarbeiter und damit deren Situationsanalyse; diese wird aber erweitert durch die Einbeziehung und Bewußtmachung der den Schülern eigenen Perspektive und Situationsdeutungen. So bietet es sich an, von den Arbeitsbedingungen in den Heimatländern auszugehen; über die Situationsanalyse im Gastland gelangen dann die Schüler zum Nachdenken über ihre eigenen Deutungen.

Kommentar: Die Situationsanalyse als sozialwissenschaftliche Methode (s. I, S. 59 f.) ,,konstituiert" demnach Thema und Lerngegenstand. In dem zitierten Unterrichtsbeispiel ist dies nicht berücksichtigt, weil diese methodische Implikation sich erst durch die Aufgabenanalyse erschließt.

(29)

1. Tätigkeiten: Mediale Darstellung und Wirklichkeit vergleichen, Unterschiede feststellen, bewerten nach den Kriterien ,,realitätsgerecht" und ,,subjektiv gefärbt".
2. Lernvoraussetzungen:

— Wissen: Kenntnis einer Tageszeitung und der Nachrichtensendungen im Fernsehen, Begriff ,,Information".

— Fähigkeiten: Texte vergleichen können, Unterschiede entdecken (diskriminieren).

3. Sequenzierung: Aufmerksamwerden auf das Problem, Beispiele untersuchen, Schlußfolgerungen ziehen.

Von den Schülern wird erwartet, daß sie die eigenen medialen Seh- und Hörgewohnheiten zum Untersuchungsgegenstand machen, indem sie Aussagen von Massenmedien, die informieren wollen (Nachrichten, Berichte), überprüfen. Eine Methode der Überprüfung ist der Vergleich informierender Texte mit dem berichteten Ereignis. Die Schüler stellen Übereinstimmungen und Unterschiede zusammen und bewerten die Unterschiede daraufhin, ob die Darstellung als ,,realitätsgerecht" oder ,,subjektiv gefärbt" eingestuft werden muß. Sie erklären die Unterschiede durch die jeweilige Absicht des Berichterstatters, nämlich zu informieren oder eine Meinung zu beeinflussen. Voraussetzungen sind, daß die Schüler wissen, was ,,Informieren" bedeutet, ferner daß sie einzelne Massenmedien, nämlich Zeitung und Fernsehen (Fernsehnachrichten) kennen und daß sie wissen, daß Zeitung und Nachrichten informieren wollen. Die Arbeit an Texten müßte vorher schon geübt sein. Die Reihenfolge ist identisch mit den beschriebenen Tätigkeiten.

Kommentar: Zu beachten ist, daß Nachrichtenmedien nicht nur informieren, sondern auch zur Meinungsbildung beitragen, daß diese beiden Funktionen innerhalb des jeweiligen Mediums in der Regel sichtbar getrennt sind (Trennung von Nachricht und Kommentar). Im Unterrichtsbeispiel ist außerdem eine Übung vorgesehen, die erkennen läßt, daß die Wirklichkeit (ein Ereignis) immer nur aus einer Perspektive wiedergegeben werden kann. Die Kriterien können infolgedessen immer nur annäherungsweise als Maßstab dienen.

Nachweise zu den Übungsbeispielen und Lösungsvorschlägen

(25) Text nach sbh 1984, S. 99.
(26) Tabelle in: Projektgruppe Bildungsbericht, Bildung in der Bundesrepublik Deutschland, Band 1, Reinbek: Rowohlt 1980, S. 261. Zur Lösung vgl. sbh 1984, S. 28 (Methodenkasten).
(27) Text nach sbh 1984, S. 199.

(28) Das Unterrichtsbeispiel aus *Rolf Arnold, Bernd Bossong, Fritz Marz*: Randgruppen in der Bundesrepublik Deutschland. Beilage zu Gegenwartskunde 1/77, S. 5 f.
Der Verweis im Kommentar: *Walter Gagel*, Einführung in die Didaktik des politischen Unterrichts, Opladen: Leske 1983, S. 59 f.
(29) Der Text aus *Gotthard Breit*: Informieren und Manipulieren. In Claus Dahm, Dieter Eschenhagen (Hg.): Sachunterricht, Band 4, Schwerpunkt 4. Schuljahr, Wolfenbüttel: Kallmeyer 1981, S. 199.

7.5 Zugangsweisen

(30)

1. Zugang: Abhängigkeit von Thematisierung und didaktischer Perspektive. Möglichkeiten:
   a) Kriegsdienstverweigerung als Gewissensentscheidung
   b) Entscheidungsmöglichkeit zwischen Wehrdienst und Zivildienst
   c) Bereitschaft zum Dienst in der Bundeswehr
   Medium eröffnet den Zugang zu c); zu a) und b) jedoch dialektisch (durch Provokation, Widerspruch).
2. Adäquanz: Keine adäquate Repräsentation der Bundeswehr, da der Film auf Meinungsbildung und Beeinflussung hin angelegt ist.
3. Wahrnehmung: Vermutlich ja, soweit es die dem Film zugrundeliegende Tendenz anbelangt.

(31)

— Intention: offenbar keine Aufmerksamkeitsrichtung.
— Wissen: Begriff unbekannt.
— Erlebnisse: Lehrstellenboykott wahrscheinlich nicht mit eigenen Erlebnissen in Verbindung zu bringen.

(32)

1. Zugang: Zu Entwicklung der Jugendarbeitslosigkeit.
2. Adäquanz: Medium repräsentiert Ausmaß und Entwicklung der

Jugendarbeitslosigkeit, nennt aber nur eine der Ursachen: ,,demographische Welle", es fehlen andere Ursachen, ferner Folgen. Daher nur eingeschränkte Adäquanz: Jugendarbeitslosigkeit erscheint gleichsam als Naturereignis (als Folge des ,,Fortpflanzungsverhaltens").

3. Wahrnehmung: Wahrscheinlich nur Ausmaß und Entwicklung, außerdem die Gruppen der Betroffenen (Hauptschüler usw.), weil Begriff ,,demographische Welle" unbekannt.

(33)

1. Zugang: Zur Situation von Außenseitern als Problem der Sozialpolitik.

2. Adäquanz: Nicht für die Verhältnisse im Obdachlosenasyl, sondern für die Sicht (Situationsdeutung) dieses Nichtseßhaften: wie er die Zuschreibung (Etikettierung) durch die anderen annimmt und wie er sich mit den Normen der Gesellschaft (,,nicht nur Parasit") rechtfertigt. Die Mächtigeren setzen ihre Situationsdeutung gegen ihn durch.

3. Wahrnehmung: Die Aufmerksamkeitsrichtung ist wahrscheinlich Mitempfinden mit dem Nichtseßhaften, die Schüler nehmen daher die schlechte Behandlung wahr und bewerten diese als Ungerechtigkeit; daß dies eine subjektive Sichtweise (des Nichtseßhaften) ist, muß erst erschlossen werden.

Kommentar: Es handelt sich bei diesem Beispiel um den Vorgang der ,,Stigmatisierung": Stigma ist eine Wertung, die eine Menschengruppe einer anderen aufzwingt. Kennzeichnend ist also die Relativierung: Die gleiche Handlung kann — je nach Situation — so oder so bewertet werden. Bei diesem Medium ist daher wichtig zu erkennen, daß es eine subjektive Sichtweise (Textform: Selbstzeugnis) repräsentiert, nicht objektive Sachverhalte.

(34)

1. Zugang: Situation von Auszubildenden in einem Betrieb.

2. Adäquanz: Kann nicht in bezug auf das Vorkommnis überprüft werden. Sondern der Text repräsentiert eine abstrakte Beziehung: den immer wieder möglichen Interessengegensatz zwischen Auszubildenden und Arbeitern. In den Aussagen sind die gegensätzli-

chen Sichtweisen adäquat repräsentiert. Nicht adäquat ist jedoch der Text als ganzes, weil er eine Bewertung zugunsten der Arbeiter bzw. der Position des Betriebsratsvorsitzenden nahelegt: Dieser hat das letzte Wort, seine Rede wirkt eindringlich, die Entgegnung des Jugendvertreters fehlt.

3. Wahrnehmung: Die Intention der Schüler (Identifikation mit dem Jugendvertreter) bewirkt möglicherweise, daß sie nicht die strukturellen Ursachen für die Aussagen des Betriebsratsvorsitzenden sehen (etwa restriktive Bedingungen der Arbeitsorganisation). Die Sicht auf den grundlegenden Konflikt zwischen Arbeitnehmern und Arbeitgebern muß erst erschlossen werden.

Nachweise zu den Übungsbeispielen:

(30) Text aus *Ernst-August Roloff*: Bundeswehr, Sicherheitspolitik und Kriegsdienstverweigerung — Entwurf einer Unterrichtseinheit zum Thema ,,Es ist so schön Soldat zu sein". In Heinz Dedering (Hg.): Konflikt als paedagogicum. Bestandsaufnahme und Weiterentwicklung konfliktorientierter Didaktik, Frankfurt: Diesterweg 1981, S. 333.

(31) *Wolfgang Christian*: Kein Interesse an Jugendarbeitslosigkeit. In Kurt Gerhard Fischer (Hg.): Unterrichtsskizzen zum Thema Jugendarbeitslosigkeit, Stuttgart: Metzler 1977, S. 15.

(32) *Fischer* (s. zu 31) S. 126.

(33) *Ernst Klee*: Pennbrüder und Stadtstreicher. Nichtseßhaften-Report, Frankfurt: Fischer-TB 1979, S. 45.

(34) Aus sbh 1984, S. 102.

7.6   Arbeitsweisen

(35)

1. Lehrgang.
2. Vom Lehrer gesteuerter, ergebnisorientierter Unterrichtsverlauf, Lenkung durch den Lehrer sowohl direkt als auch indirekt (Arbeitsblatt).

(36)

1. Politikmodell; der Begriff ,,Projektmethode" ist hier mißverständlich.
2. Handlungsbezug zur Realität, ergebnisoffen, selbstgesteuerte Tätigkeiten der Schüler, Mitplanung des Unterrichts.

(37)

1. Politikmodell (Fallanalyse)
2. Lehrgang
3. Politikmodell (Fallanalyse)
4. Lehrgang
5. Politikmodell
6. Sozialstudie
7. Lehrgang
8. Politikmodell oder rechtskundlicher Lehrgang (je nach Intention)
9. Lehrgang
10. Sozialstudie

Nachweise zu den Übungsbeispielen:

(35) *Herbert Aufderheide*: Sozialkunde für die Sekundarstufe I, 2. Aufl., Limburg, Frankonius 1979, S. 222.
(36) *Bernhard Sutor* in Fischer (s. in Nachweis zu 31) S. 91.

7.7   Verlaufsplanung

(38)

1. Lehrgang
2. Verlaufsschema 1: synthetischer Lehrgang
    A. Motivation
       Erfragung von Medienkenntnissen und -gewohnheiten der Schüler
    B. Erarbeitung
    1. Textvergleich: Unterschiedliche Darstellung eines Vorfalles
    2. Bericht der Schüler über einen Vorfall und Auswertung
    C. Anwendung/Vertiefung
       Verallgemeinerung und Rekonkretisierung: Informationsgehalt einseitiger Darstellungen.

(39)

1. Nr. 6: politischer Problemlösungsprozeß
2. I. Phase   Problemkonstitution
   II. - IV. Phase   Untersuchung
   V. und VI.
   Phase   Beurteilung und Entscheidung
   VII. Phase: Handlungsmöglichkeiten
   Die Schüler ar-
   beiten einen
   Artikel für die
   Lokalpresse
   aus

Keine nennenswerten Abweichungen, es fehlen lediglich Planungsphasen während des Unterrichtsverlaufs (vgl. 2 c).

(40)

1. Nr. 5
2. möglichst Nr. 2
3. Nr. 5
4. Nr. 1 oder Nr. 2
5. Nr. 6
6. Nr. 4
7. Nr. 1
8. Nr. 7 oder Nr. 1/2
9. Nr. 1
10. Nr. 4

Nachweise zu den Übungsaufgaben:

(38) *Breit* (s. Nachweis zu 29) S. 200.
(39) *Herbert Schneider*: Kommunalpolitik im Unterricht. In: Gegenwartskunde 25 (1976), H. 4, S. 515.

8. Literaturverzeichnis

Es werden nur zitierte Titel aufgeführt.

Achtenhagen, Frank: Theorie der Fachdidaktik. In Walter Twellmann (Hg.): Handbuch Schule und Unterricht, Bd. 5.1, Düsseldorf: Schwann 1981, S. 275 - 294.

Adl-Amini, Bijan (Hg.): Didaktik und Methodik, Weinheim: Beltz 1981.

Adl-Amini, Bijan: Didaktik, Methodik und das ungelöste Problem der Interdependenz. In ders.: Didaktik und Methodik, Weinheim: Beltz 1981, S. 10 - 39.

Adl-Amini, Bijan, Rudolf Künzli (Hg.): Didaktische Modelle und Unterrichtsplanung, München: Juventa 1980.

Aebli, Hans: Grundformen des Lehrens. Eine allgemeine Didaktik auf kognitionspsychologischer Grundlage, 12. Aufl., Stuttgart: Klett-Cotta 1981.

Aebli, Hans: Denken — das Ordnen des Tuns. Bd. I: Kognitive Aspekte der Handlungstheorie, Bd. II: Denkprozesse. Stuttgart: Klett-Cotta 1981.

Albert, Hans: Theorie und Praxis. Max Weber und das Problem der Wertfreiheit und der Rationalität. In Hans Albert, Ernst Topitsch (Hg.): Werturteilsstreit, Darmstadt: Wiss. Buchgesellschaft 1981, S. 200 - 236.

Alisch, Lutz-Michael: Zu einer kognitiven Theorie der Lehrerhandlung. In Manfred Hofer (Hg.): Informationsverarbeitung und Entscheidungsverhalten von Lehrern, München: Urban & Schwarzenberg 1981, S. 78 - 108.

Angermann, Rainer: Zur Problematik von Unterrichtsgestaltung und -auswertung im Vorbereitungsdienst für Lehrer. In: Die Deutsche Schule 1983, H. 4, S. 322 - 328.

Aschersleben, Karl: Didaktik, Stuttgart: Kohlhammer 1983.

Asdonk, Jupp, Wolfgang Einer, Renate Kerbst: Das Unterrichtsprojekt ,,Frieden schaffen ohne Waffen". In: Politische Bildung in den Achtziger Jahren, hrsg. Deutsche Vereinigung für Politische Bildung, Stuttgart: Metzler 1983, S. 215 - 218.

Belgrad, Jürgen: Didaktik des integrierten Politischen Unterrichts, Weinheim: Beltz 1977.

Benner, Dietrich: Hauptströmungen der Erziehungswissenschaft, 2. Aufl., München: List 1978.

Blankertz, Herwig: Theorien und Modelle der Didaktik, 9. Aufl., München: Juventa 1975.

Blücher, Graf Viggo: Das Freizeitproblem und seine politische Bewältigung. In Hermann Giesecke (Hg.): Freizeit und Konsumerziehung, 3. Aufl., Göttingen: Vandenhoeck & Ruprecht 1974, S. 75 - 93.

Born, Wolfgang, Gunter Otto (Hg.): Didaktische Trends, München: Urban & Schwarzenberg 1978.

Boettcher, Wolfgang, Gunter Otto, Horst Sitta, Hans Josef Tymester: Lehrer und Schüler machen Unterricht. Unterrichtsplanung als Sprachlernsituation, 3. Aufl., München: Urban & Schwarzenberg 1980.

Bönsch, Manfred: Dimensionen sozialen Lernens. In: Beilage zu Das Parlament B 39/75 vom 19.7.1975.

Breit, Gotthard: Didaktische Perspektiven zur Planung einer Unterrichtseinheit ,,Arbeitslosigkeit". In Gerhard Himmelmann (Bearb.): Arbeitslehre zwischen Technikfeindlichkeit und Arbeitslosigkeit, Bad Salzdetfurt: Verlag B. Franzbecker 1983, S. 159 - 164.

Breit, Gotthard: Die Kurzvorbereitung im politischen Unterricht. In: Gegenwartskunde 33 (1984), H. 4, S. 489 - 498.

Breit, Gotthard: Sozialhilfe. Didaktische Planung von politischem Unterricht für die Sekundarstufen I und II. In: Sozialwissenschaftliche Informationen Jg. 14 (1985), H. 3, S. 216 - 232.

Breit, Gotthart, Hermann Harms: Hausbesetzungen. Unterrichtsplanung mit Lerngegenständen unterschiedlicher Inhaltsstruktur. In: Gegenwartskunde 1981, H. 4, S. 529 - 560.

Bromme, Rainer Das Denken von Lehrern bei der Vorbereitung von Unterricht. Eine empirische Untersuchung zu kognitiven Prozessen von Mathematiklehrern, Weinheim: Beltz 1981.

Bromme, Rainer, Falk Seeger: Unterrichtsplanung als Handlungsplanung, Königstein: Scriptor 1979.

Bruner, Jerome S.: Entdeckendes Lernen. In Antonius Holtmann (Hg.): Das sozialwissenschaftliche Curriculum in der Schule, 2. Aufl., Opladen: Leske 1976, S. 77 - 90.

Brunnhuber, Paul: Fachbereich Sozialkunde/Soziallehre. In Otto Meißner, Helmut Zöpfli (Hg.): Handbuch der Unterrichtspraxis, Bd. 3: Der Unterricht in der Hauptschule, München: Ehrenwirth 1974.

Bühl, Walter L. (Hg.): Funktion und Struktur. Soziologie vor der Geschichte, München: Nymphenberger Verlangshandlung 1975.

Bürger, Wolfgang: Unterrichtsplanung aus der Sicht des Interdependenzzusammenhangs. In Bijan Adl-Amini (Hg.): Didaktik und Methodik, Weinheim: Beltz 1981, S. 82 - 114.

Carstensen, Hans-A. u.a.: Soziales Lernen in der Studienstufe. In: Gegenwartskunde 25 (1975), H. 4, S. 455 - 465.

Chiout, Herbert, Wilhelm Steffens: Unterrichtsvorbereitung und Unterrichtsbeurteilung, 4. Aufl., Frankfurt: Diesterweg 1978.

Christian, Wolfgang: Die dialektische Methode im politischen Unterricht, Köln: Pahl-Rugenstein 1978.

Claußen, Bernhard: Medien und Kommunikation im Unterrichtsfach Politik, Frankfurt: Diesterweg 1977.

Claußen, Bernhard: Methodik der politischen Bildung, Opladen: Westdeutscher Verlag 1981.

Dedering, Heinz, Hildegard Verlage: Neue Technik, betriebliche Rationalisierung und Beschäftigungsfolgen. In Heinz Dedering (Hg.): Konflikt als paedagogicum. Bestandsaufnahme und Weiterentwicklung konfliktorientierter Didaktik, Frankfurt: Diesterweg 1981, S. 284 - 322.

Deutsch, Karl W.: Staat, Regierung, Politik. Eine Einführung in die Wissenschaft der vergleichenden Politik, Freiburg: Rombach 1976.

Dichanz, Horst, Karin Mohrmann: Unterrichtsvorbereitung. Probleme, Beispiele, Vorbereitungshilfen, 4. Aufl., Stuttgart: Klett 1980.

Diener K., K. Füller, D. Lemke, G.-B. Reinert: Lernzieldiskussion und Unterrichtspraxis, Stuttgart: Klett-Cotta 1978.

Dörge, Friedrich-Wilhelm: Problemlösendes Verhalten als Ziel politischen Lernens. In: Gegenwartskunde 20 (1971), H. 2, S. 393 - 400.

Dörner, Dietrich: Problemlösen als Informationsverarbeitung, 2. Aufl., Stuttgart: Kohlhammer 1979.

Edelmann, Walter: Einführung in die Lernpsychologie, Bd. 2, München: Kösel 1979.

Fickel, Johanna: Ausgewählte Lernformen im politischen Unterricht. In Volker Nietschke, Fritz Sandmann (Hg.): Neue Ansätze zur Methodik des politischen Unterrichts, Stuttgart: Metzler 1982, S. 246 - 301.

Fischer, Kurt Gerhard: Einführung in die politische Bildung, 3. Aufl., Stuttgart: Metzler 1973.

Fischer, Kurt Gerhard (Hg.): Zum aktuellen Stand der Theorie und Didaktik der Politischen Bildung, 4. Aufl., Stuttgart: Metzler 1980.

Fischer, Kurt Gerhard: Das Konsens-Problem und die Praxis des Politischen Unterrichts. In Siegfried Schiele, Herbert Schneider (Hg.): Die Familie in der politischen Bildung, Stuttgart: Klett 1980, S. 49 - 63.

Forndran, Erhard: Legitimation und Paradigma sozialwissenschaftlicher Lehrerausbildung aus der Sicht der Politikwissenschaft. In Erhard Forndran, Hans J. Hummel, Hans Süssmuth (Hg.): Studiengang Sozialwissenschaften, Düsseldorf: Schwann 1978, S. 14 - 62.

Franke, Peter: Methoden und Medien aus der Sicht sozialer und politischer Bildung, Donauwörth: Auer 1981.

Frey, Daniel: Friedenssicherung durch Gewaltverzicht? Beilage zur Wochenzeitung Das Parlament B 15-16/83 vom 16.4.1983.

Friedrichs, Karsten, Hilbert Meyer, Eva Pilz: Unterrichtsmethoden. Universität Oldenburg: Zentrum für pädagogische Berufspraxis 1982.

Fuchs, Werner u.a. (Hg.): Lexikon zur Soziologie, 2. Aufl., Opladen: Westdeutscher Verlag 1978.

Gagel, Walter: Ein Strukturmodell für den politischen Unterricht — Generalisierbare Elemente für die didaktische Analyse und Planung. Zuerst unter dem Titel: Gestalt und Funktion von Unterrichtsmodellen zur politischen Bildung. In: Politische Bildung 1 (1967), H. 4, S. 42 - 72. Nachdrucke: Heinrich Schneider (Hg.): Politische Bildung in der Schule, Bd. 2, Darmstadt: Wiss. Buchgesellschaft 1975 (Wege der Forschung 428), S. 116 - 164; Hans Süssmuth (Hg.): Historisch-politischer Unterricht. Planung und Organisation, 2. Aufl., Stuttgart: Klett 1976 (Anmerkungen und Argumente 7.1), S. 95 - 142.

Gagel, Walter: Lernziele und politischer Unterricht. In: Gegenwartskunde 1974, H. 4, S. 435 - 444.

Gagel, Walter: Einführung in die Didaktik des politischen Unterrichts. Studienbuch politische Didaktik I, Opladen: Leske 1983.

Gagel, Walter: Zum Verhältnis von Allgemeiner Didaktik und Fachdidaktik des politischen Unterrichts. In: Zeitschrift für Pädagogik 29 (1983), H. 4, S. 563 - 578.

Gagel, Walter: Von der Betroffenheit zur Bedeutsamkeit. Der Zusammenhang zwischen subjektiver und objektiver Betroffenheit als Lernprozeß. In: Gegenwartskunde 35 (1986), H. 1, S. 31 - 44.

Gagel, Walter, Wolfgang Hilligen, Ursula Buch: Sehen Beurteilen Handeln. Arbeitsbuch für den politischen Unterricht Kl. 7 - 10, Neubearbeitung, Frankfurt: Hirschgraben 1984.

Gebauer, M., Holefleisch, U., Nießen, M., Seiler, H., Vogelsberg, R.: Theorie der Unterrichtsvorbereitung — eine handlungstheoretische Begründung, 2. Aufl., Stuttgart: Klett 1979.

Gebauer, M. u.a.: Praxis der Unterrichtsvorbereitung — ein Studienbuch, 2. Aufl., Stuttgart: Klett 1979.

Geißler, Harald (Hg.): Unterrichtsplanung zwischen Theorie und Praxis. Unterricht von 1861 bis zur Gegenwart, Stuttgart: Klett 1979.

Geißler, Harald: Modelle der Unterrichtsmethode, 2. Aufl., Stuttgart: Klett 1979.

George, Siegfried: Einführung in die Curriculumplanung des politischen Unterrichts, Ratingen: Henn 1972.

George, Siegfried: Sozialwissenschaftliches Fachpraktikum. Ein didaktisches Konzept zur Analyse und Planung des historisch-politischen Unterrichts, Düsseldorf: Schwann 1977.

Giesecke, Hermann: Methodik des politischen Unterrichts, München: Juventa 1973.

Giesecke, Hermann: Didaktik der politischen Bildung, Neue Ausgabe, 10. Aufl., München: Juventa 1976.

Granger, Gilles: Geschehen und Struktur in den Wissenschaften vom Menschen. In Hans Neumann (Hg.): Der moderne Strukturbegriff, Darmstadt: Wiss. Buchgesellschaft 1973, S. 207 - 248.

Grzesik, Jürgen: Unterrichtsplanung, Heidelberg: Quelle & Meyer 1979.

Habermas, Jürgen: Soziologische Notizen zum Verhältnis von Arbeit und Freizeit. In Hermann Giesecke (Hg.): Freizeit und Konsumerziehung, 3. Aufl., Göttingen: Vandenhoeck & Ruprecht 1974, S. 105 - 122.

Habermas, Jürgen: Theorie des kommunikativen Handelns, 2 Bde., Frankfurt: Suhrkamp 1981.

Hage, Klaus, Heinz Bischoff, Horst Dichanz, Klaus-D. Eubel, Heinz-Jörg Oelschläger, Dieter Schwittmann: Das Methoden-Repertoire von Lehrern. Eine Untersuchung zum Schulalltag der Sekundarstufe I, Opladen: Leske 1985.

Hajos, Anton: Art. ,,Wahrnehmung". In Theo Herrmann u.a. (Hg.): Handbuch psychologischer Grundbegriffe, München: Kösel 1977, S. 528 - 540.

Hartfiel, Günter: Wörterbuch der Soziologie, 2. Aufl., Stuttgart: Kröner 1976.

Heimann, Paul, Gunter Otto, Wolfgang Schulz: Unterricht. Analyse und Planung, 10. Aufl., Hannover: Schroedel 1979.

von Hentig, Hartmut (Bearb.): Unser Werkzeug. Arbeitseinheit für den Schüler. Aus: Detto und andere. Acht Einheiten für Sozialwissenschaften in der Schule (5. - 7. Schuljahr), Stuttgart: Klett 1975.

Hiller, Gotthilf Gerhard: Konstruktive Didaktik, Düsseldorf: Schwann 1973.

Hiller, Gotthilf Gerhard: Ebenen der Unterrichtsvorbereitung. In Bijan Adl-Amini, Rudolf Künzli (Hg.): Didaktische Modelle und Unterrichtsplanung, München: Juventa 1980, S. 119 - 141.

Hilligen, Wolfgang: Zur Didaktik des politischen Unterrichts, 4. neubearbeitete Aufl., Opladen: Leske 1985.

Himmerich, Wilhelm, Ulrich Hain, Günter Ricker: Das Gießener Didaktische Modell. In Eckard König, Norbert Schier, Ulrich Vohland (Hg.): Diskussion Unterrichtsvorbereitung. Verfahren und Modelle, München: Fink 1980, S. 224 - 249.

Hobbensiefken, Günter: Zur Fallmethode in der politischen Bildung. In: Gegenwartskunde 22 (1973), S. 435 - 448.

Holtmann, Antonius: Politische Bildung. In Kurt Gerhard Fischer (Hg.): Zum aktuellen Stand der Theorie und Didaktik der Politischen Bildung, 4. Aufl., Stuttgart: Metzler 1980, S. 67 - 91.

Hornung, Klaus: Politik und Zeitgeschichte in der Schule. Didaktische

Grundlagen, Villingen: Neckar-Verlag 1966.

Huber, Günter L.: Kognitive Komplexität als Bedingung politischen Lernens. In Wilhelm Hagemann u.a. (Hg.): Kognition und Moralität in politischen Lernprozessen, Opladen: Leske 1982, S. 15 - 33.

Iben, Gerd: Sozialerziehung — soziales Lernen. In Christoph Wulf (Hg.): Wörterbuch der Erziehung, München: Piper 1974, S. 538 - 540.

Janssen, Bernd: Wege politischen Lernens. Methoden orientierte Politikdidaktik als Alternative zur Pädagogik der guten Absichten, Frankfurt: Diesterweg 1986.

Kaiser, Franz-Josef: Fallmethoden. In Gerhard Kolb (Hg.): Methoden der Arbeits-, Wirtschafts- und Gesellschaftslehre, Ravensburg: Maier 1978.

Kaiser, Hermann-Josef: Erkenntnistheoretische Grundlagen pädagogischer Methodenbegriffe. In Peter Menck, Gösta Thoma (Hg.): Unterrichtsmethode. Intuition, Reflexion, Organisation, München: Kösel 1972, S. 129 - 144.

Kallweit, Gerhard: Vom Umgang mit „Feiertagsdidaktik" in der II. Phase der Lehrerausbildung. In: Die Deutsche Schule 1983, H. 3, S. 329 - 335.

Keil, Klaus: Lernziel Kontroverses Denken. Ein didaktisches Modell für den Politik-Unterricht, Essen: Neue Deutsche Schule 1976.

Kern, Peter, Hans-Georg Wittig: Die Friedensbewegung - zu radikal oder gar nicht radikal genug? Beilage zur Wochenzeitschrift Das Parlament B 17/83 vom 30.4.1983.

Klafki, Wolfgang: Didaktische Analyse als Kern der Unterrichtsvorbereitung. In: Heinrich Roth, Alfred Blumenthal (Hg.): Didaktische Analyse. Auswahl Reihe A, Nr. 1, Hannover: Schroedel 1964, S. 5 - 34.

Klafki, Wolfgang u.a.: Funk-Kolleg Erziehungswissenschaft 2, Frankfurt: Fischer 1970.

Klafki, Wolfgang: Zum Verhältnis von Didaktik und Methodik. In Wolfgang Klafki, Gunter Otto, Wolfgang Schulz: Didaktik und Praxis, Weinheim: Beltz 1977.

Klafki, Wolfgang: Von der bildungstheoretischen Didaktik zu einem kritisch-konstruktiven Bildungsbegriff. Im Gespräch mit Wolfgang Born. In Wolfgang Born, Günter Otto (Hg.): Didaktische Trends, München: Urban & Schwarzenberg 1978, S. 49 - 83.

Klafki, Wolfgang: Die bildungstheoretische Didaktik. In: Westermanns Pädagogische Beiträge 1980, H. 1, S. 32 - 37.

Klafki, Wolfgang: Zur Unterrichtsplanung im Sinne einer kritisch-konstruktiven Didaktik. In Wolfgang Klafki: Neue Studien zur Bildungstheorie und Didaktik. Beiträge zur kritisch-konstruktiven Didaktik, Weinheim: Beltz 1985, S. 194 - 227.

Klauer, Karl Josef: Methodik der Lehrzieldefinition und Lehrstoffanalyse, Düsseldorf: Schwann 1974.

Klippert, Heinz: Wirtschaft und Politik erleben. Planspiele für Schule und Lehrerbildung, Weinheim: Beltz 1984.

Kolb, Gerhard (Hg.): Methoden der Arbeits-, Wirtschafts- und Gesellschaftslehre. Praktische Beispiele für Unterrichtsverfahren, Ravensburg: Maier 1978.

König, Ernst, Harald Riedel: Unterrichtsplanung als Konstruktion, Weinheim: Beltz 1970.

König, Ernst, Harald Riedel: Unterrichtsplanung I. Konstruktionsgrundlagen und -kriterien, 2. Aufl., Weinheim: Beltz 1979.

König, Eckard, Norbert Schier, Ulrich Vohland (Hg.): Diskussion Unterrichtsvorbereitung. Verfahren und Modelle, München: Fink 1980.

Kost, Franz: Projektunterricht und ,,Kritische Didaktik". In Heinz Moser (Hg.): Probleme der Unterrichtsmethodik, Kronberg: Athenäum 1977, S. 133 - 162.

Kultusminister des Landes Nordrhein-Westfalen (Hg.): Richtlinien für den Politik-Unterricht, 2. Aufl., Düsseldorf: Hagemann 1974.

Kunert, Kristian: Chancen und Grenzen curricularer Unterrichtsplanung. In Eckard König, Norbert Schier, Ulrich Vohland (Hg.): Diskussion Unterrichtsvorbereitung. Verfahren und Modelle, München: Fink 1980, S. 129 - 150.

Künzli, Rudolf (Hg.): Curriculumentwicklung. Begründung und Legitimation, München: Kösel 1975.

Lau, Christoph: Theorien gesellschaftlicher Planung. Eine Einführung, Stuttgart: Kohlhammer 1975.

Leinwand, Gerald: Kritische Überlegungen zum entdeckenden Lernen in den Social Studies. In Holtmann, Antonius (Hg.): Das sozialwissenschaftliche Curriculum in der Schule, 2. Aufl., Opladen: Leske 1976,S. 106 - 112.

Lenzen, Dieter: Unterrichtsplanung ,,nach . . ." Verbindliche Unverbindlichkeiten bei der Abfassung von Unterrichtsentwürfen. In Harald Geißler (Hg.): Unterrichtsplanung zwischen Theorie und Praxis, Stuttgart: Klett 1979, S. 153 - 161.

Lenzen, Dieter: Didaktische Theorie zwischen Routinisierung und Verwissenschaftlichung. Zum Programm einer Theorie alltäglichen pädagogischen Handelns. In Bijan Adl-Amini, Rudolf Künzli (Hg.): Didaktische Modelle und Unterrichtsplanung, München: Juventa 1980, S. 158 - 179.

Lévi-Strauss, Claude: Der Strukturbegriff in der Ethnologie. In Walter L. Bühl (Hg.): Funktion und Struktur. Soziologie vor der Geschichte, München: Nymphenberger Verlangshandlung 1975,S. 224 - 269.

Lingelbach, Karl-Christoph: Zum Verhältnis der ,,allgemeinen" zur ,,besonderen" Didaktik. Dargestellt am Beispiel der politischen Bildung. In Wolfgang Klafki u.a.: Erziehungswissenschaft 2, Funk-Kolleg, Frankfurt: Fischer 1970, S. 93 - 126.

Loser, Fritz: Aspekte einer offenen Unterrichtsplanung. In: Bildung und Erziehung 28 (1975), H. 4, S. 241 - 257.

Loser, Fritz, Ewald Terhart: Alltägliche Unterrichtsvorbereitung: Die Perspektive der Lehrer und die Perspektive der Schüler. Bildung und Erziehung 32 (1979), S. 404 - 417.

Luhmann, Niklas: Politische Planung. Aufsätze zur Soziologie von Politik und Verwaltung, 2. Aufl., Opladen: Westdt. Verlag 1975.

Lütgert, Will: Was leisten die Modelle der allgemeinen Didaktik? In: Neue Sammlung 21 (1981) S. 578 - 594.

Menck, Peter: Ansätze zur Erforschung von Unterrichtsmethode in der BRD. In Peter Menck, Gösta Thoma (Hg.): Unterrichtsmethode, München: Kösel 1972, S. 158 - 185.

Menck, Peter, Gösta Thoma (Hg.): Unterrichtsmethode. Intuition, Reflexion, Organisation, München: Kösel 1972.

Meyer, Hilbert L.: Einführung in die Curriculum-Methodologie, München: Kösel 1972.

Meyer, Hilbert L.: Skizze des Legitimationsproblems von Lernzielen und Lerninhalten. In Karl Frey (Hg.): Curriculum-Handbuch, Bd. 2, München: Piper 1975.

Meyer, Hilbert: Leitfaden zur Unterrichtsvorbereitung, Königstein: Scriptor 1980.

Meyer, Hilbert: Aneignungsschwierigkeiten didaktischen Theoriewissens. In: Westermanns Pädagogische Beiträge 35 (1983), S. 61 - 71.

Mickel, Wolfgang W.: Methodik des politischen Unterrichts, 4. Aufl., Frankfurt: Hirschgraben 1980.

Mormann, Thomas, Falk Seeger: Der Zusammenhang von Didaktik und Methodik in der alltäglichen Unterichtsplanung am Beispiel der Aufgabenanalyse. In Bijan Adl-Amini (Hg.): Didaktik und Methodik, Weinheim: Beltz 1981, S. 115 - 143.

Moser, Heinz: Handlungsorientierte Curriculumforschung, Weinheim: Beltz 1974.

Moser, Heinz (Hg.): Probleme der Unterrichtsmethodik, Kronberg: Athenäum 1977.

Moser, Heinz: Didaktisches Planen und Handeln. Eine praxisbezogene Einführung, München: Kösel 1978.

Moser, Heinz: Historische und institutionelle Aspekte des Zusammenhangs von Didaktik und Methodik. In Bijan Adl-Amini (Hg.): Didaktik und Methodik, Weinheim: Beltz 1981, S. 40 - 60.

Narr, Wolf-Dieter: Logik der Politikwissenschaft. In Gisela Kress, Dieter Senghaas (Hg.): Politikwissenschaft. Eine Einführung in ihre Probleme, Frankfurt: Fischer 1972, S. 13 - 36.

Nestle, Werner: Planung, Analyse und Bewertung von Unterricht. In Gerd-

Bodo Reinert (Hg.): Praxishandbuch Unterricht. Grundwissen für Lehrer, Reinbek: Rowohlt 1980, S. 185 - 211.

Niessen, Manfred, Heinrich Seiler: Unterrichtsvorbereitungstheorie als Planungsberatung. In Eckard König, Norbert Schier, Ulrich Vohland (Hg.): Diskussion Unterrichtsvorbereitung. Verfahren und Modelle, München: Fink 1980, S. 271 - 294.

Nitzschke, Volker, Fritz Sandmann (Hg.): Neue Ansätze zur Methodik des Politischen Unterrichts, Stuttgart: Metzler 1982.

Peterßen, Wilhelm H.: Didaktik als Strukturtheorie des Lehrens, Ratingen: Henn 1973.

Peterßen, Wilhelm H.: Handbuch Unterrichtsplanung. Grundfragen, Modelle, Stufen, Dimensionen, München: Ehrenwirth 1982.

Reinhardt, Sibylle: Risiken des demokratischen Unterrichtsstils. In: Gegenwartskunde 23 (1974), H. 2, S. 163 - 172.

Reinisch, Holger: Hilfen für die schriftliche Unterrichtsplanung. In: Die Deutsche Schule 1983, H. 4, S. 336 - 347.

Rohe, Karl: Politik. Begriffe und Wirklichkeiten, Stuttgart: Kohlhammer 1978.

Rössner, Lutz: Der politische Bildungsprozeß, Frankfurt: Diesterweg 1969.

Rothe, Klaus: Didaktik der Politischen Bildung, Berlin: Wiss. Verlag H. Gercke 1982.

Ruprecht, Horst u.a.: Modelle grundlegender didaktischer Theorien, 3. Aufl., Hannover: Schroedel 1976.

Sander, Wolfgang: Effizienz und Emanzipation. Prinzipien verantwortlichen Urteilens und Handelns. Eine Grundlegung zur Didaktik der politischen Bildung, Opladen: Leske 1984.

Sandfuchs, Uwe: Gegenwärtige Bedeutung und Praxis der Didaktischen Analyse. In Harald Geißler (Hg.): Unterrichtsplanung zwischen Theorie und Praxis, Stuttgart: Klett 1979, S. 82 - 89.

Sutor, Bernhard: Didaktik des politischen Unterrichts, 2. Aufl., Paderborn: Schöningh 1973.

Sutor, Bernhard: Neue Grundlegung politischer Bildung, 2 Bde., Paderborn: Schöningh 1984.

Schäfer, Bernd, Theodor Schulze (Hg.): Menschenrechte im Unterricht, Schriftenreihe der Bundeszentrale für politische Bildung, Band 182, Bonn 1982.

Schelten, Andreas: Grundlagen der Testbeurteilung und Testerstellung, Heidelberg: Quelle und Meyer 1980.

Schläpfer, Peter: ,,Kritische Didaktik'' im Unterricht. In Heinz Moser (Hg.): Probleme der Unterrichtsmethodik, Kronberg: Athenäum 1977, S. 108.

Schmiederer, Rolf: Konsens und Dissens in der politischen Bildung. In Siegfried Schiele, Herbert Schneider (Hg.): Die Familie in der politischen Bil-

305

dung, Stuttgart: Klett 1980, S. 93 - 106.

Schörken, Rolf (Hg.): Curriculum „Politik". Von der Curriculumtheorie zur Unterrichtspraxis, Opladen: Leske 1974.

Schott, Franz: Lehrstoffanalyse, Düsseldorf: Schwann 1975.

Schulz, Wolfgang: Von der lehrtheoretischen Didaktik zu einer kritisch-konstruktiven Unterrichtswissenschaft. In Wolfgang Born, Gunter Otto (Hg.): Didaktische Trends, München: Urban & Schwarzenberg 1978, S. 85 - 115.

Schulz, Wolfgang: Alltagspraxis und Wissenschaftspraxis in der Schule. In Eckard König, Norbert Schier, Ulrich Vohland (Hg.): Diskussion Unterrichtsvorbereitung. Verfahren und Modelle, München: Fink 1980, S. 45 - 77.

Schulz, Wolfgang: Unterrichtsplanung, 3. Aufl., München: Urban & Schwarzenberg 1981.

Schulze, Theodor: Methoden und Medien der Erziehung, München: Juventa 1978.

Seiffert, Helmut: Einführung in die Wissenschaftstheorie, Bd. 3, München: Beck 1985.

Stiller, Edwin: Kommunikation und Kooperation in Kleingruppen als Unterrichtsthema. In: Gegenwartskunde 29 (1980), H. 2, S. 235 - 245.

Terhart, Ewald: Unterrichtsmethode als Problem, Weinheim: Beltz 1983.

Thiele, Hartmut: Artikulation des Unterrichts als Lernhilfe. Pädagogische Welt 32 (1978), H. 3, S. 131 - 137.

Thoma, Gösta: Zur Entwicklung und Funktion eines „didaktischen Strukturgitters" für den politischen Unterricht. In Herwig Blankertz: Curriculumforschung — Strategien, Strukturierung, Konstruktion. Essen: Neue Deutsche Schule 1971, S. 67 - 96.

Treiber, Bernhard, Norbert Groeben: Vorarbeiten zu einer reflexiven Sozialtechnologie. In Peter Zedler, Heinz Moser (Hg.): Aspekte qualitativer Sozialforschung, Opladen: Leske 1983, S. 163 - 208.

Treml, Alfred K.: Über die Unfähigkeit zu begründen. Vorbereitende Bemerkungen zu einer Begründungstheorie in praktischer Absicht. In Rudolf Künzli (Hg.): Curriculumentwicklung. Begründung und Legitimation, München: Kösel 1975.

Unger, Andreas: Das Thema „Hausbesetzungen" in der Provinz. Werkstattbericht über die Durchführung einer Unterrichtsreihe im Gemeinschaftskundeunterricht einer 11. Klasse. In: Gegenwartskunde 32 (1983), H. 3, S. 343 - 349.